民族学社会学教材与研究丛书编委会

主　任：杨圣敏

委　员：丁　宏　　戴成萍　　白振声　　王铭铭　　王建民
　　　　包智明　　潘　蛟　　苏发祥　　任国英　　肖小勇

中央民族大学国家"十一五""211工程"建设项目

壮侗语民族历史文化研究

◎ 莫俊卿／著

中央民族大学出版社
China Minzu University Press

图书在版编目(CIP)数据

壮侗语民族历史文化研究/莫俊卿著. —北京：中央民族大学出版社，2010.8
ISBN 978-7-81108-831-1

Ⅰ.①壮… Ⅱ.①莫… Ⅲ.①壮侗语族—民族历史—研究—中国②壮侗语族—民族文化—研究—中国 Ⅳ.①K28

中国版本图书馆 CIP 数据核字(2010)第 081963 号

壮侗语民族历史文化研究

作　　者	莫俊卿
责任编辑	戴佩丽
封面设计	布拉格工作室·热瓦迪
出 版 者	中央民族大学出版社
	北京市海淀区中关村南大街27号　邮编:100081
	电话:68472815(发行部)　传真:68932751(发行部)
	68932218(总编室)　　　68932447(办公室)
发 行 者	全国各地新华书店
印 刷 者	北京华正印刷有限公司
开　　本	880×1230(毫米) 1/32　印张:12
字　　数	300千字
版　　次	2010年8月第1版　2010年8月第1次印刷
书　　号	ISBN 978-7-81108-831-1
定　　价	32.00元

版权所有　翻印必究

作者近照

1951年3月作者（左二）参加重点剿匪行动（出发前留影）

1959年广西少数民族社会历史调查组合影（后排左四作者）

1973年作者在西藏米林县珞巴族地区调查时穿着珞巴族民兵装束

1974年在云南西双版纳布朗山进行民族调查

1975 年作者在云南边境进行民族调查时乘船过打洛江

1980 年 6 月在厦门大学召开中国百越民族史第一次学术讨论会（二排左二为作者）

1980年访问三位水族老人

1981年11月考察秦军开发灵渠遗址（右一作者）

1985年广西少数民族调查组再次对侬峒起义进行调查时在友谊关前留影（左一作者）

1985年再次回乡对泗顶壮村进行典型调查时在"板喇寨"前（右二作者）

1985年11月在贵州遵义进行民族调查（右一作者）

1985年考察花山崖壁画（中图左三为作者。下图左一为百越史著名学者石钟键教授；右二为作者）

部分获奖证书

广西忻城土司衙署练兵场

冼氏夫人庙遗址(引自《中国少数民族地区画集丛刊·广东》,民族出版社,1985年)

黄道婆纪念塔

(引自《中国少数民族地区画集丛刊·广东》,民族出版社,1985年)

汉马伏波之井

(引自《中国少数民族地区画集丛刊·广东》,民族出版社,1985年)

侗族程阳"风雨桥"全景

(引自《中国少数民族》,人民出版社,1981年,第472-473页)

快乐的牧牛孩童

新中国建立初年正在采胶和舂米的黎族妇女
(引自《中国少数民族》,人民出版社,1981年,第562、563页)

水族"过端"击铜鼓
(引自《中国少数民族》,人民出版社,1981年,第483页)

民族学社会学教材与研究丛书
总序

民族学与社会学学院的前身是建立于1952年的中央民族学院研究部。在20世纪五六十年代，研究部曾汇聚了中国大部分民族学与社会学的顶尖人才，如中国民族学与社会学的开拓者潘光旦、吴文藻、杨成志、吴泽霖、费孝通、林耀华和李有义等人，以及他们的学生陈永龄、宋蜀华、施联朱、王辅仁、吴恒和王晓义等著名学者。

20世纪80年代初，研究部更名为民族研究所，不久又建立了中国第一个民族学系，20世纪90年代扩大为民族学研究院，2000年更名为民族学与社会学学院。半个世纪以来，名称和建制的变化，并没有影响她致力于民族学教学与研究的宗旨，经过几代人的努力，从该院毕业的民族学专业的学士、硕士和博士已遍布全国各地，多为栋梁之材。同时出版了大量在国内影响巨大的专著和教材。如潘光旦、吴文藻、费孝通等人的文集，林耀华主编的《民族学通论》、宋蜀华的《民族研究文集》、陈永龄的《中国民族学史》（英文版）；还出版了全所历年研究成果的论集《民族研究论文集》（1981—1993年，共九册），这些出版物的共同特点是以实地调查的材料为基础，以中国的56个民族为主要研究对象。几十年来，这已成为民族学与社会学学院几代人的学术传统。

民族学（文化人类学）毕竟是一个自西方传来的学科，

在中国发展历史较短,几十年来又多次受政治运动的影响,所以与我国一些传统的老学科相比,中国的民族学无论在专业的理论、方法和研究成果方面,都是一个比较年轻、比较薄弱的学科。因此,今后本学科的重点是加强民族学专业的基础理论和方法的建设。为此,我们认为需要长期坚持两个方面的工作:

一、积极了解和借鉴国外学者有关的理论、方法和实践。这就要求我们既要翻译、介绍国外一些经典的名著,又要随时掌握国外研究的动态,将其最新的代表性作品翻译介绍给国内的读者和同行。

二、继承我院50年来的传统,坚持实证性的研究方法,以中国的56个民族为主要研究对象,紧密联系实际,加强实地调查,以此为基础,进行理论的总结,为建立独树一帜的、有中国特色的民族学理论而努力。

我们认为有必要使我们的学科建设和理论研究进一步系统化、规范化,并且在研究成果的基础上不断更新教材。因此,我们于2000年成立了"民族学教材与研究丛书编委会",目的是以民族学与社会学学院为基础,系统地编辑出版民族学专业的教材和以实证性研究为主的专著、调查报告和论文。编委会将重点支持以下内容的教材和著作:

1. 民族学专业主干课和紧缺的必修课教材。
2. 以实地调查资料为基础的专题研究著作。
3. 国外民族学名著或前沿理论与方法的译著。
4. 有重要学术资料价值且规范的田野调查报告。
5. 本院教师实证性研究的论文集。

我们要求教材的编写者,应具有多年讲授该课程的资历,并且发表过有关的研究论文。我们要求丛书中的教材和论著应参考并引用国内外最新的相关研究成果,能够与国际学术界对话。我们希望经过若干年的努力,本套丛书能够为民族学与社会学学院 50 年学术传统的发扬光大,为中国民族学学科的建设和中国民族学在国际学术界中较高地位的确立做出贡献。

杨圣敏

前　言

　　本书主要通过对古越人及其后裔，即瓯越、骆越（或合称"瓯骆"、"西瓯骆越"）、郎越、乌浒、俚僚、峒（洞）僚、西南番、水僚人，以至现代我国壮侗语族诸民族的几个共同文化特征进行考证研究，并且论证壮侗语族（亦称"侗台语族"）诸民族，在我国境内的有壮族、布依族、傣族、侗族、水族、仫佬族、毛南族、黎族等民族，乃共同来源于我国古越人。

　　其共同历史文化主要有：

　　1. 竹笋文化。竹子，是我国华南、西南各地漫山遍野皆生长的野生植物，有楠竹、毛竹、慈竹、刚竹、箬竹、淡竹、紫竹等多种。嫩芽称"竹笋"，壮、布依等语称竹笋为"rangz"，译成汉语写成"郎"，可食，制干品常年可食，味道鲜美而富有营养。竹笋，大概是生长在南方的原始人、也就是古越人先民最早也是最容易采集到的食物。所以，有些氏族当时可能认为此乃神赐之物而对它崇拜起来，甚至传说自己的祖先就起源于竹笋，或以竹笋命名其氏族，于是"郎"氏族就出现了。后来，"郎"氏族的首领雄于西南，建国曰"夜郎"，意为"以郎氏为首的越人国"或"越人郎氏国"。他们的后代又相沿称"土官、长者"为"郎"，故有郎官、郎目、郎人、郎兵、郎歌之说。详见本书第二章第五节《郎越》和第四章第三节《郎人与郎兵》。

　　2. 稻作文化。农耕稻作，是古越人及其后裔最大最突出的特点。他们的祖先，可能是世界上最早发现可吃的野生稻种，并成功地把它培植成普通栽培稻种，为早期人类的经济生活做出巨大贡献。他们既欢欣鼓舞,但又不明了其原因,于是以为是"稻神"赐予的结果。因而对这个名称就寄予无限的崇拜。所以,他们之中有许多部落或部落联盟就取名为"稻"。他们的语言叫做"haeux"或"haeux roeg",汉语译为"秏"或写为"瓯"、"乌"、"抚",或"瓯骆"、"乌浒"、"抚水"、"无敛"等。详见第七章第一节《稻作文化》、第三章第一节《壮族起源于古越人》、第三章第五节《壮侗语族语民族共同源于岭南越人》、第三章第六节《再论壮侗等民族的共同发源》、第二章第八节《乌浒与俚僚》等篇。另外,由"稻神"崇拜演化出来的还有许多崇拜,例如春天雷电交加、大雨随之而下,禾苗就发芽成长,因而产生"雷神"崇拜,到处建雷神庙、有种种雷公的神话传说;天旱不雨,雷公的"儿子"青蛙就击鼓呼叫:"青蛙呱呱叫,大雨就来到",这是东兰、凤山一带壮族崇拜青蛙及"俚僚贵铜鼓"的原因;水田为什么会有水流来灌溉,洪水淹没禾苗时,为什么筑堤就可以防洪,传说是"蛇郎"的功劳,于是从古越人(包括东越、西越)及其后裔都普遍有"蛇郎"的传说,壮族地区还到处建立有蛇庙;鸟类也与稻作有密切关系,鸟可能最早发现野生稻的果实可食,而人是从鸟那里学来的,所以鸟也是神,他们叫鸟为"roeg",译成汉语常写成"六"、"罗"、"骆"、"僚",因此有的学者认为这就是"罗"姓及"骆"、"僚"部落名称的来源;还有"水渠"(黄)、"水潭"(谭、覃)、"黄牛"(莫)、"水牛"(韦)等诸大姓的成因,也与稻耕有密切关系。详见第三章第一节中关于"壮族诸大姓的来源"、第八章第二节第四款《牛王节》、第七章第五节第二款《蛙神崇拜的典型》等篇。

  3. 凿齿(漆齿、打牙)、文身、断发、披发、椎髻等。所有这些肉体或非肉体的装饰,最初都是作为氏族的一种标志,以后才逐步演变为个人的装饰。详见《乌浒与俚僚》、《大力士与打牙雷公的传说》、《鸡卜与鸟卜》等篇。

4."干栏"建筑。见《"干栏"建筑》篇。

5．唱歌是人际、氏族间进行思想感情交流的最好形式和方法，也是古时人们最简便、最常见的文化娱乐活动。故歌唱的形式丰富多彩，内容生动活泼，人人会唱会编，遍及家家户户。详见第七章第六节《从越人歌到壮歌》章。

6.母系氏族制的残存，妇女在历史上的作用较大。详见第五章。

7.土司制度及封建领主经济的存在。详见第四章第四节《壮傣布依三族封建领主制比较》、第四章第五节越南芒、泰、岱、侬土制度社会等。

8.铜鼓文化。

本书资料来源：一是散见于各种汉文古籍与考古资料；二是笔者亲自参加的各民族社会历史实地调查研究；三是笔者少壮时在壮乡直接受到壮族传统文化的沐浴，亲聆前辈唱述的民间历史故事。资料丰富，来源可靠，且经彼此相互比较印证。

众所周知，我国操壮侗语族的各个民族，除傣族外，旧时都没有本民族的文字记载。汉文古籍涉及到的，又非常零散，且历代封建统治阶级文人多以猎奇或歧视的眼光记述，错误之处在所难免。故须广泛利用各民族流传下来的语言、古地名、人名、口头文学、传统习俗等，参照文献记载，进行综合的考察研究。但是，后者也有缺点，它不能提供准确的时间、地点及人物，且在流传过程中也会不断有增减改动之处。然而，只要两者能够紧密结合，取长补短，反复比较考证，定能得出比较合理的认识。

本书所说壮侗语族诸民族，实指我国境内操壮侗语族语言的壮族、布依族、傣族、侗族、水族、仫佬族、毛南族、黎族等民族。为了追溯他们的历史，故首先介绍他们共同的先民，即古越人及其分支西瓯、骆越、夜郎、俚、僚（伶）等古族古称。涉及境外的，偶尔谈到越南境内侬、岱、泰等族部分历史文化，因为这些民族的这些历史文化同我国境内壮族、傣族文化太近似了，可以补充壮族、傣族历史文化资料来源的不足。至于泰国、老挝、缅甸等国家，还有大量同语民族的历史文化，均未涉及到。故远非这个语族的全部。即便这样，本书所考察的文化特征，仍然是有代表性的，可供研究该语族各民族的社会历史学者同仁参考。

我国壮侗语族各民族，都是中华民族的重要组成部分。它们在历史上所形成的文化特征，不但丰富了本民族的历史文化内容，而且使中华民族的历史文化遗产更加丰富多彩、美丽辉煌，值得我们认真研究并加以保存。

本书是作者从1958年到华南参加由全国人大常委会和国务院民族事务委员会领导的全国少数民族社会历史五套丛书的调查与编写以来，又经过数十年对壮族史、壮侗语族各民族史、中南半岛民族概况的教学和研究，特别因作者本身是壮族，从小受到壮族文化的熏陶和沐浴，有深刻体会。把上述诸多因素集中到一起，提炼成这部以壮侗语族各民族共同发源体及共同的历史文化为核心的专著，望能开卷有益，并可促进我国壮侗语族各民族的团结和爱国主义精神。

本书还有一个重要意义，那就是壮侗语族诸民族除分布在我国境内外，分布在东盟各国的还有泰国的泰族，老挝的老龙族，缅甸的掸族，越南的岱、雅侬、侬、泰等民族。在他们的历史文化中，同样存在这些文化特征。这种状况，在经济、贸易、市场日益国际化的今天，集中研究这个族群的共同历史文化特征，更有利于我国与东盟各国之间的和平交往与友好合作。例如我国壮侗等民族人民到泰国、老挝，很快就通晓当地人的语言，并对其文化融会贯通，岂不更加便利于今日我国和东盟各国之间的国际友好合作吗！

本书凡与别人合撰的，篇后有注明，本人自撰则免注。

目　录

第一章　壮侗语族诸民族简介 …………………………………… 1
　　一、壮族 ……………………………………………………… 1
　　二、布依族 …………………………………………………… 2
　　三、傣族 ……………………………………………………… 3
　　四、侗族 ……………………………………………………… 4
　　五、水族 ……………………………………………………… 6
　　六、仫佬族 …………………………………………………… 7
　　七、毛南族 …………………………………………………… 8
　　八、黎族 ……………………………………………………… 9
　　九、壮侗语族民族语言常用词汇比较 ……………………… 12

第二章　古族古称 ………………………………………………… 45
　　一、越人 ……………………………………………………… 45
　　二、南越 ……………………………………………………… 47
　　三、瓯越 ……………………………………………………… 50
　　四、骆越 ……………………………………………………… 54
　　五、郎越 ……………………………………………………… 57
　　六、句町、漏卧 ……………………………………………… 61
　　七、滇越 ……………………………………………………… 62
　　八、乌浒与俚僚 ……………………………………………… 64

第三章　民族来源 ………………………………………………… 74
　　一、壮族源于古越人 ………………………………………… 74

二、布依族的族源 …………………………………………… 86
　　三、西南"八番"是布依族 ………………………………… 88
　　四、水族源自水僚 …………………………………………… 93
　　五、壮侗语族诸民族共同源于岭南越人 ………………… 104
　　六、再论壮侗语族诸民族的共同发源 …………………… 109
第四章　羁縻—土司制度 …………………………………………… 122
　　一、羁縻—土司制度的历史 ……………………………… 122
　　二、羁縻—土司制度与民族关系 ………………………… 128
　　三、郎人与郎兵 …………………………………………… 134
　　四、壮族、傣族、布依族三族的封建领主制比较 ……… 139
　　五、越南芒、泰、岱、侬土司制度社会 ………………… 150
第五章　女权制和父权制长期共存 ………………………………… 157
　　一、俚僚"贵妇女" ……………………………………… 157
　　二、侗族的"撒玛"、"撒堂"崇拜 …………………… 163
　　三、壮侗民族的"母权制"残余 ………………………… 165
　　四、壮族三个村寨的婚姻习俗 …………………………… 175
第六章　侬峒的雄壮史诗 …………………………………………… 180
　　一、侬智高一家 …………………………………………… 181
　　二、侬峒起义 ……………………………………………… 189
　　三、侬峒后裔中的越南侬人 ……………………………… 200
第七章　历史文化 …………………………………………………… 205
　　一、稻作文化 ……………………………………………… 205
　　二、铜鼓文化 ……………………………………………… 211
　　三、"干栏"建筑 ………………………………………… 216
　　四、鸟崇拜与鸡卜 ………………………………………… 230
　　五、古朴的左江崖壁画 …………………………………… 237
　　六、从越人歌到壮歌 ……………………………………… 245
　　七、古越人的"凿齿"习俗 ……………………………… 258

八、"嚼槟榔" ·· 262
　　九、古老的"砍戛"丧俗 ································ 265
第八章　泗顶壮村文化习俗典型调查 ····················· 267
　　一、生产习俗 ·· 267
　　二、传统节庆 ·· 270
　　三、饮食习俗 ·· 281
　　四、壮语壮歌 ·· 285
　　五、地名释义 ·· 289
　　六、婚姻家庭 ·· 293
　　七、亲属称谓 ·· 297
　　八、泗顶壮人民间传说 ······································ 306
附录一： ··· 332
　　一、我的民族调查生涯 ······································ 332
　　二、庆祝我国《民族问题五套丛书》修订本再版 ········ 338
附录二：著撰译文目录 ··· 351
　　一、著作 ·· 351
　　二、撰文 ·· 354
　　三、译文 ·· 360
附录三：主要参考古籍 ··· 362
作者介绍 ··· 376
后记 ··· 378

第一章　壮侗语族诸民族简介

本书所说"壮侗语民族",是指今仍操壮侗语族语言的(亦作"侗台语族")的各民族,分布在我国境内的有壮族、布依族、傣族、侗族、水族、仫佬族、毛南族、黎族等;分布在东南亚各国的还有侬、岱、佬、泰、掸等民族。本章仅将我国八个民族简介如下:

一、壮　　族

壮族,自称"bouxzhanhz,壮人"、"bouxngoung,侬人"、"bouxdoj,土人"、"bouxyaej,越人"、"bouxraeuz,僚人,意为'我们'"等多种。新中国成立后,统称"壮族"。主要分布在广西壮族自治区、云南文山壮族苗族自治州、广东连山壮族瑶族自治县及贵州、湖南等地。第五次人口普查,全国壮族人口有1617.8万(2000年)。有黄、侬、韦、罗、莫、梁、蓝、甘、闭等大姓。

壮族地区多熔岩、石灰岩地貌结构,河流密布,山水秀丽,物产丰富,溶洞文化分布很广,向有"山水甲天下"之称,水陆空交通又很便利,是旅游休闲的好去处。

壮族向以稻作、织锦、铜鼓、歌圩文化为特色。宋代广西左右江溪洞出产的壮锦时称"𰀀(shū)子布",花纹精美,洁白细长,一匹长四丈余而重只数十钱,卷起来放进一节小竹筒还有余地,内地高官到此无不争着抢购。明清时,云南文山县的"八宝"米,已因色香冠全国而被选为"贡米"。

壮族向以富有爱家乡、爱民族、爱国主义精神和勇于革命斗争而闻名。从"鸦片战争"以来，壮族就和汉、瑶、苗等兄弟民族一起，坚决反抗国内反动阶级压迫，抵抗外国侵略，为争取民族独立和人民解放而进行过不屈不挠的斗争。在太平天国农民革命运动、辛亥民主革命，特别是在中国共产党领导下的革命运动中，壮族人民都踊跃站在第一线，涌现过很多革命先烈和英雄将领、英雄战士。在保卫祖国南疆、建设南疆美丽山河的历史长河中，壮族也做出了巨大的贡献。

壮语，属汉藏语系壮侗语族壮傣语支。分北部、南部两大方言区，各方言又分为若干土语区。由于在历史上，壮族从未形成一个统一的政权、经济、文化实体，所以各个方言、甚至土语之间的语言差异性比较大，彼此间很难通话。但是，各个方言、土语之间的基本词汇、语序和语法结构，基本上是相同的。在历史上，壮族先民深切体会到没有和本民族语言相一致的本民族文字的痛苦，多次试图创造书写文字，出现过"坡雅图画文"、"土俗壮字"等，但都没有统一规范，使用范围不广，官方和民间只能使用汉文，造成语言与文字脱钩，致使很多内容丰富、辞藻美丽的壮族古典文学丢失了，严重影响壮族文化的发展。新中国建立后，在中国共产党民族政策的光辉照耀和中央人民政府的帮助下，壮族曾用拉丁字母拼音法，创制了壮文，并获得中央批准为中国的合法文字，这是壮族人民极大的幸福。

二、布依族

布依族，自称"bouxyaej，布越、布依"、"bouxzhoung，仲人、仲家"、"bouxraeuz，布饶、布僚，意为'我们'"、"bouxmanz，布曼、布板，意当'村上人'"等。新中国成立后，统称"布依族"。人口共约297.14万（2000年）。以黄、王、罗、韦、莫为大姓。

布依族主要分布在我国贵州省黔南布依族自治州和兴义、安顺、贵阳市各县。地处云贵高原东部，苗岭山脉盘亘其中，海拔在400—1000米之间。境内山峦重叠，丘陵起伏，河流纵横交错，山水十分秀丽。著名的黄果树瀑布，位于镇宁布依族苗族自治县，有滇黔铁路和滇黔公路直达。航空班机每天从北京、上海、成都、重庆、昆明、南宁、桂林等城市通达贵阳。公路直通布依族地区各乡村及主要村寨。

布依族是农耕稻作民族。织染业非常发达，北盘江流域布依族民间的蜡染布，用蜡汁绘画各种花纹于白布上，再将布匹置于蓝靛染缸染成蓝色，再去蜡，布匹便呈现出白色花纹，灿烂美观。成为中华民族传统工艺美术的一大奇葩。

布依族富有革命斗争传统。清时，以韦朝元、王阿从为首领的农民革命运动，曾轰动全国；20世纪30年代，中国工农红军长征路过布依族地区时，得到布依族人民、包括国民党地方武装陆瑞光部的大力支持，不少布依族青年踊跃参加红军。

布依语属汉藏语族壮傣语支。红水河北岸各县部分布依语，和壮语中的北部方言桂北土语很接近，甚至可以直接通话。布依族从前也没有本民族文字。新中国成立后，创制有用拉丁字母拼音而成的布依文。

三、傣　　族

傣族，自称"傣泐"（daile）、"傣那"（dainaj）、"傣雅"（daiyej）、"傣绷"（daifou）等。古籍称"滇越"、"掸"、"鸠僚"。唐宋时称"金齿"、"银齿"、"白衣"，后称"摆夷"。主要分布于我国云南省西双版纳傣族自治州、德宏傣族景颇族自治州、耿马傣族佤族自治县、孟连傣族拉祜族佤族自治县、元江哈尼族彝族傣族自治县等地。人口共有115.89万（2000年）。

傣族是稻作民族，耕作技术精良。早在唐樊绰《蛮书》（亦称《云南志》）卷4与卷7已载及其"土俗养象以耕田"，"开南（今云南景东）以南养象，大于水牛，一家数头养之，代牛耕田"。新中国建立前，在土司制度统治下的西双版纳，保留有典型的领主农奴制及农村公社制。傣族人民能歌善舞，传统文化十分丰富。著名的傣族孔雀舞，袅娜多姿，十分令人赏心悦目。傣语，属汉藏语系壮侗语族壮傣语支，同境外佬、泰、掸语非常接近。在中国壮侗语民族中，是唯一曾有本民族文字的民族。傣文字母来源于古印度巴利文，与13世纪小乘佛教从印度传入有关。因傣语可分西双版纳的傣泐、德宏的傣那、瑞丽耿马孟连的傣绷和金平元江的傣雅四个方言区，故傣文也有四种形体的区别，彼此互不相通。新中国建立后，进行了文字改进和改革。改进后的傣文，形成傣泐、傣那两种傣文，在保存原有文字字母形式和表达方式的基础上，增加许多字母和符号，更加便利于书写和民间学习。今两种文字，都出版有报纸、书刊、教材和新老傣文对照的读本。

傣族普遍信仰小乘佛教，同时保留有许多原始信仰，如祖先、图腾、鬼神等多种信仰。

四、侗　　族

侗族，自称"金"（jim）、"甘"（kam）。古籍文献称"峒"、"溪峒"、"仡僚"、"仡伶"等。新中国建立后，统称"侗族"。主要分布在黔、桂、湘三省交界地带，如广西的三江侗族自治县、龙胜各族自治县，贵州的黔东南苗族侗族自治州和天柱、三穗、剑河等县，湖南的通道侗族自治县、新晃侗族自治县及靖县、会同等县。人口共有29.60万（2000年）。以欧（欧阳）、吴、杨等为大姓。

侗族以农耕稻作为主，尤长于种植糯稻，有"侗禾糯"之称。兼营林木业，多产杉木和茶油、桐油。喜吃糯米饭、鱼生、打油茶和腌酸鱼。以风味独特、制作复杂的侗族"打油茶"和多年保存的腌酸鱼为待客佳品。竹木编织工艺相当发达，著名的有竹篮、竹编玩具、竹椅、竹凳、竹席、竹枕头等。侗族早已进入地主封建社会，但解放前仍残存有古老的农村公社联盟组织形式，"侗款"就是这种组织的表现形式。所谓"侗款"，就是把一个较大范围内的许多村寨，以盟约的形式组织在一起，通过民主选举选出长老，率领入盟诸寨相互帮助，共同抵御外侮，维护社会安定。

侗族文化丰富多彩，著名的侗族民间大歌，亦称"唱哆耶"，表演时分男女两排手拉手，男歌女和，摇首顿足，大方阔达，蔚为壮观。侗族琵琶舞、芦笙舞、笛子歌等，也很引人入胜。起于嘉庆、道光年间（1796—1850）的侗戏，相传是黎平县侗族吴文彩所创。侗戏，用侗语唱词，采取说唱形式，把彩调、桂戏、祈戏结合在一起，用二胡、锣鼓、琵琶、牛腿琴等为伴奏乐器，把一则民间故事表演得活灵活现，很受侗族群众欢迎，早已广泛流传于侗族地区。

著名的侗族风雨桥和鼓楼文化，更是侗族文化的一大特色。广西三江的程阳风雨桥，建成于1916年。全长64.4米，桥面宽3.4米。桥面距离河床26米，桥下建有4孔5墩，墩用青石建成。桥身用8根连排大杉木构成上下两层桥梁。桥面平铺木板，人行通过如履平地，两侧建有长凳，可供男女青年乘凉、歌唱和休息。桥上建有5座互相对称的亭阁，亭阁顶部雕龙刻凤。亭阁内及长桥廊槽，绘有彩色花纹图案。整座桥梁全用榫卯互相衔接，不用一颗铁钉。位于贵州从江县的高增寨鼓楼，为全寨聚会、娱乐的场所，高耸云霄，呈多角形状，飞翔重檐，形似宝塔，非常巍峨壮观。此两处都已列为全国重点文物保护单位。

保存在侗族民间的《祖公上河》和《祖源》歌谣，均说他们的祖先最早居住在梧州，后溯西江而上，经融江，进入古州，在榕江、黎平定居；三江、龙胜的侗族是从古州迁徙来的；天柱、新晃的侗族再从通道过来。

五、水　　族

　　水族，自称"水"（sui）。新中国建立后，定为"水族"。主要分布在贵州省三都水族自治县及临近的荔波、独山、都云、榕江、从江及广西环江、南丹、河池等地。位于都柳江及龙江上游。多廖、欧、潘、吴、蒙、韦等姓。人口共有 40.69 万（2000 年）。

　　水族属农耕稻作民族。其地山水秀丽，江河纵横交错，水田亩亩有序，向称"鱼米之乡"。居住"干栏"楼房。水族农民擅长养鱼，以"鱼祭"为特点。占用鸡卜和蛋卜。

　　水族的传统文化，最有特色的是水族巫师、道士、风水师曾使用过的"水历"和"水书"。"水历"是水族特有历法，以中国农历九月为岁首，至次年八月为岁末。一年分圣（春）、鸦（夏）、树（秋）、隋（冬）四季，用干支记日，以九月为一年最大的节日，水语称"端节"。各个村寨分别在九月每逢"亥日"（有的选"卯日"）集体"过端"。至此日，"过端"的寨子，杀猪宰羊、唱戏、跑马（赛马）、击铜鼓、吹芦笙，彻夜不眠地庆祝；没有过端的邻寨，不管有无亲戚关系都带着各种礼物前来祝贺，吃喝玩乐，参加各种游戏和比赛，乐而忘返！

　　"水书"，是水族的书写文字。不知始于何时。今已收集到的共有 400 余字、有象形、指字、借音、会意、甲骨文中的干支字等多种结构。例如"梯"字，可画上两根直线、中间加几根横线；"鱼"字，可画一只鱼形，再加点点像鱼鳞，是为象形结构字。画一只手指向上方便是"上"字；指向下方便是"下"字，是为指事结构字。又如画个圆圈，周围向外加几笔，就成光芒四射的"太阳"二字；圆圈加点点，便成乌云密布的"阴、雨"字，是为会意结构字。民间不通行，只有少数巫师使用。

水语，属汉藏语系壮侗语族侗水语支，内部没有方言区别，只有三个土语区的不同，不同土语之间彼此均能互相通话。水语是水族地区社会交际的主要工具。

目前学者一般认为水族来源于古代岭南越人。保留在水族民间的一首歌谣也说，他们的祖先原住两广交界地方，后来兄弟三人为了谋求生活，大哥溯红水河而上，三弟顺清水江而下，老二渡红水河经南丹来到荔波，继而迁居三洞（今三都水族自治县境内），又住到一块了。

六、仫佬族

仫佬族，自称"锦"（jiam）、"给"（jim），当地壮族称之为"布锦"（bouxjiam），汉族称之为"仫佬"。新中国建立后，统称"仫佬族"。主要分布在广西罗城仫佬族自治县及邻近的宜州、柳城、都安、忻城等县。人口共有20.73万（2000年）。以潘、银、吴、谢、莫、罗、韦、梁为大姓。

仫佬族分布在熔岩山区或半山区，以农耕稻作为业。兼种玉米、豆、薯、棉花，盛产茶叶、五倍子、金银花。地下蕴藏有丰富的煤、铁、硫黄、铅、锌等矿产。

旧时仫佬族信仰多神，其中主要是崇拜祖先。兴行"买水浴尸葬"，当老人去世时，儿孙必须带着冥香、冥纸及铜钱到河水或泉水边，先烧香焚纸，再将若干钱币丢于水中，再挑水回家替去世的老人沐浴尸体，然后才能入殓盖棺。

仫佬族以寨子为单位，三年一次，集体举行祭寨活动，称"做依饭"。这是仫佬族最大最隆重的节日活动。届时，全村择吉日杀猪宰牛、唱歌演戏、舞狮舞龙，还要请师公来一连数天数夜通宵达旦地念经、做道场、跳师公舞，远近戚友手提肩挑着各种礼物前来祝贺，欢聚在一堂。

青年男女之间的交际，叫做"走坡"，好像壮族的"歌圩"。唱歌、唱彩调、唱桂戏，是仫佬族民间喜爱的文娱活动，村村有歌手，歌手就是歌星，受到人民群众的尊敬。每逢"走坡"，各寨青年男女相逢之时，不管认识否，均可用歌声邀请对方唱歌，对方一般不会拒绝。如果随便拒绝别人的邀请，会被社会谴责为不礼貌。仫佬族民歌有随编随唱的"随口答"、讲述民间故事的"古条"（有歌本或口传根据）、互相讥讽、挖苦、逗笑的"烂口风"和情歌等多种。

仫佬语，属汉藏语系壮侗语族侗水语支，与侗语非常接近。没有本民族文字。

七、毛南族

毛南族之名，得于历史文献原称其住地为"茅滩"、"茆滩"、"冒南"等词语的近音。新中国建立后，曾取名"毛难族"，1986年8月经国务院批准，改称"毛南族"。主要分布在广西环江毛南族自治县。人口共有10.71万（2000年）。以谭姓为大姓，余有覃、卢、蒙、韦、欧等姓。

毛南族的节日和生活习俗，与当地壮族、仫佬族大体相同。老人去世，也兴行"买水浴尸"。信仰多神，尤重祖先崇拜。主要节日有"分龙节"和"五月庙"。分龙节主要是祭祀三界公。相传天、地、人，谓之"三界"，由三界公管着。是他开天辟地，捏土为人，接着又教人耕织，构巢以避虫蛇，至今依然影响着人类的生活，故每年必须隆重祭祀。

毛南族也以农耕稻作为主，玉米、豆、薯居重要地位。因山多田少，饲养业和手工业很发达。著名的"毛南花竹帽"，毛南话叫"顶盖花"，用原黑、红、青、蓝、白五颜六色的竹篾编织成的小斗笠，手工精细精巧，花纹图案绚丽美观，可遮太阳和小雨，远销南宁、桂林、港澳及东南亚各国。先用开水煮竹篾再编织而成的毛南软花席、花椅、花凳，美观适用。"毛南甜薯"也很有特色。每年收获白薯后，精心挑选硕大肥壮而没有伤痕的白薯，放到屋顶白天让太阳曝晒、晚间让露水浸透。经过约一个月，白薯糖化后再置入地窖保存。次年春取出，用炭火烤熟或隔水蒸熟便成，其味甜如蜜，香软可口。

相传是"三界公"传授下来的"毛南菜牛"，据方志记载已有一二百年历史。用自己养或从外地买回的病残老黄牛，圈养起来，先用本地特产的中草药把牛病治好，每天喂以足够毛南地区特产名叫"卧鸟"的一种青草和其他饲料，特别是用小米、黄豆熬制并加入适量盐分的牛湑。还要精心管理，每天都要把牛栏粪便打扫干净，夏天要注意通风、避暑、避晒和消灭蚊蝇，冬天要注意防寒保暖，环境要安静避噪。随时加大喂养食量。到最后阶段，每天昼夜分五、六次喂，共需喂约60公斤带有露水的鲜草，20公斤熟制牛湑（内含小米、黄豆、蔬菜等）。这样，三、四个月后，牛只便长成标准的菜牛了，即可出栏贩卖活牛或宰杀后卖牛肉。其肉肥嫩香甜，肉价可比普通牛肉高出好几成，远销全国各大城市。

毛南语属汉藏语系壮侗语族侗水语支，更接近水语，民间也通用壮语。没有民族文字。

八、黎 族

黎族，自称"赛"（sai），还因方言与服饰装扮不同而自称

"哈"(ha)、"歧"、"美孚"(meifu)、"加茂"(jmao)等。史称"骆越"、"俚"、"黎"。主要分布在我国海南省保亭、白沙、乐东、东方、琼中、崖县、陵水等县。1952年7月1日，曾建立海南黎族自治州。1988年4月12日提升海南为省级建制时，撤销了自治州的建制。人口共有124.78万（2000年）。

黎族的传统住房是船形"干栏"式两层建筑，下层腾放杂物，中层住人。先用木竹扎成整座房架，再用藤条捆绑树枝造成周边墙壁，屋内用藤条捆绑竹条为地板，屋顶覆盖茅草。外观既如船只，亦如鸟巢。

黎族妇女上穿对襟无扣上衣，下穿长及膝盖的花色筒裙，束发于脑后再扣以骨钗，再在头上披一块绣花头巾，戴耳环、项圈和手镯。部分妇女还保留有黥面、文身习俗。男子也结发于前额或脑后，上衣无领对襟。东方县黎族男子也戴耳环。

黎族男女皆能歌善舞。黎歌内容丰富多彩，幽默生动。人人能出口成章，有独唱、对唱、二重唱、齐唱等多种形式。黎歌的曲调优美而富有抒情，节奏韵律悠然和谐，能十分恰当地反映黎族人民的思想感情和为人性格。伴奏乐器有鼻箫、水箫、洞箫、口弓等。他们经常跳的舞蹈有"竹竿舞"、"舂米舞"、"带铃双刀舞"等。

黎族妇女特别擅长利用植物纤维进行纺织和刺绣。明代松江乌泥泾（今属上海）有个杰出的女纺织家黄道婆，从8岁开始，就因逃婚而流落到崖州黎族中居住达40年之久，在黎族妇女的帮助下，向黎族妇女学习纺织"黎被"、"黎单"等技术。晚年回乡，经过她的研究、改革和改进，创制出捍、弹、纺、织等为一体的整套纺织工具，其中有三璀脚踏纺车，一只手能纺三根纱，是当时世界上最先进的纺织工具。

新中国建立前，黎族地区也属于半封建半殖民地社会。父权占主导地位，但母权制长期同时存在。保亭县毛枝峒和毛道峒发生武装械斗时，只要妇女出面调停，双方械斗就能立即和解。黎族的"不落夫家"习俗也很浓厚，举行婚礼后第二天，新娘即回娘家长住，少则四五年，长则七八年不等，怀孕后才长住夫家。五指山区出嫁后的黎族妇女，哪怕子孙满堂，只要丈夫去世，就要搬回娘家与父母及其兄弟居住在一起；即便住在丈夫家，一旦病重，她的兄弟就会把她抬回娘家养病，死后葬在自己家族公墓中。住在夫家的妇女患病请巫师"做赶鬼"巫术时，必须请求娘家的"祖先鬼"，不能请夫家的"祖先鬼"，因为夫妻虽然生活在一起，但"祖先鬼"是不同的。

黎族地区，以"峒"为社会基本组织单位。大峒套小峒，小峒再套小峒，最小的峒也有两个自然村寨以上。大峒相当于现在一个乡，一般的峒相当一个村。峒与峒之间，都有严格的界限。平时，各峒人民无论耕田种地、捕鱼、打猎、砍柴、割草，都不能越过峒的界限，否则就会被视为侵犯峒的权益，小则发生是非纠纷，大则发生峒与峒之间的武装械斗。这同唐宋时期广南西道宁峒、黄峒、侬峒、韦峒及近代侗族地区的"侗款"的性质是相似的。

新中国建立初期，保亭、白沙、乐东三县交界的五指山区，约一万三千人口的黎族聚居区，仍保存有父系家族公社制组织的"合亩制"共耕组织制度。参加合亩的一般都带有父系家族血缘的家庭成员；也可吸收带有母系血缘的家庭参加。"合亩"组织，黎语称"纹茂"（家族），又称"翁堂沃打"或"翁堂打"，意为"家族合伙耕作"。实际上，这是一种以父系家族为基础，各个家庭都把自己私有的土地和耕牛、农具合在一起，进行共同耕作，收获按家庭平均分配的一种原始共产主义制度的残迹。由族内辈分长、年龄大、威望高的男人当亩头，黎语称"畏雅"。每年春耕犁田、插秧等重大生产活动时，要举行生产仪式，亩头夫妻及所有亩众都到田头，先由亩头夫妻走进田间干活，然后亩众才跟随入田干活。因此，结婚与否，是当亩头的必需条件，假如妻子去世，亩头也得随着另行挑选。

新中国建立前，黎族地区已有半数的合亩，富裕的亩头或亩众家庭，可吸收没有血缘关系的贫苦家庭自愿加入。这时，新加入者称亩头或家长为"龙公"，黎语叫"沃凡"，意为"富人"或"家长"；自称或被称"龙仔"，黎语称"沃伐"，意为"被保护人"。有的龙仔还需改从龙公的姓氏。在这种情况下，龙公和龙仔的地位、甚至对农产品的分配，都是不平等的。龙公已带有某种剥削者地位，而龙仔则带有当长工、当家奴性质。

我国境内操壮侗语族语言的，还有分布在海南省的"临高人"、"村人"。广西壮族自治区金秀瑶族自治县"茶山瑶"的语言，也与壮侗语族民族的语言很接近。

此外，在东南亚各国操壮侗语（亦称"侗泰语"或"侗台语"）的民族还有很多，人口竟达我国境内的两倍多。例如分布在越南的有岱人、侬人、泰人、虑人、高栏人等；老挝有佬龙、佬听、泰人；泰国有泰人、佬人；缅甸有掸人等等。只因本书所研究的古族及其历史文化，全部取材于中国古代，用中国境内壮侗语族各民族资料，已足够说明诸民族古今源流关系，故对境外民族介绍从略。

九、壮侗语族民族语言常用词汇比较[①]

语言，既是人类最早的社会生产经验和思想感情的交流工具，又是最有氏族性和民族性的一种社会现象。所以，语言是构成现代"民族"诸特征的一个重要因素。

[①] 此篇是中央民族大学资深壮语文专家韦星朗老师，应本书作者之请，专为本书需要而撰的。对本书帮助很大。深表谢意！

语言，有着不同的发展脉络和阶段，它记录着各民族的历史与现实。所以，语言是研究没有本民族文字记载的少数民族的历史、文化和民族关系的最好史料之一。研究少数民族历史文化，当然离不开汉文古籍。但汉文古籍记载少数民族历史文化，往往有缺漏、解释不清及误解曲解之处。只有在深入研究汉文古籍的基础上，把考古资料、民族调查资料和当地民族语言史料紧密结合起来，相互考证，扬长弃短，存真去伪，才能逐步获得比较合理的解决。

壮侗语民族，在古代是同源的，是同一个语言"祖宗"发展下来的。这从至今依然使用的各个民族的语言的基本词汇积淀中，就能得到充分的证明。例如：(1)在音节的构成上，每个音节都包括有声母、韵母、声调三个部分；(2)在声母方面，由元音起头构成音节的，普遍都以"ʔ"作声母。(3)在韵母方面，都有-m、-n、-ŋ和-p、-t、-k收尾音。有八个声调以上。(4)在语法方面，在定语中，一般是中心语在前，定语在后。如汉语说"新房"，壮侗语说"房新"；汉语说"我的爸爸"，壮侗语说"爸我"；汉语说"鸟田"，壮侗语说"田鸟"；汉语说"我的田"，壮侗语说"田我"；汉语说"水田"，壮侗语说"田水"等。(5)在词汇方面，壮侗各民族语言之间，有许多同源词。例如：

汉语＼民语	壮语	布依语	侗语	傣语	水语	黎语	老挝语	临高话
狗	ma^1	ma^1	ŋua^1	ma^1	ma^1_o	pa^1, ma^1	ma^1	ma^{28}
黑（色）	dam^1	dam^1	nam^1	dam^1	qam^5	dom^3	dam^1	lam^1
脸	na^3	na^3	na^3	na^3		da^1	na^5	na^3
低	tam^5	tam^5	tham^5	tɛm^5		tham^3	tam^2	dɔm^3
飞	bin^1	bin^1	pən^3	bin^1	win^3	ben^1	bin^1	vin^1
厚	na^1	na^1	na^1	na^1	ʔna^1	na^1	na^4	na^1

现在，仅将这个语族几个民族的语言中最基本、最常用的词汇，共计367个单词，列表对比于下，以供学者参照研究。

壮侗语族各族语最常用词对照

汉语	矮	八	拔	耙(田)	白	白天	百	簸子	板子	薄(厚)	抱(小儿)	背(小儿)
壮语	tam⁵	pe:t⁷	ki:m²	ɣa:u⁵	ha:u¹	to⁴ ŋon²	pa:k⁷	vaŋ¹	pe:n³	ba:ŋ¹	um³ ko:t⁴	am⁵ ma⁵
布衣	tam⁵	pet⁷	ɕi:m²		ha:u¹	ŋon²	pek⁷	vaŋ¹	pen³	ba:ŋ¹	um⁴ puɯ¹	ʔu¹
侗语	tham⁵	pet⁹		kha:i⁵	pa:k¹⁰	ka:u¹ man²	pek⁷	khwaŋ¹	phin⁵	ma:ŋ¹	um³	am⁵
傣语	tem⁵	pet⁹		phɯ¹	xa:u¹	ka:ŋ¹ van²	hoi⁴	vaŋ¹	mai⁴ pen³	ba:ŋ¹	um³	tse⁵
水语		pa:t⁷ pet⁷	tha:ŋ¹		pa:k⁸ kwa:³	wan¹	pek⁷ pa:k⁷	pha³ mu:ŋ³	be:n²	g eui¹	ʔŋəm³	ʔam⁵
黎语	thau³	gou¹	lok⁷	rik⁷	kha:u¹	pai³ hwan⁷	gwa+:n¹	mu:ŋ³		ba:ŋ¹	om³	fi:ŋ¹
老挝语	tam²	pe:t⁷		kha:t⁸	si:⁴ kha:u⁴	ka:ŋ¹ van²	ho:i⁵	vaŋ¹	pe:n⁵	ba:ŋ¹	ʔum³	pe⁵
临高	dom³	bet⁷ bat⁷		fa²	fiak⁸	ta³ van²	bek⁷	voŋ¹	ben³	via:ŋ¹	kut⁷	ta⁴

第一章 壮侗语族诸民族简介

续表 1

汉语	北	鼻子	闭(口)	闭(眼)	扁担	鞭	变	饼	病	伯母	不	布
壮语	pak⁷	daŋ¹	hup⁷	lap⁷	ha:n²	pi:n¹	pi:n⁵	piŋ³	piŋ⁶	pa³	bau³	paŋ²
布衣	pak⁷	daŋ¹	hup⁷	lap⁷	ha:n²	pi:n¹	pi:n⁵		piŋ⁶	pa³	bau⁵	paŋ²
侗语	pak⁷	naŋ¹	hap⁷	nap⁷	la:n²	nau³	pjiŋ⁵	pien⁴	pjiŋ⁶	nai⁴ la:i⁴	kɯi²	ja¹ min²
傣语	hun¹ ny¹	daŋ¹	hup⁷	lap⁷	mai⁴ ka:n²	xon⁴ sɛ³	pen⁵	xau⁴ mun²	xai³	pa³	bau³	fa:i³ pik⁸
水语		ʔnaŋ¹	ŋap⁷				pjen⁵				me²	ʔja¹
黎语	pha:³ tshei¹	khat⁷	tshop⁷	kup⁷ tso:p⁷	tshai⁴ fi:k⁷	tsu² tsu:i³	zau² bi:n³	a:n²	tshok⁷	ki:n¹	ta¹	dop⁷
老挝语	pho:k mua⁴	daŋ¹			mai⁴ kha:n³	sɛ⁶	pian²	pe: ŋ⁵	pha⁶ na:t⁸	pa⁵	bo²	pha⁶
临高	bak⁴	loŋ¹	hop⁷	nop⁷	van²	bin¹	bin³	biŋ³	fiŋ⁴	ba³	man²	hop⁷

续表2

汉语	菜	踩	草	插(秧)	茶	柴(火)	长(矮)	肠子	巢	车	拉	成(功)
壮语	pjak⁷	ɕaːi³	ha² / rum¹	dam¹	ɕa²	fun²	ɣai²	sai³	ɣoːŋ²	ɕi¹	ɣaːk⁸ / peːŋ¹	pan²
布衣	pjak⁷	ɕaːi³¹	ha²	dam¹	ɕa²	fun²	zai²	sai³	zoːŋ²		za⁶	pan²
侗语	ma¹	jem⁶	nɑːŋ³	lam¹	ɕe²	lit⁷	jaːi³	saːi³	kuŋ¹	ɕa¹	tu¹ / kaŋ⁶	wan¹ / ɕaːŋ¹
傣语	phak⁷	tan⁴	ja³	puk⁸	la⁴	fun²	jaːu²		haŋ²	lot⁸	tsak⁸	pin¹
水语	ʔma¹	duːn³	ja¹	ʔdam¹	tsja²	dit⁷	ɣaːi³			sje³	bjan⁵	ɕin¹
黎语	beu¹ / tshai¹		kan³	gwa¹	de¹	kun²	taːu³	raːi³	ruːk⁷	tshia¹	kuːm¹	tsiːŋ¹
老挝语	pak⁷	jiːap⁷	na⁶ / kha²		sa³	fuɯːam¹	jaːu¹	saːi⁶ / laːi⁸sai⁶	haŋ³	lot⁸	laːk⁸	pen¹
临高	sak⁷	dɔk⁷	bot⁷	lɔm¹	sa²	van²	lɔi¹	tse⁴	luk⁸	sia¹	beŋ¹ / lot⁸	tiŋ²

续表 3

汉语	吃	赤(色)	舂(米)	虫	稠(稀)	臭	臭虫	出	锄(头)	锄(草)	穿(衣)	穿(针)
壮语	kɯn¹	diŋ¹	tam¹	noːn¹/neːŋ²	noŋ⁵/kɯt⁸	hau¹	ɣɯːt⁸	oːk⁷	kvaːk⁷	kvaːk⁷	tan³	ɕoːn¹
布衣	kɯn¹	diŋ¹	tam¹	noːn¹		hau¹	zɯːt⁸	oːk⁷	kwa⁶	kwa⁶	tan³	
侗语	ɬaːn¹	je⁵	saːk⁹	mui²	nak⁷	ŋan¹	iŋ¹	uk⁸	ɬhit⁹	ɕen³	tan³	tun¹
傣语	kin¹	deŋ¹	tam¹	mɛŋ²	xun³	min¹	het⁸	ɔk⁸	xɔ¹	tsaːk⁸	nuŋ⁶	sun¹
水语	la²	deŋ³	haːk⁷	ta¹	nɯn¹	nu¹		ʔnuk⁷		sop⁷		tok⁷
黎语	kin¹	deŋ³	tshekː⁷	hjan²		reːk⁷/haːi¹	kɯp⁷	thɯːn¹	kwaːk⁷	lu:n²	tshat⁷	
老挝语	kin¹	deːŋ¹	dum¹		khun⁶	men⁴	hɯːat⁸	ʔoːk⁷	khut⁸		nuŋ²	tok⁷
临高	kon¹	liŋ¹		miŋ²	kot⁸	koʔ⁸	liat⁸	uk⁷	kuak⁷	kuɁ⁸	diŋ¹	sun¹

续表 4

汉语	穿山甲	船	吹(火)	春	村	答(应)	打(人)	大	大便	带(子)	袋子	胆
壮语	lin⁶	ɣu²	po⁵	ɕin¹	ba:n³	tɔ:p / ha:n¹	mop⁸	bɯk⁷ huŋ¹	hai⁴	sa:i¹	tai⁶	bi¹
布衣	lan⁶	zua²	po⁵		ba:n³	ha:n¹	mop⁸	bɯk⁷	hai⁴	sa:i¹	tai⁶	bi¹
侗语	lin⁶	lo¹	pou⁴		ɕa:i⁶	ɕa:n¹ / nam⁵	heu¹	ma:k⁹ la:u⁴	e⁴	se¹	tai⁶	po² ta:m³
僚语		hv²	po²	nja:n' sən¹	ba:n³	top⁹	bup⁷	loŋ¹ jai⁵	xi³	sa:i¹	thuŋ¹	bi¹
水语	mum³		ou²		ʔba:n³	liŋ⁴	peŋ⁵	la:u⁴		tai²		ʔdo⁵
黎语	lin³	va¹	pau²		fa:n¹	then	tha:i²	loŋ¹ la:ŋ²	ha:i³	do:i¹ ɬa¹	tshom³	dai¹
老挝语	hin⁴	huɯa³	vou⁴		ba:n⁵	tɔ:p⁷ kha:n⁴	ti¹	jai²	khi⁶	sa:i⁴	thɔŋ²	bi¹
临高		lua²			vɔ³	tap²		nɔ³ taŋ²	kai⁴	ba³	hoi⁴	loi¹ da:m³

续表5

汉语	蛋	稻子	稻草	稻谷	得	刀	到	弟	凳子	低	掉	冬
壮语	kjai⁵	hau⁴	fuːŋ² / naːŋ³	hau⁴ / kok⁷	dai³	ɕa⁴ / mit⁸	taŋ²	nuːŋ⁴	taŋ⁵	tam⁵	tok⁷	toŋ¹
布衣	tɕai⁵	hau⁴	fuːŋ²	hau⁴ / kok⁷	dai³	tɕa⁴	taŋ²	nuːŋ⁴	taŋ⁵	tam⁵	tok⁷	taŋ¹
侗语	kai5	əu⁴	paːŋ¹	əu⁴ / ok⁷	li³	mja⁴ / mit¹⁰	thou⁵	noŋ⁴	taŋ⁵	tham⁵	tok⁷	naːn¹ / toŋ¹
傣语	xai⁵	xau³	fɤŋ²	xau³ / aːn¹	dai³	pha⁴	thɯŋ¹	noŋ⁴	tha³	tem⁵	tok⁷	toŋ⁶ / naːu¹
水语		ʔau⁴	naːŋ³	ʔau⁴ / ɣa⁵	dai³	mit⁸	thau⁵	nu⁴			tok⁷	noŋ¹
黎语	zuːm¹	muːn³	ŋwiŋ²	pok⁷	iaːŋ¹ / goːm³	ka³	daːn³	pha³ / guːŋ¹	tsu² / daŋ²	tham⁵	thok⁷	naːn¹ / khaːi²
老挝语	khai³	khau⁶	khau⁶ / pwːak⁷	khau⁶ / phɯːak⁷	lai³	pha⁵	tha:ŋ⁴	noŋ⁵ / saːi⁴	taŋ²	tam⁵		
临高	num¹	ŋau⁴	muŋ⁴	mok⁸		mit⁸ / tsa⁴	doŋ¹	tok⁷	doŋ³	dom⁵	dok⁷	doŋ¹

续表6

汉语	东	肚	短	豆	多	儿子	耳	二	房子	(干)饭	肺	飞
壮语	toŋ¹	tuŋ⁴	tin³	tu⁶	la:i¹	luɯk⁸	ɣɯ²	ŋei⁶ so:ŋ¹	ɣa:n²	ŋa:i² hau⁴	put⁷	bin¹
布衣	toŋ¹	tuŋ⁴	tin³	tu⁶	la:i¹	luk⁸	zie²	so:ŋ¹	za:n²	ŋa:i²	put⁷	bin¹
侗语	toŋ¹	loŋ²	than³'	to⁶	kuŋ²	la:k¹⁰ pa:n¹	kha¹'	ja² ni⁶	ja:n²	əu⁴	pup⁷	pan³
傣语	hun¹ van² ɕk⁸	toŋ⁴	sɛm³	tho⁶	la:i¹	luk⁸ tsa:i²	bin³ hu¹	soŋ¹	hɯn²	xau⁴	pot⁸	bin¹
水语		loŋ²		to⁶	kuŋ²	la:k⁸	qha¹	ɣa¹ ni⁶	ɣa:n¹	ʔau⁴ suk⁸	put⁷	win³
黎语	phai³ phe:k⁷	pok⁷	that⁷	tsu² hjau¹	ɬo:i¹	ɬɯ:k⁷ pha³ ma:n¹	zai¹	ɬau³	ploŋ³ rɯ:n¹	tha² me:k⁷	kau²	ben¹
老挝语		tho:ŋ⁵	san⁶	ma:k⁷ tua²	la:i⁴	lɯ:k⁸	hu⁴	ni² so:ŋ¹	hɯ:an³	khau⁶ suk⁷	po:t⁷	bin¹
临高	doŋ¹	bo⁸	xut⁸	hou⁴	liau⁴	lak⁸ da³	sa¹	von³ ŋi⁴	lan²	ŋai²	vɔi⁷	vin¹

续表7

汉语	肥	粪	风	父	夫	斧	肝	高	睾丸	眼	根	狗
壮语	pi²	pwn⁶	ɣum²	po⁶	kva:n¹	va:n¹ / fou³	tap⁷	sa:ŋ¹	ɣam¹	ne:m¹ / ɣuu:ŋ²	ɣa:k⁸	ma¹
布衣	pi²	pwn⁶	zum²	po⁶	kwa:n¹		tap⁷	sa:ŋ¹	zam¹	zi:ŋ²	za⁶	ma¹
侗语	pui²	ma:u²	ləm²	pu⁴	sa:u⁴	kwa:n¹	tap⁷	pha:ŋ¹'	lou⁵	ɲim¹'	sa:ŋ¹'	ŋwa¹'
僳语	pi²	fun⁵	lum²	po⁶	pho¹	xwa:n¹	tap⁷	suŋ¹	ma:k⁹ / ham¹	ɲiŋ⁵	ha:k⁸	ma¹
水语	pi²		kha:t⁷ / hwiu¹	pha³ / za¹	thoŋ³ / ploŋ³	bua²	ɲa:n¹	wa:ŋ¹	zu:m¹ / pan³	tsu² / riŋ¹	ha:ŋ¹	ma¹
黎语	gwei³	bu:n³	hwo:t / hwiu¹	pha⁴	phu:a⁴	khva:n⁴	tap⁷	phe:k⁷	ma:k⁷ / ham⁴	tsu² / riŋ¹	ha:ŋ¹	pa¹ / ma¹
老挝语	phi³	khi⁶	lom²	be²	be²	fu³	tap⁷	su:ŋ⁴	jin² / ham¹	ta:m¹ / laŋ⁴	kei¹	ma⁴
临高	fui²	kai⁴ / fan³	van³				dop⁷	haŋ¹		nem'	na²	

续表 8

汉语	骨头	亮	关(人)	关(门)	过	孩子	果子	河	黑(色)	黑(暗)	喊	旱
壮语	do:k⁷	ɣo:ŋ⁶	kjaŋ¹	hup⁷ gve:n¹	kva⁵	luk⁸ ŋe²	ma:k⁷	ta⁶	dam¹	lap⁷	heu⁶ he:m⁵	ɣe:ŋ⁴
布衣	do⁶	zoŋ⁶	tɕaŋ¹		kwa⁵	luk⁸ ne²	ma⁶	ta⁶	dam¹	lap⁷	heu⁶	zeŋ⁴
侗语	la:k⁸	kwa:ŋ¹	tam³	ŋa:p⁸	ta⁶	la:k¹⁰ un³	tui¹ tam⁶	na⁶	nam¹	teŋ⁵	hem⁴ sim³	liŋ⁴
傣语	duk⁹	leŋ²	xaŋ¹	hap⁷	xa:m³	luk⁸ ɔ:⁵	ma:k⁹	nam⁴ mɛ⁶	dam¹	mut⁸	hoŋ⁴	heŋ³
水语		qa:ŋ⁵		ŋap⁸	ta³	la:k⁸	tsho:m¹ tshai¹	ʔnja¹	qam⁵	xəp⁷	ɕim³ ju⁵	
黎语	vuu:k⁷	deŋ³	loŋ²	ŋat⁷	dua³	tɯ:k⁷ lau²	ma:k⁷	nom³ kai¹	dom³	li¹ lo:k⁷	ŋwa:t⁷	ra:n²
老挝语	ka:⁷ du:k⁸	huŋ²			pha:n²	lu:k⁸ de:k⁷		mɛ² nam⁵	dam⁶	muu:t⁸	ho:ŋ⁶	fa⁵ lɛ:ŋ⁵
临高	uak⁸	baŋ¹	laŋ¹	hop⁷	kua³	lak⁷	mak⁸	do³	lam¹	jɔp⁷	jam³	daŋ⁴

第一章 壮侗语族诸民族简介

续表9

汉语	汗	好	喉	后	厚	红	话	换(衣)	虎	滑	回	黄(色)
壮语	ha:n⁶	dei¹	ho²	laŋ¹	na¹	diŋ¹ hoŋ²	va⁶	ɣɯ:k⁸	kuk⁷	ɣau² mja:k⁸	ma¹	lɯ:ŋ³ he:n³
布衣	ha:n⁶	di¹	ho²	laŋ¹	na¹	diŋ¹	wa⁶	zie⁶	kuk⁷	zau¹	ma¹	hen³
侗语	pan⁵	la:i¹	u²	lan²	na¹	ja⁵′	li⁴	tha:u⁵	mam⁴	ljan¹	ɕon⁵	ma:n³′
僳语	hɤ⁵	di¹	koŋ¹ xɔ²	pa:i² laŋ¹	na¹	deŋ¹	kam²	lɛk⁸	sɤ¹	la:t⁸	pok⁸	lɤŋ²
水语		ʔda:i¹	qoŋ⁶	lan²	ʔna¹	ha:n³		la:k⁸	mam⁴		ta:u⁵	
黎语	nom³ wom³	ɬen¹	kho:k⁷	du:n³	ma¹	de:ŋ³	thun¹	lau¹	hou³	ki:t⁷	peɯ¹	ze:ŋ¹
老挝语	hua⁴	di¹	kho³	tha:ŋ⁴ laŋ⁴	na⁴	de:ŋ¹	vau⁵ bo:k⁷		sɯ:a⁴	mɯ:n²	kap⁷ ma³	lɯ:aŋ⁴
临高	hon⁴	mai²	dun⁴ ko²	dau³ lɔi²	na¹	hoŋ²	ko³	lak⁸	ho³	miak⁸	laŋ¹	laŋ¹

续表 10

汉语	黄牛	鸡蛋	火	鸡	家	嫁	见	讲	脚	姐	斤	金
壮语	ɕɯ²	kjai⁵ kai⁵	fei²	kai⁵	ɣaːn²	haː⁵	ɣan¹	kaːŋ³	tin¹	ɕeː³ taː⁶	kan¹	kim¹
布衣	ɕie²	tɕai⁵ kai⁵	fi²	kai⁵	zaːn²	haː⁵ kaːi¹	zen¹	kaːŋ³	tin¹		kan¹	tɕim¹
侗语	san²	kai⁵ aːi⁵	pui¹	aːi⁵	jaːn²	e⁵ paːi¹ saːu¹	nu⁵'	aːŋ³ waº	tin¹	kaːi⁴	tan¹	tam¹
傣语	ho²	xai⁵ kai⁵	fai²	kai⁵	hɤn²	xa⁵	han¹	lau⁶	tin¹	pi⁶ jiŋ²	kin³	xam¹
水语	mo⁴		wi¹	qaːi⁵	aːn²		do³	fan²	qa¹ tin¹	fe²	tan¹	tɕəm¹
黎语	niu¹	zɯːm¹ khai¹	fei¹	khai¹	ploŋ³	peɯ¹ khuːi³	laːi³	riːn¹	khok⁷ teʦ	khau³ eiː²	kin¹	kin¹
老挝语	ŋua³	khai² kai²	fai²	kai²		ʔau¹ phua⁴	hen⁴		tiːn¹	ʔɯːai⁵	lo³	kham³
临高	ŋu²	num¹ kai¹	vai²	kai¹	lan²	ha³	hu⁴	kaŋ³	kok⁷	boi³	kan¹	kim¹

第一章 壮侗语族诸民族简介

续表 11

汉语	进	九	久	酒	旧	锯子	掘	咳嗽	开	饮	看	渴
壮语	hau³	kou³	na:n²	lau³	kau⁵	kau⁵	kut⁸	ai¹	ha:i¹	ɣam³ / fan²	jaw³ / nai⁵	ha:t⁷ / hau⁵
布衣	hau³	ku³	taŋ¹	lau³	kau⁵	ɬo⁵	kut⁸	ai¹	hai¹	zam³	ɓo⁴	ha:t⁷ / hu⁵
侗语	la:u³	ɬu³	tjaŋ¹	khwa:u³	a:u⁵	lɣ⁶	te⁵	khau¹'	ai¹'	tat⁷ / pəm³	nu⁵ / naŋ²	ja:k / nam⁴
僚语	xau³	kau³	kau³	lau³	kau⁵	qau⁵	xot⁸	ai¹	xai¹	fan²	toŋ² / jem³	xo² / heŋ³ / ja:k⁷ / nam⁴
水语	ʔdan³	tu³	tjaŋ¹	qha:u³	ma:n¹	kew³	te⁵	khau⁵	ʔmoŋ¹	te⁵	qau⁵	
黎语	ɬu:t⁷	faw³	kau³	biŋ²	kau²	lu:ai²	hut⁷	gia¹	ua²	vo:n¹	zui³ / kiu¹	da:u¹ / thi:u¹
老挝语	khau³	kau⁵		lau⁶	kau⁵	kə³	khut⁸	ʔai¹	khai⁶	tat⁷	baŋ²	
临高	lou⁴	ku³	foŋ³	jan³	kau²		ku⁸	ai¹	xoi¹ / xai²	dam⁴	dek⁸ / moŋ⁴	xuat⁷

续表 12

汉语	口	口水	哭	苦(味)	来	裤	快	筷	宽	老	蓝
壮语	pa:k⁷	mja:i²	tai³	ham²	tau³ ma¹	va⁵	ham¹ va:i⁵	tau⁶	kva:ŋ⁵	la:u⁴ ke⁵	heu¹ la:m²
布衣	pa⁵	na:i²	tai³	ham²	ma¹ tau³	wa⁵	mja:ŋ⁵	tu⁶	kwa:ŋ⁵	la:u⁴ tɕe⁵	
侗语	ep⁷	ŋwe²	ne³	əm²	ma¹′	so⁵ u⁵	hoi⁵	ɕo⁶	kwa:ŋ⁵′	la:u⁴	pha:1′
傣语	pak⁹	nam⁴ la:i²	hai³	xum¹	ma²	teu⁵	vai²	thu⁵	kwa:ŋ⁵	ke⁵	lɤm³
水语	pa:k⁷		ʔɡe³		taŋ¹		hoi⁵	tsu⁶	fa:ŋ⁵	na:k⁷(莱)	
黎语	pom³	nom³ ɬo:i¹	ŋai³	ho:m¹	puɯ:n¹	khou³	zuɯn²	thi:p⁷	be:ŋ¹	ki:n²	khi:u¹
老挝语	pa:k⁷	nam⁵ la:i³	hai⁶	khum⁴	ma³	soŋ⁶	vai³	mai⁵ thu²	kva:ŋ⁵	ke²	si⁴ kha:m³
临高	bak⁷	nam⁴ mai²	ŋai³	kam²	mia²	xo³	meŋ³	sɤu⁴	xuat⁷	la:u⁴	la:m²

续表 13

汉语	懒	犁	里(内)	雷	泪	冷	脸	力	亮	聋	流	六
壮语	kik⁷ la:n⁴	ɕai¹	dau¹	pja³ loi¹	ɣam⁴ ta¹	nit⁷ ke:ŋ⁴	na³	ɣe:ŋ²	ɣo:ŋ⁶	nuk⁷	lai¹	ɣok⁷ lok⁸
布衣	tɕik⁷	ɕwai¹	dau¹		zam⁴ ta¹	ɕeŋ⁴	na³	zeŋ²	zoŋ⁶	nuk⁷	zeu²	zɔk⁷
侗语	kwət⁷ soi²	khai¹	a:u⁴	pja³	nam⁴ ta¹	lja:k⁷ leŋ⁴	na³	lak⁸ so⁶	kwa:ŋ¹	lak⁷	ui¹	ljok⁸
傈语	xa:n⁴	thai¹	pa:i² nai²	fa⁴ hɐɕ¹	nam⁴ ta¹	na:u¹	na³	heŋ²	leŋ² soɕ⁵	nok⁷	lai¹	hok⁷
水语	qhət⁷	kwai¹	ʔa:u³	qam⁴ ʔha:³	nam³ da¹	ɳa:ŋ⁵	na³	ljək⁸ lik⁸	qa:ŋ¹	ʔdak⁷		ljok⁸
黎语	la:n³	lai²	u:k⁸	na:m³	nom³ tha¹	kha:i²	daŋ¹	khau²	den²	ɬo:k⁷ zai²	ma:u¹	tom¹
老挝语	hi⁶ kha:n²	thai⁴	pha:i⁷ nai³	fa⁵ pha²	nam⁵ ta¹	na:u⁴	na⁵	he:ŋ³	huŋ²	hu⁴ nu:ak⁷	lai⁴	hok⁷
临高	lam⁴ ti¹	lɔi¹	da³	loi²	nam⁴ da¹	nit⁷	na³	liŋ²	baŋ¹	mak⁸	lai¹	sok⁷ lok⁸

续表 14

汉语	漏	路	绿	乱	买	卖	满	慢	马	蚂蟥	蚂蚁	骂
壮语	ɣo⁶ lau⁶	ɣon¹ lo⁶	heu¹ lok⁸	nɯŋ⁵ lu:n⁶	ɕau⁴	ka:i¹	ɣim¹ mu:n⁴	vai⁶ me:n⁶	ma⁴	piŋ¹ ta:k⁷	mot⁸	da⁵ ve:t⁷
布衣	zo⁶	zon¹	heu¹	nɯŋ⁵ lu:n⁶	ɕɯ⁴	ka:i¹	zim¹	me:n⁶	ma⁴	piŋ¹	mot⁸	da⁵
侗语	lau⁶	kwən¹	su¹	lon⁶ pja⁴	tai³	pe¹	tik⁸ təm⁴	ma:n⁶	ma⁴	sən⁴	mət⁸	kwa⁵
傣语	ho⁶	ta:ŋ²	xeu¹	juŋ³	su⁴	xa:i¹	tim¹	an¹ ɲa:m⁵	ma⁴	piŋ¹ ta:k⁷	mot⁸	da⁵
水语		khun¹	ɕu¹	hoŋ⁶			tik⁷	tsɣŋ⁴	ma⁴			ʔda⁵
黎语	ran¹	ku:n¹	khi:u¹	ku:² lu:ŋ²	djai³	zu:ŋ³	thi:k⁷	fa:n¹	ka³	ziŋ¹	put⁷	tsha³
老挝语	hu:a²	hon⁴ tha:ŋ³			su⁵	kha:i⁴	tem¹	tai²	ma⁵	piŋ¹	mot⁸	da²
临高	lɔ⁸	sun¹	heu¹ luk⁸	luan⁴	vian¹	iŋ³	thi:k⁷	sai² lai⁴	ma⁸	biŋ¹ dak⁷	mu⁸	an³

续表 15

汉语	埋	猫	密	棉花	门	米	磨(刀)	木	哪	母(的)	母亲	男(人)
壮语	kam¹ mok⁷	me:u²	na¹ tei⁶	fa:i⁵	tou¹	hau⁴	pan²	fai⁴ mok⁸	lau²	me⁶	me⁶	pou⁴ sa:i¹
布依	mok⁷ kam¹	me³	ti⁶	va:i⁵	tu¹	hau⁴	pan²	fai⁴	lau²	me⁶	me⁶	pu⁴ sa:i¹
侗语	əm⁵ mok⁷	meu²	a:t⁷	mjin²	to¹	əu⁴ sa:n¹	pan²	mai⁴	nu¹	mai⁴	nai²	nən² pa:n¹
僳语	faŋ¹	meu²	thi⁵	fa:i³	pa:k¹ tu¹	xau⁴ sa:n¹	lap⁸	mai⁴	dai¹	me⁶	me⁶	kun² tsa:i²
水语	ha:ŋ⁵	mi:u²	o:t⁷	bu:i³		ʔau⁴	pan²	mai⁴	nau²	mi⁴		ba:n¹
黎语	kom¹ ɬom²	me:u³		fa:i⁶	thiu¹ ploŋ³	gei¹	ra¹	thun² tshai¹	ra³	pai²	pai²	pha³ ma:n¹
老挝语	faŋ²		na¹		pa:ʔ⁷ tu¹	khau⁶	fon⁴		sai⁴	me²	me⁶	phu⁵ sa:i⁴
临高	dam² bok⁷	meu²			dan⁴	lɔp⁸	von¹	mok⁸	la²	mai⁴	mai⁴ lai³	da³ xiaŋ⁴

续表 16

汉语	南	难	脑	拿	那	鸟	尿	牛	肉	嫩	泥	你
壮语	na:m²	ho³ na:n²	uk⁷	tau²	han⁴	ɣok⁸ nok⁸	ȵou⁶	ɕɯ² va:i²	dau¹	o:n⁵ oi⁵	poŋ² na:m⁶	muŋ²
布衣		na:n²	uk⁷	tu²	te⁵ um³	zɔk⁸	ȵu⁶	ɕɯ²	dau	on⁵ oi⁵	na:m⁶	muŋ²
侗语	na:m²	na:n²	ȵui¹² ka:u³	tai¹² a:u⁴	ta⁶	nok⁸	ȵeu⁵	sɐn²	ma:ŋ² a:u⁴	lji⁴	ma:k¹⁰ lo⁶	na²
僳语	hun¹ tai³	ja:k⁸	ɛk⁹ ho¹	au¹	nan⁴ han³	nok⁸	jeu⁶	ho²	pa:i² nai²	on⁵	din¹ da:k⁸	muŋ² su¹ sau³
水语	phai³ daŋ¹	va:u¹ re:k⁷	ʔȵe	tai² qam¹	hau² ma²	nok⁸	ʔȵju⁵	kui²（水）	ʔa:u³	zje¹		na²
黎语		na:k⁸	u:k⁷ ɬu:k⁷	tshi:u³	han⁵	tai⁷	dou¹	ȵiu¹ tui³	u:k⁷	u:t⁷	ple:k⁷	meu¹
老挝语		ŋai²	ʔɔ:k⁷	ʔau¹ thu:⁴	na⁴	nok⁸	ȵi:u²	ŋua³	tha:ŋ³ nai³		din¹	mɯ:ŋ¹ to¹
临高	nom²		tui²	ŋan¹		nok⁸	lou²	ŋu² tai³	da³ min⁴	um³	boŋ²	ma²

续表 17

汉语	年	女（人）	暖	糯米	呕吐	耙（田）	捧（水）	劈	皮	疲劳	屁	胖
壮语	pi¹ ni:n²	me⁶buk⁷ vun²pa²	ɣau³	hau⁴ na⁶	ɣu:k⁸ kve⁴	ɣa:u⁵ ɣai⁵	ko:p⁷	pa:k⁸	naŋ¹	na:i⁵ pak⁸	ɣot⁷	pi²
布依	pi¹	luk⁸ buk⁷	zau³		zu:k⁸		kop⁷	pa⁶	naŋ¹	na:i⁵	zot⁷	pi²
侗语	ɲin²	nən² mjek⁴	sa:u³	əu⁴ to³	ven³ ne¹	pa² kha:i⁵	up⁷	mak⁹′	pi²	ti¹ ne⁵ wan⁵	that⁷	pui²
傣语	pi¹	kun² jiŋ²	un⁵	xau³ no¹	ha:k⁸	phɣ¹	kop⁹	pha⁵	naŋ¹	on³ moi⁶	tot⁷	pi²
水语	be¹	ʔbja:k⁷							ʁa¹			pi²
黎语	pou²	pu¹ khau²	ɬun²	gei¹ ka³	fe:k⁷	rik⁷	khop⁷	bu:ŋ¹	no:ŋ¹	bok⁸	thu:t⁷	gwei³
老挝语	pi¹	me³ niŋ³	ʔun²		ha:k⁸	kha:t⁸	ko:p⁷	pha²	naŋ¹	ʔit⁷	tot⁷	phi²
临高	vai² nen²	mai⁴ lək⁸	lum³	lop⁸ nak⁸	duak⁸	fa²	kup⁷	tsak⁸	naŋ¹	nuai³	dut⁷	fui²

续表18

汉语	跑	平	气	千	七	浅	前	青蛙	轻	晴	清	青
壮语	pu:k⁷ a:k⁷	piŋ²	hei⁵	ɕi:n¹	ɕat⁷	feu⁶ tin³	na³	kop⁷	bau¹	he:ŋ⁴	sau¹	heu¹
布衣		piŋ²	hi⁵	ɕi:n¹	tɕet⁷	feu⁶	na³	kop⁷	bau¹	zeŋ⁴	sau¹	heu¹
侗语	pjeu⁵	pjiŋ²	thi⁵	sin¹′	set⁷′	lin⁵	un⁵	əp⁷ je¹	tha³′	ai¹′ kha:ŋ¹′	lu¹′	su¹′
傣语	len⁶	peŋ²	ai¹ lum²	pan²	tset⁷	tum³	pai² na³	kop⁷ xet⁹	bau¹	det⁹	tha¹ na²	xeu¹
水语	pja:u⁵	pjeŋ²	thi¹	ɕen¹	ɕat⁷	ʔdjai⁵	na³		za³			ɕu¹
黎语	gou²	pliŋ²	tseu²	ŋu:n¹	thou¹	thum³	phai³ daŋ¹	ri:t⁷ ka:t⁷	khau³	ɨɯ:ŋ²	ɬɯ:ŋ²	khi:u¹
老挝语	le:n²		ʔa⁶ ka:t⁷	phan³	tset⁷	tum⁵	tha:ŋ² na³	kop⁷	bau¹	ɨɯ:ŋ²		khe:u¹
临高	fau¹	fiŋ²	xəi³	sin¹	sit⁷	dem³ dim⁵	dau³ na³	op⁸	xo³	daŋ⁴	siŋ¹	heu¹

续表 19

汉语	取	去	咀	渠	人	扔	晒	三	日子	肉	人	软
壮语	au¹	pai¹	no:n¹	mɯ:ŋ¹	vun² hun²	vut⁷ fɯŋ⁴	ta:k⁷	sa:m¹	ŋon² van²	no⁶	hau³	un⁵
布衣	au¹	pai¹	non¹	mi:ŋ¹	vun²	puŋ²	ta⁶	sa:m¹	ŋon²	no⁶	hau³	un⁵
侗语	a:u¹	pa:i¹	num¹	mjiŋ¹	nen²	pja:n⁶	ɕa⁵′	sa:m¹	man¹	na:n⁴	la:u³	ma³
傣语	au¹	pai¹ ka⁵	non¹	mɤŋ¹	kun²	vut⁸	ta:k⁸	sa:m¹	van²	no⁴	xau³	on⁵
水语	ʔa:u¹ diu¹	pa:i¹	ta¹		zen¹		tshi:ŋ⁵	ha:m¹	wan¹	a:k⁷ go:m³	ʔdan³	ʔma³
黎语	pat⁷	hei¹	kui¹	dai²	u² a:u¹	fik⁷	ta:k⁷	fu³	hwan¹ na:n¹	si:n⁵	ɬu:t⁷	nom¹ pu:t⁷
老挝语	ʔau¹	pai¹		mɯ:aŋ⁴	khon³	thi:m⁶	dak⁷	sa:m⁴	van²	nan⁴	kau³	ʔo:n²
临高	au¹	boi¹	ton³	maŋ¹	leŋ⁴ hun²	feŋ⁴		tam¹	van²		lou³	num⁴

续表 20

汉语	山	杀	畲(地)	深	呻吟	上(面)	上(山)	舌	蛇	绳	十	生(的)
壮语	pja¹ doi¹(岭)	ka³	ɣei⁶	lak⁸	kja:ŋ²	kɯn²	huɯn³	lin⁴	ŋɯ² ta:ŋ⁶	ɕa:k⁸ la:m⁶	ɕip⁸	dip⁷
布依	pja¹	ka³	zi⁶	lak⁸		kɯn²	huɯn³	lin⁴	ŋua²	ɕa⁶	sip⁸	dip⁷
侗语	tɐn⁸	sa³	ti⁶	jam¹	ja:ŋ²	wu¹	tha¹	ma²	sui²	la:m⁸	ɕəp⁸	ɕeŋ¹
傣语	doi¹ koŋ²	xa³	hai⁶	lɤk⁸	xa:ŋ²	pa:i² ny	xuɯn³	lin⁴	ŋu²	tsak⁸	sip⁷	dip⁷
水语	pja¹	ha³		ʔjam¹		ʔu¹	sa⁵	ma²	fui²	la:k⁷	sap⁸	
黎语	da:u³ gaŋ¹	hau¹ mi:k⁸	pho³	ɬo:k⁷	kaŋ²	teɯ¹	kha:n¹	ɬɯ:n²	za²	ta:p⁸ do:i¹	fu:t⁷	vi:p⁷
老挝语	pha⁴	kha⁶	din¹ kɯ:a⁵	lak⁸		tha:ŋ² thaŋ²	khuɯ:n⁶	lin⁵	ŋu³	sɯu:ak⁸	sip⁸	dip⁷
临高	tia⁴ saŋ¹	ka³	vən³	lak⁸	kaŋ²	bai³ luŋ²	kan³	lin⁴	ŋia²	dak⁸	tap⁸	lip⁷

续表 21

汉语	手	石	屎	是	水	鼠	薯	树	酸	睡	说	死
壮语	fuŋ²	rin¹	hai⁴	tuk⁸ sei⁶	ɣam⁴	nou¹	man²	fai⁴ mai⁴	som³ la:n⁴	nin² no:n²	nau² ka:ŋ³	ta:i¹
布衣	fuŋ²	zin¹	hai⁴	tuːk⁸	zam⁴	nu¹	man²	fai⁴		nin²	nau²	ta:i¹
侗语	mja²	tin¹ pja¹	e⁴	ɕiŋ⁵ ka:ŋ³	nam⁴	no³	man²	mai⁴	səm³	nak⁷	a:ŋ³ wa⁶	tai¹
仫佬语	mu²	ma:k⁹ hin	xɪ⁴	tsai⁶	nam⁴	nu¹	man²	ko¹ mai⁴	sum³	non²	pa:k⁹ va⁶	ta:i¹
水语	mja¹	tin²	qe⁴	si³	nam⁴	no̜³	man¹	mai⁴	xəm³	nun²	sot⁷	tai¹
黎语	meu¹	pai³ tshi:n¹	ha:i³	man¹	nom⁴	liu¹	man³	tshai¹	fa³	kau²	ri:n¹	hut⁷ ɬa:u²
老挝语	mu²	hin⁴	khi⁴	me:n³	nam⁵	nu⁴	man² (紫薯)	mai⁵	lom⁵	no:n³	vau⁵	
临高	mo²	din¹	kai⁴	ti⁴	nam⁴	nu¹		dun³	hua³	lap⁷ son¹	kaŋ³	dai¹

汉语	四	太阳	孙	笋	他	疼	天	塘	挑（担）	跳	听	天亮
壮语	sei⁵	taŋ¹ ŋon²	laːn¹	yaːŋ²	te¹	in¹ keːt⁷ toːt⁷	fa⁴ bun¹	tam²	yaːp⁷	tiːu⁵	tiŋ⁵	yaːn² yoːŋ⁶
布衣	si⁵	dit⁷	laːn¹	zaːŋ²	te¹	tet⁷	bun¹	tam²	zaːp⁷	tiu⁵	tiŋ⁵	zaːn² zoŋ⁶
侗语	si⁵	taː³ man¹	laːk¹⁰ khwaːn¹ʹ	naːŋ²	mau⁶	it⁷	uan¹	tam¹	taːp⁷	pjiu¹	thiŋ⁵	kwaːŋ¹
獠语	si⁵	ta¹ van²	laːn¹ tsaːi¹	nɔ⁵	man² tsau³	tsep⁷	fa⁴	nɔɕu	haːp⁹	hok	faŋ⁵	faː⁴ leŋ²
水语	ɕi⁵	da¹ wan¹	qhaːn¹	naːŋ²	man¹	ɟit⁷	ʔban¹	noŋ¹	taːp⁷	ʔna¹	ŋai⁵	ʔban¹ qaːŋ¹
黎语	tshau³	tsha¹ van¹	ɨɯːk⁷ fou³	huːŋ¹	na¹	tshok⁷	fa³	hjuːk⁷	thaːp⁷	tsuːn³	pleu¹	fa³ deŋ³
老挝语	si⁵	ta¹ ven³	laːn⁴	nɔ² maːi³	maŋ³ laːu³	tsep⁷	fa⁵	noːŋ⁴	haːp⁷	doːt⁷	faŋ³	fa⁵ huŋ²
临高	ti⁵	da¹ van²	lan¹	naŋ¹	ka²	dok⁸	fa⁴	hom²	hap⁷	heu³	hiŋ²	van² baŋ¹

续表 23

汉语	田	甜	头	土	通	外	腿	挖	蚊	碗	晚上	万
壮语	na²	va:n¹ / ti:m²	kjau³ / tau²	na:m⁶ / tom¹	toŋ¹	ɣo:k⁸	ka¹	kut⁸ / va:t⁷	ŋuŋ²	tui⁴ / va:n³	ham⁶	fa:n⁶
布衣	na²	va:n¹	tɕau³	na:m⁶	toŋ¹	zo⁶	ka¹	va:t⁷	ŋuŋ²	va:n³	ham⁶	
侗语	ja²	khwa:n¹'	ha:u³	na:m⁶ / ma:k¹⁰	thoŋ¹' / khoŋ³'	nuk⁹	pa¹	vet⁸ / te⁵	mjuŋ⁴	tui⁴ / kwa:ŋ³	ka:u² / nam⁵	wen⁵
傣语	na²	va:n¹	ho¹	din¹	poŋ⁵	pai² / nɔk⁸	xa¹	xut⁷	juŋ²	va:n⁵	ka:ŋ¹ / xɯm²	mum⁵
水语	ʔja²	fa:n¹	qam⁴	kham⁵	khut⁷	ʔnuk⁷	qa¹	qot⁷	lja:n³	tui⁴		fa:n⁶
黎语	ta²	de:ŋ¹	gwou³	van¹	thoŋ¹	zɯ:n¹	ha¹	hjut⁷	ŋɯ:ŋ¹	wa:u¹	pai³ / tshop⁷	va:n³
老挝语	na²	va:n⁴	thu¹ / vue¹	din¹		tha:ŋ² / no:k⁸	kha⁴	khut⁸	ŋuŋ³	thu:ai⁶	kham³	mɯ:n²
临高	nia²	em³	hua hau³	mat⁸	hoŋ¹	uk⁷ / min⁴	kok⁷ / va¹	ku⁸ / uat⁷	ŋuŋ²	hui⁴	kom⁴	van⁴

续表 24

汉语	忘	五	我	洗(衣)	西	熄(灭)	咸(淡)	线	下(去)	下(雨)	先(后)	笑
壮语	lum²	ha³ ŋu⁴	kou¹	sak⁸	sai¹	dap⁷	dap⁵	mai¹	ɣoŋ²	ɣoŋ² tok⁷	koːn⁵	ɣiːu¹
布衣	lum²	ha³	ku¹	sak⁸		dap⁷		mai¹	zɔɯ²	zɔɯ² tok⁷	kon⁵	ziu¹
侗语	laːm²	ŋo⁴	jaːu⁴	sak⁸	si¹	kam⁵	hat⁷¹	saːn⁵	lui⁶	tok⁷	un¹	ko¹
傣语	luŋm²	ha³	ku¹ toː¹	sak⁸	hun¹ van² tok⁷	dap⁷	tsim²	mai¹	luŋ²	fun¹ tok⁷	ɔn¹	xo¹
水语	laːm²		ju²	lak⁷					lui⁵			
黎语	luːm²	pa¹ ma¹	hou¹ deːu¹	tok⁷	pai³ thauu³	sop⁷ zap⁷	hwaːn³	dan² ɟuua³	lui¹ tshau³	fun¹	kon⁵	kuu¹
老越语	luːm²	ha⁶	hau³ kau² ŋo⁶	sak⁸		dap⁷	khem³	mai⁴ ŋip⁷	loŋ³	fon⁴ tok⁷	khuːn²	raːu¹
临高	bu⁴	ŋa³ ŋo⁴	hau²	dak⁸	tɔi¹	lap⁷	laŋ¹	moi¹	loŋ⁶	dok⁷	na³ sian¹	hou⁴ liau¹

续表 25

汉语	鞋	小	星星	胸	血	心	新	鸭	盐	眼睛	牙	舌
壮语	ha:i²	i⁵ noi⁴ sai⁵	da:u¹ di⁵	ak⁷	lɯ;t⁸	sim¹	mo⁵	pit⁷	kju¹	ta¹	heu³ fan²	tak⁷
布衣	ha:i²	ne³	da:u¹ die⁴	ak⁷	lɯ;t⁸	sam¹	mo⁵	pit⁷	tɕu¹	ta¹	heu³	tak⁷
侗语	ha:i²	um³ ni⁵	ɕat⁷	tak⁷	pha:t⁹'	sem¹'	mai⁵	pət⁷	ko¹ pa:u²	ta¹	ȵe²	tui³
黎语	xep⁷	noi⁴	da:u¹	na³ok⁷ na³uk⁷	lɤt⁸	tsai¹	mai⁵	pet⁷	kɤ¹	da¹	xeu³	tak⁷
水语	tsɯ² ko:m³	ti²	zət⁷	tak⁷	phja:t⁷	loŋ²	mḁi⁵	ep⁷	kwa¹	tsha¹	ɕu³	
老挝语	ka:p⁷	en² di²	ra:u¹	khe:ŋ³	ɬa:t⁷	tsai¹ ma:k⁷ hua⁴	pa:n¹	ep⁸	na:u³	ta¹	fan¹	khau³
临高	hai²	no:i⁵	da:u¹	ʔak⁷	luat⁸		mai²	pet⁷	kua⁶	ta¹	fan² khiau³	
		nok⁷ ni⁷	lak⁸ sai¹	bak⁷ ok⁷	ba⁷	tim¹	nau¹	bit⁷	ŋau³	ta¹	tin¹	dak⁷

续表26

汉语	烟(火)	咬	秧	羊	阳光	亲	痒	叶	夜	一	要	药
壮语	hon²	hap⁸ kat⁷	kja³	juːŋ²	dit⁷	ɐɯːŋ⁴	hum² han¹	bau¹	ham⁶ hum²	it⁷ deu¹	au¹	ju¹
布依	von²	hap⁸	tɕa³	juːŋ²	dit⁷	ɕiːŋ⁴	hum²	bau¹	ham⁶ hum²	deu¹	au¹	ju¹
侗语	kwan²	kit¹⁰	ka³	lje³	khaːŋ¹	saːŋ⁴	thum¹'	pa³	kaːu³ nam⁵	ət⁷ laːu³	aːu¹	əm³
傣语	xon²	xop⁷	ka³	be³	dɛt⁹	lɐŋ⁴	xum²	bai¹	kaːŋ¹ xum²	nuŋ⁶ deu¹ et⁷	ʔaːu¹	ja¹
水语		ɬit⁷	ta³	fa²		haːŋ⁴		wa⁵		ti³	ʔaːu¹	ja¹
黎语	hwoːn¹	kaːn³	fan¹	zeːŋ¹	ɬɯːŋ¹	bou³	khun¹ khom¹	beu¹	pai² tshop⁷	iːt⁷ tseu³	deu¹	za¹
老挝语		kat⁷		be⁵	lit⁷	liːaŋ³	khan⁴	bai¹	taːŋ¹ khum³	nuŋ²	ʔau¹	ja¹
临高	kuan²	ka⁷	la³	tuaŋ²		tiaŋ⁴	kum²	bɔ³	da³ kɔm⁴	it⁷	ou¹	ja¹

续表 27

汉语	银	医	用	油	有	右	硬	远	鱼	雨	园	在
壮语	ŋan²	ju¹	juŋ⁶	jou² man² la:u²	mi²	kva²	ke:ŋ¹ do:ŋ³	kjai¹	pja¹	fun¹	su:n¹	jou⁵
布衣	ŋan²	ju¹	juŋ⁶	ju²	li⁴	kva²	tɕeŋ¹	tɕai¹	pja¹	hun¹	su:n¹	
侗语	nan²	ji⁶	joŋ⁶	ju⁶ la:u²	mi²	wa¹'	kwa³	ka:i¹	pa¹	pjən¹	ja:n¹'	ŋa:u⁵
傣语	ŋun²	ja¹	juŋ⁶ tsai⁴	nam⁴ man²	mi²	xwa¹	xeŋ¹ ken³	kai¹	pa¹	fun¹	son¹	ju⁵
水语	nan²		joŋ⁶		ʔnaŋ¹			qa:i¹	ɬa¹	wən¹	qon²	ŋa:u⁶
黎语	kan¹	za¹	ku:ŋ¹	gwei³	tsau²	pai³ khu:ŋ¹	hwat⁷	lai¹	pa¹	fun¹	vi:n²	du:³ pu¹
老挝语	ŋan³			nam⁵ man³		tha:ŋ³ khva⁴	kheŋ⁴	kai¹	ba¹	fon⁴	sɔ:n⁴	
临高	ŋan²	jia¹	juŋ⁴	ju²	lai³	mai²	lua⁸	lɔi¹	pa¹	fun¹	vən³	jou³

续表 28

汉语	咱们	月亮	月(份)	云	站	早(上)	(很)早	蚤	这	找	正	知
壮语	yau²	ɣo:ŋ⁶ duɯ:n¹	duɯ:n¹ ɲi:t¹	fu³ hu³	dun¹ soŋ²	hat⁷ ɕau⁴	ɣo:m⁶ ɕau⁴	mat⁷	nei⁴	ɣa¹	ɕiŋ⁵	ɣo⁴
布衣	zau²	zoŋ⁶ duɯ:n¹	di:n¹ ŋɯ:t⁸	ma³		hat⁷	ɕau⁴	mat⁷	ni²	za¹	ɕiŋ⁵	zo⁴
侗语	ta:u¹	na:n¹	na:n¹	fa³	jun¹ ɕa:ŋ⁶	ha:u³ hat⁷	sam¹	ŋwat⁷'	na:i⁶	la⁶ səm⁶	ɕiŋ⁵ je¹'	wo⁴
僳语	hau³	dɤn¹	dɤn¹	wa³	tsen⁵	ka:ŋ¹ nai¹	tsau⁴	mat⁷	ni³ ni⁸	ha¹	su⁶	hu⁴
水语	da:u¹	nja:n²	nja:n²	fa³ vin³	ʔjon¹				na:i⁶	la⁶		ɕau³
黎语	ka¹	na:n¹	na:n¹	fuɯ:a⁶	tsu:n¹	ka:u³ dom¹	kau³	po:t⁷	nei²	koŋ² ke:k⁷	mu:t⁷ tsia²	khuŋ¹ gweɯ¹
老挝语	kau³ phɯ:ak⁷	am¹ duɯ:n¹	duɯ:n¹	ba⁴	jɯ:n¹	sau⁵		mat⁷	bo:n² ni³	ha⁴		hu⁵
临高	dau³ lo⁴	mai⁴ sai¹	ŋit⁸		nʌun¹	tsau³	tsau³	mat⁷	nai⁴ ni⁸	di³	tsiŋ⁵	hu⁴

续表 29

汉语	只	粥	猪	种子	重	捉	啄	煮	住	柱	嘴	做
壮语	tu²	ŋum³ ɕuk⁷	mou¹	van¹ ɕe⁶	nak⁷	kap⁸	to:t⁷	ɣuŋ¹ ɕau³	jou⁵ ju⁵	sau¹ puŋ⁶	pa:k⁹ ha:ŋ²	ku⁶ ku:k⁷
布衣	te²	ɔm⁴	mu¹	van¹	nak⁷	kap⁸	tot⁷	tuŋ¹	ju⁵	sau¹	pa⁶	kua
侗语	tu²	eŋ¹	ŋu⁵	pan¹	than¹	ɕəp⁷	ɕok⁹	tum³	na:u⁶	tuŋ⁶	pa:k⁹ ɕe⁷	we⁴
傣语	to¹	xɣu³ pe⁷	mu¹	fan²	nak⁷	jɛp⁷	sak⁷		ju⁵	sau⁶	pa:k⁹ sop⁷	het⁸
水语	to²		m̩u⁵	pan³	zan¹	hap⁷	ɕu⁵	ro:ŋ²	na:u⁶	la:u¹	pa:k⁷	he⁴
黎语	laŋ¹	tha² nom³	pou¹	fan¹	khum¹	po:k⁷	tshau²	tom¹ khou⁴	to:ŋ³ khia²	ŋou² ti:ŋ⁴	pom³	vu:k⁷
老挝语		khau⁶ pi:ak⁷	mu⁴	fan⁴	nak⁷	tsap⁷	to:t⁷		ju²	sau⁴		het⁸
临高	hu²	tsuk⁷	mo¹	von²	xɔn¹	hɔ²	dot⁷	huŋ²	tsi⁴	hou¹	bak⁷	huk⁷

续表 30

汉语	走	醉	坐	左	直	窄	肿
壮语	pja:i³	fei²	naŋ⁶	suɯ⁴	so⁶	he:p⁸ ka:p⁸	kɯ⁶ fok⁸ po:ŋ²
布衣	pja:i³	tɐi¹ kwa:u³	naŋ⁶	suɯ⁴	so⁶	zep⁸	
侗语	tha:m³		suɯ⁵	ɕə³	saŋ²		
傣语	teu² ja:ŋ⁶	mau² lau³	naŋ⁶	sa:i⁴	suɯ⁶		
水语	sa:m³		fui⁶	si⁴	kam¹		
黎语	tsa:m² fei¹	pui¹	tsoŋ⁵	phai³ hwiŋ¹	mu:t⁷		
老挝语	na:ŋ² da:n¹	mau³	naŋ²	tha:ŋ² sa:i³	suɯ²	khe:p⁸	
临高	boi¹ deu²	mai²	ŋo¹	viŋ¹	da⁸		po:ŋ³

第二章 古族古称

一、越 人

越人和百越，可能出于自称"布越 bouxyoij"的音译。"越 yoij"是分布在我国南方的一大族系，这就是《吕氏春秋.持君览》所载的："扬汉之南，百越之际。"因支系众多，古人称之为"百越"。唐颜师古《汉书.地理志注》云："自交趾至会稽，七八千里，百粤（越）杂处，各有种姓。"古人说"各有种姓"，就是我们说的众多支系或众多氏族部落。因分布地域的不同，有东越、西越、内越、外越、干越、东瓯、西瓯之别，又因各个氏族部落图腾崇拜的不同，便有越、句（勾，是"瓯"的变音字）吴、于越、瓯越、骆越、郎越、滇越、俚越、乌（瓯的变音）浒、瓯侬、瓯覃、勾町（瓯、勾或毋，是越语的"haeux"［稻、稻米］或"ngwz"［蛇］字音译）区别。"越"，是总称。这个"越"字，最早究竟是怎么来的？是被称还是自称呢？古文字学家多说来源于北方甲骨文中的"戉"字，那是"他称"。他称总是在自称之后，故"百越"史学者们多认为，"越"作为族名，最早应来自越人的自称而不是来自殷商的他称。特别是现在我国贵州的布依族和广西西北部的壮族，仍自称 bouxyoij（布越）。

名从主人，对古代古族名，我国古籍大多译于其族人的自称。因为无论对那个族群、地名、人名，也不管古今中外，起于当地人的自称名字总是主要的，在前的；而取自异地、外部、异族的他称名，除带有政治含义字词外，多是因其外部特征而取的，也就是人们常说的外号（往往带有丑化、取笑的意思），总是在自称之后。因此，笔者完全同意越人的"越"字源自越人自称的说法。据史籍考证，甲骨文中的"戉"字，可能纯粹是斧钺的"钺"字，即便后人把越国称为斧钺的"钺"与"越"字混同起来，那也是在越人发明斧钺兵器之后因音近而附加的，不是最初越人自称的"越"字。据文献记载，在我国历史上，以"越"字为族名、国名的，首见于春秋末年的句吴、于越两个邦国，而两国的主体民族都是越人，越语称"布越"，古籍作"百越"的一个支系。汉袁康《越绝书．越绝外传纪策考》云："吴、越为邻，同俗共土。"《越绝书．越绝外传记范伯》又云："吴、越二邦，同气共俗。"《吕氏春秋．知化》亦云："吴之与越也，接土邻近，交通属，习俗同，语言通。"两国相同的文化特征很多，如稻作，以勾、姑、瓯、吴、无为姓，崇拜鸟、蛇、青蛙、鳄鱼等图腾，断发文身，铸铜为器，植物纤维纺织发达，巢居干栏等等，特别是语言相通，证明勾吴、于越是见于文献记载最早的两个越人族系。以后逐步演变为越人各个支系的总称。

那么，这个"越"字究竟是怎么来的？早在《尚书》中，就有"越有雊雉"之句。古诗又有"胡马依北风，越鸟巢南枝"之句。这里说的"越鸟"，是汉语组装法，按照越语应倒过来叫做"鸟越"（越语好比今壮语"鸟"叫 roeg，鸟越即骆越），当然这种鸟不是一般的鸟，而是被人们认为是很神秘、很美丽的鸟，《辞源》作者把它解释为孔雀。《史记．东越列传》载："闽越无诸及越东海王摇者，其先皆越王勾践之后也。姓驺姓。"南朝宋裴骃在《史记·集解》中引晋徐广的话说："驺，一作骆"，因形近而误。晋张华在《博物志·异鸟》中说得更清楚："越地深山鸟如鸠，青色，名曰冶鸟……越人谓此鸟为越祀之祖。"奉这种鸟为"祖先",这就是图腾崇拜。总之,这个"越"字,是一种被人们传说为越人"祖先"的鸟类。这种鸟的名字,越语叫"越"。亦如今壮语桂北土语仍叫鹧鸪为"roegyek",其雄性青绿色,长得非常美丽,叫声极为悦耳;或者是今还生长在傣族地区的孔雀,傣族的孔雀舞,最早也许是做祭祀祖先活动时,人们模仿孔雀的动作和叫声,旨在祈求祖先"尚飨"赐福。

古越人有共同或相近的语言,但没有形成书写文字,至今给我们留下关于他们的历史是通过操不同语言的汉人用汉字记载的,故不同个人采用不同的译音字,给后人造成混乱。但只要我们弄懂他们的语言,再同古籍汉字对照,就有可能逐步理清他们原来的面貌。他们的语言,语言学家已证实同近现代的壮侗语大体相同。他们有明显的共同文化特征,例如越人"椎结、耕田、有邑聚",越人有"鸟田"、"鸡卜"、"巢居"、"干栏"、"断发、文身"、"凿齿"等等,这都会在其后裔、直至近现代壮侗民族中留下遗迹,可供我们考证。

二、南　越

南越,因其地见于最早的文献《逸周书.王会解篇》谓其地在商的正南;后赵佗又在秦时设南海郡建立"南越"国,故而得名。因此,后人所说的"南越",常有狭义、广义之分。狭义指今广东省境内,广义泛指岭南越人。

《史记.南越列传》云:"南越王尉佗者,真定(今河北正定县)人也,姓赵氏。秦时已并天下,略定扬越,置桂林、南海、象郡,以谪徙民,与越杂处十三岁。佗,秦时用为南海龙川令。至二世(前209)时,南海尉任嚣病且死,召龙川令赵佗,语曰:'闻陈胜等作乱。秦为无道,天下苦之。项羽、刘季、陈胜、吴广等州郡，各共兴军聚众，虎争天下。中国扰乱，未知所安。豪杰畔秦相立。南海僻远，吾恐盗兵侵地至此。吾欲兴兵绝新道自备，待诸侯变，会病甚。且番禺负山险，阻南海，东西数千里，颇有中国人相辅，此亦一州之主也，可以立国。郡中长吏无足与言者，故召公告之。'即被佗书，行南海尉事。嚣死，佗即移檄告横浦、阳关、湟溪关曰：'盗兵且至，急绝道聚兵自守。'因稍以法诛秦所置长吏，以其党为假守。秦已破灭，佗即击并桂林、象郡，自立为南越武王。高帝已定天下，为中国劳苦，故释佗弗诛。汉十一年（前196年），遣陆贾因立佗为南越王，与剖符通使，和集百越，弗与南边患害，与长沙接近。"高后（前187－前180年）时，赵佗"以兵威边，财物赂遗（东）闽越，西瓯骆，役属焉。东西万余里。乃乘黄屋左纛（音dao，道），称制，与中国侔（即与汉朝并驾齐驱）"。这时南越国的辖地，已包括秦时的南海、桂林、象三郡之地，东含闽越。建都于南海郡之番禺（今广州市）。在赵氏统治岭南近百年间，一方面从北方大量移民迁入岭南，初期主要是南海郡；另一方面，因为越人是主体民族，无论迁入多少汉人，短期都改变不了越人占主导地位的状况。为了统治越人，赵佗乃采取一系列有利于越汉同化的"和楫百越"政策，例如：（1）他带头穿着越人的服装，自称"蛮夷大长老"；（2）任用当地越人"都老"为其政权的重要官员，如任用吕嘉为宰相、居翁为桂林郡监等；（3）鼓励并带头与越人通婚，他的子孙多娶越女为妻；（4）在岭南推广中原地区先进的生产技术，多输入牛只；（5）允许边远的瓯骆部落保存旧的法律、依旧称王、称侯，唯"羁縻"之而已。这些政策，对于维护岭南的民族团结和社会稳定，促进经济生产发展，是有积极作用的。用时人的话说，那时岭南东西万余里，出现了"甚有文理，中县人以故不耗减，粤人相攻击之俗益止"（《汉书．高帝纪》）的局面。到汉武帝时，闽越摆脱南越而独立。南越告于汉武帝。汉廷以讨伐闽越为题，大举进兵南越。汉武帝元鼎五年（前112年），赵佗已死，赵婴齐在位，吕嘉乃独揽南越大权，发动反汉事变，杀死亲汉王太后缪氏及许多汉族高官。元鼎六年，汉廷乃派伏波将军路博德、楼船将军杨仆，率领十万大军水陆并进攻南越，并消灭了南越国政权，析岭南三郡为南海、苍梧、郁林、合浦、珠崖、儋耳交趾……九郡。东汉光武十八年（公元42年），因骆将女征侧、征贰反，朝廷又派伏波将军马援率军南征。溯湘江而上，过灵渠，由漓江而下至苍梧，再分水陆两路而进入交趾郡（今越南北部），"乱"平而反。马援"所过辄为郡县治城郭，穿渠灌溉，以利其民。条奏越律与汉律驳者十余事。与越人申明旧制，以约束之"《后汉书．马援传》。

本书所说的"南越"人，仅就其狭义，即分布在秦汉时南海郡，今广东境内的越人而言。秦汉已有大量岭北汉人迁入，故汉越融化得最早，生产发展也比西部瓯越之地快得多。史隔数千年，即便今已全部汉化的广东汉族人居地，瓯骆族系越人（壮侗语民族先民）的足迹，至今仍清晰可见。例如今广东汉语方言，就包含有很多壮侗语的词汇及语法结构，广东地区的许多古旧地名"番禺"、"圩"、"九疑"等，同汉语用词、结构不同，而与壮侗语却一模一样。明末清初屈大均《广东新语．土言》载："自阳春及高、雷、廉、琼，地名多曰那某。"民国《阳春县志·风俗》亦云："自阳春以下至琼州，地名多那某，如阳春之那雄、那黄、那乌、那巴、那坐是也。"壮史专家白耀天先生曾统计，仅民国《阳春县志》载以"那"字起首的地名就有28处、民国《阳江县志》所载高达97处（见《壮族土官族谱集成》43页）。以"那字"起头的地名，正是壮傣族系地名的一大特点，古今是同。

三、瓯　越

瓯越，《逸周书．王会解》云：商初，"伊尹正四方令，正东有符娄、仇州、伊虑、越沤、沤深、九夷、十恋"，"正南……有区、邓、桂国、损子、产里、九菌。""沤"，古籍亦作"区"、"呕"、"瓯"、都是同音异写的译音字。东瓯、西瓯，是居地之别，居正东谓东瓯、正南或西南则谓西瓯。

《史记．南越尉陀传》谓"西瓯骆"，意思当为"位于南越西部的瓯越与骆越的两个部落"。至于学者又引梁顾野王《舆地志》云"交趾，周时曰骆越，秦时曰西瓯"。按照他的说法，两者仅出交趾一地，并说是两个不同时期的两种不同称谓。笔者认为，这种说法不符合历史事实。唐杜佑《通典》卷188"边防4"断言："西瓯即骆越也。言西者，以别东瓯耳。"他说瓯与骆是越人中的一个氏族部落名称，这个说法不对；但如果说两者都混同居住在一起，即都分布在番禺之西这片地望上，瓯字之前置"西"字，只是为了别于东部瓯越、大越、山越而言的。这个断言是正确的。笔者全文都采用他的这个论断。

如前所说，"瓯"字乃翻译自古越语的"haeux"（稻禾、稻谷、大米饭）字，因在番禺之西，故谓之"西瓯"。实际上，古越人地区西自交趾东至会稽，普遍分布有瓯氏族的分支。因越人先民是稻作文化的最早发明者，它给人类带来很大的幸福。当时他们也不理解，以为这是"神赐"之物。故越人中有的氏族便把稻谷奉为"神"而崇拜起来。久之，因其势力发展壮大很快，分支遍布整个越人地区，与其他图腾氏族杂居在一块。或者因为它在某个时期、某个地区特别强大，被推选为某个部落或部落联盟首领，这个部落或部落联盟就以"瓯"字命名，但肯定这个部落或部落联盟里还包含有其他许许多多的氏族名称，特别是骆越、俚、僚共同居住在一起。所谓桂林郡"秦时曰西瓯"，便是这样来的。

我国古籍《逸周书》"王会解"篇曰："伊尹正四方令，正东有沤越，正南有沤人。"这里的正南，是站在商都说的，正是今两广地区。又《说文》书中"禾"部"秏"字注引伊尹曰："饭之美者，玄山之禾，南海之秏。"《解字》曰："秏，稻属，从禾，毛声，呼倒切，音蒿。"显而易见的是这个"秏"字，出自古岭南地区的南海，当译于古越语的"haeux"字，意为"稻米，即大米饭"。与今本土语区壮语对"稻米"的称呼不差分毫，而与古今汉语都不相同。伊尹为商初（公元前1711——？年）时人，距今4000年之久。上述两书一致说明，今两广地区，最早聚居在这里的是自称为"瓯"（与"秏"同意，意为"稻作"）的人群；而这个"瓯"字至今仍可理解为壮语中的"稻子"、"稻谷"或"大米饭"之意。我们就有理由把瓯越的历史，追溯到距今4000年前。

秦始皇二十九年（公元前218年），秦始皇为了取得犀牛、象齿、翡翠、珠玑、玳瑁等土特产，"乃使尉屠睢发卒五十万，为五军。一军塞镡城之岭（即今广西兴安县境的越城岭），一军守九疑之塞（今湖南江华县与广西贺县交界的萌渚岭），一军处番禺之都（今湖南进入粤北的骑田岭），一军守南野之界（今赣粤交界处的大庾岭），一军结余干之水（即今赣南之上犹江）"（见西汉刘安《淮南子》卷十八"人间训"篇）。其中第三、四路军几乎没有遇到什么抵抗，第五路军是作为截断东西越人相互联络路线及接通后援而设置的，也没有遇到麻烦。唯独第一、二两路军是企图从左右两面夹击住守活动在今广西西北部桂柳一带的西瓯部落的。却遇到聚居于这一带以"宋"氏族为首领的西瓯部落的坚强抵抗。初次交锋，由于瓯人低估了秦军的强大，准备不够,损失很大,首当其冲的瓯"君译吁宋"战死。但他们不畏强暴,仍勇于战斗,很快就重新组织起来,"皆入丛薄中……莫肯为秦虏,相置桀骏以为将","夜攻秦人,大破之。杀尉屠睢(秦军主帅),伏尸流血数十万"(引文同上)。瓯越取得了辉煌的胜利。他们给已进入今广西境内的秦军造成"宿兵无用之地,进而不得退"(《史记.平津侯主父列传》),"士卒劳倦"(《汉书.严助传》),"粮食绝乏"(《人间训》)。曾亲自到长沙坐镇指挥的秦始皇急得团团转,为了挽救彻底失败的命运,乃另派任嚣为统帅,同时增派监史禄率越人降卒在今桂林市北兴安县开凿一条后人叫做"灵渠"的运河,引导部分湘水南流以沟通漓水,既通粮道,又能沿沿不断地增援军队。于是,秦军终于在公元前214年(秦始皇三十三年)战胜了瓯越人,进而全部占领岭南,置岭南为桂林、南海、象郡。但瓯越人打这一仗,也没白打,既显示了自己的威力,又给暴秦以沉重打击,致使中原人民"丁男被甲,丁女转输","戍者死于边,输者偾(贲)于道","男子不得修耕田,妇人不得剡麻考绩……病者不得养,死者不得葬"(《汉书.晁错传》)。造成秦皇朝功未成而天下乱始,"外内骚动,百姓靡敝(疲),行者不还,往者(莫)反,皆不聊生,亡道相从,群起为盗,于是山东之难(陈胜、吴广起义)始兴"(《汉书.严助传》)。

当然,秦始皇用兵岭南,客观上给中国带来了空前规模的统一,促进了岭南越人原始社会的转变和发展,促进了中原人与粤人杂处、融合;特别是"灵渠"的开通,对促进以后广西地区农业经济的迅猛发展意义重大,这个功劳是永远不可磨灭的。功劳应归于越汉劳动人民。

上述史迹告诉我们,最早聚居在今桂林地区的是越人中自称"稻作"(瓯)部落人群,敢于坚决抵抗秦军的就是他们。史书所载"西瓯君译吁宋",理当翻译于当地瓯部落的语言,很难解释为某个具体人的名字,可能是其中某个居于领导地位的氏族名称,如自称"宋"氏族的泛称,以后续译为"撞、僮、仲",其实就是"壮"的同音异写。这个氏族可能当时被推举为瓯部落亦即西越人首领(君)。"译吁宋",意为"越伊人宋氏"。这种手法,在汉文古籍中是常见的,如《淮南子.本经训》云:"尧乃使羿诛凿齿于畴华之野。"唐尧已命羿杀了凿齿,而《山海经.海外南经》说到夏禹之都时,又记"昆仑圩在其东,圩四方,羿与凿齿战于华寿之野,羿射杀之。"既然尧已命羿杀掉凿齿,中间隔了多少年才到夏代,又出现羿杀凿齿之事,更有甚的,直到以后数千年,这个"凿齿"依然出现在越人、俚、僚人之中,不亦怪乎?事实上,古籍中讲的这个"羿"或"凿齿",都不是具体人,而是指某个氏族部落的泛称。所谓"射杀"之,不过是把这部落打败、驱之远走罢了。秦军杀"宋部落西瓯越人"也当是如此。今桂北土语区的壮人,不是仍普遍自称"越伊"(译吁)或译为"雅伊"、"越依"壮(宋)人吗!

隋唐时,岭南土著越人:一方面,民间转音被称为乌浒、俚、僚(郎);另一方面,由于受到中原汉文化的影响,某些上层人物的名字前面,逐步在自己原有氏族称呼的同音、谐音或近音基础上,换成黄(河坑、水潭或太阳)、侬(弟妹或糯米、糯稻)、莫(黄牛)、韦(水牛)、闭(鸭)、罗(鸟或山田)、李(亦作俚、山地)、梁(郎的音转)、蓝(郎的音转,意为"竹笋"氏)等姓。民间以氏族相同随着上层转变为姓氏,于是不知其所以然的中原文人便说"有举洞纯一姓者",实际上是氏族部落聚居制罢了。隋文帝开皇(581—600)末年,"桂州俚人为乱,诏何稠讨之。稠至衡岭,遣使谕其渠帅(黄牛氏)莫崇解兵降";"桂州俚帅李光仕聚众为乱"(《隋书.何稠传》)。说明这时壮族先民亦称俚人,莫、李是其中两个氏族。

南宋范成大(1126—1193,字致能,吴郡即今苏州人,自乾道八年（1172）三月至淳熙二年（1175）正月任广南西路静江府知府兼广南西路经略使。曾在桂林城郊临桂县民间采集到大量用于"牒诉、券约"的"土俗书"（见《桂海虞衡志.杂志》）。我们现在仍可清楚辨认他所举的这些"土俗书"词语，实际上是壮族民间一直使用的"壮族土俗书"。这就说明，当时桂林城郊仍为壮族聚居区。

四、骆　越

骆越，意为越人中的骆氏族，及以骆氏族为首领的骆部落、骆部落联盟，如南越王赵佗说："……蛮夷中，其东，闽越，千人众，号称王；其西，瓯、骆、裸国，亦称王。"（《史记.南越尉佗传》）"骆"字，同样是从越语翻译过来的。古人常把同一个越语翻译成同音、谐音、近音的这个、那个或另一个汉字。那么，这个古汉语的"骆"字，究竟译自古越语的什么字？目前学者比较集中在下面三个字：一是"lok"（山麓）字，因越人居多山麓谷地而得名；二是"lwg"（子、家、人），是越人自称的前置词，如"越子"、"越人"、"越家"之类；三是"roeg"（鸟）字，以"鸟"为图腾崇拜的氏族、部落、部落联盟名称。这三种说法，都有一定道理。笔者更倾向于这时的"骆"字应采用第三种说法。因为图腾取名法，比较符合越人及其后裔各个氏族、部落，包括以后壮侗民族各个姓氏的取名规律。越人先民所以用"鸟"字为图腾名称，也是因为他们最先发明稻作文化时，却又悄悄发觉比他们更早发现普通野生稻种可吃的是"鸟"，最普通的"鸟"类。人类是从"鸟"那里得到启发，才一步一步地把这种普通野生稻培植为普通栽培稻的。因为当时人们并不理解这种事，以为这是神赐的"神鸟"，而把它们崇拜起来。于是，有的越人氏族便用

"鸟"为自己的氏族名称。久之，这个氏族发展强大起来，被推为某些部落、部落联盟首领。那个部落和部落联盟，也就随着以"鸟"字名之。

《逸周书．王会解》载云："卜人以丹砂，路人大竹。""路人"，就是"骆人"的同音异译。说骆人地区多产大竹，正是符合岭南骆越实际情况的。说明周代，"骆越"之名已见于古籍。

北魏郦道元《水经注》卷37"叶榆水"条引晋裴渊《广州记》载云："交趾，昔未有郡县之时，土地有雒田。其田从潮水上下，民垦食其田，因名为雒民。设雒王、雒侯主治郡县。县多为雒将。"又云：赵佗统一岭南后，"越王（赵佗）令二使者典主交趾、九真二郡民。汉遣伏波将军路博德讨越王。路博德到合浦，越王令二使者赍牛百头、酒千钟及二郡民户口诣路将军。（越王）乃派二使者为交趾、九真太守。诸雒将主民如故。"唐司马贞在《史记．索隐》中同样引用晋裴渊《广州记》云："交趾有骆田，仰潮水上下。人食其田，名为骆人。有骆王、骆侯。诸县自名为骆将。铜印青绶，即今之令长也。"两处所引内容基本上是相同的。只是前者作"雒"，后者作"骆"。此两字乃同音异译，同样译自古越语的"roeg"（鸟）字。"骆民"，意为"鸟氏族人"；"骆王、骆侯"，就是"以鸟氏族人为首领的部落或部落联盟"；"骆将"，就是比骆王、骆侯小一级的首领，如后来的"知县"、"知峒"之类。又宋乐史《太平寰宇记》卷170引南朝宋沈怀远《南越志》载："交趾之地最为膏腴，旧有君长曰雄王，其佐曰雄侯，以其田为雄田。后蜀王之子将兵三万讨雄王，灭之。蜀以子为安阳王，治交趾。其国城在今平道县东。其城九重，周九里，士庶蕃阜（茂）。尉陀在番禺，遣兵攻之……杀安阳王，兼（并）其地。"如前所说，路、骆、雒三字，都是越语"raeg，鸟"字的译音，但这个"雄"字，就不是异译，确切地说是"雒"字的形近而误。不知是沈氏、还是乐氏之误？

这里讲的仅指分布在交趾、九真二郡之地（今广西南部及越南北部）"骆民"，并不排斥岭南其他地区也有"骆民"。已如前述，东部的勾吴、于越，也有"骆越"。据《后汉书.臧宫传》载：建武十一年（35），宫"将兵至中庐，屯骆越"。唐李贤注云："中庐，县名，属南郡，故城在今襄州襄阳县南。盖骆越徙于此，故以为名。"就是说，马援征骆越之前，骆越人的一支已居住在远离越地的汉水中上游地区。今我国海南省时称"珠崖"之地，同样为"骆越"所居。据《汉书.贾捐之传》记载：汉元帝元年（前48），珠崖骆越"反"，汉元帝刘奭问贾捐之应如何处理？捐之答曰："骆越之人，父子同川而俗，相习以鼻饮"，姑罢置郡县以羁縻之。说明今我国海南省，昔称"珠崖"，也是"骆越"所居。同为那个时代，《史记.赵世家》却载："夫翦发文身，错臂左衽，瓯越之民也。"《索隐》云："刘氏云：今珠崖、儋耳谓之瓯人，是有瓯越。"《正义》亦云，按儋耳、珠崖"属南越，故言瓯越也"。说明古时珠崖、儋耳之地，既有瓯人，也有骆人。

瓯、骆向为越人中的两个最大的支系，它的语言相通，习俗文化相同，族系相同，很难绝对分割开来。有学者说郁江以北是西瓯，以南是骆越，还有个别学者说只有交趾郡才有骆越。我不同意这种说法、西汉路博德平南越时，桂林监居翁喻瓯、骆四十余万内属，这四十万余众的瓯、骆，应是桂林郡境内的人众。交趾属秦象郡，史书并未说居翁越境到象郡去晓喻瓯、骆内属呀！魏郦道元《水经注》卷36载："文象水、蒙水与卢惟水、来细水、伐水，并自（句町）县东历广郁，至增食注入郁水也。""（领方县）有朱涯水，出临尘县，东北流，欢水注之。（欢）水源上承牂牁水，东至增食而下注朱涯水，朱涯水又东北经临尘县……东入领方县，流注郁水。"又《旧唐书.地理志》载："欢水在宣化县北，本牂牁河，俗呼郁状江，即骆越水，亦名温水，古骆越地也。"北宋乐史撰《太平寰宇记》卷166亦载："岭南道邕州宣化县骽（同'欢'，音 huān）水，在县北，本样牁江，即骆越水也，亦名温水，古骆越地。"这"欢"水，可以确定为来自今南宁市之西北的右江，在南宁与左江会合后，称郁江。"欢、温"都是"壮歌"名，意为右江流域之河水响声如两岸壮族的歌声，故而得名。河流两岸，都远远在郁江之北或西北，是古骆越的聚居区。因此，可说瓯、骆是同一民族，语言相同，文化习俗一样，最初是为了通婚而各有各的氏族图腾标志与图腾名称。以后发展壮大，可能因某个部落或部落联盟推举瓯越为首领则冠之瓯部落、"瓯"君、或瓯部落联盟；而另外一些部落推举骆越为首领，乃冠之为"骆王"、"骆侯"。部落内的居民，总是包含有瓯、骆、俚、僚、乌浒、宋（仲、僮）等许许多多的氏族，以后又演变为黄、侬、韦、罗、莫、张、周等许多姓氏，同俗共语，混同居住在一块广大的地域，并逐步由一个族系再分裂、聚合成许多民族。一个以地域为界限的部落或部落联盟、或一个大峒落，绝对不会是单一的氏族（姓氏），一个氏族可能聚居在一个自然村落内，但必定会混居在一块大的地域内，故不能用地域把瓯、骆、俚、僚、乌浒及后来的黄、韦、张、罗诸姓截然分开。

五、郎　　越

大家都知道"夜郎自大"这个成语，是人们用来比喻那些自高自大、不自量力的人。这句成语出自司马迁《史记.西南夷列传》。另说公元前 122 年，西汉派使者到滇国（今云南等地），滇王拜会汉使者时问道："汉孰与我大？"后来这个使者又来到夜郎国，夜郎国王又用同样的话问汉朝使者，于是人们就嘲笑夜郎人自大。原来最早同汉国比大小的是滇王，而后才到夜郎，人们为什么不说滇王自大而偏笑夜郎自大呢？因为汉朝使者回到长安后，

"盛言滇大国",言外之意是说夜郎是个小国。如此小国竟敢同大汉国比大小,于是就把这顶帽子扣到夜郎头上。那么,夜郎究竟有多大?治所在哪里?它的主体民族是今日哪个民族的先民呢?

古时所说的"夜郎",有夜郎国、夜郎郡、夜郎县的区别。各有各的年代、疆域和治所,不可混为一谈。所谓夜郎郡者有二:其一是西晋永嘉五年(311)分牂柯、朱提、建宁三郡置,治所在今贵州安顺地区关岭县境;其二是唐天宝元年(742),改珍州置,治所在今贵州遵义地区正安县西北。夜郎县者有四:(1)汉武帝时置,治所在关岭县境,南朝天宝后废;(2)唐武德四年(621)置,治所在石阡县西南,唐贞观元年(627)废;(3)唐贞观五年(631)置,治所在今湖南芷江县西南,天宝元年(742)改名峨山县;(4)唐贞观十六年(642)置,治所在今贵州正安县西北,五代时废。北宋大观二年(1108)复置,宣和二年(1120)废。

本文所讲"古夜郎",与夜郎郡、夜郎县无关。我们所讲的是由古夜郎人所建立的一个地方政权"夜郎"古国,究竟存在于什么年代?中心在哪里?疆域有多大?它的王族及拥立它的主体族群究竟是今日哪个民族的先民?

夜郎建立的具体年代至今还不清楚,只知道它第一次出现于战国末年,就是那个楚国将军庄蹻从郢都(今湖北荆门)出发,溯沅水而上来到今贵州地区,战胜了苴兰和夜郎两个小国,于是人们才知道这里有个"夜郎国"。它的疆域,最盛时如《后汉书·西南夷传》所载:"东接交趾,西有滇国,北有邛都国,各立君长。"讲的虽不很明确,然大体包括今贵州大部分地区及云南的东北部、四川的南部,中心当在红水河(当时称牂牁江)的支流北盘江的源头区域,所以说它面"临牂牁江"(红水河),当即今关岭、镇宁、安顺一带。关于夜郎人和夜郎国的情况,较早的历史文献有以下几条记载:

建元六年(前135),唐蒙出使南越:"西南夷君长有什数,夜郎最大。其西糜莫之属以什数，滇最大。此皆椎结、耕田、有邑聚。其外，西自同师（今云南龙陵县），北至楪榆，名为雟、昆明，皆编发，随俗迁徙，毋常处，毋君长，地方可数千里……""夜郎者，临牂柯江。江广百余步，足以行船。南越以财物役属夜郎，西至同师，然亦不能臣使也。"唐蒙从南越回到西汉后，向汉帝上书云："窃闻夜郎所有精兵可得十余万，浮船牂柯江，出其不意，此制越一奇也。""上许之，乃拜蒙为郎中将，将千人，食重万余人，从巴蜀筰关（今四川汉原县）入，遂见夜郎侯多同"（见于《史记·西南夷列传》）。

西汉成帝（公元前 32 年——公元前 7 年在位）时，夜郎王兴与钩町王禹、漏卧侯俞，举兵相攻。陈立为牂牁太守，谕告夜郎王兴，兴不从命，立斩兴，西南夷君皆降。唯兴妻父翁指与兴子邪务收余兵，继续抵抗汉朝。时天大旱，陈立绝其水道。蛮夷共斩翁指，持首出降（《汉书·西南夷两粤朝鲜传》）。

"周之季世，楚威王遣将军庄蹻沂沅水出且兰以伐夜郎，植牂柯系船，于是且兰既克，夜郎又降。""有竹王者兴于豚水。有一女子浣于水滨，有三节大竹流入女子足间，推之不肯去，闻有儿声，取持归破之，得一男儿，长养，有才武，遂雄夷狄，氏以竹为姓。捐所破竹于野，有竹林，今竹王祠竹林是也。"（《华阳国志、南中传》）。

"夜郎者，初有女子浣于豚水，有三节大竹流入女子足间，闻其中有号声，剖竹视之，得一男儿，归而养之。及长，有才武，自立为夜郎侯。以竹为姓。武帝元鼎六年（前 111），平（西）南夷为牂柯郡，夜郎侯迎降，天子赐其王印绶。后遂杀之，夷僚咸以竹王非血气所生，甚重之，求为立后。牂柯太守吴霸以闻，天子封其三子为侯。死，配食其父，今夜郎县有竹王三郎神是也"（《后汉书、西南夷传》）。

"汉武帝时，有竹王兴于豚水。有一女子，浣于水滨，有三节大竹流入女子足间，推之不去，闻有声，持归破之，得一男儿，遂雄夷濮，氏竹为姓。所捐破竹于野成林。今竹王祠竹林是也。王常从人止大石上，命作羹，从者白无水，王以剑击石出水，今竹王水是也。后唐蒙开牂柯，斩竹王首，夷僚咸怨，以竹王非血气所生，求为立祠。帝封其三子为侯。及死，配父庙。今竹王三郎祠，其神也。豚水东北（疑为东南之误——引者按）流，经谈蒿县，东经牂柯郡且兰县，谓之牂柯水。水广数里，县临江上"（引文同上）。

对以上几条史料进行分析，可以得出以下几点启示：第一，夜郎国的中心位置在豚水河旁。据《汉书、地理志》云："豚水，东至广郁（今广西桂平）"；"郁水（亦名牂柯江，今称红水河）首受夜郎豚水。"郦道元《水经注》亦云："郁水，即夜郎豚水也。"由此可知，古时的夜郎豚水，可通郁水（指西江），当为现在红水河的上游北盘江。因为从贵州往西，合南盘江往东南流直通郁水的只有这条水域；同时北盘江正是战国时楚王遣庄蹻沂沅水，经且兰、夜郎，而到达滇池的必经水道。由此可以断定，北盘江源头区域的安顺、镇宁、关岭一带，当为战国至西汉时夜郎国的中心。当时这一带的主要居民，时人称"夷濮"、"夷僚"；自称"布夜"，意为夜人，就是"越"人的异译。因为它们是越人的一支。这一带至今仍为布依族的聚居区。布依族至今仍自称"布吁伊"，也可译音为"布夜"、"布越"。

第二，"夜郎"的"郎"字，从布依语的角度来理解就十分得当：今布依语仍叫"竹子"（竹笋）为"rangz"，译为汉字便成"郎"。这同夜郎因产于"竹子"的图腾说法是完全一致的。"夜郎"，最初的意思就是"越人中的郎氏族人家"；"夜郎国"，意为"以郎氏首领为王的越人国"。

第三，由于"郎"氏族首领有才武，被推为附近各氏族的共同首领，后又被推举为这一带越人部落或加入其他部落的部落联盟首领（正如文献所称的王、侯）。久之，"郎"的氏族名称，便逐渐转化为大头人、首领、侯、王、土官的专称。

第四，夜郎与其他支系的越人有共同的文化特征，例如语言的系属、椎结、耕田、有邑聚及断发文身、鸡卜等。

第五、"夜郎"的"夜"字，与岭南越人的"越"字音近意同，是主体民族的自称，犹今布依族自称"buyieng"一样。"夜郎国"，意为"郎氏为王的越人国"。

六、句町、漏卧

句町，亦作"钩町"。句、钩二字乃同音异写，皆读"勾"，当译自越语的"cou，我"字。钩町，或来自越汉语的组合词，意为"这里属于我的田"，因田而名国，这是越人常见的地名。何时建国？未见史载。《史记》和《汉书》"西南夷列传"都提到，说汉武帝元鼎六年（前111年），夜郎、勾町、漏卧等皆降，乃置牂牁郡，辖十县，勾町县为其中之一。又说昭帝始元四年（前82年），益州郡姑缯、叶榆反，五年，击破之。因勾町侯亡波从征有功，被封为勾町王。但到成帝河平（前18—25年）间，夜郎王兴、勾町王禹。漏卧侯俞反，更举兵相攻。汉乃派陈立为牂牁太守，斩夜郎王兴，禹、俞乃降汉。

《华阳国志·南中志》云："句町县，故句町王国名也。其置自濮王，姓毋。汉时受封迄今。"这里所说"濮王"，不知这一带何时有个"濮王"？或者另有所指？待考。只知这段文字，说明汉代势力到达以前就已称"句町国"（不是现代"国"的含义，至少也是部落或部落联盟的酋首）之名存在。推知"钩町"亦作"句町"、"勾町"二字，也是译自当地民族语言的。其王姓毋（亦作"无"、"弗"、"吴"、"瓯"）。一眼便知，这是越人姓（氏族名称），上文已有考证，不必重复。古句町之国究竟在何处？据《汉书·地理志》云：句町有"文象水，东至增食入郁。又有卢唯水、来细水、伐水"。《新纂云南通志·水道考释》考证得很对："文象水，为今西洋江；卢唯水为今驮娘江。皆今右江上游。"这些古姓氏、古地名、古江名，多数都译自越语音，至今仍可用壮语求得合理的解释。据此，可知汉代的句町，当在今广西右江上游云南的富宁及广西的西林、隆林、田林、凌云、百色一带。漏卧，与句町挨近，当在今云南的文山壮族苗族自治州境内。1969年和1972年在广西西林县板普驮粮站发掘的两座西汉前期墓葬，出土了大量具有越人特点的文物，如铜鼓、羊角钮铜钟、鞋底形虎纹铜炉、山羊纹铜饰牌等；同时也出土一些显然是从中原汉族地区输入的文物，如鎏金铜骑、马桶六博棋盘、车器、铁器等。据此可知其地，当时是以古越人，即今壮侗民族先民为聚居区，但已受到汉文化严重影响。特别给我们重要启示的是，板普驮墓葬的墓主人，竟用非常高贵、有"都老"地位象征的铜鼓作棺材。可知墓主人就是句町"王"，用当时当地人的话说就是"句町越都老"。

七、滇　越

滇越，是汉语序组装，越语应作"越滇"，意为"越人中的滇部落"。汉司马迁《史记》一书两篇所载"滇越国"，所指族同、地望似不相同。一是《史记·大宛列传》载："……乃令骞因蜀、犍为发间使，四道并出：出駹、出冉、出徙、出邛、僰，皆各行一二千里。其北方闭氐、筰（亦作"笮"，下同），南方闭嶲。昆明之属无君长，善寇盗，辄杀略汉使，终莫得通。然闻其西可千余里有乘象国，名曰滇越，而蜀贾奸出物者或至焉。于是汉以求大夏道始通滇国。"班固《汉书·张骞传》所载这段文字，内容大体相同，只改动一、二字。"昆明"在今大理、保山一带，向西南延伸千余里，应在今德宏、临沧到西双版纳及缅北，这里一向为傣、泰系民族聚居区。故知《史记·大宛列传》篇所说"乘象国滇越"，是在今滇西南边境，民族成分就是壮侗民族傣掸系。二是《史记·西南夷列传》载：战国末年，楚将庄𫍰以兵略巴、黔，经苴兰、夜郎，西至滇。欲归，秦已夺楚巴、黔中，道不通，"乃还，以其众王滇，变服从其族以长之"。新中国建立后，我国考古工作者发掘的云南镇宁石寨山墓葬中，还发现有汉武帝授予"滇王之印"，说明这是滇池地区的"滇王"。学者多认为庄𫍰所到及其为滇王之地，仅仅限于今滇东镇宁县滇池周围一带地区，这里汉时既有滇越族分布，也有夷昆明族分布。非前面说的滇西大象国滇越。前者几乎全部、或主体民族是滇越。后者早期应以越系民族为主，汉代后逐渐与氐羌系杂处，甚至变成以氐羌系民族为主体。

古人已觉察到属壮傣语族系的滇越与属藏缅语族系的夷昆明是有明显区别的。例如《史记·西南夷列传》载："西南夷君长以什数，夜郎最大；其西靡莫之属，滇最大；自滇以北，君长以什数，邛都最大，此皆魋髻（《汉书》作'椎结'，音义相同，言挽头发于顶，像椎子一样）。多耕田、有邑聚。其外，西自同师以东，北至叶榆，名为夷、昆明，皆编发、随畜迁徙、毋常住、毋君长，地方数千里。自夷以东北，君长以什数，徙、筰都最大。自筰都以东北，君长以什数，冉𩦷最大，其俗或土著，或移徙，在蜀之西。自冉𩦷以东北，君长以什数，白马最大，皆氐类也。此皆巴蜀西南外蛮夷也。"又《汉书·西南夷传》对西南夷族系特征的分析，与《史记》大体相同。

据此，已知越系与氐羌系的区别至少有：（1）越系耕田（农耕稻作）：氐羌系畜牧。（2）越系魋结、箕踞（坐用稻草结成的圆凳）、断发文身；氐羌系编发。(3) 越系"有邑聚"（即有定居的村寨）；氐羌系"随畜迁徙、毋常处"（还未定居）。(4) 越系有君长曰"都老"；氐羌系"毋君长"。此外，这段文字未提及的还有：越系崇拜鸟、蛤（青蛙）、大象、水牛、黄牛、太阳、水稻、水田（那、纳）、田洞（峒、洞、猛、勐、芒），多以此命名地名及氏族部落、以后又演变成姓氏；氐羌系则多崇拜名草、马、羊、牦牛等之名，如羌、夷、笮、叶榆等。

关于"滇越"之名，学者多说源于"滇池"，因池名族；故又认为"滇越"是他称。清冯甦《滇考》一书二卷，即主此说之较完备者。我则认为滇越之名在滇池之前，在汉使者未到达以前已早有"滇越"系民族分布，汉使庄蹻、张骞等都是发现者，非发源者，故"滇越"这名，应译自当地越人语言，起于自称而非他称。故"滇"字无法用汉语取得合理的解释。其实，这个"滇"字，汉语读"dian"，与我国傣族自称"傣"dai[1]；泰国泰族自称"泰"tai[3]；缅甸北境"掸"（汉音但）dan[3]；越南岱人自称"岱侬"daiy……在壮傣人看来，是同音或近音异译的同一个字。故"滇"越的"滇"字，也应是越人的"自称"。"滇池"之名，是因滇越人最早居地而得名的。同样来自图腾崇拜名称。但究竟来自何种图腾？有待进一步深入考证。

八、乌浒与俚僚

"乌浒"，亦称"乌浒人"、"乌浒僚"、"乌武僚"。中古岭南族称，上古称"瓯骆"，今称壮族。"乌浒"中的"乌"字，汉语屋呼切音污。名从主人，当译自乌浒人语、类今壮语的"haeux"或"ngwz"字，有"稻"、"谷"或"蛇"、"龙"之意。"浒"字，汉语呼五音虎，译自类今壮语"fangz"（鬼、神）。两字合起来读，汉语简直无法理解，壮语就顺理成章了，意为"稻神"、"谷神"或"蛇神"、"龙神"。越人多姓"无"或作"毋"，越语"蛇"神也。因为他们的先民越人发明农耕稻作，对人类有丰功伟绩，因此他们感到非常光荣，但并不理解是怎么来的，以为是"神"赐的，故崇拜"稻神"或"谷神"。"蛇神"（龙神），也是与农耕稻作有密切关系的。近代壮族民间普遍流传"蛇郎"传说故事，说古昔天旱时，蛇神替他们开渠灌溉，发生涝灾时，蛇神又来替他们堵住沟洞，以免洪水淹没禾稻，从而保证年年丰收，于是筑庙祠之。（参见《僮族民间歌谣资料》第一集，1959年广西科委编印本）

"乌浒"的前身是"西瓯骆越"，简称"瓯骆"，岭南上古族名。"瓯"，阿钩切音讴，与"乌"音近，转音就成，亦当译自壮语的"haeux"或"ngwz"字，也是"稻神"或"蛇神"崇拜的产物；"骆"，勒莩切音洛，当译自古越语的"raeg"，意为"鸟"，来源于鸟的图腾崇拜；也可能译自古越语的"luog"，意为"山区"或"诸山之间的峒（洞）场"、"弄场"。两字合在一起，便有"山区稻耕人群"或"洞场中的稻耕部落"的意思。

"乌浒"的别名叫"俚"、"僚"、"峒"或"俚僚"、"峒僚"、"俚峒"。既可单称、分称，亦可合称、互称。实为同一个族系，即古人说的"率同一姓"，当然不是现代意义的同一个姓氏。

"乌浒人"的后人，就是布土、布壮、布侬、布依、侗、水、仫佬、毛南、黎等

概言之，我们可以把它简化为这样的格式：瓯骆越——乌浒僚——壮侗语诸民族。

"乌浒人"之名的文献记载有：

后汉杨孚《南州异物志》亦称《异物志》载："乌浒，南夷别名也。其（部）落在深山中。"（清，南海人曾钊辑本，收于《丛书集成初编》）

南宋范晔《后汉书·南蛮传》:"乌浒,地名也。"明魏浚《峤南琐记》引《异物志》云:"乌蛮……即乌浒蛮也……其国有乌浒滩。汉建武中,其国废。"清人谓自横州至贵县郁江中有十里长滩名叫乌浒滩、横州有乌浒山,皆因"乌浒人"居地而得名。

俚人、乌浒人、僚人的关系在岭南,是说不清、分不开的,同俗共处,语言相同。我认为是同一个族系的不同支系罢了。《太平御览》引《南州异物志》载:"广州南有贼曰俚。此贼在广州之南,苍梧、郁林、合浦、宁浦、高凉五郡中央,地方数千里。往往别村各有长帅,无君王。依恃山险,不用城。自古及今弥历年纪。民俗蠢愚,唯知贪利,无有仁义道德。土俗不爱骨肉而贪货及牛犊。若见贾人有财货水牛者,便以其子易之。夫或鬻妇,兄亦卖弟。若邻里有负其家债,不时还者,其子弟中愚者谓其兄曰:'我为汝取钱,汝但当善殡葬我耳。'其处多野葛,为枸挽数寸,径到债家门下曰:'汝负我钱,不肯还,我今当自杀。'因吃野葛死债家门下,其家便称怨,宗族人众往债家:'汝不还我钱,而杀我子弟,今当击汝。'债家惭惧,因以牛犊财物谢之数十倍。死家乃自收死者罢去,不以为恨。"北宋乐史《太平寰宇记》卷166"贵州风俗"条载:郁林"郡连山四百里,有里(俚)人,皆以(与)乌浒诸夷率同一姓"。意思是说俚僚和乌浒僚都是同一个族群,那是对的。

古昔"乌浒人"主要分布在岭南的南海郡(治所番禺,即今广州)西部和合浦郡(治所在合浦县)、郁林郡(治所在今贵港),包括今广州以西的肇庆、阳江、茂名、湛江,海南全境及广西的绝大部分地区。文献记载如下:

《后汉书·南蛮传》注引三国吴、万震《南州异物志》载:"乌浒……在广州之南(西),交州之北。"

《后汉书·南蛮传》载:"灵帝建宁三年(170),郁林太守谷永以恩信招降乌浒人十余万内属，皆受冠带，开置七县。"这七个县就是当时的布山县（治今贵港）、潭中县（柳州）、领方县（宾阳）、临尘县（左州）、增食县（百色）、定周县（宜山县）、雍鸡县（左州）。这七个县的区域，当包括今广西的大部分；十万余乌浒人，当是这七个县的全部人数。根据这条文献，今广西当时大多数是"乌浒人"。

上书还载有："光和元年（178）交趾、合浦乌浒蛮反叛……四年，刺史朱隽击破之。"说明交趾、合浦两郡也有乌浒人分布。当时的合浦郡地，包括今广西的钦州、防城、北海，广东的阳江、茂名、雷州半岛及海南全境，人口共有八万六千多。

北宋欧阳修《新唐书·南蛮传》则云，乌武僚（乌浒僚的异写）又称西原蛮，世以宁氏、黄氏为首领。昔有宁猛力（？－597），袭父（宁逴）职为安州（后改称钦州）刺史，降服黄橙洞（扶绥）黄氏，拥有东西千余里，南北五百里。其子宁长真（？－627）袭职后，曾率军随隋炀帝南征林邑（今越南南部），北伐辽东，因功受封为钦江开国公、行军总管、右光禄大夫、钦州都督。成为岭南最大的土官。唐武德八年（625），他率先起兵反叛，后接受唐朝安抚，没有参加"西原蛮"起义。

"乌浒人"的生活文化，概括起来有十一大特征，即：

（1）农耕稻作；

（2）巢居-干栏；

（3）击铜鼓；

（4）椎髻、跣足；

（5）行悬棺—合骨丧制；

（6）文身；

（7）凿齿（去齿、漆齿、打牙）；

（8）鼻饮；

（9）赶歌圩（呼市为圩）；

(10) 爱跳"春堂"舞（打木槽舞、扁担舞、竹杠舞）；

(11) 有独特的语言。

文献记载如下：

后汉杨孚《南州异物志》："乌浒……巢居、鼻饮，射翠取毛，割蚌求珠为业。"（《太平寰宇记》卷166引）

晋代张华《博物志》："荆州极西南界至蜀，诸民曰僚子……（生子）既长，皆拔去上齿各一，以为身饰。"

东晋裴渊《广州记》："俚僚贵铜鼓……欲相攻击，鸣此鼓集众，到者如云。有是鼓者，极为豪雄。"（《太平御览》卷785引）

唐代魏徵《隋书·地理志下》所载与上条略同，并增加"（俚僚）椎结箕踞，乃其旧风"。又云："有鼓者，号为都老，群情推服。本之旧事，尉佗（赵佗）于汉自称'蛮夷大酋长老夫臣'，故俚人呼其所尊者曰'倒老'也，言讹，故又称'都老'。"到近现代，壮族民间仍称民间头人、寨老、乡老、族长为"都老"。

后晋刘昫《旧唐书·南蛮传》："乌武僚，故自凿齿。"

北宋欧阳修《新唐书·冯盎传》载，唐高宗（650—683年在位）派御史许瓘到岭南高州（今广东高要县）视察，冼氏夫人的孙子冯子猷自恃其祖母功高势大，不但不出来迎接，而且率其族人数十击着铜鼓，带着刀枪盾牌，把许某抓起来。

《太平寰宇记》卷166"贵州风俗"条载："（其州）多何、滕、黄、陆姓。以水田为业，不事蚕桑。生以唱歌为乐，死以木（铜）鼓助丧……男女同川而浴。生首子即食之，云宜弟。居止接近，葬同坟，谓之合骨，非有戚属，大墓至百余棺。凡合骨者则去婚，异穴聘女。既嫁，便缺去前一齿。"悬棺-合骨葬制，都是母系氏族制度的遗风。

同书卷167"容州风俗"条载："（容州）夷多夏少，鼻饮、跣足，好吹葫笙，击铜鼓，习射弓弩，无蚕桑，缉蕉葛为布，呼市为圩,五日一集。""钦州风俗"条亦载:"俚人,不解言语,交肱椎髻,食用手搏,水从鼻饮。又有僚子,巢居海曲,每岁一移,椎髻,凿齿。……高梁以下,不送葬,皆打鼓、春堂、吹笙,箭用药箭。""邕州风俗"条亦载:"(邕州百姓)悉是雕题、凿齿、画面、文身之人。"

乌浒人的"鼻饮"习俗,究竟是怎样的一种习俗?近现代已见不到文献记载。新中国建立后,民族调查工作者(包括笔者)走遍华南各个民族地区,都没见闻这种习俗。然而,古籍文献却屡有记载,并言之确凿,好像他们都亲眼见到乌浒俚僚人用鼻子饮水。例如《魏书·南蛮传》载:"僚者,盖南蛮之别种,其口嚼食,并鼻饮。"南宋范成大、周去非二人讲得更是活灵活现,似乎他们都亲眼在今广西左、右江流域见到。范氏说:"南人习鼻饮,有陶器如杯碗,旁置一小管若瓶嘴,以鼻就管吸酒浆,暑月以饮水,云水自鼻入咽,快不可言"(《桂海虞衡志·志器》)。周氏则云:"邕州溪洞及钦州屯落多鼻饮。鼻饮之法:以瓢盛少水,置盐及姜汁数滴于水中。瓢则有窍,施小管如瓶嘴,插诸鼻中,导水引脑,循脑而入下喉。富者以银为之,次以锡,次陶器,次瓢。饮时,必口嚼鱼炸一片,既饮必噎气,以为凉脑快膈,若莫此也。只可饮水,谓饮酒者非也,谓以手掬水吸饮亦非也。史称越人相习以鼻饮得非此乎!"(《岭外代答》卷十"鼻饮"条)。对这个问题,不管前人怎么炒作,笔者始终是存疑的,因为用鼻子饮水或饮酒浆,都不符合人类的生理结构。上文所言,是否属实?有待进一步考证。

有些历史与近现代文人认为"乌浒人"有"食人"、"食幼"的奇异习俗,转将摘引,互相炒作,甚至有人大加渲染,以便耸人听闻。笔者认为,对此种奇异风俗须慎重研究,知之则知之,不知为不知。所谓"食幼"、"食老"之说,在远古传说的特定时代,可能曾经存在过。本书在第七章第九节古老的砍戛葬俗及第八章第八节民间传说中，也作过介绍和说明。至于南北朝隋唐时期广泛分布于今两广地区的"乌浒人"是否有这种风俗？我是怀疑的。例如古籍记载，首见于《墨子·鲁问篇》，在这里，墨子并不是亲自见闻，而是鲁国阳文君告诉他的，也是一种民间的传闻。原文载云："鲁阳文君语墨子曰：'楚之南有啖人之国者桥，其国之长子生，则解而食之，谓之宜弟。美，则以遗其君，君喜则赏其父。岂不恶俗哉？'墨子曰：'虽中国之俗，亦犹是也。杀其父而赏其子，何以异食其子而赏父者哉！苟不用仁义，何以非夷人食其子也。'"在此，所谓"楚之南"的"啖人国"国名"桥"者，究竟在何处？谁也不知道。接着，墨翟在《墨子·节葬下》又云："昔者，越之东有輆休之国，其长子生，则解而食之，谓之宜弟。其大父死，负其大母而弃之，曰鬼妻不可与居住。"在此，墨翟声明他所说的"食人"异俗，是从前的事，是民间传闻的故事。他在《鲁问篇》说发生在南方的"桥国"；而在《节葬篇》又说发生在越国之东的"輆休国"。到战国列御寇《列子》和西晋张华《博物志·异俗》所载，内容文字与《墨子·节葬篇》几乎完全相同，只是删去"昔者"二字，变成了似乎是当时存在的"异俗"，并且不注明究竟摘引自墨子之说，还是他们自己发现？没有讲清楚。开始使人进入误区。不过，《后汉书·南蛮传》说"啖人国在交趾西。"交趾西，距离乌浒人居地远矣。至于《墨子》所载的"輆休国"，各种版本说法都不一致，有作"輆休"、"輆猿"、"辄猿"、"辄木"、"辄才"、"轸猿"、"轸才"等，近十种之多。令人难以甄别。但有一点是共同的，都说其方位在越国之东，清时有人考证在今台湾山区。总之，啖人国或辄猿国，距离乌浒人区域都很遥远，且连春秋时人墨翟都说是"昔者"传闻的事，并不是他那个时代的事，更不是他亲自见到的。可是，到了北宋《太平寰宇记》、《太平广记》、《太平御览》及其他许多杂史、杂记、类书，竟然几乎一字不差地照搬墨子的话，却说成隋唐时岭南乌浒人的习俗，是否属实、或许是张冠李戴、或许是移花接木？都难以决断。至于三国吴万震《南州异物志》载："交广之界，民曰乌浒，东界在广州之南，交州之北，恒出道间，伺候二州行旅，有单迥辈者，辄出击之，利得人食之，不贪其财货也。……出得人归家，合聚邻里，悬死人当中，四面向坐，击铜鼓，歌舞饮酒，稍就，割食之"（《太平御览》卷786"四夷部七"引）。这是属于"猎头祭谷"习俗。根据民族调查资料，旧时云南边境佤族某些地区及明、清《游记》说到台湾原住民中个别支系，还残存有这种风俗，这是否正是古籍所载的"交趾之西"和"越（国）之东"呢？至于壮侗语民族先民及其后裔从唐宋以来的各种文献记载，及新中国成立后的民族调查资料，都见不到这种风俗的痕迹存在。故对"乌浒人食幼"的说法，有待进一步考证。

乌浒人的语言，实际上就是壮语。语言是形成人们共同体的重要特征，而且语言在历史上一旦形成，就会相对长期、稳定地存在发展下去，变化比较缓慢。北宋乐史说"俚人"不解（听不懂）言语。这种说法不对。他们听不懂的是汉语，而不是语言本身。他们有自己一套完整的语言。他们的语言很独特，无论语音、词汇、语法结构，都与汉语不同。他们彼此间交谈、演讲、赋诗、歌唱，都能运用自如。西汉时，他们的先民就留下一首《越人歌》，至今壮人还能用壮语把它恢复成原来的状态。北宋吴处厚说岭南，主要指宾州（治所今广西宾阳）俚僚人的语法特点是将名词置于形容词与副词之前，而汉语是置于其后。后人从汉语角度看，谓之"倒装法"，他们认为不是倒装，是常理。吴氏《青箱杂记》卷三是这样记载的："岭南人相呼不以行辈，惟以各人所生男女小名呼其父母。元丰中，余任大理丞，宾州奏案有民韦超，男（儿）名首，即呼韦超作'父首'（父音波，意为首儿的父亲）。韦遨，男（儿）名满，即呼韦遨作'父满'之类。"南宋范、周二氏对钦州、桂林各县俚、僚人的语言以及用来记载这种语言的"土俗书"亦曰"土俗字",已有详细记载。周氏说,俚僚人语言"古人(自古)有之。"这就说对了。他还说,钦州土人昔称骆越,"以唇舌杂为音声,殊不可晓,谓之蒌语"(《岭外代答》卷三)。1172—1175年曾任静江府(桂林)知府兼广南西路经略使的范氏说:"边远陋俗,谍诉券约,专用土俗书。桂林诸邑(各州县)皆然。今仅记临桂(县)数字,虽鄙野,而边旁亦有依附。不长,音矮(错了,这个字不是音矮,而是音daemq),不长也。门坐,音稳,坐于门中稳也。大坐,亦音稳,大坐亦稳也。人小,音女弱,小儿也。不大,音动(读byom),人瘦弱也。不生,音终(实际音殆,即dai),人亡绝也。不行,音腊(即laemx),不能举足也(意即摔倒)。女大,音太,女大及姐也。石山,音勘(gamj),山石之岩窟也。门,音攂,门横关也。…余阅讼谍二年,习见之"(见《桂海虞衡志》"杂志"篇)。周氏在《岭外代答》卷四中则说:钦州土人"称官为沟主(主户),母为米囊,当待译而后通。""土俗字氽,音泗,言人在水上(行走)也。冭,音魅,言人在水下也。毛,音胡(应作mumh),言多髭。砰,东敢切,言以石击水之声。"其余字音,与范氏所载略同,故删。由此可知,范、周二氏所载的"土俗书"和"土俗字",现在我们还能用壮语音义去解读。证明他们所谓的乌浒或俚人、僚人实际上就是壮族先民。

上述十一项特征,正是古越人及其后裔的共有文化特征。说明它是瓯骆后人,壮侗等民族先人。

按:瓯骆——俚僚——壮布依侗水等民族的语言,除我国傣族及境外泰、老诸民族曾有本民族文字外,在古代历史上直至1949年前,一直是与书写文字脱钩的,虽有完整的语言,但没有书写的文字。范、周二氏载南宋时桂林府各县特别指出临桂县俚僚人已使用"土俗书"来书写讼谍。但并无实物或完整的书面篇章流传下来。至于民间自造的俚僚"土俗字",是用来记录本民族民歌、契约、民间故事的。但是,在历代封建统治阶级对他们不断进行战争征服、阶级压迫、民族压迫和民族歧视政策情况下,这些少数民族不能形成一个政治、经济、文化中心。因此,这些土俗字不仅没有得到官府的支持、推广,而且备受打压,备受封建文人歧视和嘲笑,本民族文人也由于害怕或因民族自卑感而不敢公开创作推广,以至保存下来的字极为有限,且没有统一规范,不能广泛用于书写交际。至于这些少数民族与其它民族之间的语言、文字交际与学习先进科学文化知识,则只能依靠学习汉语、汉文。然而,在少数民族聚居的民间,人们从小就讲本民族语言,用本民族语言来思维和交际,而这种语言与汉文是完全脱钩的,学了文字不能立即理解和运用,要通过翻译才能理解,要到汉族地区才能运用。故学习时,往往事倍而功半,进步很缓慢。以至从前许多人往往读七八年私塾或小学毕业,还不会写信;辍学回家务农几年,又变成文盲或半文盲。故少数民族地区文盲比例至今仍特别高,扫盲也特别困难。这或许是少数民族社会历史和文化的发展特别缓慢的一个重要原因。只有亲口嚼过苦瓜的人,才知苦味的难受。只有没有文字的少数民族,才真正理解中国共产党和人民政府为没有文字的少数民族创造文字的重要意义。

第三章 民族来源

一、壮族源于古越人

壮族是中华民族大家庭中人口最多的少数民族，具有悠久的历史和灿烂的文化。在长期的历史发展过程中，同汉族及其他少数民族结成了血肉不可分离的联系，共同缔造了中国的历史和文化。

关于壮族的起源，经过长期调查研究，目前学术界已基本上取得了共识，认为它是土著民族，起源于我国古代南方的越人。我国古越人，亦称"百越"，大体分布在长江以南，支系众多。正如《汉书·地理志》颜师古注所云："自交趾至会稽，七八千里，百粤（越）杂处，各有种姓。"从地域分，有内越、外越、东越、西越、南越；从族群分，有干越、骆越、东瓯、西瓯等。经过同国内汉语族、苗瑶语族、藏缅语族及南亚语系各族群共同生息、发展，相互吸收、融合、分化，有斗争，也有和平交往，族群的称呼也在不断变化着。到东汉以后，"百越"之名逐渐不用；岭南越人被改称为"乌浒"、"鸠僚"、"俚僚"、"蛮僚"、"洞僚"等。两宋时期，留居岭南的越-僚后裔又被称或自称为"侬"、"土僚"、"洞僚"、"伶僚"、"白衣"、"黎"、"僮"、"侗"、"水"等。明清时，称为"黎"、"僮"、"仲"、"侗"、"水"、"摆夷"、"姆佬"、"冒南"等。新中国建立后，经过专家学者的甄别调查，正式确定以上族系分别为壮族、布依族、傣族、侗族、水族、仫佬族、毛南族、黎族等民族。由此可知，从主体方面看，今我国操壮侗语族诸民族，包括壮族在内，都来源于我国古越人。当然，它也会不断地吸收、融合其他诸民族、特别是汉族成分；与此同时，它也会不断分化、分裂而同化、融合于其他民族、特别是汉族中。

由此可知，从主体方面看，无论从地缘分布、经济生活、文化、语言、血缘等方面，壮族都和早期分布在我国长江以南的古代越人有着千丝万缕的联系，前者是后者先民，后者是从前者那里演化发展而来的。

越人是稻作文化的发明者。在当时历史条件下，这是了不起的一件大事，犹如近代发明蒸汽机及现代原子弹和人造卫星一样，令人刮目相看，因为它解决了原始人的食物来源不足和定居问题。这件大事给越人先民既带来无比荣耀，又带来难以理解的神秘。于是，他们便纷纷把稻谷和与稻谷相关的东西，首先是稻谷本身和稻谷繁衍、栽培、种植的场所——田洞或洞场当作自己氏族、部落的崇拜物，并且采用此种物体的名称来命名自己的氏族和部落。稻谷，壮语称"haeux"，可译写为"瓯"；稻谷出产的田洞，壮语称"doeghnaz"或"luognaz"，简译近"骆"。二字合在一起，按照他们的语法，原来当叫"haeuz doegh"或"haeuz luog"或"roegnavaz"，意为"鸟田"或"田洞间的稻谷"。因为这个族群的先民越人可能最早发明农耕稻作，在那个还缺乏科学认识的时代里，一方面认为很光荣，另一方面又很不理解，以为这是神赐的结果。于是，他们的后裔便产生了对"稻谷"以及凡与稻谷有密切关系的物体或动物例如太阳、月亮、雷公、青蛙、田洞、籼稻、糯稻、鸟、黄牛、水牛等，神化起来而加以崇拜。这就是岭南古越人——西瓯（稻谷）、骆越（鸟）部落名称以及后来这两个部落内实际就包含有乌浒、俚、僚（音罗）、洞僚、侗人、罗、莫、韦、欧、吴、黄、侬、覃、侬、甘、郭、闭等氏族、部落名称或姓氏相继出现的原因。公元前221年，秦始皇派五十万大军进入岭南，刚到越城岭就遇到"西瓯"人的顽强抵抗，杀得秦军"伏尸流血数十万"。

随着生产力和生产关系的发展以及人口的快速增长，西瓯、骆越都各自发展分化为许许多多的氏族、部落，各个氏族、部落都有自己的崇拜对象与自己的氏族、部落名称。但万变不离其宗，各个氏族或部落所崇拜的对象，以及取这种崇拜物的名称来命名自己的氏族、部落，绝大多数都与稻文化有关。例如他们之中除依旧崇拜稻谷（汉文以后又作"瓯"、"乌"、"欧""吴"）和田洞鸟田（汉文作"骆"、"罗"、"僚"或"洞僚"、"俚僚"）外，又出现籼稻的"籼"（壮语称籼为"ciem"，汉文作"覃"）；糯稻的"糯"（壮语称为 haeux.nu，汉文作"侬"）的崇拜；因河水中的"河湾深处"或自然形成的水渠，壮语称 vaengz，汉文取其近音作"黄"；水牛壮语叫"vaiz"，汉语音近"韦"；黄牛壮语叫"moz"，汉语音"莫"。特别是水牛、黄牛对稻文化的发展作用很大，于是许多氏族又取水牛、黄牛的名称来命名自己的氏族和部落。青蛙是骆越人最崇拜的对象，相传青蛙是雷公的儿子，后被天公贬到凡间替人们管雨水以经营稻田，壮族民间说："青蛙呱呱叫，大雨就来到。"壮语叫青蛙为"goep"，汉文写作"甘"、"郭"……如此等等。于是，秦汉时有"瓯骆"，后汉南北朝时转音写成"乌浒"，唐宋时又写"俚僚"或"峒僚"（洞，决不可解岩洞的洞，而是山间田洞或洞场的洞），又可细分为"乌武僚"、"南僚"、"北僚"、"南平僚"等，并有黄洞僚、侬洞僚、韦洞僚、莫洞僚等多种氏族、部落活跃于历史舞台上。所有这些氏族或部落，原来都是以女性祖先为中心的，一个氏族以一个女性祖先为中心，有一个共同的氏族名称，氏族内部严禁通婚，共同居住在一个地域之内。这块地域，壮语称"doeg"，汉文取其音为"弄"、"浒"、"洞"，当是一个部落，通常以部落长所在的氏族名称命名之，如黄洞因其首领为黄氏族人、侬洞因其首领为侬氏族人之故。这就是唐宋时广南西道左、右江流域有五十余所溪洞即五十多个部落出现的原因。进入父系社会以后，特别受到汉文化的强烈影响，各个氏族、部落逐步转为以男性祖先为中心，于是，以女性祖先为中心的氏族、部落称呼很自然就变为以男性祖先为中心的族群或姓氏称呼了。但姓氏的称呼仍沿用旧时氏族的名称，"换汤不换药"，实行同姓不婚，这样既使内部人减少反感，又使彼此间容易辨认。这就是唐宋时壮族内部开始形成黄、侬、韦、莫、覃、罗、梁等诸大姓的原因。至今，上述诸姓，仍为壮族大姓。到这时，"洞"是以地域为界限的，当为"部落"的同义词，而不是以血缘为联系纽带的，所以同一个田洞不只是一个氏族，也不可能全是一个姓，全是一姓就没法通婚、繁衍后代了。所谓"举洞纯一姓者"，那是外来文人弄不清楚当地原来是把该部落（洞）首长的氏族名称命名其部落而已；同时也未完全了解在任何部落之内除酋长氏族外，还有许多不同氏族，各有不同的氏族名称，他们同样实行氏族外婚、部落内婚制度的民族。因此，我们对文献所记载的例如"黄洞"，应理解为以黄姓人为首领的溪洞，"侬洞"则以侬姓人为首领的溪洞。

语言是人们在生产劳动和生活过程中产生、形成和发展起来的交际工具，变化很缓慢，比其他社会现象有更多的延续性与保守性。故越语虽有悠久的历史，没有详细完整的文字记载，它究竟与当今哪个民族的语言相通？我们从越人居住、生活、劳动过的地区留下的歌词、地名、山名、水名、物名等等，证明这些地区原是操越语的人们的故乡；后虽为汉族居住，但地名物名所表示的语言与汉语不相通；而用壮语同它对照比较，就能确切地理解。这就证明壮语同古越语原来是相通相承的，也证明古越人、至少是岭南古越人就是壮族先民。今举例如下：

1. 越人对稻米的称呼与今壮语完全相同。中国中原王朝商代的第一任宰相伊尹出使到南海（今广东）时，第一次尝到越人生产的稻米赞不绝口，说："饭之美者，玄山之禾，南海之秏。"（见《说文》禾部"秏"字注）。《说文解字》注云："秏，稻属，从禾，毛声，呼倒切。"《康熙字典》音"蒿"。今壮语称稻米为"haeux"。证明两者的称呼一模一样。

2. 一首越人民歌竟能用壮语去解读。西汉人刘向在《说苑·善说篇》中记载了越人船夫即兴而唱的一首越人民歌，是公元前528年唱给鄂令尹子晰听的。歌词曰："滥兮抃草滥予，昌桓泽予，昌州州湛，州焉乎秦胥胥，缦予乎昭澶秦逾渗，惕随河湖。"（译音）当时在座的几个汉族人都听不懂，就找一个越人来翻译，乃知是一首情歌。但两千多年来，一直没有人能详细破解这首歌。20世纪80年代初，壮族语言学家韦庆稳先生在《试论百越民族的语言》文中（详见中国社会科学出版社1982年版《百越民族史论集289页》）用壮语去解读，才发现它原来是一首情歌，同今日壮族民间唱的壮族"勒脚歌"无论用词、语法、押韵、词义等等都是相通的。据韦先生的研究，这首情歌的准确翻译应为："今夕是什么佳节？舟游如此隆重；船正中坐的是谁呀？是王府中大人。王子接待又赏识，我只有感激。但不知何日能与您再来游，我内心感受您的厚意。"

3. 用壮语才能正确理解越语中关于"膏菽"、"膏稻"等词汇。西汉初年成书的《山海经·海内经》载云："西南黑水之间……爰有膏菽、膏稻、膏黍、膏稷，百谷自生，冬夏播琴。"这一段话里有许多汉、越语的组合词，语法采用越语惯用的"倒装词"。两千多年来，人们企图用汉语解读它，但讲得不清楚，故争论不休。现在我们用壮语解读，就一清二楚了。《山海经》的作者所说"西南黑水"也许就是现在的红水河，古称"郁林江"。因壮语谓江为"郁"，黑为"林"，译为汉语就成"黑水"。"膏"字取自越语，读"go"，是植物前置词，膏的后面一个字取自汉语，语法取自越语的"倒装法"。这句话的全部意义就是："西南红水河流域的菽米、稻米、黍米、稷米，过了冬就播种，不用什么管理，由它自生自长，夏天即可收获。"这是该文作者描写他当时所看到或听说的红水河流域遍地生长着的野生稻米或刀耕火种、耕作十分粗放的稻米。

4. 南越古都"番禺"二字也只能用壮语解读。"番禺"（今广州市）为南越古都，原为越人所居，后为汉越混血的后裔所居，此词出自古越语是无可置疑的。古人曾有"北人不识番禺"之说（见明屈大均：《广东新语》卷三），其实广东人用汉语去解读它也很牵强附会，用壮语去解读就对了。考"番"字，壮语读"mbanj"，与"板"、"曼"同音或近音，意思是"村寨"，今壮族的村名如果要翻译成汉字，前面都要加个"板"或"曼"字，"禺"字与"越"字音近，两字合写就可读为"板越"，意为越人的村子。广州最早也仅仅是个村子，以后才发展成大都市。越人古地名还有"苍梧"、"合浦"、"布山"等等，都取自古越语，我们只有用壮语解读才会取得合情又合理的原义。

5. 用壮语去解读古越语"圩"（古作"虚"）字非常有意思。今南方广西、贵州、广东、海南、湖南、江西、福建等省区包括汉族各民族的人民都呼农村集市为"圩"。这个"圩"字古作"虚"。按汉语解释："虚"者，无也。这究竟出自哪个民族的语言呢？古今学者一致认为出自古越语，这是很正确的。然而，古越人为什么要把四面八方的人齐聚一堂，各自带来千姿百态的物资集中在一块进行交易的地方称呼为"虚无"中的"虚"字呢？这就众说纷纭了。晋人沈怀远在《南越志》书中说："越之野市为虚，多在村场，先期召集各商，或歌舞以来之。荆南、岭表皆然。"他说"圩"是"野市"，好比我们说"农村集市"，算说对了一半；但仍然没有言中它的本质，没有弄懂这个"圩"字的原本意义。

北宋吴处厚在《青箱杂记》书中云："岭南谓村市为虚。……盖市之所在，有人则满，无人则虚。而岭南虚市满时少，虚时多，故谓之虚，不亦宜乎！"这种解释就有点望文生义了。

明末清初屈大均在《广东新语》书中则试图把前人"野市"与"虚无"二说统一起来说："越谓野市曰虚，有人则满、无人则虚；满时少、虚时多，故曰虚也。虚即廛也。《周礼注》云：廛，市中空地也。即虚也。地之虚处为廛，天之虚处为辰。辰亦曰躔，其义一也。叶其洞云：'昔者圣人日中为市，聚则盈，散则虚。'今北名集，从聚也；南名虚，从散也。……"这种解释，还是有其不能自圆其说之处。北方人谓农贸市场为"集"，那是抓住了它的本质，"集"者，古作三个"集"字，《说文解字》云："雥者，群鸟在木上也。"集市正是集聚四面八方的人在一块儿做交换，犹如群鸟聚集在林木之上。总之，南方谓集市为"虚"，用汉语去解释，那是越解越糊涂。古人把它解释为"散"了的集市，既然"散"了怎么进行交易呢？人多、交易，这才是集市的本质呀！怎能用散了的虚无来解释呢？漏洞百出，难以自圆其说。其实，我们用越语之延续者壮语去解释，很自然就能理解其意，得出合情合理的解读。越人谓集市为"圩"，音近"haw"；今壮语仍呼农村集市为"haw"，呼赶集为"baehaw"。这个词汇的原义既不是集市，也不是空虚，而是"给"人以物或"馈赠"人以物的意思，换句话说，就是"以物易物"或说"物物交换"之意。说明这个词产生于古越人的原始时代，那时商品经济还没有发展起来，还没有货币。人们或氏族之间的交换，都是自己带着一些多余的货物到路边、村头去"给"别人，等着别人也"给"自己一些有用的物品。久之，这里便形成固定的交换场所，但仍习惯称为"圩"，意为"物物交换"，且沿用至今。

我引用一首流行于我家乡广西融安泗顶壮区的一首传统壮歌，就足以说明在壮语中，赶圩的"圩"字，与买卖的"卖"

(给)字，确实是一个字，都用"haw"字来表达，意为"卖给你"（见《壮汉词汇》广西民族出版社 1984 年版第 420 页和《汉壮词汇》广西民族出版社 1983 年版第 88 页）。这首壮歌的音译为："旱尼压侯贝赶哈，愿哈愿吼就交换；也伦双队人讲欢，原讲愿唱就贫路。"

写成壮文："haetneix rap haeux bae danj 'haw',
nyienh 'haw' nyienhoeu couh gyauvuaenh;
yax lumj sueng doihvunz gangj ungq,
sueng fueng nyienh ciengq couh doengzloh。

这首壮歌的意思是说：今天我挑谷子去赶圩，有人愿买我也愿卖就交换；也像两队青年在对歌，双方愿讲愿唱就同路。"

6. 古文献《越绝书》卷三曾记载有某些越语，如"朱余者，越盐官也，越人谓盐曰余。"又"越人谓船为须卢"、耘田曰"莱"（ndai）、耙田曰"野"（yaeq）等等，无论语法、语音或语义，都与今壮语相通。证明该书记载的是古越语同今壮语相同。

壮族的传统习俗，随着一定社会政治、经济和文化的发生、发展、消失而变化着的。它的变化是比较积极的，有优良与陈陋之分，优良或优劣不甚明显的传统习俗，变化相对较慢，延续时间较长。古越人的许多传统习俗，在壮族中仍有流传。例如：

1. 击铜鼓。今两广、贵州、云南都发掘有古越人遗留下来的越人铜鼓，我国古文献有"骆越铜鼓"和"俚僚铸铜为大鼓"的记载。唐朝黄洞壮族首领常用铜鼓助战，还用铜鼓赛江神；近现代壮族也有铜鼓舞，或用铜鼓祭蛙神、雷神以求雨。

2. 居"干栏"。据考古发掘证实，古越人普遍居住在"干栏"式建筑中，就是在距离若干米的木柱上营建住宅，人居其上，牲畜居其下。在广西、广东出土的汉代陶屋模型，也是"干栏"式。从南北朝至唐代，据文献记载，分布在今两广、贵州一带的越人之后所谓"俚僚"、"南平僚"、"守宫僚"都居住"干栏"式住宅。到宋代，壮族（时人写为"僮"或"獞"）仍居住"干栏"住宅，或称为"麻栏"。南宋范成大在《桂海虞衡志·志蛮篇》中载云：邕州左、右江溪峒"民居苫茅，为两重棚，谓之'麻栏'，上以自处，下畜牛豕。"明田汝成在《炎徼纪闻》卷四亦云："僮人，五岭以南皆有之，与徭杂处。…居舍茅缉而不涂，衡板为阁，上以栖止，下畜牛羊猪犬，谓之麻栏。"明末邝露在《赤雅》书中亦云："（僮丁）缉茅索绹，伐木驾楹，人栖其上，牛羊犬豕畜其下，谓之麻栏。子长娶妇，别栏而居"清初闵叙在《粤述》书中所说与《赤雅》所载略同。到近现代，壮族的房屋结构仍以"麻栏"形式为主要特征。其中以龙胜各族自治县龙脊乡壮族'麻栏'式建筑为最典型，整座房屋基本上是木竹结构。其他地区因木料缺乏，已改为采用石头打屋基，用土砖砌墙壁，屋顶覆盖瓦片。但整座房屋仍分上下两层，上层住人，下层畜牛羊犬豕。屋外正中或侧面用石板或木板制成楼梯，为上下楼必由之路。

3. 凿齿、拔牙。凿齿，亦称摘齿、拔牙、打牙、缺齿、敲牙、饰齿等等，是一种人体装饰，起初是从实用需要出发的，以后才赋予它一种审美的观点，它可能来源于原始社会母系氏族时期。我国古越人兴行凿齿也是很早的。据考古发掘，江苏邳县大墩子、上海崧泽、湖北房山七里河、福建昙石山、广东增城金兰寺村、佛山河宕以及台湾、山东等地的新石器时代遗址中发掘出来的遗骨，均有凿齿装饰。其中江苏邳县大墩子新石器时代遗址，在65名个体遗骨中，有64.6%的个体男女拔除上颌侧齿、中门齿、犬齿和臼齿。古文献记载，最早见于《管子》一书，内云："吴（越）、干（越）战，……摘其齿。"其后，晋代张华在《博物志》书中载云："荆州极西南界至蜀，诸民曰僚子。……（生子）既长，皆拔去上齿各一，以为身饰。"《旧唐书·南蛮传》亦云："乌武僚（又作乌浒僚，分布在今广西一带），故自凿齿。"

成书于北宋的《太平寰宇记》卷166说贵州（今广西贵县地）"有俚人，皆为乌浒。……女既嫁，便缺去前齿。"又说邕州百姓"悉是雕题凿齿，画面文身"之人。到近现代，有的民族仍保留拔牙遗风，壮族已找不到了，但却变换一种形式，用饰齿、染齿或包金齿来代替，说是为了美观，最早可能还是为了实用需要，即为了区别自己属于不同的氏族，以便与别的氏族通婚而采取的人体标记。

4. 鸡卜、蛋卜。鸡卜与蛋卜是人们的一种信仰活动，可能很早就流行于越人民间。只是到汉武帝元封二年（公元前100年）初，"南越国"灭亡后，通过越人勇之说出来，人们才得以知道并载入史册。据汉司马迁《史记》中《孝武本纪》和《封禅书》两篇均载："是时，南越既灭，越人勇之乃言：'越人俗信鬼，而其祠皆见鬼，数有效。昔东瓯王敬鬼，寿至百六十岁。后代谩怠，故衰耗。'乃令越巫立越祝祠，安台无坛，亦祠天神上帝百鬼，而以鸡卜。上信之，越祠鸡卜始用焉。"汉班固《汉书·郊祀志》所载与此略同。越人的鸡卜种类和实行情况，后人皆有详细的注解。种类有鸡骨卜、鸡蛋卜、鸡肝卜、鸡血卜、鸡头卜、鸡舌卜等等，卜的方法如唐代张守节在《史记正义》中说："鸡卜，用鸡一、狗一，生，祝愿讫，即杀鸡狗，煮熟，又祭，独取鸡两眼（股）骨，上有孔裂，似人物则吉，不足（是）则凶，今岭南犹存此法也。"

壮族道公和巫师一直流行使用鸡卜。唐代柳宗元《峒氓》诗就说柳州壮人采用鸡骨卜以求年丰。唐末段公路在《北户录》卷二说："邕州之南有善行祭咒者，取鸡卵墨画，祝而煮之，剖为二片，以验其黄，然后决嫌疑，定祸福，言如响答。"宋、元、明、清，文献都记载有壮族信鸡卜的情形，例如《青箱杂记》卷三记载北宋元丰年间吴处厚为大理丞时，曾遇到这样一个案件，即宾州（今广西宾阳、来宾地）人"韦庶为人所杀，疑尸在潭中，求而弗得。庶妻何以档就岸爨煮鸡子卜之，咒云：'侬来在个泽，裹来在别处。'少顷，鸡子熟，剖视，得侬。韦全曰：'鸡卵得侬，尸在潭里。'果得之。"明末邝露《赤雅》亦载云："僮人善鸡卜，其法不一，以雄鸡唯执其两足，鸡匠焚香祷祈，占毕杀之，拔两股骨，净洗，用线束之，以竹签插束处，使两足相背端，执称祝，左骨为侬，侬者我也，右骨为人，人者事也。视两骨侧所有细窍，以小竹签长寸许遍插之，斜直偏正，任其自然，以定吉凶。其法有十八变，直而正、近骨，吉；曲而斜、远骨，凶。"直至新中国成立前，壮族道公巫师都仍然采用此法。卦名有侬、人、裹、连里、连篓、菩曼、马耳、难翻、再休、绕缄、篓粉婆、宰婆等十余种之多。

5. 文身。文身与凿齿一样，为氏族社会初期人们的一种身体装饰，它的最早作用大概也是作为氏族人的图腾崇拜或氏族标记，后来逐渐发展为审美装饰。越人文身，史不绝书，例如《礼记·王制篇》载云："南方曰蛮，雕题交趾。"雕题就是文身。《淮南子·人间训篇》亦载："九疑之南，陆事寡而水事众，于是人民披发文身，以象鳞虫。"又《汉书·地理志下》亦云："粤地…今之苍梧、郁林、合浦、交趾、九真、南海、日南，皆粤分也。其俗文身断发，以避蛟龙之害。"等等，不一而足。越人后裔今壮侗语诸民族有部分人代代相传，文身习俗保存至今，其中以黎族和傣族中的文身习俗为最明显，布依族山区也还有遗存。至于壮族，唐代柳宗元曾指出，当时柳州附近的"峒民"还兴文身习俗，故他称呼柳州为"文身地"。后在《僮俗》诗（近人郭豫才疑为明代桑悦所作）中谓柳州人"饮食行藏总异人，衣襟刺绣作文身。"后来就没有流行了。

6. 发饰。越人发饰有披发、断发、剪断、椎髻等数种。今壮侗语诸民族一直流行这几种发饰。妇女保存得最完整。据文献记载，宋、元、明、清，直至新中国成立之前，壮族妇女也不同程度地流行上述诸种发饰。

我们说壮族源于古越人，是说壮族的主体是岭南古越人的一部分，并不是说是古越人的全部，也不认为壮族与其他古人群都没有关系，因为一个民族的来源是错综复杂的。总而言之，在这个问题上，明末清初人顾炎武在《天广郡国利病书》中的说"瑶乃荆蛮，僮则旧越人也"，大体是正确的。

说到壮族起源于岭南古越人，还应该提起近人徐松石先生的功绩。徐松石（1900—1999），广西容县长寿乡泗把村人。曾任上海崇德女中校长，兼任沪江大学、之江大学、华东大学教授。从1926年起，开始研究岭南民族历史文化。先后著有《粤江流域人民史》（中华书局，1939年上海版）、《泰族僮族粤族考》（中华书局，1946年上海版）、《东南亚民族的中国民族血缘》（田凤印刷厂，1959年香港版）、《百越雄风岭南铜鼓》（东南亚研究所，1974年香港版）等书。其中《泰族僮族粤族考》一书，曾获当时国家级学术奖。1957年他移居香港，后侨居美国，1999年仙逝。他在中国还普遍存在民族压迫、民族歧视的年代里，就能勇敢地承认他的母系祖先是僮族，说他有僮族血统。因此，他对千百年来，中国历代封建统治阶级及其文人，在壮族名称"僮"字旁加"反犬"旁，比之于"禽兽"，非常愤怒，并首次为之正名，力图为之改成"双人"旁的"僮"字。新中国成立后，学者又根据中国共产党的民族平等政策，改写为单人旁的"僮"族，1958年再正名为壮族。他还首次运用壮语解读岭南一些一直是迷离费解的古地名，用来证明今壮侗语民族不是外来民族，而是岭南土著民族，这个土著民族古称"百越"。这个头，他是开得很好的。当然，因为他终究不完全懂得壮侗语，也不完全理解这些民族的思想感情，因此他对某些具体地名、具体词语的解读不一定完全正确，这是不难纠正的。例如他用壮语对古"牂牁江"一词的解释，勇敢地推翻唐代著名诗人李贤的结论：

"牂牁者，系船杙也"。这也是很有创见的（详见 61 页"笔者注"）。笔者虽然不敢完全苟同。徐先生说"牂牁"二字，源于古越语，好比今红水河沿岸人们自称"僮牯佬"。这种解释有正确之处，说古"牂"字与今"壮"字乃同音异译，原先同为古越人某些氏族、部落的自称，早就分布在西江—红水河流域，这个判断无比正确；但是说"牂牁江"就是"僮牯佬"的同音词就不对了。不对之处有二：一是"僮牯佬"一词依然是其它民族强加给壮族的侮称；而壮族人民把红水河及其下游珠江这条水域一向比为"母亲河"，怎么会采用这种乌七八糟的词语来回答别人问话呢？显然是不正确的。二是"牂牁"一词，在壮语中与"壮我（cuengh gou）"一词音近，意思是"我是壮人"。这个意思，稍为延伸就成"这是我壮人的江河"、"这是我们壮人的母亲河"！外地人问："这条河叫什么河"？当地人答："cuengh gou"江！外地人一听，就取其近音写成"牂牁江"！这是符合情理的！

二、布依族的族源

布依族是中华民族大家庭中的重要一员。布依族的族源，有说是岭南越人，有说是夜郎人，也有说是古代西南的濮人、僚人、仲人等等。其实，诸多说法并不矛盾，只要认真分析便能知晓。

语言是构成民族的主要因素之一。新中国建立后，经过民族识别和语言调查，证实布依语是属于汉藏语系壮侗语族壮傣语支。今壮语北部方言同布依语大同小异，基本上能互相通话。由此可知，布依族与壮族具有最亲近的族源关系，这是学者公认的。如前章所说，壮族既然发源于岭南越人，布依族也应该如此。问题是如何解答历史上出现的多种称呼和说法，笔者试图由近及远，先易后难地谈谈个人的见解，望予指正。

"布依族"之名，是新中国建立初期，中央派往少数民族地区的中央访问团，到布依族地区进行社会历史语言调查，经过民族识别，根据他们多数自称"bouyaej"，音近"布依"，又征求本民族人民的意愿，并提交到全国人民代表大会讨论通过，而后才确定采用这个族称的。

"仲家"、"布笼"、"卡尤"（"补"亦译"布"，布依语为人或人类的前置词，可作"人"字解释；而"卡"为汉语"家"字的译音；"笼"、"侬"，意译是"山"、"山谷"，亦可译为"弄"）之名，文献记载如下：

"夷有五种：曰仲家、曰罗鬼、曰仡佬、曰苗、曰龙（笼）家。虽习尚不同，然短衣科头，男女自婚，大率相类"（明、李贤编《大明一统志》卷88引《宁州志》）。

"新添卫之仲家，男女衣青黑衣。以十二月为岁首。通汉人文字。……清平卫之仲家，以字为姓，衣服与汉人同。言语稍异，婚姻用媒妁，树桑供蚕，男知读书，女务纺织，以十一月为岁首。永宁州属顶营长官司所部皆仲家，与汉人友善，呼为同年，性勤奋，善艺木棉，岁取崖蜂之蜡贸易，生疾病不服药，唯取鸡骨卜之，服食、器用、婚丧、祭祀与本州同，程番府治之仲家、……都匀府之仲家，与黑苗、仡僚，性皆凶悍，累为边患"（民国《贵州通志、土民志》引《嘉靖图经》）。

"贵州东西二路苗，曰仲家苗。盘踞贵（阳）、龙（里）、平（越）、新（添）间，为诸苗巨魁"（《明史》卷247"陈琳传"）。

"何谓仲家？五代时，马殷自邕管迁来。其种有三：曰补笼、曰卡尤、曰青仲。贵阳、定番、广顺皆青仲；而安顺、镇宁、顶营皆补笼、卡龙也"（清、田雯《黔书》卷上）。

"仲家，五代时马殷自邕管迁来。其种有三：一曰补笼、一曰卡尤、一曰青仲。贵阴、安顺、兴义、都云、平越皆有之。贵阳则青仲也。善治田。……性好楼居，妇女尤善织，名曰仲家布。

聚牛马鸡犬骨,以米糁和之作腌,以酸臭为佳,称富者曰蓄腌几世。……岁时击铜鼓为欢"(清乾隆间爱必达《黔南识略》卷一)。

"仲家有黄、罗、班、莫、柳、龙等姓。相传奉调而来,身穿重甲,故名仲家,其本无可考。"又说仲家"俗勤而好织。近亦颇知礼法,有入武庠者。安顺水塘、大寨、宁谷、龙潭诸寨多有之。郎岱则纳色、木易诸寨有之。永宁州、补笼、补纳、四甲、六马多有之,普定则阿生、白秧诸寨有之。安平惟青仲一种,居羊角、丰林、龙潭、云头等处。清镇则黄星、青山、大坡等处有之"(咸丰《安顺府志》卷十五)。

直至民国年间成书的《镇宁县志、民风志》还说:"夷族亦曰仲家。…男子服装同于汉族。惟妇女则异,短衣花裙,衣以色丝刺绣,其背面及袖杂作方格形,裙以白布,用蜡画花,染以青,括去其腊而纫之。处女头戴一巾;妇人则以箬叶布壳作一帽,形如撮箕,前圆后矩,翘于脑后数寸,上搭青布数层,名曰更考。…补夷以扁担山一代为最著名。"

由此可知,元明清及民国间,所谓仲家(布笼、卡尤、青仲)、夷家者,都居住在今贵州省境内从贵阳以北、北盘江以南一带,与今布依族分布完全一致;因此,所谓"仲家",就是布依族。

至于唐宋及更早以前,文献古籍谓布依族为"蕃"(或作"番",如"西南八番")、"俚僚"(或作"蛮僚")、"夜郎"等,都是不同时代、不同人对布依族的不同称谓。但都承认这族称来源于越人,自称"bouxyaej"。关于这个问题,本书已在"夜郎考"、"西南八番考"、"乌浒俚僚考"诸章节考证。

三、西南"八番"是布依族

二十四史中的《宋史》、《元史》、《明史》及许多类书、野史、方志，都有西南"八番"的记载。然而，"八番"究竟在何地？指哪个民族？社会发展如何？各书说法前后不一，本文试图做些考证，为读者引路与参考。

（一）"八番"的位置与建置沿革

宋代以前，统治贵州南部的是莫氏和尹氏酋长，只能说"二番"，地域可能占到黔中、黔南的绝大部分。莫氏以南宁州（治所在今惠水）为中心，据有十八州；尹氏以都云州（治所今都匀）为中心，领有十二个部落及牂柯酋长张氏七州。后晋天福四年（939），楚王马希范统一溪州（今湘西）后，次年，南宁州莫彦珠、都云尹怀昌各率其所部归附马希范。宋朝初年，龙、方、张、石、罗五姓崛起于黔南，取代莫、尹二氏而有其地，这就是史书上所说的"五姓番"，简称"五番"。"诸番奉龙氏为宗，称西南番主"（道光《黔南职方纪略》卷七）。龙番除为五番宗主外，还统辖八个部落：即武龙州部落（分布在今安龙县城北七十里的龙纳山）、东山部落（分布在今安龙县东山）、波罗源部落（在今罗甸县境）、训州部落（今地未详）、鸡平部落（今关岭县鸡场坪一带）、战洞部落（在今黔西箭洞一带）、罗母珠部落（今罗甸县罗珠亭一带）、石人部落（今贵阳市石人山一带），辖地几乎遍及整个黔南、黔西南各地（今地注释引自民国《贵州通志·前事志》转引《兴义志》）。

宋太祖乾德五年（967），龙彦瑶率诸番入献方物，诏授龙彦瑶为归德将军、南宁州刺史兼番落使，其他番首领分别授予将军、郎将、司阶等职衔。北宋末年，又有程番、韦番崛起，乃号称"七姓番"，龙番势力渐衰，诸番各自为政，而且龙番内部也逐渐分裂为若干番部。元世祖至元十六年（1279），又有卢番崛起，合称"八番"。元朝于其地设八番安抚司（民职有司称八番顺元路蛮夷长官）以统辖之，下辖番洞三千四百八十七寨，先后隶属于四川、湖广、云南诸行省。

明洪武十五年（1382）正月，置贵州都指挥司，管理境内诸军事，而民职有司仍分属湖广、四川、云南三行省统辖。明永乐十一年（1413），置贵州等处承宣布政使司，与都指挥司同治，领有八府、一州、一县、一宣慰司、三十九个长官司。从此，贵州才开始成为单一的一个行政区域。这时，八番安抚司也改名为八番长官司，隶属于贵阳军民府（曾一度取名为程番府）定番州，总隶于贵州等处承宣布政使司。

清沿明制，直至民国初年改土归流时，"八番"长官司之名才被废除，其地归定番县。1935年改名为惠水县，即今贵州省黔南布依族自治州惠水县。

（二）"八番"的民族成分及其来源

"八番"辖境的居民，宋称"番蛮"："番蛮时出州县城廓以蜜蜡草香等贸易"（南宋范成大《桂海虞衡志·志蛮篇》）。明以后多称"仲家"或"仲苗"，新中国建立后改称布依族。今黔南惠水县仍以布依族为主要民族聚居区，以前的"八番"酋长莫、韦、卢、罗、龙诸姓一直是仲家（布依族）中的大姓。故知"八番"之"番蛮"，乃是布依族在历史上的一种称谓。至于仲家的来源，其说不一，正史无载。清代方志与该族土官家谱，皆有"仲家本五代时楚王马殷自邕管迁来"之说，或明初由江南、湖广"调北征南"而来之说。布依族的族称，是新中国建立初期，由中央派出的中国少数民族访问团根据调查和本民族的意愿、本民族的自称"布吁伊"或译"布夜"、"布越"，确定把"仲家"、"仲苗"改称为布依族。

考之史籍，马氏势力到达黔南以前，居住活动于黔南一带的"牂柯蛮"和"都云蛮"，实际上就是后来说的"番蛮"和"仲家"；而马殷的势力根本就没有到达过邕管（今南宁及左、右江流域）和南宁（今惠水县）、都云（今都匀）一带；南宁酋长莫氏、都云酋长尹氏是在马殷死了八年之后才率土归附于马希范的。因此，贵州方志多处记有"仲家是马殷从邕管迁来"，以及"八番"土官家谱所说"龙德寿等奉马殷征都云蛮，留守兹土"等说法，都是没有信史依据的。至于还有许多民间传说，说仲家乃明初从江南而来的说法，更不可靠。因为，如前所述，仲家及其先民"番蛮"、"蛮僚"、"濮僚"、"濮夜"（布越）及其中莫、龙、韦、卢、罗、郎（蓝）等大姓族人早在北宋就定居于这一带了。可以肯定地说，他们基本上都是当地土生土长的土著民族。

那么，为什么会产生外来的说法呢？当然，他们之中外来的成分肯定也是有的。因为民族、氏族以至任何一个人的源头或称祖先、先人，都是多源的；但就民族而言，它的形成是经过很长时间的融合，一旦形成就一定会有它的长期性和稳定性，它的主体是不容易变化的。以布依族言之，数千年以来，她就是黔南一带的土著民族。否则就不会始终保持她是少数民族而不是汉族的基本特征。少数民族编造（有的是汉族地方官员为了拉拢少数民族上层而帮助、协助他们编造的）和流传自己的祖先是"外来"的，自愿冒充"汉族"而不愿充当少数民族并不稀奇。这是历代封建统治阶级对华南少数民族实行民族压迫和民族歧视政策逼出来的结果，也是民族自卑感的表现。因为他们把少数民族"比之禽兽"，凡是少数民族就加上野蛮的"蛮"字，或将其族称加个"反犬"旁或"虫"字旁，明清朝廷甚至曾经规定：土官接替必须呈验"底部"说明来历，"土人不得当流官"、不得考试中举。总之，处处给人们灌输"当汉族为荣、当少数民族为辱"的思想。于是，华南许多少数民族，特别是他们的上层人物、读书识字的人、想当官考科举的人，就被迫把他们先民的真正来历隐瞒起来，而在自己撰写的家谱、墓碑中，编造出一套外来甚至还要攀附一个名人做说法，所谓"攀华附胄"者是也。这种情况，在广西壮族中特别明显。广西壮族土官的《底部》、《家谱》、《族谱》和墓碑中，几乎毫无例外地都写上自己的祖先是外来的、是"山东青州府益都县"籍人，是随狄青打侬智高来的大官而后留守受封土官的；甚至非常可笑的是连赵氏、农氏（有信史记载是由侬姓改的，是侬智高的同姓后代）也说自己的祖籍在山东，而随狄青征侬而留守广西。经学者考证，所有这些外来的说法，一概没有信史依据，都是由于某种政治原因而不得已编造的。由此可知，黔南"八番"诸大氏族（姓），一向是黔南、黔西南一带的土著民族和主体民族，起初他们只有氏族名称，后来受到汉族文化的影响，才逐步演变为姓的名称。

(三)"八番"的社会发展情况

北宋以来，"八番"地区的生产是"人尚耕种"，"土宜五谷，多种稷稻"（《宋会要辑稿》第198册）。意思是说，他们是以农业种稻田为主。从西南番主三年一度向中央进贡的物品中知道，当时这一带特产名马、朱砂、枸酱、草豆蔻、山子、蜜蜡、香草、名酒、香匙、香合、铜鼓等。一颗山子，竟有十六两之重。他们就是通过进贡或回赐，或民间交换，而从汉族地区换回绫罗、绸缎、布匹、银两、钱币、铁制农具与器皿。山区比较贫困，粮食不能自给，故"以木弩射獐鹿充食"。土官的爵位，除中央王朝授予的刺史、将军名号外，各番内部还设置有甲头、王子、判官、长史、司马、长行、兼人七等之别，由番主（长官）委派；番主所居"有城廓，无壁垒；官府惟短垣"；刑法最重的是鞭打，没有牢房和死刑；杀人不偿死，尽没其家赀以赎死罪而已。其民能歌善舞。至道元年（995年）九月，西南番主龙汉尧率领诸番到中央朝贡，宋朝皇帝令作歌舞，于是，他们便"一人吹瓢笙如蚊蚋声，良久，数十辈联袂宛转而舞，以足顿地为节。询其曲，则名曰水曲"（以上引号内皆见《宋史·西南诸夷传》）。

这就是名闻中外的"芦笙舞"。今西南各个土著民族包括苗、侗、水、布依等都特别擅长跳这种传统的芦笙舞，而外来民族就不会。

明清时，"八番"地区的布依族，农田可分上、中、下三等，上等种晚稻，中等种早稻，下等种旱稻。山坡硗角之地种包谷、燕麦、黄豆、红稗、水稗、春菽、秋菽，皆次之。亦有种小米、红麦、绿豆、芝麻的。田土历来未经丈量，民间不知顷亩，但计播种之多寡，斗种之地宽约一、二亩。丰收之年，上等田斗种约收毛谷五担，中等田四担，下等田三担至二担不等，已接近新中国成立前惠水县布依族的生产水平。还有滥水田、水车田、堰田、冷水田、塘田、井田、望天田、梯田、腰带田之区别。既反映这些地区地形的复杂性，又反映"八番"布依族早在明代就擅长于因地制宜，充分利用各种地形，创造性地建筑堤坝，制造各种灌溉工具，从事农田生产。他们还特别发明了编竹为轮，轮边安放许多竹筒，然后利用流水的动力，以推动竹轮旋转，使竹筒自动地随着竹轮的转动从处于低处的河水提高丈余至数丈而灌入稻田中，称为"水转筒车"，其田称为"水车田"。所有这些，都充分显示了布依族人民的勤劳和智慧。

四、水族源自水僚

关于水族的来源，一向有多种说法，概而言之，大体有"江南从征而来"说、"殷人后裔"说、"龙番后裔"说、本土"水州蛮"说等种。

1980年，笔者曾和水族知识分子王品魁同志(时任三都水族自治县政协副主席、县中学教员)一起，就这个问题在水族人民中进行过调查研究，后又对上述诸种说法进行分析讨论，取得了一致的看法。今将当时我们两人的分析见解介绍于后,以供学者参考。

(一)"江南迁来"说

这种说法的主要根据是水族民间流传的诸大姓的口头传说、《家谱》、《族谱》及出自清代、民国时期的墓碑、方志。其例如下:

先说蒙氏水族,今聚居在贵州荔波县茂兰区水尧公社、三都水族自治县城关区牛场公社、都江区坝街公社、周覃区阳安公社部分大队、都匀县王司区阳和公社和独山县西部等地,有数万人口。无写作时间的《蒙氏族谱》(手抄本),对其始祖蒙闻来黔的经过,曾作如下追述:"明孝宗弘治十七年甲子岁(1504)春三月,(镇威上将军蒙闻)奉命西征滇、蜀两地,被险凡三,受困计百,承我英武副将杨继滔、陈跃江、随将陆通、白璧修、吴道凯、王俊驰、张彬、罗选、周智、黄执等诸将之同心同力,共维艰险,愈折愈坚,五载戮力,万战成功,奏闻主上,钦赐敕封各将衔职并命休兵抚教。正德五年庚午岁(1510),黔中复叛,势焰难当。是年冬,奉命援黔,……直追至都匀各地,辛未岁四月下旬,……不日,又至独山边地。壬申岁(1512)五月,叛众莫支,粮秣缺乏,下书求降。我以仁义,准予归降。叛众感我恩威,莫不称服。从此黔叛尽悉藏潜,民歌乐土,四季康宁。遂将叛众发放还乡,大宴群芳,书奏朝廷,加封己为镇威上将军,杨氏诰封一品正义夫人,世袭独山衔职弹劾长官司,特赐铜印一颗,文曰'独山弹劾长官司印'。至清仍准原职,更名曰'土司官'。是职理归长房执受。"族谱还追述:"(蒙)闻传维仁(又名尽南),维仁传太顺,太顺传怀安,怀安传叔庆熙,庆熙传崇显,崇显传英瑞,……至土司废。"

至于蒙闻是何地人氏,族谱说:"将军闻公系江南凤阳人氏。"就是说,原来是江南汉族,不是本地水族人。

今水族蒙姓民间,几乎一致认为他们的祖先原来是江南的汉族,来到黔南久之才变为"苗蛮"的。

乾隆年间的《独山州志》和民国年间重修的《独山县志》均载:独山蒙氏"原籍江南凤阳府,明洪武二年(1369)八月,蒙闻随征有功,题授独山长官司。闻传佑,佑传猛,猛传勇,勇传存,存传实,实传政……"州志载至乾隆十九年,已有十九传。县志载自明洪武起至土司废,凡二十六传。两志所载,人名互异;与《蒙氏族谱》、民间墓碑、口传对照,出入更大,使人难以适从。

再说潘姓水族人民,聚居于三都水族自治县九阡区九阡公社、周覃区三洞公社、水龙区塘州公社、荔波县茂兰区巴鲜公社、威峰公社水碰大队、拉祥公社拉祥大队等。约有六、七万人口。据水族潘松亭在光绪十五年(1889年)写的《潘氏本源》称:"潘氏始祖潘毕世居吴西,即江南省九江府德安县城内十字街,民籍正化。"还说,潘毕的曾孙潘"必旺曾在京陵候缺。只因金兀术五路进兵,朝廷派潘必旺等三昆玉带兵去助韩世忠元帅。兀术败回金国。必旺弃官不做,志在寻一智水仁山,躬耕自乐。遂与吴太泛河至南丹州,再至荔波,从荔波随河而上,战胜当地首领德公,至巴茶地方生三十二子,散居各地。"至清光绪年间已传三十三世,约八百年。故潘世球在光绪二十七年为《潘氏族谱》写的"序言"中有"三十三世之创业维艰,八百年之守成不易"之句。总之,潘氏后人也认为,他们的祖先大约是在南宋年间从江南迁来的汉族。可是,潘氏民间传说则多认为潘姓水族亦是明洪武年间从江南随征而来的汉族。

韦氏水族,今聚居于自治县周覃区水东公社、廷牌公社、恒丰公社,九阡区阳拱公社新阳大队,水龙区水龙公社拉佑、马联两个大队,水龙区安塘公社下岳大队,大河区尧昌公社苗草、石奇、甲倒三个大队,独山县林桥公社有一半以上人口是韦姓水族,合计约有数万人之多。根据流传于韦氏水族民间的《韦氏宗氏部》（手抄本，撰者及成书年代不详）记载：韦氏水族"原籍江南省镇江府人氏，于宋朝于湖南省六房游十六水。长房住太平府，二房世袭凤山土司，三房世袭安定土司，四房落业长安镇，五房住思恩县，后来独山居住，六房游十六水……"又说：韦氏原江南宝庆府，住十二哨，宋时"广西侬智高叛，先祖随狄青将军带队征剿，有勋劳于国。后至洪武开辟贵州，随宪征剿，奖励立职。"前面说韦氏于宋朝从湖南进入水族地区，后面又说早在北宋是从狄青征侬智高而来，明朝才从广西进入水族地区，前后矛盾殊多，难以适从。但是，《韦氏宗氏部》却给我们提供了一个重要的线索：韦氏抵此以前，这一带早就有"十六水"（意为十六个氏族的水家）之名存在。

杨氏水族，聚居于水龙区地祥公社中的两个大队、水龙公社的西洋大队、中和公社的旁寨大队以及九阡区阳拱公社周覃区阳安公社、都江区上江公社中的部分大队。都匀、独山、雷山、丹寨等县水族人，亦多为杨姓。他们的族谱与民间传说，几乎与当地杨氏汉族、布依族、苗族的族谱和传说一模一样，都说他们的祖先是在明洪武年间从江南随征到贵州，然后落籍当地的。原来都是汉族，到贵州后才逐步分化为汉、水、布依、苗族的，甚至各民族杨姓人的行辈都一样，所谓"再、正、通、光、昌、盛、秀……"等。言下之意，各民族的杨姓，都是同一个来源，同一个祖先，明代以后才分家，才分别归入各民族。

石姓水族，主要聚居在自治县中和公社中和大队、九阡区阳拱公社水昂大队、板甲公社板甲大队、周覃区三洞公社古城大队。王姓水族主要聚居在水龙区安塘公社中的三个大队。莫姓水族主要居住在水龙公社独寨大队中的四个寨子和周覃区阳安公社的引虽大队，独山县与三都交界的边区水族亦多莫姓。吴姓水族主要居住在自治县九阡区水各公社水条大队和周覃区周覃公社水备大队。陆姓水族主要分布在水龙区中和公社中的两个大队、普安区三个大队和城关区三郎大队、牛场公社行赏大队等。张姓水族主要住在水龙公社所在地的几个村子。谢姓水族聚居在周覃区阳安公社的一个大队和独山县基长等地。以上数姓水族，几乎异口同声地说，他们的祖先是明洪武年间从江西、湖北、湖南迁来的汉族。迁徙原因，有的说是因中原战乱，为避难而来；有的说是随军南征。来前，各姓都有大大小小的官职，都是汉族，而不是少数民族。

以上十多个姓氏的水族人民，总人口约占今水族人口的90%以上。如果上述说法成立，那么，就会得出这样的结论：一个二十多万人口的水族，是几百年前的明代才由十来个汉族外来人逐步繁衍而成？这显然不符合历史的本来面目。因此，此种说法不可相信。

我们认为，水族是中华民族大家庭中拥有数十万人口的民族，具有共同的语言、共同的地域、共同的的经济生活、共同的文化、共同的心理素质，仅就民族特征的形成本身而言，就说明它必定具有数千年的悠久历史。然而为什么都说自己的祖先是江南来的汉族，而不正面告诉人们自己的祖先原来就是当地土著民族？原因主要是明清统治阶级实行残酷的民族压迫和民族歧视政策，例如在官方文书中土著民族的名称一律加"反犬"旁或"虫"字旁，"比之如禽兽"，还规定土著民族不得当官、考科举。于是，华南少数民族上层人物被迫在自己的家谱、族谱上采取"攀华附胄"的办法，牵强附会地以"外来"为说。久之，民间就习以为常，代代相传起来了。

我们在三都自治县内，不止一次听到水族群众向我讲述以下两则故事：一则说清朝雍正年间，有个名叫阿勇的水族知识分子，很有才华。看到别人去考举人，他也去了。可是，学问比他差的都考取了。他接二连三地去，考官根本不让他进考场，还骂他是没名没姓的"苗崽"。他回来左思右想，只好改名换姓，说祖籍江南，结果中举了。另一则是水龙区旁寨某生，也去参加考举，考官问他籍贯何地？他说是"旁寨"籍，而没说"江南"籍，结果失败了。这两则故事也告诉我们，明清时土著民族附会"江南"籍并不是什么稀奇的事情。

（二）"殷人后裔"说

持此说者，有近人岑家梧和张为纲两先生。岑先生在《水书与水家来源》一文中说："查黔南水家住地，四周为汉人、苗人、瑶人及仲家，而水书除水家外，其他各族绝无有之，可知水书乃水家固有文化，非得自外传者自明。水书字体，如干支字与甲骨文、金文颇多相似；其象形原理，亦与甲骨文相类，如狗之卷尾，马之叉尾，牛之变角等是。行文体例，先注年、月、日、时、刻，下注兆象及说明，如甲骨文之先注占卜时日，下注征兆。水家何以独能保存此种古文字，疑其先人与殷人有关，此其一。关于水家之来源，其自身亦有种种传说。荔波三洞潘姓水家相传，其始祖原住北方，宋南度后，随军入桂，弃官溯龙江而上。初至蒙石（今荔波县治），继迁佳荣，再迁三洞，始繁衍成今三洞、从善两乡之潘姓三千余户。……再观水书来源传说，亦云在殷周时创造水书 1ok_Dou，由西北而南，至江西而入黔。此种传说，虽系神话，然亦可推测水家迁移之方向，此其二。今日水家一般服饰，颇类于仲家，且用铜鼓，其语言乃属台语系。据吾人之记录，水家语言属台语，确无疑义。然水家今日分布之方向，乃由北而南，与台语系又显然殊异，此其三。就上述事实而观之，水家似为古代殷人之一支，而原住中原一带，其后逐渐南迁黔桂，因与台语系杂处，而语言风俗上，受台系之影响，即成今日之状态。否则，至少水书与古代殷商甲骨文之间，当有若干姻缘关系，亦可断言。"

张为纲先生在《水家来源试探》（载于《社会研究》第34

期，1941年版）文中，提出了"今之水家，盖即殷之遗民"的假设，论据有四："（1）以水家姓氏为证。考水家著姓，首推韦氏，其先盖颛顼大彭之后，封于'豕韦'（今河南滑县），世伯夏商，其苗裔遂以国为氏。国灭后，或在王室，或在夷狄。其在商代武丁时者，为'贞人'之官，书法雄健宏伟，有今甲骨文可证其在夷狄者，当即今之'水家'。所以名'水'，或即由'豕韦'合音而成，（2）以水家文字为证。水族文字，俗称'反书'，其自称曰'水书'。……然细考其字形，竟有武丁时期之甲骨文极为近似者，如'酉'、'卯'字，是其例。（3）以水家迷信为证。殷人尚鬼，其文化为一种'宗教的文化'，极端相信占卜。故巫术盛行。……今水家之所以'鬼名'繁多，所以尊崇巫师。所以有咒术用之'反书'，皆可为殷代文化遗留之铁证。又殷人以有鸡为吉利，今水家于订婚前好行'鸡眼卜'，门前好悬"鸡羽"辟邪，亦其遗凤。（4）以水家'歌书'为证。…彼族系殷时封于潘水，后遂以水为氏。迨武王灭商，始随箕子东至朝鲜，继迁山东，其后由山东而江苏，而江西，卒徙至今日之贵州……"作者最后下结论说："有此四证，可知今日水家盖即殷之遗民无疑，其先居东海之滨最久，故今虽僻处西南，而犹称曰'夷家'。其所以称'夷'，则由其古代文化为滨海文化。"

甲骨文是汉文的原始形式，殷人是汉族的一个主要源头，这已经为史学界所公认。而岑、张两位先生认为"水家"也是殷人的一个支系，无论在史实、语言、文化、习俗等方面，都没有取得可靠的、有连续性的证据，大多出于推测和猜想；反之，从最有历史凝固性和连续性的语言及地域、文化、习俗等诸多特征考察，水族（水家）都属于壮侗语族（台语）诸民族行列之一，共同来源我国华南古越人。再说，甲骨文与水书的关系，仅有某些字的字形相近，并无其他令人信服的真凭实据；与其说水书来源于甲骨文，"水家是殷人遗民"，不如说水书是"水家"知识分子、主要是近代水族宗教职业者巫师模仿汉族古字（甲骨文、金文或篆字）而创制的水家巫师用字，主要是用年月日时辰吉凶的"干支"字，民间并不流行。

（三）"龙番后裔"说

此说始于胡高撰的《三合县志略》（见1930年石印本）。其后有万大章写的《史地丛考》，新中国建立后，某些著作也偶用此说。《三合县志略》卷四十一《民国》篇载："十六水地带，无长江大河，而独以水名族，其中必自有故。作者引用《宋史·南蛮传》所载："至道元年（995），其王龙汉浇遣其使龙光进率西南番诸蛮来贡方物。太宗诏见其使，询以地理、风俗。译者对曰：地去宜州四十五日，……上令作本国歌舞。一人吹瓢笙如蚊蚋声。良久，数十辈联袂宛转而舞，以足顿地为书。询其曲，名为水曲。"一段文字后，就作如下的结论：这里所说的水曲，就是"水家"的歌舞，而龙汉浇就是"水家"的部落酋长。为了自圆其说，作者还以今三都水族自治县水龙区塘州公社尧贯街（老街）附近的高寨老营盘为证。说"按三合之水龙，据父老传闻，原为龙氏大族之故居，地接烂土。明初张钧受烂土长官司，后其子孙侵居于水龙，龙氏复徙而之他，故今日之水龙竟为张氏所居矣。……附近水龙之高寨有老营盘，相传为宋元时夷王城堡。现今此族人民年值庆吊，吹笙跳舞及以兽尾为饰，顿足为节，与宋史所纪，历历如绘。"

我们经过调查研究以后，对此种说法，基本上是持否定态度的。理由有四：第一，宋史所载"西南八番"以龙氏为首，本书"西南八番考"文中，已有详细考证，其地在南宁州，即今惠水县，距今三都自治县约两百公里，族属为今布依族。第二，如果水族是西南龙番的后代，今水族人必以龙氏为大姓。然而今水族中的龙氏一直非大姓。第三，我们曾在当地访问水族父老，均不知有"宋代夷王城堡"的传说。"老营盘"是听讲过。只在近人水族知识分子潘一志《水族社会历史资料稿》书中谈到:"老营盘有两说:一说在丰乐公社鼠场对面山上,相传为明副都使邓廷瓒、镇远侯顾溥等镇压烂土起义人民时驻兵于此;又说清咸丰八年九月,独山州知州侯云沂亦曾派遣团练驻此。"第四,西南番表演的"水曲",显系保存至今的芦笙舞曲。是至今苗、侗、布依、水族民间仍很盛行的歌舞曲调。八番带去演出的团队究竟出自哪个民族?或各民族兼而有之?至今还很难断定。

(四)土著民族"水州蛮"说

这种说法比较靠得住,因此就成为笔者的立论。前人胡高、万大章、潘一志等人,已有这个意向,但他们的说法各自都有不确切之处。胡氏修《三合县志》卷四十一载:"三合、荔波接壤处有十六水之称:曰水龙,曰水潘,曰水祥,曰水尧,曰水婆,曰水维,曰水艮,曰水扁,曰水葛,曰水甫,曰水错,曰水冬,曰水庆,曰水梅,曰水利,曰水岔。每一水以一大寨而辖数小寨。"万氏《史地丛考》内载:"至黔省南部土人,如苗、仲诸族而外,有所谓水家者,其族人与汉族甚近。而荔波、三合间有水龙、水潘、水祥、水韦、水婆、水维、水葛、水尧、水艮、水扁、水甫、水错、水冬、水梅、水利、水岔十六大寨,称十六水。如水龙、水潘、水韦,皆龙、潘、韦三姓聚居。……其说似类"(引自《水家社会历史资料稿》第二章)。潘氏认为:"十六水系在若干年前水族以十六个赛马坡来区别的。因为在原荔波、独山、三合交界地区的大部分水族,在每年阴历八月下旬至十月上旬当中的几个亥日过'过端'节。亥日这天要在一定的坡上去赛马,这个赛马坡共有十六个,就叫做十六水。并不是大寨辖小寨的意思。"潘氏继续说:"因为本民族所称的村寨,只称水字底下的一个音,并不带有水字之音,至于加水字的村落,经过不完全的统计，仅在荔波境内，已有六十八村，若以十六村为十六水是臆造出来的，与实际情况完全不符"（见于《荔波县志资料稿》第二编及《水族社会历史资料稿》第二章》）。

我们基本同意潘氏对胡、万二氏的反驳；但也不同意潘氏把十六水概括为十六个"赛马坡"。十六个寨子也好，一百个寨子也好，十六个跑马坡也好，含意都是水家人的寨子和水家人的跑马坡，所以三人所说都没错又都不确切。我们认为，十六水最初可能仅指母系社会的一个部落中的十六个"氏族"的称呼。这个部落总称为"水"（自称"sui"的译音，千万不能用汉语去理解为水火的"水"字），继续发展就形成"水家"、水民族了。至于十六个氏族的名称，后来随着社会的进步发展，以母系祖先为中心的氏族称呼，也转变为以父系祖先为中心的姓氏称呼。但是，氏族、部落的名称，一般是沿用旧时的。只是加上后来受到汉族氏姓称呼的强烈影响，有的氏族名称依照同汉姓意近、音近或谐音或附托，而写成汉姓，有的随着这些姓氏的个别汉人祖籍而附托为外来人。我们现在仍可从水语或与水语相近的壮语、布依语中，推测水家诸大姓原为氏族名称的含意：如蒙姓按语意推测原来可能叫"猪"氏族，潘姓为"村寨"氏族，吴姓为"稻谷"氏族，韦姓为"水牛"氏族，莫姓为"黄牛"氏族，杨姓、王姓为"羊"氏族等等。原始社会时，人们通常用与自己的日常生活关系最密切的动、植物或无生物作为自己的氏族名称，而南方稻作民族最喜用的氏族称呼就是上述这些，壮族、侗族、布依族、仫佬族、毛南族等民族都不例外。水族的十六个氏族名称，究竟起于何时？由于史料缺乏，我们还不得而知。但我们可以初步推知到一千多年前的唐末宋初。《宋史．抚水州蛮传》中所记载的"水州蛮"，或称"水蛮"，其民多蒙、欧、潘、吴等姓。她的主人翁应是今水族先民。

水族民间保存的《韦氏宗部》手抄本说到他们的祖先北宋来

到黔南以前,这里已有"十六水"之名,这对我们很有启发。可惜这个手抄书并没有著作人及成书年代,不能算信史,只能算是一种民间传说,然而《宋史.抚水州蛮传》就是信史了。十六水的说法,居然与"水蛮"、"水州蛮"的说法不谋而合,互相印证,就增加了它的可信度。

抚水州,唐末就开始设置,那时叫做羁縻州,隶属于黔中道(治所在今四川彭水县)黔南都督府(治所在今广西融水)。宋改隶于广南西路宜州(治所在广西宜山),仍为羁縻州,下辖抚水、京水、多逢、古劳四县,治所在抚水(治所在今环江县旧宜北)。四县辖地约当今龙江上游及其支流大、小环江流域,含今广西环江北部及黔南荔波、三都、从江等县地。何谓"抚水"?就是安抚"水"部落人嘛!其民,北宋欧阳修在《南僚诗》(载于《欧阳永叔集》第8集和《粤西文载》卷2)中谓为"南僚",《宋史》谓为"俚僚"。两者说的都对,更确切些说,他们是属于"南僚"或称"俚僚"(今壮侗语诸民族先民)中的一个自称为"水"的支系或部落的人们,主要当是今水族、毛南族先民。理由有五:(1)四县的地理位置至今主要仍然是水族、毛南族的聚居地,可能还包括一部分侗、壮人;(2)所谓"抚水州"者,决不是汉语意义"去安抚什么河水",而是半汉半土意义:抚,就是安抚;水,就是自称为"水"的族人;州就是州县统治机构;合起来意为"安抚水家人的州县"。说明那时已有自称为"水"或"十六水"的部落聚居于此;(3)《宋史》谓"其酋皆蒙姓,⋯居民有区(即欧)、廖、潘、吴四姓"。直至明、清,蒙姓水族仍为首领,居民多蒙、潘、吴姓,毛南族、侗族多欧姓;(4)《宋史》谓其酋贵铜鼓,其民种水稻、居干栏、善制药箭、椎结跣足等,这正是壮侗语诸民族先民的共同文化特征,而今水族、毛南族仍具备这些特征;(5)宋庆历四年(1044),"环州蛮"(当为今毛南族)酋区希范、区正辞起兵反抗宋朝统治,"白崖山蛮酋"蒙赶率本部及"荔波峒蛮"响应，在环州建立政权"大唐国"，区氏自称将军、元帅，而推蒙氏为帝。白崖山，亦称白崖坡，其地在今龙江上游贵州三都水族自治县周覃区三洞公社水便地方，至今仍沿用"白崖山"之名，水语叫"岜炮"。蒙赶及其所率领的"白崖山蛮"与"荔波峒蛮"无疑就是水部落人。今毛南族和水族最相近，那时可能还是同一个部落，所以区氏起兵，蒙氏闻声响应。

以上五项，项项说得通情达理，理由相当充分，论据也很翔实。

由此可知，这个"水"部落的名称，出现在汉文献上起自唐、宋，明王守仁在《月潭寺公馆记》文中乃继之称呼他们为"水"，明末邝露《赤雅》一书再继之有"水亦僚类"的说法，清代文书方志及家谱更连篇累牍地提到。此皆名从主人、取自族人自称的缘故。故新中国成立初期，我国根据族人的意愿，经全国人大讨论及国务院批准，确定这个民族的族称为"水族"，不亦顺理成章乎！

按：本篇原系时任三都水族自治县政协委员、县中学校长王品魁先生和笔者一起，于1980年秋冬，深入到三都、独山、荔波等县水族的村村寨寨，进行实地调查访问。回县城后，结合文献档案，经过反复讨论，然后撰成是文。曾以王品魁、莫俊卿合撰名义公开刊于《贵州民族研究》1981年第3期。当时水族地区村寨是采取小队、大队、公社编制，随后已改为乡、镇、村编制。为了保存历史原貌，本文仍依其旧。

五、壮侗语族诸民族共同源于岭南越人

我国古越人，史书亦称"百越"，指春秋战国至两汉时期分

布在今我国东、南沿海各地的一个古老的族群；壮侗语族诸民族，亦称"侗泰语诸族"，指今同操侗泰语族诸民族，即今分布在我国境内的有壮族、布依族、傣族、侗族、水族、仫佬族、毛南族、黎族八个民族；在越南的有岱依、侬、雅依、泰、高栏、虑、布拉七个民族；老挝有寮族和泰族；泰国有泰族和寮族；缅甸有掸族；印度北部有阿霍姆族。这些族群，共约6000多万人。古越人，特别是西部越人，即秦汉时的"西瓯、骆越"，合称"瓯骆"，与今壮侗语族诸族，彼此相隔两千多年之久，分布地理也不完全一致，却有密切的渊源关系。换言之，前者是后者的源头或称"先民"，后者的主体是由前者发展而成的。本文仅从两个方面考察：

（1）承前启后的俚僚

俚僚，有时分称俚、僚，有时合称俚僚。僚，音老或佬，又因居地不同，或部落不同，而有俚僚、乌浒（乌武）、鸠僚、洞僚、守宫僚、南平僚等称呼。六朝及隋、唐、北宋时期，分布遍及今两广、云、贵、川、湘等地，以及境外广大地区。不过，我国历史文献则多记载两广、云、贵地区的俚僚。他们并非突然从天上掉下来的一个新族群，而是从百越族群基础上发展起来的，而后逐步发展成壮侗语族诸族。换句话说，它是古越人的后裔，又是壮侗语族诸族较近先民，它们是处在古越人与现代壮侗语诸民族之间承前启后的族群。

我们首先考证俚僚族群是不是百越族群的后裔？与俚僚处于同时代的我国学者基本上都是这样看的，例如：

三国吴万震在《南州异物志》中曾说："俚（僚），在广州之南，苍梧、郁林、合浦、宁浦（今广西横县）、高凉（今广东阳江一带）五郡皆有之，地方数千里"（《太平御览》卷785引）。宋司马光在《资治通鉴》卷195中载云："唐贞观十三年（公元638年）渝州人侯宏仁自牂柯开道，经西赵（今贵州遵义一带，进入北盘江,经贞丰进广西百色,再沿右江而下),出邕州(今南宁),以通交(州)、桂(州)。蛮俚降者二万八千余户。"上述地区即今两广一带,两汉以前称"越",六朝至唐称"俚"。居民未发现有任何变化,徒族称改了。可知今"俚"人,即昔"越"人。

东晋人裴渊在《广州记》中云:"俚僚贵铜鼓,唯高大为贵。面阔丈余,方以为奇。初成,悬于庭,克辰置酒招致同类,来者盈门。其中豪富子女,以金银为钗,执以扣鼓。竟,遗留主人,名为铜鼓钗。……欲相攻击,鸣此鼓集众,到者如云。有是鼓者,极为豪雄"(《太平御览》卷785引)。又《隋书·地理志下》所载前面数句与前书相同,接着补充说俚僚人"椎结箕踞,乃其旧俗(指越人习俗)","有是鼓者号为'都老',群情推服。本之旧事,尉佗(即赵佗)于汉自称'蛮夷大酋长老夫臣'。故俚人呼其所尊者曰'倒老'也。言讹,故又称'都老'。"古人从秦汉时南越人的语言、习俗、使用铜鼓、拥有鼓者的地位等方面考证,证明六朝隋唐时的俚僚就是越人的后裔,这是很有说服力的。今两广已有大量春秋战国及秦汉时的铜鼓出土,也证明他们的推论是正确的。隋朝岭南的俚人首领冼氏夫人就是使用铜鼓的一名女"都老"。故宋代诗人苏轼为冼夫人庙题词时写道:"冯冼古烈妇","铜鼓葫芦笙"(引于道光《广东通志》卷150)。到唐代时,冼夫人的嫡孙冯子猷仍使用铜鼓,当唐高宗派使者许瓘到高州视察时,冯子猷傲慢极了,竟"率子女数十人击铜鼓、蒙排,执瓘而奏其罪"(引于《新唐书·冯盎传》)。因此,《隋书·地理志下》再次提到俚僚时,就斩钉截铁地说:"南蛮杂类,与华人错居。曰蛋、曰禳(郎)、曰俚、曰僚…俱无君长,随山洞而居,古先所谓'百越'也。"

(2)俚僚族群之后的壮侗语诸族

现在,我们再来考察中古时的俚僚族群和近现代壮侗诸族的渊源关系。从姓氏考察，俚僚人的大姓大都由原来古越人的氏族或部落图腾崇拜的名称，也就是氏族或部落名称，取其谐音、近音同时参照内地汉族已有的姓氏称呼而写成汉字的。主要有冼（原为"籼稻"氏族，音近覃）、宁（糯稻）、黄（太阳或河湾水渠）、侬（糯稻）、韦（水牛）、莫（黄牛）、罗（鸟）、覃（籼稻）、梁（竹笋）、蓝（竹笋）、吴（稻禾、谷子）、欧（稻禾、谷子）、蒙（黄牛或猪）。例如隋唐高凉郡一带俚人冼氏，桂州俚渠帅莫崇，唐宋时分布于今广西左右江一带的"峒僚"有黄、凌（原为宁）、韦、莫、梁、侬、罗等姓，分布于今广西龙江及其上游贵州荔波、三都一带僚人多蒙、欧、吴、潘（潘与板、版、曼、番同音义，原为氏族单位名称，后演变为自然村寨名，以后有的村寨名称同时演变为姓氏）等姓。近现代壮、侗诸族的大姓仍为以上诸姓氏。例如广西、贵州一带的壮族、布依族仍多黄（或误为王）、侬、韦、梁、罗、覃、蓝等姓；水族多蒙、罗、吴、潘姓；侗、水、仫佬、毛南族多谭（覃）、欧、吴姓。这些姓的称呼，大多唐代才开始出现，而沿用至今。

　　从语言考察，中古俚僚人的语言，唐柳宗元说"殊音"，宋周去非说"不可晓"。可肯定非属汉语。如前所说，俚僚呼其所尊者曰"都老"或"倒老"，这个词汇似属壮侗语族的语言。新中国成立前，北部方言壮族仍称在乡间有一定威望的寨老、乡老为"都老"，称年长的男人为"都斋"，年长的妇女为"都迷"。"都"，既为动物词冠，也可做为人称词冠；"老"，为对有威望者的尊称。这是完全符合其语言逻辑的。唐宋时俚僚人聚居的苍梧、郁林、合浦、宁浦、高凉等郡（今属广东、广西），今多汉族人聚居，但当时其地的地名，却留下俚僚人的语言，因当时这些地名是由俚僚人启名的。例如《新唐书》提到唐代韦丹为容州经略使时，设屯田二十四所，其中六谋、六居、六九、六云、六奎、六高、六槐、古利、都泊、罗勃、罗权、思盖等，又唐在今广西陆川县置罗辩峒，广东高要县有罗郁峒，新兴县有罗陈山，阳春县有罗银，德庆有罗矛，封川有罗练，开建有罗求，电白有罗笠，信宜有罗马岭，廉州有都并县，顺德有都宁山等等，不胜枚举。所有这些地名冠以"六"、"罗"、"都"、"古"字的，概出自俚僚族语。与今壮侗族很喜欢取这类词为地名的传统相同。"六"、"罗"是鸟类或山岭的词冠，"都"是人类、长者或动物类词冠，"古"是植物、树木类词冠，也是人类第一人称"我"（gou）字的同音词。比如"六九"、"六高"意为猫头鹰，"都并"、"罗辩"是野鸭，"都宁"即宁氏长老，"思盖"是野鸡、"古槐"是槐树，"古利"是梨树，属汉俚组合词。至今仍为壮侗语族聚居的广西、贵州、云南、海南等地，带有"六"、"罗"、"古"、"都"等字词冠的地名，比比皆是。学者一致认为，这类地名基本上可以肯定是各该少数民族所取，而后译写为汉字的。

再说，"俚僚"的"俚"字，也翻译自壮侗语族的语言。"俚"，意为山地；"僚"，意为人家或我们。"俚僚"，就是"耕作山地的人家"或"我们是耕作山地的人家"。史书也有这样的记载，《宋会要辑稿》卷1566云："俗呼山岭（应作山地）为黎（与俚同），居其间者号为黎人（俚人）。"又宋《太平寰宇记》卷269"儋州"条亦云："俗呼山岭曰黎，人居其间号曰生黎。"到清人编辑的《古今图书集成、方舆职方典》卷1390则干脆把"黎"字解释成"俚"："按俚，讹为黎，声之转也久矣。"旧时认为海南黎族有"生黎"、"熟黎"之分，"生黎"即今黎族，"熟黎"指居五指山外主要从事稻耕的"临高人"、"村人"（与广西壮族相同），说明黎族、壮族，皆缘于中古的"俚"人。

从文化习俗特征考察，中古时的俚僚、乌浒（乌武）僚、洞僚共同的文化特征是文身、椎结、剪发或披发、贵铜鼓、农耕稻作、干栏居室、打牙凿齿、信鸡卜等，而近现代壮侗诸族都或多或少地保存有这些特征。这是两者之间有密切渊源关系的有力证明。

由此可知，今壮侗语族诸民族的主体乃来源于中古时期的俚僚，而俚僚诸族的主体又来源于我国古越人；换言之，今壮侗语族诸民族的主体乃共同来源于古越人。

当然，任何民族的来源都是非常错综复杂的，而不是纯粹单一的。我们说壮侗语诸族来源于古越人、中古俚僚人，仅仅就其主要特征如语言、地域、诸多文化习俗等等而言的。与此同时，我们不排斥，壮侗语诸族在形成过程中，也会不断吸收其他古代、中古族群的成分；也不排斥古越人、俚僚人在长期历史发展过程中，也会不断融合入其他语族诸民族中。特别是东南及两广一带的古越人，有很多早已同从中原南下的汉族融合而成为东南、两广汉语方言的汉族及其他少数民族，这也是很自然的。

六、再论壮侗语族诸民族的共同发源

近百年来，外国学者也把这个问题当作一个热点话题来加以研究，他们把这个学术问题称为"泰学"或"泰学研究"。笔者认为，还是称为"壮侗语族诸民族学"或"侗泰语族诸民族学"比较合适。因为这个族群很早以来就不是一个民族，特别到近、现代，是指分布于许多国家的许多民族，例如分布在我国的就有壮族、布依族、侗族、傣族、黎族、水族、仫佬族、毛南族等民族；越南有岱依、侬、雅依、泰、高栏、虑、布拉等民族；老挝有寮族和泰族；泰国有泰族（亦称暹罗族）和寮族、卢族；缅甸有掸族；印度北部有阿霍姆族等，共约6000多万人。各民族都有悠久的历史和特定的经济、文化特征，而不是某个单一民族所能替代的。

当然，这个族群的各民族之间确实存在很多共同特点和共同的文化特征，例如他们在语言上，同属于汉藏语系壮侗语族或称侗泰语族的语言，具有相同的语法结构，有25%至70%相同的基本词汇（详见第一章第九节）；他们的民族名称也有许多同源词；有共同的经济、文化特征，如农耕稻作、干栏居室、驯象、文身、凿齿（包括打牙、染齿、饰齿、包金齿）等。

各民族分别定居在许多不同的国家里，彼此远隔千山万水，没有联系和往来，为什么在语言、族称及诸多经济特征上，会有如此之多、不谋而合的共同点呢？学者很容易就会联想到，他们在历史上很可能曾经居住在一个共同的地域上，彼此联系来往非常密切，曾经使用共同的语言，有着共同的经济、文化生活和心理特征。换言之，他们很可能有一个共同的先民，即共同的古族。故学者对这个问题发生兴趣是很自然的，也是有意义的。

（一）外国学者的看法

外国学者从17世纪50年代就开始研究这个问题了，至今已有两百多年的历史，一直争论不休，莫衷其是。到目前为止，他们争论的观点大致有"北来说"、"南来说"、"东南亚土著说"、"华南土著说"数种。今分别介绍如下：

所谓"北来说"者，认为这个族群共同起源于北方阿尔泰山脉，后进入陕西、四川，再进入云南。大约13世纪后半叶，其中的一部分开始迁入东南亚各国；另一部分迁入贵州及两广、海南等地。这种说法，最早见于英国人拉古伯里1885年发表的《掸族的发源地》一文。这篇文章牵强附会地引用我国古籍中的个别词句作为证据，如说《尔雅》中的"大蒙"就是"掸族"先民的族称，说他们最早居住在今四川和陕西交界地区。后来，由于受到汉族的压迫而逐步进入云南，曾在云南建立"南诏国"（又称大蒙国）和"大理国"。元代初年，才被汉族赶到泰国、老挝等地（1 T. D. Lacouperie: The Cradle of the Shan Race,

1855)。此论一出,随声附和,大力鼓吹者,比比皆是。其中最有代表性的人物和作品有法国人洛显 1895 年发表的《云南王史》(2 E. Rocher：Historie des princes du yun—nan et Leursrelations avec la China diapres documente Chinois, 1895),法国人邦德里 1897 年发表的《泰族侵入印度支那考》(3 P. L. Pontalis：L'invassion Thae en Indu—Cine, 1897),英国人戴维斯 1909 年发表的《云南—印度和扬子江的链环》(4 H. R. Davies：Yun—Nan, The Link beik between India and Yangtze, 1909),英国人伍德 1920 年发表的《暹罗史》(5 W. A. R. Wood：A History of siam, 1920),美国人多德 1923 年发表的《泰族》(6 W. C. Dodd：The Tai Race, 1923)等。其中,多德的《泰族》一书,把此说更加系统化。该书第一章题当"一个古老民族的编年史",就编造"泰族"七次迁徙的谎言,胡说最后一次大迁徙是在"大理"国被忽必烈消灭时的 13 世纪后半叶。第二次世界大战前夕,一小撮日本、泰国法西斯主义者曾利用多德的说法来煽动"泛泰主义",扬言"要打回老家去",实际上就是鼓吹从东南亚入侵中国,分裂我国统一,破坏我国民族团结,染指我国领土。第二次世界大战期间,反动的"泛泰主义"者的政治阴谋没有得逞。但西方资产阶级学者仍不愿意丢弃此种谬论,继续鼓吹此说,以 E. F. 艾克斯提德(7 E. F. 艾克斯提德的主要论著有《东亚民族的进程——中国和日本,泰国和高棉从原始时期到现代》(伯林,1944 年德文版)、《从云南到泰国》(载《地理政治学》杂志,1955 年第 26 期)、《古代与马来民族的起源》(载《研究与进展》杂志,1947 年 10——12 期,均德文版,转引自冯思刚译、P. Ф. 伊茨著《东亚南部民族史》第 28 页)为典型代表。他认为整个南中国,特别是广西、云南,直到 13 世纪前,都属于"泰文化"地带。这种文化和汉文化一模一样,从古到今,影响都很大,水平都很高。他们曾在今中国西南建立起古代的楚、滇、夜郎及中世纪的南诏、大理。他在《从云南到泰国》一文中，还加了一个小标题："泰国的国家和中国、西藏一样强大"。此说影响很大，泰国史学界长期受此说左右，甚至把它编入教科书。我国史学界早就提出反对意见，新中国成立后特别是近年，我国学者在这方面的研究，已经取得丰硕成果。他们用很多富有说服力的史实，证明了南诏、大理的主体民族不是泰族，也不是壮侗语族诸民族，而是古称"乌蛮"和"白蛮"，今彝族、白族的先民。13世纪后，他们没有迁出国外，仍留居当地，而成当今云南、贵州、四川一代的重要少数民族之一。

所谓"南来说"者，主要是从人种学和语言学的角度去研究的。以美国本尼迪克特和丹麦人塞登法登为代表。前者认为，侗泰语族和汉藏语系没有亲属关系，因汉语和泰语在词汇上的相同之处是有限的；而泰语和印尼语之间在词汇上相同之处为数众多，表明它们之间存在着基本上的一致性；泰语、卡岱语（指我国黎语、仡佬语、和越南的拉加语、拉志语）中的单音节词都是由印尼语中的双音词紧缩而来；凡是和印尼语相符的词根都和一个声调相联系；在把形容词放在被形容词之后而不是放在被形容词之前的句法（即汉语常说的"倒装法"），泰语和汉语也不相同，而和印尼语、卡岱语相同。这种句法上的一致性，对泰—卡岱—印尼语之间有亲属关系的假设大有支持（P. K. 本尼迪克特：《泰语，卡岱语和印尼语：东南亚地区语言的新连线》载于《美国人类学》杂志1942年第44期）。因此，本尼迪克特便把泰语（指侗泰语族的各种语言）划为澳—泰语系中的一个语族，而不是汉藏语系中的一个语族。

塞登法登于1958年发表的《泰人》（或译《泰人诸族》）一书第一章的标题为"泰人的起源"。文内主要也是用语言学来做为自己的论据。他在语言学方面固然没有什么新东西，只不过重谈本尼迪克特的研究成果，然而他却把语言上的系属关系同民族起源紧密地联系起来，认为侗泰语族诸民族更早时期与汉族及汉藏语族诸民族在族源上并无联系，而是与印尼、马来诸族有密切联系。按照他的观点，今壮侗语诸民族应该起源于马来群岛，而不是起源于中国大陆（塞登法登：《泰人》，曼谷逻罗学会，1958年版）。

所谓"东南亚土著说"者，以前苏联人切斯诺夫和越南人王湟宣、阮廷科为代表。王湟宣出版《东南亚各民族起源于越南北部》一书，越南教育出版社，1963年越文版；切斯诺夫1973年出版《东南亚—古代文化的中心》一书；阮廷科则先后发表《试论越南的人种特征》（见于越南《历史研究》杂志1968年第8月号）、《越人的起源问题》（越南《历史研究》1969年第3、4月号）、《越人的起源》（见越南《学习》杂志1975年第10期）等论文。他们都把属于汉藏语系的壮侗语族诸民族、苗瑶语族诸民族，甚至包括华南的汉族，和属于南亚语系的越芒语族诸民族、孟高棉语族诸民族、印尼语族诸民族，混同起来，一起归并为蒙古人种南亚类型人，并认为他们的起源地就在今越南国。因为"至今，在越南北部，发掘了许多属于各个历史阶段的古人遗骨，包括几十万年前更新时期以来的人齿和颅骨"（阮廷科《越人的起源》）。但是，这种说法至今尚无法证明越南北部出土的人齿和颅骨为什么偏偏属于蒙古人种南亚类型人，而不是属于别的人种类型人，更无法证明它是包括两个语系诸多语族各民族在内，特别无法证明壮侗语族诸民族也起源于这个人种类型人。

与"东南亚土著说"有联系的是泰国学者和我国部分学者，在反对"北来说"过程中，又提出泰族先民是今泰国当地的土著民族。他们说，早在新石器时代，泰族先民就在今泰国北部居住了。他们最重要的论据是在今泰国北部班清地区发现有新石器时期的文化遗址。但是，同样不能令人信服的是正如泰国学者讪雅·彭巴昔在《泰人抛弃故土》一书的"跋"文中所说的：尚不能确定班清文化就是泰族的文化,"因为还缺乏证明班清文化是泰族文化的根据。相反,事实反而证明,那些陶器不是泰族的,因为这个文化和清盛文化或素可泰文化(泰族文化)没有连续性。"

(二)我的看法

笔者认为,壮侗语族诸民族的发祥地在华南,是华南及我国东南沿海的土著民族。主要论据如下:

(1)华南古人类文化遗迹及古越人族群,与今壮侗语族诸民族文化有千丝万缕的联系,证明古越人就是壮侗语族诸民族的先民。

早在旧石器时代,华南就是古人类居住活动的摇篮。旧石器时代晚期古人类文化,在今广西出土的有"柳江人"、"麒麟山人"和贵州兴义的"猫猫洞人"等古人类化石及其文化,证明那时这一代已经有人类居住活动了。尤其有说服力的是,经过考古工作者鉴定,"柳江人"化石的面部低矮,塌鼻梁,颧骨较高,下巴微突,已具备南方蒙古人种的基本特征,它的身体结构基本上与现代华南各民族包括壮侗语族诸民族相同。说明华南这些古人类的主体是在当地繁衍生息发展、延续下来的民族。

到新石器时代,华南和东南沿海一带的古人类文化遗址已是星罗棋布。在这些文化遗址中,内含许多共同特点,例如农耕稻作、凿齿(打牙)、干栏居室、带肩石斧、有段石锛及石铲等,证明这一带的居民之间不但有着共同地域,而且有共同经济、文化特征,这是他们有着共同人种、共同族源关系的证据。

进入青铜器时代(大约相当于我国春秋战国及秦汉时期或更早一些),我国中原已有文字记载,已提及我国东南沿海及华南一带有着一个人口众多,活动地域广大的古代民族(或称族群),自称"布越",史载取其意译称"越人",或取其近音"百越"。有的区域还建立有某种意义的古国,如东南沿海的吴、越,华南、西南的西瓯、南越、夜郎、勾町、漏卧、滇越等。彼此间关系密切、来往频繁，有共同语言，并共同继承其先民的经济文化特征。如本章第三节所说，商代的第一任宰相伊尹在商代初期（约当公元前1700年）出使南越，那时中原地区还没有大米，连"甲骨文"都还没有出现"稻"字，故伊尹只能采用当地越人对稻米的称呼而称稻米饭为"耗"。这"耗"字用汉语始终无法解读，可是只要用越人后裔壮侗语族诸民族的语言去解读，一下子就明白了，就是"稻米饭"、"大米饭"的意思，各民族至今还是这样称呼。

从东汉到隋唐，分布在华南及西南地区的僚人有鸠僚、乌浒僚（亦称乌武僚）、南平僚、俚僚、蛮僚、峒僚、土僚之称者，皆如《隋书·南蛮传》所云："古先所谓百越者是也，其俗断发文身。"

（2）从分布地域看今壮侗语族诸民族的发源。

众所周知，从秦汉开始，东部越人（简称东越，亦曰西瓯）已经逐步与南下的汉族或其他民族融合，而形成华东和华南的汉族或其他少数民族；而西部越人的情况就完全不同了，他们基本上都保持着越人的特点。这可能与秦、汉王朝统一岭南后，所实行的"和楫百越"政策，笼络越人上层，与越人民众和平共处有关。先说秦朝统一岭南后，派秦将任嚣、赵陀统治岭南三郡，一开始就采取"和楫百越"及"和楫越众"的政策，越人王、侯依其旧职，尊重越众的风俗习惯。秦末，中原大乱，赵陀继任嚣统治岭南。汉朝初年，赵陀据番禺（今广州）建立南越国，领有岭南三郡。他继续实行"和楫百越"政策，启用越人首领吕嘉为相、居翁当桂林监、都稽当都郎相，连赵陀本人也改穿越人装束，当汉高祖派陆贾出使南越国时，赵陀"椎结、箕倨"，以接见陆贾，自称"蛮夷大都老"（史书误写大倒老或大长老）。赵陀还鼓励汉越通婚，王室也要娶越人为妻，例如术阳侯赵建德、南越王婴齐,皆越妻所生。所以,南越国在赵氏王朝统治下近百年,经济文化都有所发展,社会也比较安定,"相攻击之俗益止"。再看西瓯(呕)越人部,西瓯越分布在九疑之山苍梧、桂林等郡,湘、粤、桂地区。汉刘向《淮南子》卷1"原道训"篇载:"九疑之南,陆事寡而水事众。于是人民披发文身,以象鳞虫。"人民以文身为特征,当属越人无疑。九疑,就是九疑山,后汉高诱注解《淮南子》时谓:"九疑,地名也。在苍梧,虞舜所葬也。"汉代的苍梧郡所在地,在今湖南宁远县城南60里,今九疑山是其地。又《淮南子》卷18"人间训"篇亦载,公元221年,秦始皇派50万大兵向"百越"进军时,分屯五处,与"西瓯"军对垒。这五处是"一军塞镡城(高诱注镡城在武陵之南,南接郁林。县治所在今湖南靖县西南)之岭;一军守九疑之塞(高诱注云在零陵);一军在番禺(今广州);一军结余干之水(高诱注余干在豫章)。三年不解甲弛弩。"文中虽未说西瓯军也部署在这一带,但既然是两军对垒,时有交锋,可以想见西瓯人当时一定也分布在今桂、湘、粤一带。我说"九疑"二字,当译自古越语。因用汉语解释非常别扭甚至费解。可是用壮语解释就通畅了。壮语谓"九疑"(daeuz neix)为"这头"。意为"山的这头是越人聚居区,人民以文身为特征。"

夜郎越的分布及其社会文化状况,我们已在上节详细论述。

骆越分布在今海南、广西南部沿北部湾至西南直到越南。这已成定论,不必多说。

至于滇越,古人说从滇池(今云南昆明)至"永昌徼外"、"交州塞外"。那可能已经到达今老挝、泰国、缅甸一带了。据汉司马迁《史记·大宛列传》载:汉武帝元狩元年(公元前122年),张骞建议经略西南夷,于是汉武帝遣使四出。当张骞到达滇国时"盛言滇大国"。他想继续西走,被"昆明人"(可能属于藏缅语族诸民族先民)阻挡。当时张骞就给汉武帝上书云:"昆明之属，无君长，善寇盗，辄杀略汉使，终莫能通。然闻其西可千余里有乘象国，名曰滇越。"汉代的昆明，在今云南中西部，再西行千余里，当为今之云南边境至缅甸西北部。这里仍为滇越人（今侗泰语族诸民族），以乘象为特征，说明当时这一带已有泰、掸人分布了，因为乘象为古代泰、掸人的一大特长。据《后汉书》"西南夷列传"及"和帝纪"、"安帝纪"等篇记载，永元九年（97年）春，"永昌徼外蛮及掸国王雍由调遣重译奉调珍宝，和帝赐金印、紫绶，小君长皆加印绶、钱帛"；安帝永宁元年（120年），掸国王雍由调复遣使者诣阙朝贺，并引进海西幻人，能变幻吐火，自支解，易牛马头，又善跳丸，数乃至千，自言"海西"人。海西，即大秦，古罗马国。掸国西南经印度通罗马。可知这里所说"掸国"，当在今泰国、缅甸一带。第二年（121年），安帝作乐于庭，封雍由调为汉大都尉。又"安帝元初中（114—119年），日南塞外掸国献幻人，……自交州塞外诸蛮夷相通也。"汉代的日南，在今越南中南部；交州，指越南北部。日南和交州塞外，指的又是老挝和泰国一带，与前面所说完全一致。至于掸国的民族成分，当为侗泰语族老、泰、掸族无疑。今缅甸北部掸邦泰语诸族仍称"掸"族。其实，掸、泰、暹，皆一音之转，语言、文化基本相同。后来由于长期分居于不同国家，而分裂为不同民族罢了。

（3）华南许多古地名，留下了壮侗语族诸民族先民早期居住活动的痕迹，而其他地区则没有找到这种痕迹。这是壮侗语族诸民族起源于华南的又一有力佐证。

众所周知，我国古地名有一个特点，通常是由最早居住在那里的人民大众根据当地的特征而启用的地名，后来由于民族迁徙或融合于汉族中，但原先的地名仍沿用，只不过改成汉语的同音、谐音或近音词；也有些地名是由后来占统治地位的民族或沿用旧名而改成自己的语言文字，或采用自己民族的吉利语言启用新名。这两种情况都很容易洞察，假如你用汉语去解释则不知所云，但若用最早居住在这里的民族语言去解释，便顺理成章，即可断定它是属于前者；后者用汉语去解释一看便晓，例如广州为广阔的州所，南宁为南方永宁之所，新疆为新近开拓的疆场等。因此，有人把古地名，称之为"活的化石"，是有一定道理的。

那么，我们怎样在华南众多古地名中，识别出哪些原来是用壮侗语族诸民族的语言命名而后改成汉字的呢？必须留意以下情况：

A. 华南古地名，在古籍文献上，虽已译成汉字，但凡用汉语去解释，皆不知所云，或不符合汉族的命名习惯；用少数民族语言去解释，则符合情理，那就可断定这里原来就是这种少数民族或其先民的居住之所了。

B. 用壮侗语族诸民族语言取名的地名，通常用动物、植物、人物、自然物命名的如田地、山岭、江河、水塘、山泉等类词为词冠，构成地名的第一个字；第二个字，则表示物体的特征状态，语法结构一概采取"倒装"式。例如冠以动物、人物类别的"都"、"多"、"布"字的有"都阳"、"都云"、"都奉"、"都伊"、"布山"等；冠以植物类别的"古"、"姑"、"果"字有"古丹"、"古泥"、"古万"、"姑苏"、"果德"；冠以田地类别的"那"、"纳"字，多得不可胜数，仅广西就有1200多个地名；冠以村寨类别的"曼"、"番"、"板"字有"曼谷"、"番禺"、"板览"等，也很多。

本此原则，看看我国华中、北方、西北部的古地名，很难取得与此一致的地名；再看看华南最早的一批地名，不管现在是哪个民族居住、是由哪个民族设置、记载的，例如汉代在华南设置、用汉字记载下来的牂柯、南海、郁林、苍梧、合浦、珠崖、儋耳七郡地名为例，其中大量地名都出自壮侗语族的语言命名而后取其谐音、近音转成汉字的。据笔者统计，载入《汉书》、《后汉书》中"地理志"篇的郡、县、山、水名称，共约76处，其中明显起于汉语的有17处，约占总数的22%；用汉语解释不通，明显起于壮侗语族语言的有25处，约占总数30%；另有34处尚待进一步识别。

　　在起源于壮侗语族语言的这25个地名中，冠以"镡"、"潭"、"谈"字的有"镡封县"（今贵州兴义及广西西林、隆林一带，意为鬼塘）、"谈指县"（今贵州郎岱、关岭、镇宁一带，意为牛塘或犀牛塘，今镇宁黄果树瀑布之下尚有犀牛潭之名）、"谈藳县"（今云南陆良至广西西林一带，意为弯弯曲曲的水塘）、"潭中县"（今广西柳州一带，自称为"中"或"壮"部落的水塘）、"镡成县"（在今湖南靖县至广西三江侗族自治县，成字含义待研究）；冠以"毋"、"无"字的有"毋敛县"（今贵州独山至文本南丹县一带，意为红米或红米饭，可能因该地盛产红米或喜欢吃红米饭而得名）、"毋单县"（今云南华宁县至广西西隆一带，意为大米）；冠以"牂"、"苍"、"儋"字的有"牂柯郡""牂柯江"（今红水河—西江）、"儋耳郡"（今海南岛），可能因族称而得名；冠"九"、"勾"字的有"九疑山"（先属苍梧郡，后为陵零郡，在今湖南宁远县南部；或者古越语谓"九"为"头"、"疑"为"这"，二字连在一起意为"山的这头"。）、"勾町国"、"勾町县"（在今云南通海至广西德保县，包括文山壮族苗族自治州的大部分地区）；还有"都梦县"（今云南文山县地，意为猪县，可能因产猪或以猪日为市而得名）、"宛温县"（今贵州兴义、兴仁一带，意为唱歌县，可能与歌圩有关）、"温水"（今广西右江—郁江，意为歌水）、"布山县"（今广西贵县，意为山人或山泉，可能因县境有名泉或其山像人形而得名）、"番禺县"（番，古音波，音近布；禺，音近越，意为越人）、"糜水"、"骆越水"、"卢唯水"、"文水"、"博罗县"等，可能均起源于壮侗语族的语言，因均符合壮侗语族诸民族的命名习惯，均能用壮侗语族语言求得合情合理的解释。

（4）最能证明壮侗语诸民族共同发源的，还是语言系属。从目前分布状况看，壮侗语族各民族之间，尽管远隔千山万水，彼此很少相互往来，但各民族的语言，特别是基本词汇及语法结构至今仍大致相同。这是因为语言是人类早期在社会、生产、经济、政治、文化生活中自然形成的。一旦形成，它的基本词汇和语法结构的延续性、顽固性、保守性最强，最具有沉淀力，最具有历史文化的积存成分，故学者常常把语言比作历史文化的"活化石"。在壮侗语族诸民族语言系属方而，除了我们在第一章第九节所举的367个基本单词外，有的学者曾经做过更详细的研究。例如中国社会科学院少数民族语言研究所壮侗语学家罗美珍女士曾对壮族、傣族及境外的泰族语言，抽出2000多个共同的基本词汇进行比较，结果发现三族语言都相同的有500多个，绝大多数属于基本的单音节词根，傣语和泰语相同的有1500多个。这种状况只能说明，壮族与傣族、泰族两族古时虽同族但分离较早，而傣族、泰族分开较晚；再则壮语受汉语影响最深，使用汉语借词多，而傣族、泰族两族受巴利语影响最深，使用巴利语借词多（参见罗美珍《从语言上看傣、泰、壮的族源和迁徙问题》，《民族研究》1981年6期）。

我们认为壮侗语族诸民族的先民——越人（西越或称西瓯）起源于华南，包括今两广云贵一带，汉代已大体形成今日的分布状况，并不排除汉代以后在这个范围内也许发生过小规模的互相迁徙。但是，我们认为，汉代时期壮侗语族诸民族先民——西越人，既然已经形成定居的农业民族，以农耕稻作为基本特征，那么，从此以后，无论发生灾荒、战争或其他情况，都不会导致大规模的、整个民族的长途迁徙。对于定居农业民族来说，长途迁徙是难以做到的。这种迁徙，不仅在中国历史文献中找不到任何根据和痕迹，而且从这些民族的近现代史中也找不到任何例证。

例如明、清时代这些民族地区都发生过多次大灾荒，也发生过多次镇压农民起义、民族起义或土司暴乱的战争，但当地各民族也没有整个地"被赶走"或主动迁徙，多数是采取"入丛薄中"，就近避乱，乱平而返的办法；历代中央王朝统治阶级从来也没有对各民族采取"赶走"或"杀光"的政策，而是采取"剿抚兼施"，"擒其酋而安其民"的措施，以利于巩固他们的统治地位。如果说在这个范围内，曾经发生过大规模的迁徙，像各民族的民间传说那样，那么，至少也应该发生在汉代以前，即在其进入阶级社会以前的原始社会阶段。因为那时还处在原始的"刀耕火种"农业阶段，为了寻找新的耕地而大规模迁徙的可能性是存在的。

我们认为壮侗语族各民族共同起源于华南古越人，并不否认民族的形成和来源是错综复杂的。我们丝毫也不排除各民族在形成过程中，不断地吸收和融合了当地许多民族的成分，如大量吸收和融合了北来的汉族和当地苗瑶语族、孟高棉语族、藏缅语族各民族的成分。同样道理，我们认为西越人及僚人文化的主要继承者是壮侗语族各民族，也不排除越人、僚人的一部分文化，也为其他语族诸民族所继承。

与此同时，我们认为壮侗语族诸民族先民既然发源于华南，那么，它同中国大陆上的汉族或其先民华夏族的关系，理应是最密切的，互相影响是最大的。当然，汉代以后，特别是从13世纪以后，居住在东南亚各国和滇南、滇西南的傣、泰、暹、掸、寮诸族，接受印缅系统的文化，信仰小乘佛教，同印缅系统诸民族的关系也是很密切的，互相影响也是很大的。

第四章 羁縻—土司制度

一、羁縻—土司制度的历史

中国历史上的羁縻政策，是中央封建集权制国家对其境内边疆少数民族实行的一种民族政策。这种政策思想，很早就有了。《史记》卷117"司马相如传、难蜀父老檄"文中载云："盖闻天子之于夷狄也，其义羁縻勿绝而已。"同书"封禅书"篇亦载："天子盖念方士之怪迂语矣，然羁縻不绝，冀遇其真。"羁縻，就是笼络、联络，使之归属于自己统治区域之内的意思。西汉赵佗在南海、桂林、象郡范围内或其边缘，允许当地越人首领"以故俗治之"，瓯、骆、裸、夜郎"亦称王"，就是他的羁縻政策的实施。唐朝初年，唐朝统一边疆少数民族地区后，就在原有各民族首领辖区的基础上建立羁縻府、州、县三级行政机构，府领州，州领县，名曰"羁縻制度"。例如在蒙古草原上设置饶乐都督府、松谟都督府（契丹）、定襄都督府和云中都督府（东突）、瀚海都督府（回纥）；在东北设置安东都督府（高句丽）、华卢节度府（奚、契丹、渤海）、黑水都督府（黑水靺鞨）、渤海都督府（原渤海国）；在南方，设置南宁都督府（今云南滇池地区）、姚州都督府（洱海地区）、安南都护府（今越南北方）、邕州都督府（广西西南部）、桂州都督府（广西东北部）、黔州都督府（今贵州省）等。在西北、北方、东北，皆以当地少数民族首领充任都督、节度使、刺史、长史、司马、县令等土职，中央准许各个官职世袭其地，以故俗治之。唯南方都督府及都护府一级的长官，由中央委派，属流官一类。都督府以下分流州县及羁縻州、县两类。流州县为一般州县，与中原地区一样，所有官员皆由中央直接委派；羁縻州、县的主要官员，则一律由当地少数民族酋长充任，以故俗治之。据《新唐书·地理志七下》载，唐朝全国羁縻都督府、州、县数为：

突厥、回纥、党项、吐谷浑隶关内道者有府29所、州90所；

突厥别部及奚、契丹、靺鞨隶河北道者有府14所、州46所；

突厥、回纥、党项别部及西域隶陇右道者有府59所、州198所；

羌、蛮，隶剑南道者有州261所；

蛮，隶江南道者有州51所；

蛮，隶岭南道者有州92所，其中包括桂州都督府7所，邕州都督府26所，安南都护府41所，峰州都督府18所；

又有党项州24所。

以上合计有府102所、州762所。

由此可知，唐朝在少数民族地区设置的羁縻府、州、县，不是"徒有虚名"，而是有严格的隶属关系，也不是随处都可设置，而是在已属于中央政权的统辖范围内才能采取的一种特殊政治统治措施。正如明张萱（1557—?）辑《西园随见录》所说："唐太宗既平突厥，始置羁縻州县，其大者为都督府，以其首领为都督、刺史，皆得世袭，版籍（户口）皆不上报户部。"与此同时，唐朝又规定所有羁縻单位之首领，都必须"来朝贡，奉正朔，即可爵土人民，世守如旧"。这就是说，所有羁縻单位都必须承认隶属于唐王朝的统一版图，奉行唐朝的年号。《新唐书·地理志七下》记载得很清楚："唐兴，初，未暇于四夷。自太宗平突厥，西北诸蕃及蛮夷稍稍内属,即其部落列设州县,其大者为都督府,以其首领为都督、刺史,皆得世袭。虽贡赋,版籍多不上报户部。然声教所暨,皆边州都督、都护所领,著于令式。"

到五代十国时期,全国的羁縻制度我们不再论述。仅说岭南的形势发生了急剧变化。唐末,刘隐(874—911在位)以靖海军节度使名义据有广州。后梁开平四年(910)进封南海王。次年,刘隐死,其弟刘䶮(889—942)继任靖海军节度使,进封南平王。后梁贞明三年(917)称帝,建都于广州,国号"大越"。次年,改国号"汉",史称"南汉"。据有唐朝岭南五府之地。但是,就在后晋天福三年(938),南汉王国的军队曾在安南都护府境内的白藤江一带被当地酋首吴权所打败。次年,吴权亦自称王。南汉王国的辖区就只剩下广、桂、邕、容四管的一般州县和羁縻州县以及原属安南都护府的廉(今广东合浦)、雷(广东雷州半岛)、笼(今广西扶绥等地)、崖、琼、振(今海南)及羁縻安德州(今广西靖西)、思陵州(广西宁明)、西平州(宁明)、龙州(龙州)、西原州(广西大新)等地。南汉王国就在原属安南都护府或邕州都督府治下的广源州、傥犹州、南源州、西农州、万涯州、武勒州、覆和州、温州、弄州及雷、火、频、婆、古拂、八耽等羁縻州峒,依旧设为羁縻州峒,一并拨归邕州都督府(治所在今南宁市)管辖。由南汉王朝封敕其首领,岁收其贡赋,"比内属之人"。这时,邕州左、右江的羁縻州县峒便由唐朝的26所,增加到50余所。

北宋开宝四年(971),南汉亡于宋。北宋乃继南汉治有岭南广、桂、容、邕四管一般州县及所有羁縻州县峒。据北宋王存(1023—1101)主编、成书于北宋元丰三年(1080)的《元丰九域志》卷十记载:当时属于岭南道的羁縻州,仅邕州左、右江就有48所,其中属左江道的有笼州、忠州、冻州、江州、万承州、思陵州、左州、思诚州、谭州(今崇左)、渡州、七源州(今越谅山)、西平州、上思州、禄州、石西州、思浪州（今属越南）、思同州、安平州、真州（一作员州，今天等县地）、广原州（即广源州）、勒州（一作勤州）、南源州、西农州、万崖州、覆利州、温弄州（一作温润峒）、武黎州、罗阳州、陀陵州、永康州；属右江道的有武峨州（今地不详）、笼武州（有人谓即武龙州，在今百色县地）、思恩州（今平果县）、鹈州（今地不详）、思诚州（不详）、勘州（今田阳县地）、归乐州（今百色县地）、伦州（今德保县地）、万德州（今平果县地）、蕃州（今宜山县地）、昆明州（今地不详）、婪凤州（今田东县地）、侯唐州（今田东县地）、归思州（今忻城县地）、田州（今田阳县）、功饶州（今田东县东）、归诚州（今田阳县地）、龙川州（今百色县地）。到元、脱脱（1314—1355）等撰的《宋史．地理志》则列举了宋朝广南西路邕州左江、右江两道有五十余所羁縻州县峒。增加羁縻县五所、羁縻峒十一所。南宋范成大撰《桂海虞衡志．志蛮篇》亦云：宋朝接管邕州诸羁縻州后，"因其疆域，参唐制，分析其种落，大者为州，小者为县，又小者为峒，凡五十余所，推其雄长者为首领，籍其民为壮丁，以藩属内郡，障防外蛮，缓急追集备御制如官军。其酋皆世袭，分隶诸寨（宋置安平寨、横山寨统诸羁縻州县峒)，总隶于提举。"

综上所述，唐宋时期岭南邕州左右江溪峒羁縻制度的性质，可以归纳为：1.中央王朝承认诸羁縻州县峒有一定独立自主权利，不过问其内部的政治、经济制度，不干预其风俗习惯，"以故俗治之"；2.中央王朝封敕"率土来归"的当地土酋为诸州刺史、长史、司马，后称知州、知县、知峒、同发遣、权发遣等官爵，世袭其地；3.诸羁縻州、县、峒必须隶属于中央王朝派往各地的都督、提举、寨官，承认国家统一的版图、国号、年号即所谓"奉正朔"；4.诸羁縻州的户口，可以不上报户部，但必须向中央岁贡土特产，或谓"输纳赋税"；5.诸羁縻州县峒还必须服从中央调遣，藩离内郡，抵御"外蛮"侵略。

土司制度，亦称"土官制度"。起于元，完备于明，终于清末及民国初年。在广西，元朝先在宜山设立庆远、南丹等处溪峒安抚司，统领原南丹、蕃、归思、那地等诸羁縻州，授原南丹州土知州莫国麟为土安抚使，其官爵由原正五品升到正三品，许世袭。接着又设立左江道军民宣慰司和右江道军民宣慰司（委派流官充当宣慰使），改称诸羁縻州县峒为土州县，依旧由土酋世袭。明朝治有广西后，完全继承元朝的土司制度，并增设土知府一级，在左右江壮族地区设有思明土知府（治所在今宁明县）、太平土知府（在左州）、思恩土知府（在武鸣）、田州土军民府（在田阳）、泗城土军民府（辖有红北河上游两岸今属广西、贵州多县，治所在广西凌云县），分别统辖诸羁縻土州、土县、土峒，土长官司、土亭。又在广西各地增设许多土长官司、土巡检司。土司数目最多时竟达170余所。明朝对土司的管辖更加严格，例如规定土官要接受朝廷委派流官为佐贰（实则监视），土官袭替必须先由流官察看《土官底簿》（家谱），再经流官推荐袭替者亲携《底簿》赴朝廷呈交吏部审核，经皇帝召见认可后，才能袭职土官爵位。到明朝中叶，身为朝廷命官的高官，为了分裂少数民族、拉拢土官，竟不顾事实，唆使和帮助土官篡改家谱，说什么土官的始祖乃来自内地名门大宦，因随征岭南（多数说随狄青征侬智高）有功受封为土官。这种办法，正中土官们下怀，因为少数民族被历代封建统治阶级残酷压迫和欺侮，并在族称上加"反犬"旁，被诬蔑为"禽兽"、"野蛮"的人群，土官们有民族自卑感，早就想摆脱这种身份，故乐而"趋炎附冑"。其中最明显的一例就是明朝中期，浙江余姚人王守仁（1472—1528）以南京政府兵部尚书名义，受封为两广总督、巡抚广西，率领四省官军来广西镇压右江岑氏土官及八寨、大藤峡、古田等地瑶壮农民起义，以"知行合一"观为指导，为了"以夷治夷"、分化瓦解瑶壮人民，拉拢岑氏土官及其土目卢苏、王受等，屠杀瑶壮人民，竟随心所欲地亲自杜撰了一篇名曰《泗城土知府世系考》的奇文（见于清初康熙间编纂的《古今图书集成》卷1452）。内称：岑氏远祖出自汉淮阴侯岑彭，北宋岑仲淑原籍江南绍兴府余姚县（与王是小同乡），皇佑间为狄青部第一名大将，因讨平侬智高功升为怀远大将军、封粤国公。狄青还朝，岑氏留后镇邕……云云。所有正史及狄青和狄青的第一名将孙沔、余靖留下的碑刻、文书，一概证明王氏所说是假编的。王氏骗招一出，土官无不乐而趋之。到明末清初，广西全境几乎所有土官的《家谱》、《族谱》、《世谱》都篡改了，甚至刻入墓碑，并且几乎雷同其词，说其始祖自山东或江南而来，随狄青征侬智高，因功受封为土官等语。殊不知，他们原来都是侬智高的同类！土酋就是少数民族首领，假的怎么装扮也成不了真的。只要把土官假造的"宗谱"、"世谱"、"家谱"和碑文拿到当时真实历史文献、文物之下进行仔细研究，就会漏洞百出了！此乃题外话，恕不多谈。元明清的土司制度，尽管在名称、隶属关系、数目增减、与流官及朝廷的关系等方面，各个朝代都有某些不同点，然而土官就是土酋，土司制度就是羁縻制度的延续，这是变不了的。土司制度的基本点，亦如羁縻制度的基本点一样：一方面，是中央王朝允许土官根据当地经济、政治、文化特点而有一定的自治权利；另一方面，是所有土官都必须接受朝廷的统一国号、年号、贡赋、调令，都有反对外敌入侵、反对分裂国家统一的责任和义务。广西土司制度的社会经济基础是封建领主农奴制。土司制度，是中央集权制国家在边疆少数民族地区所采取的政治策略（简称"民族政策"）。这种政策，对当地少数民族社会发展的影响和作用如何，不可一概否定，也不可一概肯定。要把它放到一定历史背景、一定的阶级关系和民族关系去分析，才能得出比较合理的答案。土司制度与土司文化，是两种不同的概念。后者是土官统治时期遗留下来的精神文化（如郎歌、郎人兵法等）和物质文化（如文物、郎田、郎房等），不管当时属谁所有，实质上都是当时当地劳动人民创造的财富，于今都是中华民族的无价之宝。我们必须妥善保存和妥善保护，不可妄议！

二、羁縻—土司制度与民族关系

广西左、右江流域等地的羁縻—土司制度启蒙于汉，确立于唐、宋，终于清末民初，历时数千年之久。

羁縻、土司制度的内容，历代虽不尽相同，概括起来大致有如下几点：（1）羁縻—土司州县必须承认中央王朝的统一版图；（2）羁縻州县必须奉行中央王朝统一的"正朔"，不能另立番号；（3）羁縻州县必须定期向中央王朝进贡土特产，有时还要进贡奴婢；（4）中原王朝允许各个羁縻州县有一定的独立自主权利，不过问其内部的政治、经济、社会制度，不干预其风俗习惯；（5）中原王朝敕封率土来归的民族首领为土知府、土知州、土知县、土知峒长官、土巡检等官爵（总称"土官"），允许其实行世袭制度。至于土官的世袭办法，朝廷还有具体的规定，如须经当地上级流官察看土官底簿（即家谱、族谱之类），然后应袭土官亲自赴京呈交吏部审核，再由皇帝亲自召见批准。因此，它是一种有别于一般州县的政治行政制度，也可以说是中央王朝对待广西少数民族地区所施行的民族政策。

这种政策对广西少数民族，特别是对壮族的社会、政治、经济、文化的发展和影响，对壮族与汉族之间的民族关系的影响如何呢？首先，这种民族政策就其阶级内容说，它是历代封建统治阶级推行民族压迫的产物与工具。因为第一，它的目的是"尽纳边地，囊括八方"（雍正《广西通志·历朝驭蛮》），借以扩大统治权力，更多地剥削各民族人民；第二，这些边地"蛮俗殊异，语言不通"，"非常法所能治理"；第三，出于对当地少数民族的歧视，所谓"容贷羁縻，比之禽兽，来则捍御，去则不追，亦未亏损于朝廷事务"（唐韩愈《韩昌黎文集》卷4"黄家贼事宜状"），"盖蛮夷之性，譬如麋鹿……今所以易土官之旧者，是顺适其旷野之性也"（明《王阳明全集》卷14）。

羁縻—土司制度在广西的建立，在封建统治阶级内部也是经过长期争论和反复比较而后确定的。直到北宋初年，宋朝封建统治者考察了唐朝时置时废的利弊后，才在邕、宜、钦三州地区建立羁縻州县峒六十余所，以后各个朝代均沿袭下来。

有人认为，秦汉已建立全国统一的郡县制，唐宋又建立这种松散的羁縻制，不是在统一国家道路上的倒退吗？

我认为，祖国的统一和民族的团结，是前进的总目标、大方向，是我国各民族人民的根本利益，任何时候都是衡量人们行动是非的标准；但在社会、政治、经济制度不同，文化、语言、风俗不同，思想隔阂较深的边远少数民族地区，在统一国家番号的前提下，容许某些不同制度的存在，这是有利于消除民族之间的隔阂，有利于国家的统一，不是倒退，而是迂回前进！

下面，我们回顾一下广西壮族地区同中原汉族地区的关系历史，大家就明白了：

汉高祖四年（前203年），越佗在南海郡番禺（今广州）建立"南越国"，自称"南越武王"，击并南海、桂林、象三郡之地。可是，他察觉到这些地区与北方不同，民族复杂，语言殊异，难以巩固他的统治地位，不得不采取"和楫百越"（有的说是"和绥百越"）政策：一方面，他要求地方各级政府必须承认汉王朝为中央政府，接受汉王朝封他为"南越王"；另一方面在其境内或边缘地带他又容许当地民族首领亦称"王"，"西有瓯、骆、裸国"、"夜郎国"，亦称王；再方面，连他自己也变俗易服，自称百蛮"大都老",还大力鼓励越、汉通婚,推广中原地区先进生产技术。结果,南越三郡之地,"东西万余里",皆出现一片和谐向荣景象:其境"甚有文理,中县人(指从中原移居岭南的汉族)以故不耗减,粤人相攻击之俗益止"(引号中文引自《汉书》卷一下"高帝纪")。南越国成功地经历五代王,统治岭南达93年之久。

高后四年(前184年),高后对岭南越人采取"别异蛮夷"即孤立封锁政策,不卖给越人田器、牛、羊、马匹,并经常发兵攻击他们的边邑。结果,造成南越与汉朝的分庭抗礼,民族隔阂更加严重。

武帝元鼎年间(前116—前111年),汉伏波将军路博德和楼船将军杨仆,以武力攻取岭南越地,置岭南九郡;但是,岭南同中原的民族矛盾并未缓和,郡县制形同虚设,汉朝的势力远远没有达到岭南边远地区。今广西左、右江流域一直被叫做"化外"。

后汉建武十八年(42),伏波将军马援再次率兵出征岭南,路过越人地区时"条奏越律与汉律驳者十余事,与越人申明旧事以约束之,自后骆越奉马将军故事"(见《后汉书·马援传》)。他还是采用越人旧的法律才能约束他们。即便这样,其影响也仅仅达到他经过的渤海湾沿线。岭南广大地区依然"豪富兼并,役属贫弱,俘掠不忌,古今是同"(见《通典》卷184)。

魏晋南北朝时,中原大乱,岭南民族关系更加紧张。例如永初三年(116),苍梧、郁林、合浦"蛮夷反";建宁三年(170),合浦、交趾两郡"乌浒蛮反";建安十五年(210),交州刺史朱符为"夷贼"所杀,州县扰乱;魏文帝黄初元年(220),郁林夷人围郡县;孝武帝大明七年(463),临、贺"蛮夷反";梁武帝天监元年(502),郁林郡俚人"反",太守荀斐为流矢所中死于阵;大同七年(541),交州土民联结数州豪杰"反",杀交州刺史。数百年间，整个岭南几乎没有安宁的日子！

从梁朝末年到隋朝期间，俚人首领洗氏夫人继承赵佗"和楫百越"的政策，统一岭南数州，并率众归附中原王朝，使岭南东部数州各民族人民得以重新过着安宁的日子。

唐代继隋统一岭南后，曾有人主张要在岭南西部邕管（今广西）置羁縻州县，允许当地少数民族有自治权利，但未付诸实施。民族矛盾未能缓和下来。不久，西原黄峒（今广西左江流域）首领，率其族"反"，韦、莫、梁、罗诸峒纷纷响应，岭南几乎全被"造反军"占领，战火燃烧百多年之久。唐朝多次派兵镇压，可是，唐朝部队因"远乡羁旅，疾疫杀伤，续添速死，每发倍难"（见《新唐书》卷222下）。于是，元和十五年（820），韩愈又提出恢复邕管羁縻州县的建议，但还是没有被朝廷采纳。以致造成岭南的战乱愈演愈烈，国内生产濒临崩溃，中原和岭南的老百姓都痛苦不堪。

宋朝初年，宋王朝平定侬智高起义后，总结了唐朝在岭南执行的民族政策的经验教训，决定在邕、宜、钦三州地区建立羁縻州县峒六十余所，以当地少数民族首领为知州、权州、知县、知峒及同发遣、权发遣，谓之"峒官"；其民称"提陀"，世世隶属，亦民亦兵，谓之"峒丁"。自此以后，岭表"诸蛮"，率土归附者，接踵而起，岭南"晏然"。直到明代中叶，共五六百年间，除农民起义外，岭南的民族关系基本上是正常的，表现于下：

（1）朝廷授峒首以官，峒首岁输税米于朝廷；

（2）流官（知寨、提举等）平时帮助土官"平仇杀、禁掠卖"；有事则调兵于诸峒，协力以合战；

（3）土官"见知寨如里正之于长官，奉提举如卒伍之于主将，视邕管如朝廷，望经略帅府则如神明"（《文献通考》卷333引宋范成大《桂海虞衡志》）；

（4）寨官亦常走峒首之门，握手为市；

(5) 每遇战守，统兵流官多以土丁当先御敌，乃至负重当杂役。

民族上层关系改善后，各民族劳动人民之间的交往也更加频繁了。中原地区的汉族人民和广西少数民族之间的商业交往，唐代以前还是很萧条的，特别是左右江流域仍被视为"蛮荒化外"之地，宋代就不同了。譬如宜州（今宜州等地）"旧领去郡一百二十里，百姓多日聚交易，（至昏）而退，风俗谓之圩市；至道三年（998），守吏悉令归城交易，广易征税之利"（《舆地纪胜》卷122）。邕州横山寨（今田东平马镇）博易场，唐代尚默默无闻，宋代已热闹非凡："蛮马之来，他货亦至。蛮之所赍麝香、胡羊（绵羊）、长鸣鸡、披毡、云南刀及诸药物；吾商（中原汉族商人）所赍锦缯、豹皮、文书及诸奇巧之物。于是，译者平价交易，招马官乃私置场于家，尽揽蛮市，而轻其征。其入官场者，什才一二耳。隆兴甲中（1164），胜乔子昭为邕守，有智数，多遣逻卒于私路口，邀截商人越州，轻其税而留其货，为之品定诸货之价，列贾区于官场。至开场之日，群商请货于官，依官所定价与蛮为市，不许减价先售，悉驱译者导蛮恣买。遇夜，则次日再市。其有不售，许执覆监官减价博易。诸商之事既毕，官乃抽解，并收税钱。赏信罚必，官吏不能乞取，商亦无他靡费，且无冒禁之险"（南宋周去非《岭外代答》卷5）。邕州永平寨（今宁明县）、钦州博易场等处的商业交换宋时也很兴隆。随着商业的发达和各民族人民之间和平交往的频繁，邕州人民的生活比以前更加富裕了，而屡屡出现"邕州宽裕，而人皆便之"的繁荣景象。

然而，历史上的羁縻—土司制度的正面作用是有阶级局限性、有时间限制的。当它还适合于这些民族地区的社会生产力发展水平时，它就表现出正面作用；一旦发展到束缚当地社会生产力的发展，它就表现出消极的、阻碍社会进步的反作用了。明代中叶以后，中央王朝在广西壮族地区实行的羁縻—土司制度就日益显得落后、野蛮和残酷。首先，表现在世袭土州县峒的土官，成了各该州县的"土皇帝"，上无王法，下无百姓苟延残喘之日。据时人披露，土官在土司境内"无官民之礼，而有万姓奴仆之势"，"一年四小派，三年一大派，小派计钱，大派计两。土民岁输徭役较汉民丁粮加多十倍。土司一日为子娶妇，则土民三载不敢婚姻。土人一人犯罪，土司缚而杀之，其被杀者之族尚当敛银以奉土司六十两、四十两不等，最下亦二十四两，名曰玷刀银。种种朘削，无可告诉"（兰鼎元：《论边省苗蛮事宜疏》，载于《清朝续文献通考》卷 136）。广西田州土官岑宜栋"其虐使土民非常法所有，土官虽读书，不准应试，恐其出仕而脱籍也。生女有姿色，土官辄唤入，不听嫁，不敢字人也。有事控于土官，土官或判不公，负冤者唯私向老土官墓痛哭。虽有流官辖土司，不敢上诉也"（赵翼《檐爆杂谈》卷 6）。土民的衣服只能穿蓝、黑、灰三色，不准有其他颜色。土民的居室不准盖高楼，土民婚姻不准乘舆骑马，进城不准打伞。土民见土官或土官的太太、少爷、小姐，必须双腿全跪，见官族仍须半跪。土民称土官为"爷爷"，自称"布唯"（奴人）。泗城土知府吃饭时要四个瑶族同胞伏在地上用后背来垫桌子，不准桌子稍有动摇，否则就要被杀头。因此，本来就比汉族贫穷落后的壮族、瑶族人民更加贫穷落后，民族隔阂也更加严重。

再则，因为各个土司对于各民族人民之间的正常交往做种种限制：如禁止土民应试，不准土民远出经商谋生，不准土民和汉民通婚，不准汉民到土司境内开垦等。如汉民自愿到土司境内投庄当土民，要向土官"送礼"，交"投庄钱"，以后每年还要交"火烟钱"、给土官抬轿、挑水、扫地等劳役。如有汉民到土司境内经商，土官坐收过路钱、地摊钱、喝水钱、过河钱等。因此，那时民族壁垒森严，民族关系非常紧张。

在这种情况下，社会变革的时代就到来了。明末清初，大规模的改土归流的实施，就是在这种历史背景下产生的。当然，当时的改土归流并不是由人民群众发起的，而是由明清朝廷在农民起义的冲击下、经过土民的呼声、从封建统治阶级利益出发，由上而下发起推动的。因此，它的改革没有得到人民的广泛支持，是不彻底的。它的不彻底性表现为时改时停，有的改后又恢复，有的名改实存，有的根本就没改。从总体看来，广西的羁縻—土司制度，一直持续到清朝末年和民国初年。彻底废除土司制度后，壮族地区的民族关系大为改善。广西地区的汉族人口迅速增长，明朝嘉靖二十五年（1546），广西"一省，狼人（土民）半之，瑶、僮三之，居民（汉族）二之"（《明世宗嘉靖实录》卷312）。就是说，改土归流前，广西全省的汉族人口仅占十分之二；到大规模改土归流后的清嘉庆年间（1796—1820）汉族人口已上升到一半；到新中国成立前夕，继续上升到三分之二左右。据说，改土归流以后，有一批批的汉族商人、农人、工商业者、技术工人移居广西，直至穷乡僻壤，和壮族及其他少数民族杂居在一起，和平相处，安居乐业。由于大量汉族同胞扶老携幼地从广东、湖南、西南等地迁入广西，同时也带来了大量的资金、语言、文字与先进的科学、生产技术，共同开发和建设广西，使广西的社会、经济和文化得到迅猛的发展。广西在祖国统一和民族团结道路上，又向前迈进了一步。

三、郎人与郎兵

明、清时，历史文书上，出现了大量关于"狼人、狼民、狼兵、狼目、狼田、郎歌"的记载，其实也是"夜郎"的延续。在这里，这个"狼"字，本来是左、右江、红水河流域壮、布依族人对当地王、侯、头人、酋长、土官的壮语、布依语称呼，历史上曾有人把这个词语比较正确地译为"郎"。但明、清封建统治阶级却译成"狼"字，显然是译者蓄意为了侮辱与蔑视这些少数民族而为的。故解放后，学者改用"良"（音 liang）字加单人旁成"俍"字来代替。如果从他们的用意是为了更正前人的侮称成分，那是可取的。不过，笔者以为改用这个古今《字典》都找不到的"俍"字，真不如前人曾经采用过的"郎"（音 lang）字好。因为"狼"（音 láng）与"良"（音 liang）字音差较大，而且用郎字更加符合当地民族的语音和语意，并有历史的连续性。所以，本书凡是遇到历史文献上对华南少数民族称"狼"者，一律改为"郎"字，并不再打引号；或者引用原文在引号之内的作"狼"字，自己叙述文字，一律改为不加引号的"郎"字。

郎人、郎民、郎兵、郎目、郎田、郎歌的出现，主要在明、清时代历史文献上。举例如下：

明天顺八年（1464）四月，国子监生封澄奏云："广西大藤峡浔水、横石等山、藤县太平乡，瑶僮啸聚房掠，甚为民害，乞选良将，多调官兵、郎兵攻灭之"（《宪宗成化实录》卷4）。

"嘉靖二十五年（1546）六月……兵部以为广西岭徼荒服，大率一省郎人半之，瑶僮三之，居民二之"（见《世宗嘉靖实录》卷312）。

"嘉靖二十五年，部议广西一省郎人居其半，其三瑶人（僮），其二居民"（《明纪》）。

"嘉靖三十四年（1555）七月，张经上疏自理曰：'臣昨岁十二月受总督之任，于时倭方盘踞拓林、川沙洼，其众且二万余。吴、会民兵脆弱，不可制御。臣乃奏调田州、东兰、那地、南丹、归顺等地郎兵五千名'"（《世宗嘉靖实录》卷424）。

"左右两江土司所属，人多田少，其郎兵素勇，请调浔防瑶"

（《神宗万历实录》卷349）。

"以其出自土目，故曰土兵；有土目管辖，故曰目兵；又多郎人，故曰郎兵"（顾炎武《天下郡国利病书》广西部）。

"郎民原系土州队卒，调居山口，且耕且守，以御内徭，惟勇悍而乐耕桑"（清康熙时辑《古今图书集成．职方典》卷1438）。

清代中期后，有不少土司被改土归流，郎人比例随之逐渐下降。据成书于嘉庆年间《龙州纪略》估计："粤西蛮种不一，曰伶、曰侗、曰蜓（音蛋）、曰徭、曰僮、曰郎、曰僚、曰山子、曰伢、曰侬、曰沙、曰俚、曰伴、曰苗。合其类而分之，大率僮四、徭三、郎二、余仅得一。"就是说，在明代时，郎人竟占广西总人口的一半，而到此时，郎人仅占少数民族人口的十分之二。原因除外来的汉族人猛增之外，原为隶属于土官的郎人，不少人已取得人身自由而通称僮人或土人，所以僮人反居郎人之上，而成为僮四郎二。

有的学者认为郎是壮族在历史上的一种族称；有的认为是壮族的一个支系。笔者认为，这两种说法都不确切，实际上"郎"是土司统治时代，壮、布依语对"土官"的称呼的译音，本该写为"郎"，封建统治阶级及其文人却蓄意歪曲译为"狼"。又因为当时土官辖境实行的是农奴制度，土官好比"土皇帝"，是境内的最高统治者，境内一切下属官员、人民、土地、兵丁、山川、河流……一概隶属于土官所有，故替土官办事的一切办事人员及其下级官属被称郎目，意为土官属有的官员，再由土官分给每名若干官田，称郎田；境内人民称郎人或郎民，意为土官属有的人民或农民，由土官分给每户若干官田，亦称郎田；郎人平时耕织，战时为兵，意为土官所有的兵丁，故称郎兵，每人由土官授予若干官田，亦称郎田。这就是郎人、郎兵……出现的原因。要说这些郎目、郎人、郎兵的民族成分，在壮族地区，当然主要是壮族人；但在郎目中不排除还有雇用个别汉族人为军师、师爷、土目的，他们的民族成分是汉族；在壮、瑶杂居的地区，还有不少瑶族的郎人、郎兵、郎田；今红水河北岸原属泗城州、泗城府土官下属的布依族头目、人民、田地，也被称为郎目、郎人、郎民、郎兵和郎田，他们的民族成分是布依族。所以，论起郎目、郎人、郎兵的民族成分是复杂的，不能简单概括为历史上的壮族或壮族的一支，仅可说主要是壮族。可以这样说，壮族在历史上，凡属土司统治区域，人民被通称郎民、郎人、郎兵，他们耕作的田地，通称为郎田；郎人所唱的歌，就称为郎歌；流官统治区域或改土归流后，就都称为僮人或土人（意为广西本地人）。

其实，在壮、布依族的历史上，"郎"的称呼很早就存在，并且陆陆续续地出现在汉族文献上，只因这些少数民族都没有本民族文字，所以没有更多更详细的记载。"郎"字，本来是壮、布依语"竹笋"（rangz）的音译，出自"夜郎"竹氏族的图腾故事。久之逐渐成为头人、首领、当官者的称谓。最早见于古籍的如"夜郎"，意为古越人中的一个部落联盟的首领，汉文把它译为夜郎国的"王"、"侯"。南宋范成大《桂海虞衡志·志蛮篇》和南宋周去非《岭外代答》卷10"僚俗"中，也还有"郎火"的记载。这可能是壮、布依语"火郎"的倒写。按范、周二氏的解释，"郎火"是"僚人"（壮侗语族诸族在历史上的一种称谓）村寨（氏族）有势力的大头人。他们集村寨政治、军事、宗教权力于一身，具有"役属"和"部勒"本寨人丁和"父死子继"的权利。这就是僚人的氏族长或称土官。今贵阳市郊区的布依族（当时被称为"苗夷"）直到清代，还称外来当官的汉族人为"汉郎"，清初陈鼎曾在《黔游记》文中载云："山洞中诸苗男女见吾辈解衣怒马仆从呼拥而至，举家皆出而膜拜。有不知者，辄大声呼之而出，曰：'睨汉郎。'睨者，视也；汉郎者，汉官也"（引于《黔南丛书》第二集第三册)。称视为"睨",称官为"郎",无疑是操布依语的布依族人。

郎目、郎人、郎兵的社会地位,总的说来,属于被统治阶级的农奴阶层,但仍须进行具体分析。郎目是替土官办事的土目。其中有的在官府内替土官出谋划策,有的奉命统领郎兵外出作战,有的为下级土司长官,地位高的已上升为领主、农奴主阶级成员;有的小土目,如把事、苏保、小头人、小兵目等等,他们没有脱离生产,他们和普通郎民一样,从郎官那里领取一份郎田,自耕自收,维持一家的生命。他们是农奴阶层中的上层分子。郎人、郎民,都是完全隶属于郎官的农奴。他们平时"努力田作",或"刀耕火种,暇则猎兽":其中耕种"庄田"(收获归己)的,又称"粮庄百姓",有的须按期给郎官交纳一定钱币,有的须替郎官耕作"庄田"(收获全归土官);耕作"役田"(收获归己)的,须担负与其田名相应的种种劳役,如"应夫则有夫田,应工则有工食田,应役则有役食田、禁卒田、仵作田、吹手田、鼓手田、画匠田、裱匠田、柴薪田、马草田、花楼田、针线田,以至管沟、管河,凡有执役无不有田。各乡则有保正田、头人田。种种名目,均系食租服力制度,不另给薪"(见民国《凌云县志》第四编"赋税沿革"目)。从唐宋至明清,中央政府在壮族地区实行的是一地两制,流官统治区域实行的是封建地主制,而土官统治的土州、土县、土长官司、土巡检司区域内实行的是封建领主制。故郎兵也耕作兵田(收获归己),与郎民无异,有事便应征入伍,勇猛战斗,正如明邝露《赤雅·郎兵条》所载:"郎兵鸷悍,天下称最……土官亲行部署乃出。"由此可知,郎官统治的地区,社会性质长期停留在封建领主农奴制社会阶段。

概言之,郎人郎兵制度就是土官、土司制度的同义语;也可以说后者是前者的壮语、布依语意译。

四、壮族、傣族、布依族三族的封建领主制比较[①]

傣族分布在我国云南省的南部和西南部，较大的聚居区有西双版纳傣族自治州和德宏傣族景颇族自治州，其余则散居在临沧、思茅、红河、文山等各州县。傣族自称"傣泐"及"傣那"，古称"掸"、"白衣"、"摆衣"等。经济生活以农耕稻作为主。新中国成立前，傣族地区由于各地区历史条件不同，社会发展也不平衡。西双版纳傣族地区仍处于封建领主制；耿马、孟连等地以封建领主制为主，并已开始向地主制过渡；德宏地区则已基本上完成了向地主制社会发展阶段过渡。因此，论封建领主制，则以西双版纳傣族地区保留得最完整最典型，它的上层建筑是土司制度。

壮族自称"布壮"、"布越"、"布雅伊"（布依）、"布土"、"布沙"、"布侬"等。主要分布在广西壮族自治区和云南文山壮族苗族自治州，其余则散居在广东、贵州等省境内，是以种植水稻为主的农业民族。新中国成立前夕，所有壮族地区都已处于地主封建社会发展阶段。近现代壮族地区也处于封建领主制阶段，在清初大规模推行改土归流以前，土司统治的广西左、右江、红水河流域及云南广南等壮族地区，封建领主制基本上同土司制相伴而生、相随而止。改土归流后，靠近内地的壮族地区逐步进入地主制，大部分边远地区仍实行封建领主制。民国初年，还保存有土司和领主制的在广西境内有忠州（今扶绥县地）、迁隆州（上思县地）、果化州（平果县地）、下雷州、万承州、太平州、安平州、

[①] 本文由莫俊卿、韦文宣合撰，刊于《百越民族史论丛》，云南民族出版社，1989年版。

全盈州（以上诸州今均属大新县）、归德州（今平果县）、结安州、结伦州、茗盈州、镇远州、向武州（以上诸州今属天等县地）、都结州（隆安）、上冻州、下冻州、上龙司（今均属龙州县）、江州、罗白县（今均属崇左县）、思州（今属宁明县）、南丹州（今南丹县）、忻城州（今忻城县）、凤山州（今凤山县）、上停县（今属田东县）、安定司（今属都安县）、白山司、定罗司（今属马山县）、凭祥司（凭祥市）等；在云南省境内的有广南司（今广南县）、富州（今富宁县）等；在今广东连山壮族瑶族自治县境内有宜善司。这些土司境内，基本上仍然实行领主制。

布依族自称"布依"（意为古越人后裔），历史上常被称为俚、僚、"仲家"、"仲苗"。聚居于贵州省的黔南布依族苗族自治州、黔西南布依族苗族自治州及安顺至贵阳市郊的河谷平坝区域。以水稻农业为主。新中国成立前，布依族绝大多数地区已处于封建地主经济发展阶段。但红水河北岸旧属泗城军民土知府辖下的若干地区，即今罗甸、望谟、册亨、贞丰等布依族地区，直到近现代也还存在封建领主制社会形态。它的上层建筑也是土司制度。

将三族领主制土地占有形态加以比较，即可看出三个民族之间有何异同。先说西双版纳土地占有形态："西双版纳最大的领主——元明以来受封的车里军民宣慰使，在傣语中称'召片领'，意为'广大土地之主'。人们至今生活中常用的谚语是'南诏领诏'（水和土是领主的），因之，凡耕种领主土地的农奴，必须'金纳巴尾'（吃田负担），不耕领主土地的丧失劳动力的成年人，也要'色南金，色领带，色的欲喃'（买水吃，买路走，买地住家），照规定出成人一份负担的三分之一。正因为土地是领主的，农奴猎获的野象、马鹿或其他野物，必须把倾向地面的一侧兽身奉献给领主。

在西双版纳，凡是'召片领'领地内的'人民'，都是'火丁给马卡间松板卡召，烹总喝先信兵瓦兔召南信'，意即每个人'头脚落地是召的奴隶，亿万根头发都是召的财产'，农奴一生必须在领主土地上劳动……

与封建领主经济照应，最简单的适应于早期封建制的地租形态，主要是以份地制为基础的劳役地租……

在份地制下，领主庄园的土地，被分为领主直属土地与农民占有和使用的份地两部分。领主强迫农奴用自己的工具去耕种领主的土地，并提供各种家内劳役，如挑水、煮饭、侍候领主及各种专业劳役"（《傣族社会历史调查》〈西双版纳之二〉第1—2页）。

再说壮族数例：

（1）南丹州"就广义的占有来说，（南丹州）全境的土地都属于土官所有。……土官可以把一片土地赏赐给有功部属或家属，让他们收'火烟钱'。就狭义的占有说，全境还有不少的'官田'和'私田'具体地掌握在土官手中，借以进行对农民的劳役地租和实物地租的剥削。"所谓'官田'，就是土官以政治上的名义所占有的土地，计有轿夫田、哨目田、课田、义学田、养印田、兵田等，总计四千四百挑（挑，是田地面积的计算单位，每挑约产谷一百斤）。由土官交给农民耕种，收入归佃农所有，佃户不纳租，不上粮，每年为土官服劳役。所谓'私田'，新中国成立前已与地主所有制的土地制度相同。土官把田地出租给农民耕种，每年向农民收取一半的实物地租。总计约有一百挑，约占州城附近水田（第一等土地）的三分之二。此外，还有'官族田'（四支官族，共占土地约一万八千挑）、'哨目田'（共有14哨，各哨占有土地不等，面积不详）。余为地主、富农及自由农民占有的私田，面积不详"（《广西壮族自治区南丹县壮族社会调查》第3—9页）。

（2）"安平州十五庄，共有庄田4,444亩，其中四分之三的庄田及鱼塘、山林、河流均为土官所有，称为'官庄'；仅有四分之一的庄田为富农、农民所有，称为'私田'。"土官占有大量的官庄之后，把它分为三个部分：把一部分最好的田地留给自己，委派一名'管田'来进行管理，由庄丁（农奴）以无偿劳役来耕种；把一部分较好的田地分给'管田'、'总管'、'知峒'、'郎首'等头目，让他们自由经营，不纳粮赋，不服劳役；把其余的远田、次田分成若干'份地'，分给其统治区域内'八化四城'的农奴，向他们收取实物地租或劳役地租"（《广西省大新县壮族调查资料》第46—63页）。

（3）全茗州和茗盈州"全茗州与茗盈州（简称两名州）土地的百分之八十属于土官所有。还有全部山川、河流，也是土官的。"土官占有的田地，称为'官田'，大部分由自己直接收租，以维持土官公私的开支，其余分赐给宗族和功臣、衙门内的差役，和地方上的郎头等。百姓到河里打鱼，先求得土官或官族许可，打得大鱼要送给土官。到山上猎得野兽也是一样，不然要受罚。"此外，土官还把一部分田地作为役田。役田的名称有"舂米田"、"马草田"、"烧铁炮田"、"祭祀田"等等。耕种役田的农奴村寨不纳粮，不交租，每年为土官做各种与田地名称相同的劳役（《广西壮族地区庄田经济调查资料》〈一〉第250—251页）。

（4）广西凌云县，清雍正五年（1727年）改土归流前，属泗城州军民土知府管辖。改流后，领主制还长期存在。民国三十一年修的《凌云县志》载道："改流后，仍沿土例。……就庄田言，除提拔城厢、下甲、蒙村、央村四处名曰四大庄田，作士府正八品承祀官本职俸禄外，其余尽数由府县支配，如府七房，则各给予私庄，指定某处庄田，由其自行收租，庄民归其管辖。切言之，即私有村庄之谓。县七房，则各给予工墨，指定某处乡村，由食田民户每年缴纳钱若干，作该房办公笔墨。他如各项杂役，应夫则有夫田，应工则有工食田，应役则有役食田，若禁卒田、杵作田、吹手田、鼓手田、画匠田、裱匠田、柴薪田、马草田、花楼田、针线田，以至管沟、管河，凡百执役，无不有田。各乡则有保正田、头人田种种名目，均采食租服力制度，不另给薪。入民国后，府县七房及各项杂役，悉行裁撤"（民国《凌云县志》第四编）。

（5）广西龙英等七土司土地占有的百分比示意表如下。

土司名称	官田	膳田	蒸田	房田	公役田	民田
龙英	30（挑，下同）	25	5	15	25	—
凭祥	10	30	0.5	20	10	24.5
江州	15	5	15	15	10	25
上龙	20	25	10	15	25	5
下冻	10	30	4	—	—	—
太平	20	25	5	20	30	
安平	20	25	5	20	30	
平均数	17.8	27	4.9	17.5	21.7	18.2

最后，说布依族地区领主制占有形态：原属泗城军民土知府岑氏辖地的布依族地区，今贵州省罗甸、望谟、贞丰、册亨、安龙等县地的土地占有形态，据解放后调查，民国四年（1915年）前，王氏亭目统治的桑郎地区（今属望谟）仍实行领主制。土地分成公田与私田两种，公田又分土目直接控制和宗族控制两种。按照土地用途分，可归纳为：

（1）印田（布依语称"纳印"）。土地所有权属土司，由泗城土府授予亭目世代占有，带有职田性质，故又称"俸禄田"。桑郎亭目有印田六份，约120挑。这是桑郎地区土质最肥、水源最好的田地。

（2）把事田。土地所有权属于国家，由亭目赐予把事占有，具有代俸性质。

（3）粮田（纳粮）。其前身为兵田。"每亭择取水田一百份（每份产量约十六挑），以为兵田，以资兵食"（《王氏家谱》）。改土归流后，改为粮田，佃户向国家交纳粮赋，不许买卖。

（4）劳役田，亦称夫田。也为亭目所占有，由亭目授予服夫役的农奴耕种。名目繁多，有夫田、割路田、挑水田、舂米田、柴火田、小菜田、渡户田、夫栈田和魔公田等。种劳役田的农民一般分别负担与田地名称相同的劳役。

（5）祭祀田。用于祭祀与迷信活动，有清明田与庙田两种。

还有数量不多，由农民自己开垦，属农民所私有的土地，称为私田，可以自由买卖和转让（《望谟县桑郎亭目历史调查资料》，《贵州省少数民族社会历史调查资料之十七》第7—8页）。

今贵州省罗甸县罗悃区平亭乡平亭村，据调查，"在民国初年以前，王姓亭目统治时期，还有过劳役地租的剥削形式。当时耕种粮田的农民，除了上缴粮税以外，还要自带耕牛、农具，无偿地提供劳役，为亭目耕种'印田'。耕种亭目私庄的农民，除了每年要给亭目缴纳'火烟钱'、棉布、粮食以外，还要做不少的无偿帮工。"亭目手下有六个把事，"每个把事各管一股粮田及耕种粮田的农民，每年替亭目征收粮赋和私庄的火烟钱以及亭目临时摊派的苛捐杂税，把事任职期间，在经济上享有亭目分给的薪俸田，又名把事田，在政治上有一定权力，可以处理一般的民间纠纷"（《贵州少数民族社会历史调查资料之十》第10页）。

从上述材料及有关文献记载看，三族封建领主制土地占有形态的基本特点，可以归纳为：

（1）土地全部或基本上为大小领主所占有，而大小领主就是各地区的大小土司。在这里，政治上的统治权力和经济上的占有权力合二为一。因此，领主占有土地是基于政治上的特权而来的。

(2) 各个土司辖地悬殊很大。究其历史原因，源于氏族部落原有的领地范围。由此，我们可以窥见三族领主制是在氏族社会瓦解的废墟上形成的。

(3) 三族封建领主拥有境内一切的权力，例如对境内的土地、山川、河流及处于其中的人民、动物、生物、财产，可以任由他们支配、偿赐、赠送或收回。

(4) 领主在其全部（西双版纳）或大部分（壮族、布依族土司地区）领地上建立庄园制。把庄园内的土地分成两部分：一部分好田留给自己和赐予属下办事人员及官族，这些田地称为印田、薪俸田或称官田、土目田、亭目田、把事田、族田等，他们就是庄园内的大小领主。另一部分则由领主以"份地"如粮田、兵田、劳役田的形式，分给农奴耕种。这些份田份地的名目繁多，有的多达数十种。耕种什么名称的田地，就给领主缴纳或服役与份地名称相同的实物或劳役。过年过节时，农奴还须另给领主纳贡、送礼。农奴上山打猎或下河捕鱼，还必把猎获物的一部分贡献给领主。

三族领主制土地占有形态，也有某些不同之处。例如：（1）傣族地区的全部土地都属于"召片领"所有，农奴只有使用权没有所有权，所以习惯法规定农民要向领主"色南金，色领带，色的欲的喃"（买水吃，买路走，买地住家）；而壮族、布依族地区的土地，绝大部分为土司所有，称为"官田"、"官庄"，小部分已属地主、富农所私有，被称为"私田"、"私庄"。（2）直至新中国成立前，西双版纳傣族地区还残存有原始农村公社的土地占有形式，土地须定期分配；而壮族、布依族地区已不见这种形态，而有的是地主封建制形态。（3）新中国成立前西双版纳傣族地区的劳役地租是主要的剥削形式，全部庄田都强迫农奴替他们无偿耕作；而壮族、布依族土司地区的粮田、兵田，到 20 世纪初，多数已改为出租给农民耕种，郎官向农民索取收获的一半实物，变成了实物地租，少数地区还实行货币地租。显示了两种地区发展先后的不同阶段。

　　三族领主制的阶级和等级制度比较：西双版纳傣族地区的领主阶级有：（1）土官（孟），包括召片领及其后裔。召片领是西双版纳最高领主，主宰西双版纳地区的一切，是有世袭特权的"土皇帝"，被历代朝廷封为"车里宣慰使"。子孙后代（男系）虽无官名，仍为官族等级，照旧享有特权。（2）家臣（武翁），是召片领的办事人员，如大小波郎及不属于孟等级的召勐、召贯、召火西、叭诰等，是由召片领封赐而成的官员，没有世袭权。（3）头人（道昆），是领主在下属村寨中的代理人，包括"叭"、"鱼乍"、"先"，由上级领主加封，没有世袭权。（4）第一、第二两个等级的领主，不与百姓通婚，他们自称"孤"，百姓称之为"召"。以上三个等级的领主共有2,048人，约占西双版纳总人口的2%，直接占有耕地总面积的13%，人均占有土地为农奴人均使用土地的18%。

　　西双版纳地区的农奴阶级有：（1）召庄，亦称"鲁南道叭"，是贵族远亲，有"官家的分孙"之意。他们不能当官分享俸禄，而由领主分给田地，自行建立村寨，自耕自食，不出负担，有服兵役、当卫士的义务。这类人约占农奴总户数5.79%，占有农奴耕地总面积的4%，具有私有田的性质。他们是介乎领主和农奴之间的一个等级。（2）傣勐（本地人），是农奴阶级中的中间等级。人口约占农奴总户数的54%，占有农奴耕地总面积的63%。他们的前身是农村公社的农民，要向领主交纳贡赋，承担某些苛捐杂税及劳役负担。（3）滚很召，意为"主子家内的人"，即家奴，是农奴阶级中地位最低的一个等级。人口约占农奴总户数的40%，占有农奴耕地总面积的33%。他们的来源主要是：世袭、转让、陪嫁、买卖、孤儿、战俘等。他们对领主的依附性最强，无人身自由，靠领耕份地生活，须无偿为主人在家内服役或服各种专业的劳役。从历史上看，滚很召的身份应该是奴隶，但由于傣族社会的特殊性，即氏族社会一旦瓦解，就迅速向领主农奴社会过渡，他们也跟着分得了土地，能成家立业而自立门户，有相对的"自由"，故为农奴而不是奴隶，但他们是农奴阶级中的最底层，有许多迹象表明，他们仍无异于奴隶。

壮族、布依族领主社会的阶级结构为：（1）领主阶级有土官（郎或郎首、郎头），是土司境内最高的统治者和最大的土地所有者。他们名义上是封建王朝的地方官吏，但却拥有主宰领地内的一切权力，有印记者还拥有世袭特权，俗话说"土官土皇帝"，一点不假。（2）土目（史书与地方志多把他们称为'郎目'，不过却把'郎'写成'狼'），是土官的办事人员，有文职、武职两类。文职有刑名、师爷、把事、总理、总目、管田、管家等。武职有土统领、土参将、土游击、土千总、土守备、土外委等，名目繁多。不管文职、武职，都拥有土官赐予的薪俸田及附属于这些土地上的农奴。土地由他们自己经营，或强迫所属农奴替他们耕作，或出租给农奴以收取实物地租，薪俸田可免交赋役，但不得典卖转让，去职须将土地交还给土官，没有世袭权。（3）头目（布苏，有的地区也叫做郎首），为基层行政官员。壮族、布依族的土州、土县之下设化（或称峒、段、亭、哨），化下为甲（或称村、石、保）。化的头目有知峒、总管、副峒、郎头、郎首，或称亭目、哨总、哨官、把事。化之下设保、村、甲，有甲目、保正、统石、总管、旗头、总老、村目等。

农民和农奴阶级。农民和农奴是壮、布依族土司地区的主要社会成员，泛称土民，是土官进行剥削与统治的主要对象。可分以下阶层：（1）自由农民。他们拥有自己的耕畜、农具和少量耕地，或领耕部分"粮田"，向领主交纳地租。他们对领主没有人身依附关系，有人身自由。其前身或为土官的远亲，或为卸任的土目，或受宠的高级工匠。（2）半自由农民。他们是领耕"粮田"、"兵田"的土民，除每年向土司交纳实物地租外，还受领主的种种超经济剥削，但有一定人身自由。(3)农奴，即担负各种专业劳役的庄丁。每年用一半时间在领主的自营地上进行无偿劳动，收获归领主，从而换取领主赐予的下等份地；用另一半时间在自己的份地上劳动，以其收获维持一家的生活。他们被束缚在土地上。任由领主驱使，或随着那块份地从一个领主转让、买卖给另一个领主，没有人身自由。(4)家奴、家丁（都维）。他们大多是被买卖、陪嫁而来的自由民子女，或收留自由民的孤儿孤女，或原属自己家奴的子女。家奴成家以前，必须担负领主家内的各种劳役。成家后，才有自己独立的家庭经济，才能与主人分开住，即可转为领主专业劳役的庄丁，而转变为农奴，但他们的子女必须继承其父母的地位为家奴。

三族领主制都是在原始农村公社基础上建立起来的：西双版纳傣族地区最为典型。在这里，通常一个"曼"（寨子）就是一个农村公社。每个村社都有一套足以独立自存和明确分工的组织机构——正副头人被称为"波曼"（寨父）、"咪曼"（寨母）。村寨的血缘关系仍很明显，一般是由同一个家族或由几个有亲缘关系的家族组成，有时也吸收一些非血缘户加入。有的村社血缘联系已被地缘联系所取代。每个村社各有严格的地界，不可逾越。每个村寨还保持有集体所有的田地，称为"寨公田"，约占村寨土地总面积的70%，由村寨成员定期分配，按户使用，不得转让买卖。必须取得村寨成员的身份，才有权参加分配和使用寨公田。

每个村社都有村社议事会和寨民大会这些原始民主的形式。村社的日常事务，由村社议事会处理。村社议事会由波曼、咪曼、陶格、昆悍（武士）、昆次（文书）组成，决议后一般由波曼、咪曼去执行。议事人员由村社大会选举产生，并可随时罢免。波曼和咪曼是村社的主要头人，可被土司加封为叭、乍、先三个不同等级头人。波曼的主要职责是主持村社民众大会，讨论通过村社重大事务，如分配捐税、分配和调整土地、兴修水利、选举委任或更换"陶格"以下的头人、接收新社员、批准退社人员等。咪曼是波曼的副手，早期由女性充任，到近现代已改由男性担任。他的职责是召集村社议事会，并在事前和会后向波曼请示报告。村社有共同的社神，它是村社共同体的象征，是神化了的最早"铲草立寨"者，或为传说中的英雄人物。

壮族领主制也是建立在农村公社的基础上的。因为在领主经济中，农村公社的遗迹还明显地与领主制共存。在领主庄园中，每个庄寨（称曼或板），就是一个村社。以庄寨为集体单位从领主（土官、土目或头目）那里领取土地，将一部分作为寨公田，租给公社成员耕种，租谷为村社集体财产，作村社集体开支，如祭社神等；另一部分分给村社成员自耕自种，收入归己维持一家的生活。然后以村社为集体给领主交纳负担，主要是负担各种专业性劳役。例如广西安平司那乙寨，原是耕种土官的洗衣田，所以该寨村民每年集体给领主洗衣服，作为领耕土司土地的报酬。该寨后来集体出钱买童仆代替此项劳役。清光绪年间，该寨还集体筹款买童仆陪土官女出嫁，早晚为之洗衣服。安平司的那引寨，原是集体领种土官"针线田"。

村寨之间，有明确的疆界，每个村寨领域内的荒山、林木、牧场、河流等，所有权属于土官，使用权属庄寨集体。寨内实行"都老"（苏老）制。由几个德高望重、办事公道、年长辈分大的人组成庄寨议事会，处理寨内事务。

布依族地区的领主制，也是在农村公社的废墟上建立起来的。它的特点是实行"议郎"制。由一个或几个自然村寨组成一个"议郎"。议郎之首称"郎头"，由群众民主推举产生。所谓"议郎"就是每年春耕生产以前，由郎头召开群众大会，制订维持社会秩序和保护私有财产的规约。这种制度，在布依族农村中一直残存到新中国建立前夕。

三个民族的村社制度，虽然带有各自的特点，但其基本性质、作用与特征都是相同的，都是领主经济赖以建立的基础。三族领主制的上层建筑都是土司制度，其土官大多由本民族的氏族、部落酋长蝉联世袭。

五、越南芒、泰、岱、侬土司制度社会

1. 芒族的郎官制度社会

芒族是越南北方的一个少数民族。约有人口60万（1976年）。分布在京族与岱、泰族之间，东为京族，西是岱、泰族。分布面积长约350公里，宽约90公里，面积共约13000公里，北由安沛省的义乐，南至义安省北部。人口集中在和平省和清化省的南乌江上游六个县。此外，分散居住安沛、山罗、富寿、河东、山西、宁平等地。多居住在河谷与平坝地带。和平省的芒陂、芒旺、芒城、芒洞四块平坝，均为芒人聚居。

"芒"（与泰语"勐"字音义接近），本是地名。久之，演变为族名。芒族，与泰、岱、侬族都属于农耕稻作民族，农业生产历史久远，生产技术水平较高。早有筑坝挖渠技术，擅长制作竹轮水车以引水灌溉。多用水牛、黄牛耕地。家庭手工业主要有纺纱织布，特长利用植物纤维来织布、织锦。打猎、打鱼，多半还是集体进行的。

1945年"八月革命"前，芒族地区主要执行"郎官"（亦名"郎首"）制度。这种制度，实际上与我国壮、布依、傣族地区的土司制度非常近似。郎首在各自领属范围内，既是境内政治行政的最高统治者，也是土地山河属民的所有者。他们把农民开发出来的田地分为三类：第一类叫"郎田"，是上等好田，分布在靠近河流的田洞间，水源充足，灌溉便利，属郎首所有，叫做"自

营田"。实际上也是由所属农民无偿地替他们耕作和收割，收获全部归郎首所有。另有少数也是属于郎首所有的稻田，叫"那田"，属次好水田，由郎首交给自己属民耕作，收获大部分归郎首，少数归耕者。第二类叫"侯田"，是由郎首赐予替郎官办事的职役人员（广西叫"土目"、"郎目"）。这类田地，约占全部土地的30%—40%。各个职役人员，则根据自己的官职大小，收受不同数量的田地。例如最大的职役，受赐2000把秧苗（相当于五亩田面）的水田，最小的职役可受赐200把秧苗（约当五分田）的水田。第三类叫"夫役田"，亦叫"诺那田"，是最低档的水田，大部分坐落在田洞的边缘地带。由郎首分配给属下替郎首耕作或服役的农民耕作，收获归耕者。"夫役田"的名目繁多，大多随其所服的夫役种类而名之。例如受田后替郎首耕作自营田，给郎首提供粮饷的叫"粮田"；必须在郎首家内服杂役、侍奉郎首家人日常生活的，叫"役田"；随从郎首出游、侍候郎首在外地生活者，叫"囊田"；每年秋收后给郎首提供谷子（种二分半土地交173斤谷子）或与此相当的钱币，叫"辉田"；还有"兵田"、"养马田"、"近卫田"等。总之，耕种什么名目的土地，就要负担与这种土地名目相适应的劳役。"夫役田"约占全部土地的30%。职役人员和农民对各种土地只有使用权，没有所有权。分赐给他们的田地，都随着他们任职、服役的结束而被收回。和平省的河公、清化省的范富等地芒族郎首，多属丁、郭、白、黄、何、高、沙姓。

郎首统治人民，主要依靠各个郎首自己颁布的习惯法或乡约。例如黎贵、定时两地郭姓郎官过去曾对其属民宣布：1. 人民有替郎首耕作、收割、盖房子的义务；郎首打醮、婚嫁、祭祀，人民要给郎首贡纳实物；逢年过节，境内人民要给郎首送谷子、肉、酒；人民宰杀大水牛或猎获野兽，要给郎首送礼；郎官去世，人民要如丧考妣一样地披麻戴孝。2. 人民犯罪，要主动给郎首进"认罪"贡。假如不进贡，郎首一当查明，就可抓其儿女去充当奴仆。假如不愿意让自己的子女当奴仆，就可以牵水牛去抵押。假如既无水牛，又无子女，则没收其家的全部财产。

在法属时期，郎官的组织系统，取得法国殖民主义统治者的认可和支持，郎官及其宗族的一切封建特权，都得到殖民主义政权的保护，依旧享受父传子、子传孙的世袭权，即便不当区长、乡长、村长，依旧统治全区、乡、村，土地所有制也没有发生变化。有能力又受到殖民统治者青睐的郎官，经过委任提拔，摇身一变而成为殖民统治者的知州、擦察使、巡抚，更加威风了，对芒族人民的压迫、剥削更残酷，作恶更多端。

2. 泰族的"叭头"制度社会

越南的泰族，也自称"岱依"，有白泰、黑泰（以妇女衣裙颜色来决定）两大支系。分布在越北泰族苗族自治区及清化、义安等省北部，共约60万人（1976年数字）。语言属汉藏语系壮侗语族壮傣语支，与傣语非常接近。主要从事农耕稻作。盛产水牛。特长纺织、织锦、竹编工艺。学者多认为，他们是从9世纪起，才开始从中国西双版纳沿着湄公河进入越南境内的。初来时，他们沿用西双版纳"叭头"制度的占领方式，"召"姓（中国傣族称"刀"姓。作者按）叭头占领孟利、封土等地；罗姓占领义路、文盘；岑姓、白姓分领山罗；沙姓占领木州。以后，各姓叭头又逐步向周边掠夺地盘，扩大统活范围，而形成于现今分布局面。

"八月革命"前，泰族盛行大家庭制度。在许多家庭中，特别是富户，兄弟及其儿孙，三四代同堂。家长由年长的男性长辈或长兄担当。家长的权力很大，能决定家内发生的一切重大问题。妇女地位低下，视丈夫如"天老爷"。但是，根据泰族风俗习惯，婚后平民家庭的男人，要首先"入赘"到妻方家中去生活、劳动6—8年；贵族"入赘"期多达12年，而且婚前还有半年至一年的考察期,在考察期内,未来女婿也要到妻家生活劳动,接受妻家考察。其目的是需要男人接受妻方家人对自己的人品、道德、劳动态度等方面,进行充分的了解和考察,然后妻子才跟着丈夫到夫家定居。这同中国壮侗语族诸族婚后还容许妻子有一段时间"不落夫家"的过渡阶段很相似。其实,这些都是其先民曾经长期实行的母系氏族制的遗风。假如男方想缩短"入赘"期限,就要拿出牛只或谷物来代替"入赘"。在"入赘"期内,这个男青年实际上是隶属于妻方家庭的,他的社会活动及一切举动,都要接受妻方家长的制约。

"八月革命"前,泰族地区的"叭头",实际上同芒族的"郎官"和岱、侬族的"土司"相同,都是该地区社会政治经济三者合一的统治阶级。在社会政治方面,叭头与其宗族领袖,是该地区的最高统治者,好比"土皇帝",他们的言论就是法律,境内人民的生杀予夺之权,完全操纵在他们手里。"叭头"又可根据其统治土地面积的大小,分为"勐召",约当一个州的头目;"叭真",约当县长或区长;"垄头",约当乡长;"寨头",约当村长。"叭头"的办事人员(职役)有"耆目"、"总"、"事"、"庶"之分,都是分别协助"叭头"掌管和处理境内行政、庄园、祭祀、兵事等有关事务。

"叭头"制下的土地制度,实际上是最典型的封建领主制。各该境内的土地、山岭、森林、草木、河流及河流中的鱼虾等等,都是"叭头"的财产,所有权完全属于"叭头"。"叭头"把境内最好的土地留给自己。其余由"叭头"分配给属下职役、农奴、家奴和兵丁,分得什么名目的土地,就替"叭头"干与其土地名目相适应的职役、农活、杂役、兵役或进贡。例如分到"屋顶田"(亦称"负担田")的农民,每年就要出劳动力、自带耕牛、农具去耕作"叭头"自留土地、收获谷物送到"叭头"家;分到职役田,就要替"叭头"办事;分到"杂役"田,就要按时到"叭头"家做各种家务，或者服侍"叭头"家中男女老幼的日常生活。所有这些，就等于向"叭头"交地租，这就是劳役地租，所有这些劳动者实际上就是"叭头"的农奴。

在泰族农村，"叭头"阶级约占总人口的5%；农奴占95%，其中已有10—20%的农奴，生活比较富裕，可称"小康之家"，这些多数是得到"叭头"赏识的职役人员，有的甚至已拥有小量的私有田，被叫做"职田"。其余所有农奴，都非常穷困，终年劳作而不得温饱。大约出现于16—18世纪间的一部法典叫《泰族法典》。这部法典所记载的内容，能够充分说明泰族地区的社会性质。根据越南学者唐年万的介绍：《法典》第二卷中的第二部分规定：泰语称自由农民为"堆"，亦称"培"；半自由农民叫"丁"；完全隶属于"叭头"，没有人身自由的家奴，叫"丁贡诺巴"。自由农民在勐曼（乡村）中，才有作为勐曼正式成员的资格；半自由农民只有一半成员资格；家奴则不能称为勐曼的成员。《法典》又规定：无论自由农民、半自由农民或家奴，都要给"叭头"服劳役、交实物地租或交钱币，而以服劳役为主。劳役的种类有：一是盖房、耕田、种地；二是服杂役、侍候、保卫"叭头"。《法典》还规定：在泰族家庭中，个人服从家长，也隶属于家长；家长服从并隶属"曼召"（一个自然村长老），"曼召"隶属于"叭真"，"叭真"隶属于"勐召"。

3. 岱、侬族的土司制度社会

越南的岱族，亦称"岱侬人"、"土人"、"土佬"、"偏人"，分布在越南北部红河流域上中游地带，集中在高平、谅山、北太、宣光、河江、安沛等省，共有75万人口（1976年数字），是越南人口最多的少数民族，从事农耕稻作，有丁、韦、何、黎、阮、农、闭、莫等大姓。侬族，自称"布侬"（即侬人），有"班生侬"、"昭农"、"崇善侬"、"英侬"、"雷侬"等分支。共有35万人口（1976年数字），岱、侬两个民族的语言基本相同，都属于汉藏语系壮侗语族壮泰语支。两族交错杂居，无论社会、政治、经济、文化、生活、习俗等方面的发展水平及表现形式，都基本相同。到1945年"八月革命"前，两族的社会已进入封建地主社会发展阶段。但是，若往前推约六七十年，即19世纪末及其以前，许多地区依旧在"土司制度"统治下，凡是在"土司制度"统治下的岱、侬族社会，它的社会性质就停留在领主农奴制社会阶段。

今以20世纪初还存在"土司制度"的保乐农氏土知州辖境的社会为例。保乐的土司，岱、侬语叫做"况"（guang），意思是"王公"，由农氏土司世袭。农氏土司始自农文云，系阮圣祖明命（1820—1840）年间受封的保乐土知州世袭下来的，其领地包含今高平省的保乐县、河江省与宣光省的沾化、河昂两县及佐砑、北件等地有关地区。阮圣祖明命14年（1833），农文云与其妻弟黎文奎曾掀起一场反对阮朝统治的武装起义。1835年起义失败，农文云遇害。可是，他的儿子农红硕反而被阮朝擢升为襄安土知府，继承其父业。农红硕传农红安，农红安传农红富及法属时期的农红新，农氏土司依旧为保乐等地的实际统治者。而且，农红新还获得法国殖民当局封为当地"管道"，到1914年农红新死亡后，保乐地区的土司统治制度，才开始衰落；但是，农氏嫡系子孙及其宗族，依然享有土司时代的封建特权，直到"八月革命"后才真正结束。20世纪初，农氏土司直辖领地有勐满，后称保乐县。周边莫氏土司占领的勐邦（在保乐县西部），阮氏土司占领的勐峦，皆称臣于农氏土司。农氏土司在勐满建立土司衙署。衙署中，为首的土司由农氏父传子，子传孙，实行世袭制度，群众称他为"况"，亦称"征敬"、"管主"、"主公"，他拥有全州社会、政治、土地、人民、军事、司法的最高统治权力。对境内人民有生杀予夺之权。在土司之下，设有布总、里长、布里若干人，由土司委任，分管州内行政、夫役、杂役等事；另设巡总若干人，分管州内军队、兵役，负责组织、训练民兵，指挥作战。兵役，除少数常备兵随从州官出行外，其余全部采取"寓兵于民"、"寓兵于农"的办法。对于符合当兵条件的农民，皆赐予若干"兵田"，平时除接受军训外，无事则回家务农。有事则应征入伍，服从巡总、巡按调动指挥，随时准备赴汤蹈火，在所不惜。土司的军队编制，分前、后、左、右、内、外、中七队，前四队主管打仗，内队守卫衙门，外队屯守关隘，中队供应粮饷。

土司境内的全部土地、山岭、河流，原则上一律归土司所有，由土司主宰管理和分配。土司把境内土地分成若干"份地"：最好的一份留给土司及其宗族自己经营，称为"自营田"；另一份分给替自己办事的布总、里长、巡总、巡按等人员，称为"职田"；其余分给替土司服兵役的农民，称为"兵田"，替土司耕作自营田或纳贡赋的农民，称为"粮田"；替土司祭祀求福的巫饰，称为"摩添田"；替土司干家务、服种种劳役的称为"劳役田"。"劳役田"中又按照各自所做的劳役种类，细分为"织布田"、"制瓦田"、"打猎田"、"打鱼田"、"洗衣田"、"木工田"、"石工田"等等。领种"粮田"的土民，每年必须按时替土司耕作田地，秋收后把干净谷子送进土司家，还须进贡各种土特产，如勐邦地区农民每年给土司进贡虾子，庆春地区进贡鱼，永光地区进贡蜂蜜。以自然村子（叫版、曼）为集体单位向土司领种某项劳役田，则必须以村为单位给土司提供与其田名相适应的那种劳役，其村也因此种劳役而得名。故岱、侬地区，至今仍保存有曼割马草、曼挑水；曼种菜、曼砍柴、曼种田、曼织布、曼当兵之名。保乐地区的领主封建制一直延续到20世纪初。此后，由于土司制度被废除及殖民主义统治的加强，领主农奴制度才逐步瓦解，而变为法属殖民地及地主封建制社会。

第五章 女权制和父权制长期共存

一、俚僚"贵妇女"

俚僚"贵铜鼓"，已被学者共识为瓯骆－俚僚－壮侗诸民族一个重要的文化特征；然而对其另一个重要文化特征，即俚僚"贵妇女"，至今还很少有人提及。

这个文化特征，可以从新中国成立后发掘的桂林甑皮岩文化遗址中的葬制说起。遗址属新石器时代早期，距今约七千年至一万年前，葬有18具遗骨，有一次葬、二次葬、拾骨葬。其中有两具可辨认为是母子二人的遗骨，是死后多年再采取拾骨而合葬在一起的，显示了这个儿子是属于这妇女所有的；又发现当时人们曾在一个年老的妇女和一个中年妇女的尸骨上撒下赤铁粉，而在其他尸骨上则没有，赤铁粉当时可能很宝贵，红色乃表明崇高地位，故这种作法又显示了给妇女以最高礼遇。这个文化遗址的文化，当属西瓯骆越的先民。

近年，壮侗语诸民族地区都流传有女神、女庙的传说故事，如壮族地区有"达旺"女神、花婆神、龙（蛇）母庙、班氏庙，侗族地区有"撒母"（撒堂）庙等等。这可能是西瓯骆越民族遗留下来关于妇女崇高地位的遗迹。

魏晋南北朝及隋唐时期，岭南的俚僚、乌浒僚、峒僚诸族，妇女在生产、家庭、社会、军事上的崇高、领导地位，还屡屡有闻。例如俚人首领洗氏，高凉（今广东高州、电白一带）人。

"幼贤明，在父母家，抚循部众，能行军用师，压服诸越。"婚后，配合其夫冯宝行军做事，成为南越诸俚僚首领。宝死，又率其子冯仆、孙冯盎等征南战北，战功卓著，威震南越，十余州县俚峒，都在她的领导下，成为梁、陈、隋三代元老，先后受封为"圣母"、"谯国夫人"（见《北史》、《隋书》"南蛮传"）。唐邕管左右江峒僚中的侬峒员州（今广西天等县地）侬金勒的母亲威望也很高。当侬峒和黄峒结怨，其子侬金勒整天兴兵动众，与黄峒相互攻杀，她对此非常不满。正当唐廷邕管节度使辛傥从中讲和时，她立即制止告诫其子说：你"前日兵败襄水，士卒略尽，不自悔，复欲动众，民怨者必败！"侬金勒乃与黄峒和解。峒僚咸感其德。又宋时侬峒阿侬，先辅其夫侬存福在广源州建立"长其国"，抵抗"交趾"的入侵。夫死，率其幼子侬智高先后在傥犹州（今天等县境）建立"大历国"、在安德州（靖西县地）建立"南天国"、在邕州（今南宁市）建立"大南国"，外抗交趾入侵，内结岭南农民运动反抗宋朝出卖国土、镇压农民运动与少数民族，威震岭南。

唐宋时，岭南俚僚妇女在生产上的作用也是很大的。据周去非在《岭外代答》卷十中记载，当时广西真可说"阴盛阳衰"。他说："余观深广之女，何其多且盛也。男子身形卑小，颜色暗惨；妇女则黑里充肥，少疾多力。城廓圩市，负贩逐利，率妇人也。"至于在葬制方面，母权制的痕迹很浓厚。

明清时，土司统治的壮族地区，妇女仍有继承其父（母）或夫当土官的权利。明代瓦氏继其夫岑猛为田州府土官后，把田州管理得井井有条。又在国家遭到日本海盗（倭寇）侵扰时，她悍然改穿戎装，手持双刀，率领数千郎兵，到东南沿海抗倭，取得抗倭以来第一次大捷，即"王江泾战役"的胜利，从而扭转了整个抗倭战局形势，立下了震撼中外的战功。她所使用的"双刀"战术，通过她的再传弟子吴殳写的《双刀歌》，流传至今。歌曰：

"岛夷缘海作三窟，十万官军皆露骨。石柱瓦氏女将军，数千战士援吴越，纪律可比戚重勋（戚继光），勇气虚江同奋发。女将亲战挥双刀，成团雪花初圆月。麾下健儿二十四，雁翎五十齐翕忽，岛夷杀尽江海清，南纪至今推战伐。天都侠少项元池，刀法女将手授之。乙亥（公元1575年）春抄遇湖上，霜髯伟干殊恢奇，谓予长矛疏远利，彼已缜密须短器，绕翠堂中说秘传，翔风六月生双臂抄"（见于明吴殳《手臂录》，有《借月层汇抄》本）。据说，在瓦氏的二十四名将领中，有好几位是名不见经传的女将。这是女性的伟大！难怪至今壮语仍通称"妇女"为"mehmbwk"，意为"伟大的妇女"。

18世纪中叶，云南伊洛瓦底江下游一个新崛起的缅甸封建王国木梳瓮籍牙王朝，在英国殖民统治者的支持下，大举侵入我国云南边境。清乾隆三十年（1765），木梳军乘我国云南孟艮土司兄弟内讧之际，占领孟艮并侵入西双版纳，兵至橄榄坝，接着又占领车里宣慰司治所允景洪，到处"肆行焚掠"，"居民尽行逃散"（《东华录》乾隆三十一年）。战火延续了三年，傣族人民深受其害。这时，傣族女英雄囊占以大无畏的精神，勇敢地站出来帮助清军击退入侵之敌，立下了保家卫国的头等大功。囊占，本是云南傣族"桂家"集团首领宫里雁之妻。明末清初，"桂家"集团归附于晚明，曾跟随明永历皇帝从云南逃入缅甸。永历帝死后，宫里雁誓不降清，不久被清军击毙。囊占乃继承夫位为"桂家"首领，携带幼子，率领头目、部众，一面妥善经营境内银矿场，恢复农业生产，提高人民生活水平；一面率领所部和傣族人民抵抗木梳军的侵略。乾隆三十一年，当清军总兵刘德成部被木梳象兵击溃正在万分危急之时，囊占挺身而出，亲领土司火兵突入敌阵击败木梳象兵，解救了清军。接着，乘胜把木梳军打得大败，并彻底将木梳军追出境外。这时，囊占却大义凛然地出现在清军统帅面前，挥泪对清军将领说："我就是囊占，清军杀死我的丈夫。假如我不念及傣汉是一家，我不为了保家卫国，我不出来救清军，清军今天何以能战胜木梳军！"

嘉庆初年（公元1796年），同为俚僚后裔的布依族，南笼府农民起义首领王阿崇，也是一个鼎鼎大名的女首领。她是南笼府安龙县洞洒寨布依族贫农女儿，少从巫术，人称"囊仙"（仙妹），在群众中很有威望，她却利用弄神呼鬼的权术，号召农民反对清朝压迫，被农民军推选为首领，在她所处的洞洒寨建立政权，尊称她为"皇仙娘娘"，她的手下设仙官、仙将、仙达、仙姑之属，攻占十数个州县，坚持斗争达数年之久。

太平天国农民革命时期，广西壮、瑶、汉族妇女所发挥的作用，更是可歌可泣。据清方文书记载："（蛮女）生长洞穴，赤足裹头，攀缘岩石，勇健过于男子，临阵皆持械接仗，官军或受其衄。"（引于近代史资料丛刊《太平天国》第三册第111页）在太平军女营女馆中充当女官、女将的多为广西壮、瑶族妇女。她们本是山区人，能吃苦耐劳，故"耕耘织柴，无非素识……凡负米、舂稻、伐竹、掘壕、担砖、割麦、割稻、负盐、担水之事，皆责其各自为谋，各自效力"（清汪士锋：《乙丙日记》）。她们反对妇女缠足，被指为"大脚蛮"。她们尤其反对纳妾、蓄婢、卖淫，是为争取妇女解放运动的先锋。

直到近现代，壮侗语族诸民族还普遍存在的"不落夫家"习俗及桂西、桂北山区壮族地区仍流行的"女娶男嫁、夫从妻居"婚俗，男女有平等继承权、系属平等权等等，都是妇女地位比较高的表现。不可否认，改土归流后，特别到近现代，壮侗等民族大多数地区，特别接近汉族地区或杂居区，由于受到"男尊女卑"封建礼教的影响，妇女地位每况愈下，男尊女卑的思想已很严重。

特别值得探讨的是，同为瓯越——俚僚后裔的黎族，妇女的崇高地位尤其明显。仅据文献记载，唐宋时黎族的社会组织与广西壮族相同，也称为峒（洞），黎语叫做"kam"，是人们共同体在一起共同生活的一个区域的意思。峒，有大峒、小峒之分，一个大峒辖数个小峒。近期小峒之下辖若干个由父系血缘的人们共同体"合亩"（父系氏族）组织。因此，峒就相当于汉语说的村社。可能是古时部落或部落联盟组织。每个峒都有自己固定的地域。峒与峒之间，有严格的地域界限，人们在峒的边界上，树立界碑，或砌石、栽竹、插木牌、埋牛角为界标。不同峒的人，彼此不得随意越界。全峒人众，都有保卫峒界不得侵犯的义务和责任。如有外峒人越界种地、捕鱼、伐木、打猎，必须事先取得本峒峒首或峒内各个亩头的同意，并向本峒缴纳租金或礼物，否则就是对本峒的侵犯，轻则被殴打，重则引起峒与峒之间的武装械斗。唐末宋初，峒首例由妇女担任，并由其女儿继承。她们的丈夫和儿子，"未之闻也"。从皇佑至熙宁年间（1049—1077），有个黄氏黎族妇女，自称为三十六个黎峒的峒首，向宋朝纳贡，受封为"宜人"，三代都由她的女后代继承。在此期间，琼州曾发生"许益之乱"，而三十六峒黎族悉听从黄氏"劝谕"，没有一个加入"许益之乱"。解放初期，海南五指山区保留有"合亩制"的黎族，每当犁田、插秧或秋收等重要农事活动时，必须由亩头夫妇双双到田头共同主持举行一种带有宗教色彩的仪式，因而结婚娶妻就成为当亩头不可缺少的条件。假若妻子死亡或因残疾不能出席带头下田插秧、割稻劳动的宗教仪式，亩头就必须退位。

到南宋乾道四年（1168）后，王二娘袭职"宜人"，拥有很多财富，又善于用众，黎族非常尊重她。那时，宋廷"琼管有号令，必下王宜人，无不帖然"；否则，朝廷的号令就行不通。王二娘死，其女吴氏承袭。与此同时，男人当峒首的情况也出现了。南宋时，除黎族腹心地区以王二娘为首领外，周围还有81个小峒大概多以男性为首，他们的总头目是个男人王仲期。在王仲期的率领下，一起到琼管接受宋朝封赐。可说这时是母权制与父权制共存的"双系制"。

明、清时，妇女为大峒、小峒全权代表或首领的情况，已不复再见。峒与峒之间战争仍经常发生，但战争的决定权及军事首领是男子担当的。即便如此，妇女仍有很高的威望和号召力。请看：明屈大均《广东新语》卷七"黎语"中载云："（黎人）其族最重复仇，名曰'算头债'。然不为掩袭计。先期椎牛会众，取竹箭，三刃其干，誓而祭之，遣人赍此告仇者，辞曰：'某日某时相报，幸利刃锻矛以待。'仇者亦谋于同里，亦椎牛誓众，如期约。两阵相当，此一矢来，彼一矢往，必毙其一而后已。或曲在此，曲者之妻于阵前横过，呼曰：'吾夫之祖负汝，勿毙吾夫，宁毙我可也。'其直者妻即呼夫曰：'彼妻贤良如是，可释斗。'亦即解释焉，如（仇）已报矣！"

清初檀萃在《楚庭稗珠录》卷六"说蛮"篇亦载："（黎人）俗更重复仇，先期椎牛会众，取竹箭，三刃其干，誓而祭之。赍矢告曰：'某日某时利刃锻矛。'仇谋于同里，亦椎牛誓众。两阵相当，此一矢来，彼一矢往，必毙一而后已。或曲在此，曲者之妻呼曰：'吾夫之祖负汝，勿杀吾夫，杀我乎！'直者妻亦呼其夫曰：'彼妻贤良，是亦可解。'即释之。若力不足，率同里去之。报者至，焚其宅，曰：'是惧我也，可以雪耻凯还。'不再出。"

直到上世纪 50 年代初民主改革前，五指山腹心地区（分布于保亭、乐东、琼中三县毗连地带 26 个乡，约 13000 多人口）的黎族，虽已进入封建社会，但"母权制"的痕迹仍较明显。黎族家庭多由女主人主持家政。田间劳作及赶圩买卖，均由女主人担任，男人很少参与，并且不得干预。男主人的主要任务是看管好婴儿。在"合亩"共耕组织里，当亩头的虽然是亩内辈分高、年事长的男性担任，亩头死后，由其子或弟继承，但当亩头的首要条件是有妻子。因为在一系列的生产过程中，亩头必须和其妻一起，共同举行一系列的宗教仪式。例如播种、插秧、收割、尝新等时，必须由亩头夫妻二人一齐到场首先进田工作，然后其他亩众才能下田工作。因此，有无妻子是当选男亩头的先决条件。如果未结婚，或虽婚但妻未落夫家，或妻死未续弦，其他条件再好，也不能当选为亩头。这显然是父权制与母权系共存的"双权制"留下来的遗风。在人类社会发展史上，由父系、父权制代替母系、母权制，虽是社会发展的必然，曾经给社会生产力的解放带来好处，是社会的进步表现，然而它又随着社会阶级压迫的发展，而变成男尊女卑、男女不平等，甚至成为阶级压迫的一部分，因而束缚了社会生产力的发展，变成落后的东西了。尤其进入近现代，正当妇女解放运动高潮的时候，壮侗语族诸族中存在的重视妇女、妇女地位相对高的风气，就不是"落后"的风气，而是同妇女解放运动相吻合的，是社会的进步因素。人们应该利用这种因素和优势，促进男女平等，解放妇女生产力，更好地构建社会主义和谐社会。

二、侗族的"撒玛"、"撒堂"崇拜

20世纪七八十年代，笔者曾多次到侗族地区进行民族社会调查。其中，有件事至今仍记忆犹新，即侗族村寨对"撒玛"、"撒堂"（意译"圣母"或"女神"）奉以最高的崇拜。关于此神的来源，其说不一，有说她在世时是个反抗封建压迫的女英雄；有说她是从天而降的仙女；有说她是每个村寨的始祖母。大家都相信她的灵魂，相信她会永远会保祐着她的子孙、保祐侗族村寨繁荣昌盛。侗族虽信仰多神，每个村寨都建有多个庙宇，但以"撒玛"、"撒堂"庙为最高，最重要。凡迁徙到一个新地方，未建居室，必先建"撒玛"、"撒堂"庙。至今，侗族地区仍广泛流传这样一句格言："天上雷公最大，地上撒玛、撒堂最大。"

"撒玛"、"撒堂"庙建立在村寨的中央，高约5尺，四周建筑围墙高各1丈，占地共约25平方米，庙顶盖以瓦片，呈八角形状。庙内有一个小天井，中间建筑一个小坟墓，坟上埋一个铁质三脚架、一口铁锅、一把火钳、一顶银帽、一双鞋、一根油杉木棒、一把铁剑、一副弓箭、一把铁锯、一条裙子和若干粒白石子，据说这是撒玛、撒堂生前经常使用的战斗武器、生产工具和生活用具。坟墓上还必须放一把雨伞。庙中种有冬青树、勾藤和芭蕉树等。有的还在庙中饲养一只白色公羊。

寨中各家各户定期在农历每月初一至十五，由户主带着香火、纸钱及酒、肉、饭菜、油茶到庙中祭祀。相传农历正月初八日是"撒玛"生日，故此日的祭仪最隆重。届时，由"撒玛"庙头（平时为庙宇的管理者，由寨中德高望重的年长妇女充当）弹琵琶唱侗歌祈祷。通常唱的祷词如下：

"你猜什么人生母度（祖母）？
生母度的人才是真正母度；
她妈叫什么？
甲度、甲母做了鬼，
分散到各村寨去，
从而生下了母度，
母度生下公公，
这才是真正的母度。
她的妈叫奔，
奔生下甲驹、甲美，
两人分别到各村寨去，
这就是撒玛和撒堂。
……"

逢年过节，全寨男女齐集庙前跳"多耶"舞以祈福消灾。每年春耕，"撒玛"庙头还须带头下田象征性地撒种插秧，然后全寨男女才开始下田耕作。

侗族对"撒玛"和"撒堂"的崇高信仰与崇拜，是侗族人民对原始社会母系氏族公社时期妇女在社会和家庭中占主导地位的清晰回忆。壮侗语族诸民族都有一个共同的特点，近期历史妇女仍在社会、家庭及婚姻中有较高地位，例如妇女婚后有常住娘家特权、女娶男嫁婚不被社会舆论歧视。直至明、清，妇女仍是生产、作战、经商的主角，还涌现过不少女将军、女英雄、女政治家等。

在人类历史上，妇女在社会和家庭中的地位，本来曾经高过男子，而且妇女地位高的时间长达数万、数十万年之久；男子地位高过妇女的时间仅有数千年之久，而且并不是一刀切，有的民族妇女的崇高地位延续得更长一些，壮侗语族诸民族可能就属于这类。由此可知，目前社会上存在的"重男轻女"、"男尊女卑"思想不是永恒，也不是不可改变的。随着社会的变革和发展，男女之间的地位也一定会朝向平等、和睦、幸福的方向发展。近期妇女在社会家庭中的地位仍比较高或仍有清晰记忆的民族，实现男女平等的目标一定会比较容易。

三、壮侗民族的"母权制"残余

分布于我国中南、西南地区的壮族、布依族、侗族、傣族、水族、黎族、仫佬族、毛南族等少数民族（以下简称"壮侗民族"），不但语言同属汉藏语系壮侗语族，共同起源于越人，在社会经济、传统习俗方面也有许多共同特点。例如从母权制到父权制的转变过程中，母权制延续的时间特别长，表现形式很相似。直到新中国成立前，在这些民族中，仍保存有浓厚的母权制残余。它一直同父权制共存，彼此进行斗争。表现如下：

(一)"侄女赶姑妈"

壮侗民族在新中国成立前还流行姑舅表婚制，有的民族虽已找不到这种婚制，但还能在亲属称谓中找到它的痕迹。据调查，广西天峨县白定乡壮族，外甥女到出嫁年龄时，舅父之子有娶之为妻的优先权，社会上流行着"除了青枫木无好柴，除了郎舅无好亲"的俗语。即使郎舅表是脚跛、手曲、耳聋、眼瞎，都得要嫁，否则强迫捆绑，也是理所当然。只有在舅父无子，或男方不愿意成亲，这个外甥女才能嫁给别人（见《广西僮族自治区天峨县白定乡僮族历史情况调查初稿》）。贵州惠水县布依族也流行这种婚制，他们叫做"侄女赶姑妈"。但是，布依族有个习惯，在姑表亲中寻找配偶，必须是同一个辈分才行，否则就会以乱伦之罪而受到社会的阻拦或社会舆论的指责（《贵州省布依族婚姻资料汇编》第1页，1963年3月编印本）。贵州黎平县三龙乡中寨、罗寨的侗族姑表婚制现在已不太突出，但那里现行的亲属称谓中，舅母、姑母、岳母、婆母，统统按照母亲的族系称为"舅母"。男性称妻的叔伯父母为"舅父母"，称妻的舅父母为叔伯父母；反之，妻称夫的亲属亦如上述。男性称兄弟之妻（嫂、弟媳）为"妻"，对妻之姐妹（姨）亦称"妻"，称妻之姐妹夫为"兄弟"。女性称夫之兄弟为"夫"，对姐妹之夫亦称"夫"，对夫之姐妹夫则称为"兄弟"，称夫的姐妹为"嫂"或"弟媳"。总之，姑表兄弟姐妹之间，男性称对方女性为妻，女性称对方男性为夫，女性互称为嫂或弟媳（《贵州省黎平县三龙乡侗族社会经济调查资料》第19页，1963年编印本）。这就反映了他们过去曾经存在过姑和舅两个婚姻集团，两个集团之间的男女曾经互为婚姻。故我的兄弟的子女（侄），我的妻子的姐妹的子女（姨侄），都称作我的子女，他（她）们之间互称为兄弟姐妹，称姨父母为伯叔父母，被称作兄弟姐妹的属于一个婚姻集团，禁止通婚。我的姐妹的子女，不是我的子女，是我的外甥子女，他（她）们同我的子女之间已不再互为兄弟姐妹，而是表兄弟姐妹，他（她）们分属于两个不同的婚姻集团，所以照例是要互相通婚的。这种婚姻形态，是人类家庭发展史上的第二阶段，即普那路亚家庭形态。普那路亚家庭形态，已经排除了姐妹和兄弟之间的婚姻关系，但到第二代，即姐妹们的子女仍互为兄弟姐妹，不能互相通婚，兄弟们的子女，亦互为兄弟姐妹，不能互相通婚；但姐妹们的子女，同她们的兄弟们的子女，已不再互为兄弟姐妹了，故照例是要互相结婚的。两个婚姻集团，正是当时两个氏族得以形成的基础，如恩格斯在《家庭、私有制和国家的起源》一书中说的："氏族制度，在绝大多数场合下，都是从普那路亚家庭中直接产生的"（引于《马克思恩格斯选集》第 4 卷第 36 页）。在这种群婚制的情况下，世系就只能从母亲方面确定。因此，我们认为壮侗等民族的姑舅表婚或"侄女赶姑妈"，是普那路亚家庭形态的残余，也就是母系氏族制的残余。

(二) 歌圩

壮族的"歌圩"、布依族的"赶表"、黎族的"放寮"、仫佬族的"走坡"、侗族的"行歌坐月"等，都是名称不同，形式各异，意义大体相同的风俗习惯，都是古老的群婚制的回忆和纪念。以壮族的"歌圩"为例：

"歌圩"，是文献记载的名称，也有写为"坡会"、"风流圩"、"搭歌"的，壮语称为"窝坡"、"埠坡"、"埠峒"等。多在春天举行，有的地区也在春秋其他节日举行。每逢圩日，青年男女身着盛装，从四面八方赶来。女的以甲村为一个单位，男的以乙村为另一个单位，用唱歌的形式寻找对象，集体谈情说爱。当某对男女唱得情投意合时，便相约离开集体去私下谈情，甚至盟誓终身。新中国成立前在中国封建婚姻制度的影响下，壮族男女青年虽有谈情说爱的自由，但很少能通过歌圩谈情而结婚。古时则不同，古时"歌圩"可能是壮族青年男女从谈情说爱到结婚的主要通道，没有媒妁之言父母之命的。明代岳和声在《后骖鸾录》中，谈到万历年间，柳州城外壮族青年男女"搭歌"（歌圩）时，还说"遥望松下，搭歌成群，数十人一聚。其俗女歌与男歌相答，男歌胜，而女歌不胜，则父母以为耻，又必使女先而男后。其答亦相当，则男女相挽而去，遁走山隘中相合，或信宿，或浃旬，而后各归其家责取牛酒财物，满志而后为之室。不则宁异时再行搭歌耳"（引于《粤西丛载》卷4）。传说唐朝初年壮族女歌手刘三姐，也是通过"搭歌"与其情人张伟望在柳州鱼峰山谈情说爱而后结婚的。

马克思主义告诉我们，当氏族制度是人类社会组织的基础时，氏族制度通例都是执行严格的族外群婚的，即甲氏族的一群男子只能和乙氏族、丙氏族的一群女子结婚，反之亦然。这种氏族外群婚制，经过很长一段时间，即使后来已进入对偶婚制，甚至已进入一夫一妻制家庭阶段时，它还要在特定的时间、场合，以特定的形式表现着它曾经存在过。恩格斯还指出，这种群婚制的残余是世界上很多民族都存在的。"歌圩"大概是远古壮族氏族外群婚制度的一种残余。

（三）不落夫家

侗壮等民族旧时普遍流行"不落夫家"习俗。按照这种习俗，结婚的当天，新娘到新郎家举行结婚典礼仪式后，当天晚上，新婚夫妇通常不得在一起过夫妻生活，第二天早餐后新娘便离开夫家回娘家长期住下来，有的长住三、五年，更有的长达七、八年。在此期间，仅在每年的农忙或过年过节、或男方家有红白喜事时，才由男方的姨姑或姐妹去接她来住一、二天。在丈夫家时，像是来做客的一样，只做一些临时性的活路，对于夫家的事情一概不过问。可是一回到娘家，她便是当然的主人，什么活都做，什么事都管，自由自在。直到怀孕快要生产时，才来夫家长住，过着稳定的一夫一妻制生活，称为"成家"。黎族青年妇女在"不落夫家"期间，还享有和其他没有血缘关系的男子一起"放寮"的自由（《海南黎族社会历史情况调查资料》第1册第209页）。布依族女青年在"不落夫家"期间有参加"赶表"活动的自由，如果这个女子不喜欢其丈夫，而在"赶表"中又找到称心如意的对象，则想尽办法延长"不落夫家"时间（《贵州省布依族婚姻资料汇编》第9页）。广西隆林各族自治县的壮族妇女，在"不落夫家"期间，不但享有参加"歌圩"活动的自由，而且享有耕种一份田地（姑娘田）的权利，收获归自己所有，作为自己在娘家生活的零用钱或独立生活的开支，直至生孩子落夫家为止。

壮侗等民族的"不落夫家"习俗，是不稳定的对偶婚制和母权制的遗风，也是从对偶婚家庭到一夫一妻制家庭的一种过渡的婚姻形态。它表现为母权制对父权制的顽强斗争。所谓对偶婚制，就是"某种或长或短时期内成对配偶制"，"一个男子在许多妻子中有一个主妻（还不能称为爱妻），而他对于这个女子来说也是他的许多丈夫中的一个主夫"（恩格斯：《家庭、私有制和国家的起源》，载《马克思恩格斯选集》第4卷第41页）。在这种婚制下，子女不能确认生父，像以前一样子女的世系仍然只能按母系计算，而不能按父系计算。死者的财产，都是属于他的母亲血缘亲属（例如她自己的兄弟姐妹及姐妹的子女）所继承。海南黎族苗族自治州保亭县毛道乡的黎族妇女去世时，她的亲兄弟一般要将其尸体抬回娘家，埋在娘家的公共墓地里，如因远途确难抬回，则夫方一定要请其兄弟到场主持葬礼方能埋葬。至于死者的遗物，则必须全部送回娘家由其兄弟继承，丈夫则既不管，也从无觊觎之心。那里的黎族认为夫妻是不"同鬼"的，只有兄弟姐妹才"同鬼"，即同一个祖先（见《海南黎族社会历史情况调查资料》第1册第98—100及206—207页）。

（四）入寮与舅权

壮族在宋代时，还存在"入寮"婚俗。所谓"入寮"，就是"女娶男嫁"婚制的遗风。南宋人范成大在《桂海虞衡志》书中载云："婿来就亲，女家于五里外结草屋百余间与居，谓之入寮。两家各以鼓乐迎男女至寮……半年后归夫家"（元马端临《文献通考》"西原蛮"篇引）。直至新中国成立以后，云南西双版纳傣族民间仍盛行类似的婚俗。在那里青年男女结婚后，新郎照例要到妻家去过夫妻生活，并且在妻家劳动。在此期间，妻子的权力比丈夫的权力大得多，她可以到外面去找别的男人唱歌谈恋爱，而其丈夫则必须循规蹈矩，并接受其妻与妻之父母的监督考察。如果妻方不满意，哪怕共同生了小孩，只要妻方作出某种表示，如将其衣物包裹置于门口，他就只能垂头丧气地回自己的家，再也不敢跨进其妻家的门槛，而且也就算离婚了。如果妻方满意，经过一二年，夫妻即可到丈夫家过着比较稳定的一夫一妻制生活。"入寮"婚制，是母权制到父权制在婚姻方面的过渡形式，也是对偶婚的一种表现形式。"入寮"婚的特点是男子出嫁，女子娶亲，实现男女对偶同居的婚姻。但是，在"入寮"期间，夫妻仍分别属于两个不同的氏族，子女仍然按母系计算，并且是归属于女方氏族的，财产则各归各的氏族所有，婚姻的离异是轻而易举的，只要女方作某种表示就离掉了。

与"入寮"婚有直接关系的是舅权的强大。壮侗等民族旧时都很注重舅权。除前面提到的舅子享有娶姑女为妻的优先权外，还有很多表现，例如舅侄之间表现得特亲昵，权威特别大，外甥子的婚姻、分家、丧葬、纠纷等等，舅父都有权过问，如果没有舅父到场主持，外甥的一切事情通常都难以顺利进行。壮族民间有句俗语:"天上数雷公最大,地上数舅公最大",就是"舅权"的真切反映。

壮族妇女出嫁后,不管是年轻姑娘,还是儿孙满堂的老太,去世时,其丈夫、儿孙及夫方亲属必须首先带着酒肉(如果是儿孙还戴孝帕、穿孝服)到舅家报丧,等待舅家人到场验尸,确认系自然死亡方能入殓埋葬。如果妇女在丈夫家被人谋杀,出了人命,舅家有权向凶手讨还血债,索取人命钱。否则结怨生事,无限扩大。故史书有这样的记载:壮人"一语不相能,辄挺刃而斗。斗或伤其人,由是世世为仇。然伤男子仇只二姓,若伤其妇,而妇之父母伯叔兄弟皆冤家矣"(南宋朱辅:《溪蛮丛笑》)。为什么会产生这种情况?这是因为壮侗等民族那时"母权制"和"舅权制"还相当浓厚,妇女及子女同娘家、舅家具有最亲密的关系的缘故。

新中国成立前,壮侗等民族已基本上进入封建社会发展阶段,并且长期受到汉族伦理观念及重男轻女甚至歧视妇女的思想影响,在家庭关系上,基本上也是男子占统治地位。但是,妇女占据较高地位的痕迹依然存在。

壮侗等民族在农田及其他生产劳动中的自然分工很明显,例如打猎、犁田、耙田、伐木等是男子的工作;翻掘旱地、耙平旱地、插秧、割稻、稔稻、采集野果野菜、饲养家畜、赶圩交换及家务劳动,是妇女的工作。傣族、黎族妇女还要下河捕鱼捞虾。新中国成立前,壮侗等民族即使在农忙季节,甚至面临自然灾害的情况下,男子们宁可站在田边闲看、抽烟,也不肯打破男女自然分工的界限,同妇女们干一样的活。这显然是氏族社会男女自然分工遗留下来的风俗。在这种分工情况下,妇女在生产上的地位是极为重要的,农产品的收割、保管、加工及分配之权,主要归属妇女。

据文献记载,从宋代到清初,壮族妇女在生产交换方面仍居主导作用。北宋《太平寰宇记》载：广西"人多蛮僚，妇市，男子坐家"。南宋《岭外代答》载：广西钦州"城郭圩市，负贩逐利，率妇人也"。清初《古今图书集成》引《庆远府志》载："河池土风，耕作力田以及走圩市物，大率皆由妇人。"

壮侗等民族妇女在社会上也曾经享有崇高的地位。隋唐时岭南俚人有个冼氏夫人曾"威震岭南"，她"怀集百越"，岭南俚僚皆从之，被中原朝廷封为"谯国夫人"(《隋书》"列传"45)。宋代海南黎族还出个妇女王二娘"家饶于财，善用其众，能制服群黎"；"二娘死，女亦继其业"，而其"夫之名不闻"(《桂海虞衡志》"志蛮"篇)。由妇女担任的巫师，所谓"娘母"、"巫婆"，持掌宗教大权尤为普遍。她们利用各种巫术、医术、咒语，在群众中扩大自己的影响，树立自己的威信，其中有的甚至被群众公认为领袖，例如隋朝俚人冼氏、宋朝僚人阿侬、明代壮人瓦氏、清初傣族囊占、清朝布依族农民领袖王阿崇等等便是。

五指山中心地区旧时氏族、部落之间常常发生武装械斗，难分难解，谁也不服谁；可是怪就怪在只要妇女出面调解，便可立即取得和平解决。清代陆次云在《峒溪纤志》一书上卷中，就有这样的记载："黎人……恒兴兵报先世之仇，敌若令其妻车前谢过，即曰：'彼妻贤如此，可解此围'，或徙寨避之，曰：'彼惧我，可凯旋矣。'"《琼崖黎歧风俗图说》一书也有这样的记载："黎人气习剽悍，与其同类一言不相合，持弓矢标枪相向，有不可遏抑之势，若得妇人从中一间，则怡然而解"(见于《琼崖一览》第23页，永不足斋抄本)。新中国成立后，民族调查工作者在保亭县黎族地区也发现有这样的事：大约在50年前，保亭县的毛枝洞和毛道洞发生过一场武装械斗，和解时，双方各派一名寡妇为代表，举行传统的和解仪式(见《海南黎族社会历史情况调查资料》第1册)。

女性在家庭和社会上的崇高地位，并受到人们的特别尊敬，是处于母权制或母权制遗存较多的一切民族的共同特征。民主改革前仍存在母权制的云南宁蒗县纳西族妇女，在整个农业生产中都是主力军，而在家庭中也是中心（《云南宁蒗县纳西族调查材料之二》第54—58页，中国社会科学院民族研究所1977年编印本）。母权制遗存浓厚的台湾省高山族阿美斯人的家族长和村社首领，都是推举年长而有威望的妇女担任，她们对内领导本家族和本村社的一切事务，对外代表本家族和本村社出席社会上各种联席会议，处理一切外交事务（阮昌锐：《大港口的阿美族》，台湾中央研究院民族研究所专刊之19，台湾南港，1969年）。母权制刚刚灭亡的德意志人也是这样，"在同德意志缔结条约时，贵族家庭的少女被认为是最可靠的人员……他们认为妇女是一种神圣的和先知的东西；他们也在最重要的事情上听取妇女的意见"（恩格斯：《家庭、私有制和国家的起源》，载《马克思恩格斯选集》第4卷第135页）。

恩格斯在考察了一切母权制民族的共同特征之后认为："在一切蒙昧人中，在一切处于野蛮时代低级阶段、中级阶段、部分地也处于高级阶段的野蛮人中，妇女不仅居于自由的地位，而且居于受到高度尊敬的地位"（引文同上）。恩格斯的这些论述，精辟地指出妇女享有崇高地位的社会历史根源，对于我们理解壮侗等民族在历史上的地位，也是一把很好的钥匙。

（五）戴假壳与产翁

贵州扁担山区布依族至解放前仍存在"戴假壳"习俗，和历史上越、僚、傣、仡佬等族流行的"产翁"习俗，具有异曲同工之趣，都说明父权制刚刚确立、母权制仍有一定势力的社会发展阶段。

所谓"戴假壳"，布依语叫"更考"。说的是男女青年结婚后两三年内，女的享有"不落夫家"或称"坐家"的权利，男方为了及早结束其妻"不落夫家"生活，便事先请"布摩"（巫师）选择吉日，并事先用竹笋壳做架子，再用青布包扎制成一个"形如撮箕"、"前圆后矩"的女帽，这个女帽就叫做"假壳"。到吉日那天，由男的母亲、嫂子或亲戚中的两三个中年妇女，带上鸡鸭鱼肉和"假壳"，偷偷地溜进新妇家中，躲藏在暗处，等待新妇劳动回家，乘新妇不备之际，以迅雷不及掩耳之势，突然出来把她抱住，同时解开她的发辫，然后将"假壳"戴在她头上，仪式便宣告成功。假如因男方来人走漏消息，被女方儿童通风报信，使她能够躲开这种仪式，男方来人只好败北而归，改期重新择日进行。凡是未经举行"戴假壳"仪式，婚后妇女就有享受"不落夫家"的权利，而未经过履行这种仪式就强迫新妇长住夫家，那是社会舆论所不容许的；但一经履行仪式，新妇就必须乖乖就范，到夫家长期过着一夫一妻制生活。由此可知，"戴假壳"是一夫一妻制同对偶婚制或其过渡形态斗争的一种形式。

所谓"产翁"，也是父权制同母权制进行斗争的一种形式。据宋《太平广记》引《南楚新闻》说："越俗，其妻或诞生，经三早，便澡身于溪河，反具糜以飨其婿；婿拥衾抱雏，卧于寝榻，称为'产翁'。"南宋范成大《桂海虞衡志》和周去非的《岭外代答》谈到岭南僚人风俗时，都有同上内容的记载。据《马可波罗行记》"金齿州"章和《黔南苗蛮图说》"仡佬人风俗"条记载，元代以后，云南傣族和贵州仡佬族还存在这种风俗。

这些民族所以曾经流行过这种风俗，那是因为这些民族当时父权制虽然已经确立，但母权制的传统势力还相当强大，夫妻共同生育的子女依然从母居，顶母系，父亲的财产无法让自己的亲生子女继承；而且，妇女总是利用她们生产子女这个显而易见的特权来同父权制进行斗争，以增强母权制存在的合理性，动摇父权制的地位。于是，男子们就不得不采取这种方法，做出一副似乎孩子是男子生产的样子，其目的正如马克思所说的"是以变更事物的名称来改变事物,并且钻空子在传统的范围内打破传统"(马克思:《摩尔根古代社会一书摘要》第138页)的办法,来削弱和改变母权制的传统权力与观念,以便进一步确立和巩固父权制。因此,"产翁"不但反映父权制的初步确立,也反映母权制的势力还相当强的历史背景。

综上所述,我们已清楚看到,壮侗民族的原始社会发展,特别是从母权制到父权制的转变过程,具有许多显著的特点。这些特点概括起来是:第一,在原始社会末,曾存在过一个漫长的母权制和父权制并存、互争、互斗的过程;第二,正是在这种过程中,受到中原地区华夏族的强大影响和推动,从而迅速跨入阶级社会,甚至可能跨入封建社会。一方面,在水陆交通比较发达的地区,这些民族的社会、政治、经济,具有明显的阶级社会的特征;另一方面,在广大农村,在边远山区,特别在上层建筑和风俗习惯方面,长期保存有传统的母权制特征。如同早熟的儿童一样,尽管外表已长得和成年一样五官俱全,但是,它的声带仍是孩童式的,说起话来总是充满稚气。

四、壮族三个村寨的婚姻习俗

这里,我们以壮族三个代表性村寨:广西融安县沙子乡古益村南弄寨、沙子乡沙子村塘头寨和泗顶镇吉照村板喇寨为例,考察壮族的婚姻习俗的变化和发展历程。三个村寨纯粹是壮族人,语言、风俗习惯基本相同,位于广西柳州市北部山区古称"四十八弄"区域。南距柳州市约100—125公里,西北距融安县县城长安镇约50—85公里,东距桂林市约250—280公里,三寨之间彼此相隔约10公里,南北延伸呈一字形。这里是整块的壮族聚居区,周围都是壮族村寨。解放前,这里交通闭塞,只有羊肠小道，不通汽车，政治、经济、文化十分落后，居民绝大多数是文盲；但这里却蕴藏有丰富的农、林、牧、果业生产，特别蕴藏有丰富的锌、铅、铁、硫黄、卢甘石、钟乳石等矿石。解放后，由国家投资开采矿石，兴修公路，泗顶镇和沙子乡所在地及许多村屯，都有汽车通达，并能直通县城及柳州、桂林。

三个村寨的社会、经济、文化发展水平，基本上属三种类型：一是板南弄位于"四十八弄"山区腹心，交通最闭塞，地瘠民贫，经济文化最落后，旧时属于壮区后进型；二是板塘头，位于沙子乡所在地附近，以种植稻田为生，经济能自给自足，属壮区中等型；三是吉照村板喇寨，古时称"四十八弄"的"弄尾"，位于泗顶镇所在地附近，寨前有一片广阔的稻田，田洞后面还有宽广的林场与牧场，适合发展林、果、牧业，经济条件比较优越，今汽车已直通寨前，文化比较发展，属壮区较好类型。

笔者于1989年3月4日至4月16日，对三个寨子现存168对夫妻的婚俗及其家庭生育情况，进行了比较深入的调查。今将调查结果报告于下：

新中国成立前，三个村寨都实行一夫一妻制的婚姻及小家庭制度。婚姻基本上由父母包办，男方处主动地位，由男方父母聘请媒妁到女方家说亲，然后实行"男娶女嫁"或"女娶男嫁"，前者婚后都有三、五年的"不落夫家"婚俗。

所谓"不落夫家"，亦称"坐家"，就是在举行"男娶女嫁"结婚仪式后，夫妻当夜不能同居，第二天早晨，新娘就在一群伴娘的前呼后拥下回娘家长住三、五年不等。生出第一胎子女举行"三朝"仪式后，才称"成家"，也才脱掉"新娘"的帽子。这种"不落夫家"的婚俗，显然是从母系氏族的"女娶男嫁"婚制到父系氏族的"男娶女嫁"婚制的一种过渡婚姻形态。

所谓"女娶男嫁、夫从妻居"婚俗，壮语称"很栏"；汉族地区也有，汉语称"入赘"，民间称"上门"。不同的是，在盛行这种婚俗的壮族地区把这种婚制视为正宗，受舆论尊重，家长族长均视外来婿子如同己出，有财产继承权；在汉族地区，这种婚俗在历史上一直是被歧视的。《史记》卷126《滑稽传》载云："淳于髡者，齐之赘婿也。"《索隐》注云："（赘婿）女之夫也，比于子，如人之疣赘，是余剩之物也。"把婿子比做"肉瘤"，人身的余剩之物，何其恶劣污秽的比喻！以后汉族民间也一直蔑视"上门郎"，被污蔑为"扁担扛"、"倒插门"，意思是一去就永远回不来了，其子孙后代也不再算父家的子孙后代了，"绝后"了。其实，无论是"女娶男嫁"婚或"男娶女嫁"婚，都是人类历史上一定阶段的产物，而且前者比后者的历史更悠久，子孙后代是男女双方共同生产养育、共同拥有的，是双方共同的后代。婚嫁形式绝不可能改变这种共同生育拥有的性质，因此绝不可能有什么所谓女方或男女"绝后"的问题。

新中国成立后，3个壮族村寨的"不落夫家"婚俗已经逐步改变了，逐步缩短时间，至今基本上已经自行废除了。不过，直到现在，3个村寨的"女娶男嫁"婚依然不同程度地存在。在沙子板南弄寨58对婚例中实行"女娶男嫁、夫从妻居"者为21对，占全寨婚例总数的36.8%；在沙子乡板塘头55对婚例中，"男娶女嫁"婚为42对，已占婚例总数的74.5%，"女娶男嫁"婚有13对，占总数的23.5%；泗顶镇板喇寨49对婚例中，"男娶女嫁"婚为48对，占婚例总数的98%弱，"女娶男嫁"婚仅有一例。

3个壮族村寨"女娶男嫁"婚例比率的高低，过去主要是由于社会、经济、文化发展的高低，特别是由于受到汉族婚俗及"重男轻女"思想影响的深浅决定的。总之，社会、经济、文化越发达，受到汉族婚俗及"重男轻女"思想影响越深，比率就越低；反之，就越高。

板南弄的"女娶男嫁"婚还有一个特点：从汉族眼光看来，

实行"女娶男嫁"婚（招郎为娶）的家庭，必是因为家里只有女儿、没有男儿，为了续承"香火"，不得已而为之；而他们家里既有女儿、也有男儿，有的甚至男儿多，女儿只有一个，却偏偏把男儿都嫁出去，留着一个女儿娶进夫郎回家来；或者让一个女儿招郎入室、又让一个男儿娶妻入室，形成兄妹终身同堂的家庭！

按壮族风俗，男儿娶妻入室，男方须给女方交聘金、筹办婚礼；女儿娶郎入室，男方不需给女方交聘金、不筹办婚礼，而且由女方家庭筹办婚礼及衣物用具等物，故男方贫者乐而为之。"女娶男嫁"婚所生子女一般从母姓，也有事先协议第一胎从母、第二胎从父、第三从母、第四从父，也有从双姓的。无论哪种婚制，子女都有同等权利享受财产继承权。

在"女娶男嫁"婚俗比较浓厚的南弄寨壮族思想意识中，男女地位比较平等，生男生女都一样。他们甚至认为，老年父母跟着女儿、女婿过活，有着更大优越性。她们的子女同样是自己的骨肉后代，没有一点像汉族地区那样所谓"断香火"、"绝后"的封建思想观念。可是，到塘头寨和喇寨就不同了，塘头寨还好点，板喇寨壮族人的观念，就基本上和汉族地区一样了。

3个壮族村寨关于生育子女人数的调查，板南弄家庭女方达40岁以上者，平均每对夫妻生育子女3人（夭折者不计入内，下同），少则2人，多者5人；板塘头家庭女方达40岁以上者，平均每对夫妻生育子女4至6人；板喇寨壮族家庭女方达40岁以上者，平均每对夫妻生育子女5人，其中最多的一对夫妻竟生育7人，因为前面都是女孩，最后得个男孩才截止。形成这种情况的道理很简单，南弄寨、塘头寨的人不强调生男，男女都一样，生几个就满足了；而后者越来越强调要男的，所谓"多子多福"，多女就等于零。

3个壮族村寨关于适龄儿童就学的观点也是不同的。板南弄的家长认为，适龄儿童，无论男女都应该上学读书，以便长大持撑家庭；而板塘头、板喇寨，特别是板喇寨，新中国成立前女童全部是文盲，只有送子读书，新中国成立后女童上学的机会虽然多，但仍有重男轻女现象，因为他们认为在女孩身上多投资不值得，长大总是要出嫁的，只有在儿子身上投资才一本万利。故适龄女童在小学时期的辍学人数就一年比一年多。

调查者评说：根据调查结果，证明人类古老的婚制"女娶男嫁、夫从妻居"仍在壮族偏远的山区不同程度地存在着。这种婚制在人类历史上曾经长期存在。至今它仍然在世界上许多民族中存在或者是部分存在着，壮族板南弄就是一个例子，这就证明它是很有生命力的。历史发展还证明，"男娶女嫁婚"制独行天下也是不可取的，它带来的负面影响是"重男轻女、男尊女卑"，造成一半人压迫另一半人的社会弊端，以致影响社会的正常发展，这是许多社会问题难以解决的根源。在从社会发展角度看，"女娶男嫁、男从女居"婚制在我国广大农村中又显出它的强大优势：(1)男女比较平等；(2)生男生女都能给父母养老送终、繁殖后代、继承财产；(3)有利于"计划生育"基本国策的推行；(4)大力杜绝弃女婴、溺女婴、卖女婴的罪恶行为；(5)有利激励家长送女童上学读书，在女儿智力上投资，为国家培养更多的妇女人才。在当前，无论是国家、社会，特别是舆论界，应该特别强调宣传、扶持和支持这种婚制。以便将来逐步做到两种婚制平等并行于天下，真正做到男女完全平等。

第六章　侬峒的雄壮史诗[*]

侬峒的侬字，已在第二章"壮族起源"中说过，原为壮族先民以母系为中心的氏族部落名称；峒原为地域之通称，即一片田洞之意。侬峒，就是因侬氏族所居或以侬氏族为首领的一片或数片地域。隋唐时，因父系氏族社会已经确立并受到中原汉族姓氏的影响，"侬"氏与黄、韦、梁、罗、莫氏一样，逐步转为姓的名称，而且峒与姓统一起来，以致从外面来的人，误认为整个部落都是一姓，乃"有举峒纯一姓者"的记载。这种说法实际上是与实情不符的。所谓黄洞（峒）、侬洞（峒），只是以黄氏或侬氏为首，或居民中以黄氏或侬氏为大姓而已，并非举洞（峒）是纯粹的、单一的姓，也非单一的图腾崇拜。一般较大的地域洞（峒）部落，都包含有多种姓氏。唐朝的侬金勒、宋初广源州大首领侬民富及其继承者侬存福、侬夏诚，特别是侬智高，都是侬峒的代表人物。唐时，侬峒已与黄、韦、张、周、罗诸峒一起，同为今广西、云南及越南北部诸部落中的一大部落。唐析其地置诸羁縻州县峒，如特磨道、左江道广源州、傥犹州、南源州、西原州、万涯州、武勒州、覆和州、温州、弄州及雷、火、频、婆、古勿、八眈等峒，侬氏是大姓，或以侬氏为首领，史称侬峒。

侬智高（约1014—1055），北宋邕州羁縻傥犹州（傥犹二字当译自壮语，地域约在今广西靖西县东及大新、天等县境）人，

---

[*] 本文译自吕文卢著《越南少数民族》书中"侬人"章，越南文化出版社1959年版。

僚族（今称壮族），是壮族历史上著名的民族英雄。就是他，曾同其父辈、子辈及侬、黄诸峒广大劳动人民一起，为保家卫国、反对封建压迫而献出宝贵生命，谱写下无数可歌可泣的壮丽诗篇！分述如下：

一、侬智高一家

1. 侬智高之父侬存福

侬存福（？—1039），北宋傥犹州人，僚族（今壮族）。初为傥犹州酋领。大约在1027年统一广源、万涯、武勒三州，称广源州大酋首，

宋时广源州，亦如唐时西原州一样，时人常有狭义、广义之说。狭义仅指治所在今越南广渊的广源州一地；广义则泛指今中越一带所有以侬氏为首领的诸州峒，简称侬峒，如《宋史》称广源州，实际上是泛指今广西、云南及越南北部以侬氏为首领的广泛地域。五代侬民富称"广源州大酋长"，实际上就拥有广源州、武勒州、南源州、西农州、万涯州、覆和州、温州、弄州、古拂（亦作古勿）峒、八眈峒等十个州峒。这些地区和左右江溪洞（亦作"峒"）诸羁縻州无论黄、宁、韦、罗、莫诸峒，同为僚族聚居区，居民语言、历史、社会、经济、文化、习俗基本上相同，关系非常密切。唐朝以前，同为一个政治实体，有时划归安南都护府，有时划归邕州都督府，这是朝廷内政。五代时，交趾吴氏在今交趾中部宣布独立，继之李氏更大肆向侬峒扩张。南诏—大理有时也把势力伸向这一带。五代南汉王朝宣布原属交趾的各个羁縻州峒，无论黄峒、侬峒及其他诸州县峒，一概归属邕州都督府管辖。到北宋侬存福时代，侬峒内部意见分歧：侬存福弟侬存禄、妻弟侬当道等，屈服于新兴的交趾李氏的压力，主张

归属交趾；而侬存福等则坚决主张归附北宋邕州，抵抗交趾侵略。各方争执不下，动起武来了。侬存福被迫挥泪斩诸弟，群州乃服。于是，侬存福自称广源州大酋首，并立即率部内附宋朝，被封为邕州卫职。可是，却被时任邕州转运使的章频瞒着朝廷私自予以罢免，并拒绝收纳他们。侬存福既不愿归附交趾，杀了亲交趾的人，必为交趾所不容；又被宋廷地方官员所拒绝，穷无所归。于是，乃于1029年，偕同次子侬智高东掠笼州（今广西龙州）。继而为了有效抵抗交趾人侵，又在广源州治所建立"长其国"，自称"昭圣皇帝"，封其妻阿侬为"明德皇后"，封长子侬智聪为"南衙王"。1039年正月，交趾王李德政获悉后，大为愤怒，亲率大兵前来广源州，焚烧侬存福营垒。侬存福等逃入山泽。德政纵兵追之，俘获侬存福与侬智聪，不久把他们杀害于升龙（今河内）。侬智高及其亲生母阿侬幸而逃脱。是年五月，广源州被迫给交趾缴纳生金一块，重一百一十二两。这一段历史，古籍记载如下：

"知邕州萧注曰：'广源州（当作傥犹州）本属田州。侬智高父本山僚，杀广源州酋豪而据之。田州酋首请往袭之。知邕州者巩其生事，禁不许。'"（司马光《涑水纪闻》卷13）。

"初，侬全（存）福者知傥犹州，其弟知万涯州，全福妻弟侬当道知武勒州。一日，全福杀存禄、当道，并有其地"（《宋史·广源州蛮传》、《续资治通鉴长编》卷170、《文献通考》卷330等均同）。

"广源州者，本邕州羁縻。天圣七年（1029），首领侬存福归附，补存福邕州卫职。转运使章频罢遣之，不受其地。存福乃与其子智高东掠笼州，有之"（《梦溪笔谈》卷25）。

"已卯（1039）春正月，广源州首领侬存福叛，称昭圣皇帝，封长子智聪为南衙王，改其州曰长其国。王（指李德政）亲讨之，……至广源州，存福焚其部落而遁，纵兵追之，获存福。其子智高脱身而走。执存福归京斩之。夏五月,广源州献生金一块,重一百一十二两"(越南佚名撰、成书于明洪武间的《越史略》卷2)。

"己卯(1029)春正月,西农首领何文贞以存福叛闻。……(谓侬存福已在广源州)僭称昭圣皇帝,立阿侬为明德皇后,封子智聪为南衙王,改其州曰长生(其)国,缮甲为兵,坚城自守,无复奉土称臣。二月,帝(指李德政)自将征存福。……存福率其部落、携其妻子亡匿山泽。帝纵兵追之,获存福、智聪等五人。惟妻阿侬、子智高走脱。槛存福等归西京,令军士焚其城池,招其遗类而存抚之,然后班师。三月…斩之(存福等五人)于都市……"(越南黎朝史官吴士连〈约为1433—1497时人〉等撰《大越史记全书》卷2)。

2. 侬智高之母阿侬

阿侬(约995—1055),北宋广南西路邕州武勒州(今广西扶绥县地)人,僚族。侬存福妻,侬智聪、侬智高、侬智会、侬智光之母,因姓而得名。

阿侬生年,史无载。惟据司马光《涑水纪闻》卷13载阿侬遇害于1055年、时年60余岁推测,她大约出生于公元995年。民间传说,大概也是据此推算的。

民间传说还提到,阿侬的父亲名叫侬大龙,是僚族中草药名医,尤擅长于接骨。阿侬小时曾随父学医。侬智高起兵后,她曾亲自替病伤员治疗,对士兵有很大鼓舞。传说大中祥符四年(1011),她偕同堂妹到傥犹州娘舅家,在歌圩上结识了侬存福,并一见钟情而结为夫妻。次年,生长子智聪。第三年(1014)生智高。

民间传说,阿侬从小随父行医,广泛接触各界人士,见多识广,深刻体验民情,富有爱国爱家乡的思想,且多深谋远虑,逐步锻炼成一名女中豪杰。以后，她曾辅佐其夫统一侬峒，接着又辅佐其子智高驱兵两广，为侬峒起义作出了巨大的贡献（见《壮族民间故事资料》第三集，1959年广西科委铅印本）。

　　传说终归是传说，传说并不等于历史。但这些传说，如果在历史文献中取得某种印证，那就可以作为文献的补充。例如《宋史·广源州蛮传》和《续资治通鉴长编》均载："阿侬有智（计）谋，智高攻陷城邑，多用其谋。"北宋刘汾在《彭城集·贺擒侬智高母表》中亦说："（智高）主一女子之狂谋，兴数十百之赢（应作'羸'才对。作者注）众，晏然自得。"就连她的死对头余靖也在《贺生擒侬智高母表》的字里行间，承认阿侬确实非常能干："嗟彼蠢蛮，产兹悍妇，会于凶族，济以好谋，篡党以假权，屠子婿以兼土，自开邑部。……"（《武溪集》卷16）。所有这些，都证明阿侬在侬峒起义的整个事件中，曾经起过重要作用。故先后被封为"长其国"明德皇后和"大南国"皇太后。

　　皇佑五年（1053）正月，起义军败走云南后，尽管阿侬时年已届花甲，仍在特磨道指挥义军修建城堡，习骑战，坚决抵抗宋军，并有东山再起之意。当年冬，曾一再击败宋军，并几乎活捉宋将石鉴。

　　至和元年（1054）10月24日，因被卫兵（内奸与叛徒）黄少季出卖，侬智高母阿侬、智高弟智光、智高子继封（一作继忠）、继明等被俘。次年（1055）6月18日，阿侬等均遇害于北宋京都今河南洛阳。阿侬时年60余，智光年28，继封年14，继明仅8岁。在中华民族历史上，像阿侬这样可谓少有的巾帼英雄，千百年来，却被封建统治阶级及其文人，特别是她的死对头余靖等人诬蔑得一无是处。这些人特别在男女关系上用封建道德观来给她抹黑、妖魔化。先是说侬存福死后她就嫁给商人（个别人干脆说她嫁交趾商人），后又嫁特磨道侬夏卿，甚至说她年届花甲还私通卫士（保镖人）黄少季，引起侬夏卿吃醋要杀黄少季，才造成黄少季叛变出卖阿侬的历史悲剧。更有甚者，许多封建文人还捏造事实，说什么阿侬"天资惨毒，嗜小儿肉，每食必杀小儿。"以为杜撰这类耸人听闻的谣言，就能置阿侬于死地；殊不知谣言造得越离奇，就越容易被人们识破。

3. 傥犹州治所究在当今何地？

侬智高的出身地在傥犹州治所。因为侬存福早年当傥犹州知州。他是在当傥犹州知州时同阿侬结婚并生下智聪、智高的。

然而，"傥犹"究竟在今何地，史无确载。后人学者观点纷纭。大多数都根据以下几条史料分析和推测。

"初，知傥犹州侬全（存）福杀并三州（指广源、武勒、万涯）之地，卒为交趾所房。……（智高）与其母奔雷、火洞。久之，智高复与其母出据傥犹州，建国曰大历"（《宋史会要辑稿》198册）。

"初，有侬存福者知傥犹州，……全（存）福见执。……（智高）与其母奔雷火洞。……久之，智高复与其母出据傥犹州，建国曰大历"（《宋史．广源州蛮传》）。

据此，首先搞清雷峒、火峒在今何地？关于雷峒，比较一致认为在今广西大新县下雷镇；至于火峒，有人认为在下雷附近，有人认为在今靖西县化峒，理由是火、化音近而演变；有人又说"雷火"实为一峒，在下雷镇所在地。然后，侬智高及其母既已在雷、火峒活动一段时间，"久之"复"出"傥犹州建立大历国。故说傥犹州不是在雷火洞附近，而是距离雷火洞较远，又因这个"出"字，就可断定它应在下雷镇之东北方向地势比雷火峒更平坦、靠内地更近、交通更便利一些地方，可能在今靖西县东部或东北部，甚至在今大新县东或天等、德保之西。因为这边地势更平坦、人口更稠密、交通更便利、物产更丰富、靠邕州更近，是建立知州治所的合适地点。

20世纪90年代初,当地学者侬芸青和侬兵对雷火峒、傥犹州所地做过比较详细的考察,提出许多新的见解。侬芸青说傥犹州治所在今靖西县坡州一带。主要理由是这里山上有"侬智高峒"遗址,是侬智高打仗据点;周围还有侬智高活动遗迹群,如练功岩、侬智高银库等等(见于《侬智高研究资料集》第211页,广西民族出版社2005年12月版)。笔者认为,说这里是傥犹州属地,从广义讲是侬智高的家乡,这是能够成立的。但还不能肯定就是20年前侬存福当傥犹州知州的治所。因为当时交趾的势力,还没有到达这一带,侬存福或及其先辈为何要到那么偏僻的山峒里去建立州治呢?因此,傥犹州的治所,还有待于进一步考察。

侬兵根据壮语推测旧傥犹州治所的所在地在大新县境(见上见于《侬智高研究发科集》第183页,广西民族出版社2005年12月版)。这种研究法,适得赞赏。笔者认为,"傥犹"一词,用汉语解释,简直是费解。然而用壮语解释,就一通百通。语言的沉淀力很强,别说唐宋,即秦汉时岭南越人地名,如"番禺"(越人村)、"九疑山"(九是'头',"疑"意为'这',"九疑山"意为'山的这头',因以得名)、"牂牁江"(壮人江)等,用壮语解释仍通情达理。侬兵把"傥犹"解释为挡住仇敌入侵的地方,固可成为一说。但是。笔者认为"傥犹"这个词,在壮语中,更可能有以下几种意思的一种:1. 壮语读"傥犹"为"daengyouz",直译"灯油",意译"这里好比一盏永不息灭的油灯,照亮全州大地。"因而得名。2. 因壮语"daengngoenz"而得名,直译"太阳",意译"这里像东方的太阳"。可能因这里壮族崇拜太阳而得名。3. 因壮语"daengqraeuz"而得名,直译"椅子",意译为"这里是我们州里的第一把交椅",也就是州的治所的意思。4. 因壮语"danghraeuz",或读"duzdangh"而得名,汉语音译"都傥"、"峒傥",意译"蛇郎"。是否因当地壮族有"蛇郎"传说故事而得名，表示他们是"蛇郎"的后代。今大新或旧天保县属仍有地名"都荡"（上佑甲）、"峒荡"（下佑甲）者，或许就是由这种传说而来。究竟"傥犹"之名出自哪种？今地在哪里？还须进一步考察。

4. 侬智高年表

据推算，侬智高约在公元 1014 年生于傥犹州治所。北宋天圣初年，新兴于侬峒之南的交趾李氏王朝，开始北上向侬峒扩张势力。天圣五年（1027），侬存福家族内部发生争吵，侬存福隐痛杀诸弟而统一侬峒，并搬到广源州，自称广源州大首领。这时，侬智高约为 13 岁；15 岁随父出征笼州。其父及长兄遇害时，约已长大到 25 岁。北宋庆历元年（1041）冬十一月，在傥犹州属地建立大历国时年约 27 岁，同时也是他的大儿子侬继封出生的时间、庆历八年（1048），在安德州勿恶峒（亦称勿阳峒，后称安德州，治所在今靖西县安德镇）起义，次年建立"南天国"。时约 35 岁。宋仁宗皇佑四年（1052）五月初一，在邕州城宣布成立"大南国"，被拥立为"仁惠皇帝"时约 38 岁。至和二年（1055）年遇害于大理，终年约 44 岁。

这个年表，可说基本上符合他的成长及活动情况，并可完全推翻史书上封建统治阶级为了妖魔化侬智高及其母，而胡编的许多不实之词，例如《宋会要稿》、《宋史.广源州蛮传》、《续资治通鉴长编》、《文献通考》等，概说侬全福被交趾杀后（1039），阿侬转嫁商人（越南《安南志略》干脆说是"交趾商人"），才生子名智高（至早应到 1041），"年十三"（瞎说!）杀其父商人等等。

假如这些说法能够成立，则侬智高与其母逃雷火峒，久之，复出傥犹州属地建立大历国（1041）时，还不到一岁，还不会下地走路！第二次逃回安德州建立南天国（1050）时，也还是一个

9岁的孩童；1052年初，侬智高率军离开安德州，沿龙须河而下，攻克横山寨，阵斩宋朝派驻横山寨的寨官张日新、邕州都巡检高士钦、同巡检吴香，而得到了田州官民的热烈拥护。为了加强和巩固侬峒与田州黄峒的结盟，侬智高决定娶田州土官黄光祚之母为妻。如果按照这些人的说法，侬智高这时也仅仅是一个11岁的儿童！能娶一个儿子都当了知州的中年寡妇为妻吗？

5. 侬智高的卒年和卒地

关于侬智高的卒年和卒地，文献记载也很混乱。例如《宋史会要辑稿》说，侬军逃离邕州后，智高奔大理。石鉴获其母弟子，日善供养，以招智高、智高死，乃杀之。同书又云熙宁二年（1069）二月，侬智高还在特磨道。《宋史·广源州蛮传》云，四川复奏智高未死，谋寇黎、雅州。《文献通考》卷33亦载，智高不知所终。清初檀萃《南诏史补》又说侬智高自己病死。

自从1980年8月云南昆明学院王云、方龄贵编撰《大理五华楼新发现宋元碑刻选录》一书（刻印稿）问世后，这个谜底就破解了。侬智高确死于大理。是书收录一块题为《故大师白氏墓碑铭并序》的碑文中的第14、15两行，能辨认的有如下一段文字："……（以上不能辨认）不得不诛，然而不可使玉石俱焚。（于是）函其首送于知邕州事萧注。…是时，黄玮（侬智高军师之一）以文学、（白）和原以医名于大理。"于是，可以确认，侬智高败走大理后，宋朝屡派将领到大理追捕，对大理施加种种压力，大理为了保存侬部人才，不得已而杀了侬智高，函首送到邕州交给萧注。时间在北宋至和二年（1054）。证明《宋史·萧注传》所载，完全准确。

二、侬峒起义

侬峒起义，要从侬存福统一广源、傥犹、七源、万涯及雷、火、频、婆、上琅、下琅诸州峒、抵抗交趾入侵时算起，到元丰二至七年（1079—1084）宋朝把广源州等侬峒地完全出卖给交趾为止，共经三、四代人，约半个世纪时间。这是壮族历史，也是中华民族史上的一桩大事。如何看待和评价这桩历史大事，牵涉到很多史实、很多政治理论和民族理论政策问题。为了便于论述，且分三个阶段来谈。

从侬存福反抗交趾入侵，起兵统一侬峒，建立"长其国"，到侬智高继其父志、父业而建立"大历国"、"大南国"，以要求归附宋朝和"抗交"为唯一斗争目标。这是第一阶段。

在这个阶段里，我们所说的侬峒地区，是指北宋广南西路邕州左江羁縻州峒中以侬氏为首领的各个羁縻州峒，如武勒州、笼州、安德州、万涯州、西农州、覆和州、温州、弄州、七源州、广源州、傥犹州、特磨道及雷、火、频、婆、古勿、古甄、八眈峒等地。这些地区，有时以各州、峒为一个小型的自治单位，统属于中央王朝；有时许多州峒结合在一起，由一个大首领统之，各个小州峒便成间接归属于中央王朝。例如南汉（917—971），侬民富受封为广源州大首领（有时受大理国封敕为坦绰），就领管广源州、西原州（在今大新县地）、西农州（今属越南）、万涯州（今属越南）、覆和州、温州（今广西靖县湖润乡）、弄州（同上）、古拂峒（亦作古勿、在今靖西县西部）、八眈峒（今地不详）、南源州（今属越南）、武勒州（今广西扶绥县）十州峒。

侬峒地区的居民，史称"山僚"或"僚"人，实际上均操壮侗语族（或称侗台语族）壮泰语支壮语南部方言的语言，有共同的语言、共同的地域及共同的经济、文化、习俗特征，证明当时这一带地区的居民是同一个民族。今分别归属于中国的壮族和越南的侬、岱诸民族。唐代以前，这些地区连同其他许多流州县地区在内，都属于一个中央皇朝领土范围，故那时，无论划归安南都护府，还是划归邕州都督府，是内政问题，没有领土归属和侵略、被侵略之争。到公元963年，丁部领据交州今红河下游自称大胜明皇帝，自定文武官品，建立交趾大瞿国（简称"交趾"），宣布脱离中国皇朝，自成独立王国。此后，仍属中原王朝管辖的侬峒地区同交趾的关系就尖锐起来，彼此若有相互侵犯，就应算为侵略和反侵略的斗争性质了。

交趾李氏王朝对侬峒的入侵，实际上是从北宋天圣五年（1027）开始的。越南人写的《越史略》卷二虽把"侵略"改为"征讨"，曰："顺天十八年（1027），（李德政）命太子讨七源州（今越南谅高省七溪县），东征王讨文州（今广西靖西湖润地）。"说"征讨"是查无实据的，说"侵略"则史书早已载之凿凿，如下面即将说到的《宋史·地理志》及《元丰九域志》等书。故《宋史·仁宗纪》及《续资治通鉴》卷五十均明确记载："天圣六年（1028）五月己未朔，交趾寇边。""寇边"，就是侵略其边境。

当时，中国王朝内部发生内乱和分裂，侬峒地区先是属于五代十国中的南汉王国。继之属于北宋岭南西道邕州都督府管辖，算北宋领土的西南边疆。但是，这些地区的归属权，从时人记载的各种地理志书考察，始终明确规定系归属于北宋岭南西道（今中国广西）邕州（今广西南宁）管辖。例如学者公认为有法定意义的早期地理志书与历史文献如《宋会要辑稿》第197册"交趾传"载云："广源州，旧隶邕管羁縻，本非交趾有也。"《宋史·地理志》则明确记载北宋时，岭南西道邕州管辖有羁縻州44、羁縻县5、羁縻峒11，其中羁縻州就包括有侬峒地龙州、七源州、上思琅州、下思琅州、西石州、广源州、西原州、武勒州、万崖州、覆利州；温弄州及古甄洞、古佛洞、八肮洞等。成书于北宋元丰三年（1080）的《元丰九域志》卷10也记载得很清楚，说北宋初年广南西路邕州除诸流州县外，还有羁縻州48所，其中就包括笼州、七源州、思琅州、广原（源）州、武勒州、南源州、西农州、万崖州、覆利州、温弄州等侬峒地区。

但是，当时北宋王朝因受西北部的西夏和辽王朝的进攻压力，无暇顾及南部边疆，故新兴的交趾李氏王朝从天圣五年（1027）起，乘机把势力扩张到上述侬峒地区，经常来掠夺土特产，奴役其人民，"赋役无厌，州人苦之"。宋朝无力过问，侬峒人民及其首领，被迫组织起来坚决反抗。最典型的事例就以侬存福为首领的傥犹州，竟打败投降派，统一广源州等侬峒地，想建立一个统一的侬峒政权来有效地反抗交趾的入侵。就在这个节骨眼上，侬存福等仍不忘记他们是宋朝人，住的是宋朝土地，立即率众归附于宋朝，要求宋朝支持他们。当时他们曾经受到了朝廷的赏赐，封他为邕州卫职。可是，却被昏庸无度的地方官阻挠和破坏。侬存福乃被迫于天圣七年（1029），东掠笼州；接着以广源州为根据地，成立抗交政权"长其国"。1039年，交趾李氏王朝侦知后，派兵打败并抓走了侬存福及其长子侬智聪，后均遇害于升龙城（今越南河内，时为交趾王国治所）。

次子侬智高及其母阿侬乃逃到雷火峒。久之，直到北宋庆历元年（1041）冬十一月，侬智高等复回傥犹州境内成立大历国，继续打起"抗交"旗帜。从这件斗争的实际矛头及其背向情况看，已清楚表明，侬存福父子所进行的斗争，是反侵略反掠夺、保国保家的正义斗争。可是，却因得不到宋朝及其地方官员的及时支持，又因大历国的建立时间太短，立足未稳，不久，又被交趾俘获押往升龙监禁起来。

交趾的这个无理举动，不仅激起宋朝邕州左右江黄峒、侬峒所有僚族人民的一致反对，而且也引起交趾王朝人民的反对，甚至引起李德政左右也同情侬智高。于是，李德政不敢杀害侬智高，并于次年（1042）摆出一副伪善面孔，把侬智高放出来，任用他为广源州郡王，并增拨给他雷、火、频、婆四峒和四琅州，委派魏征到广源州赐予侬智高一颗"郡王"印、拜侬智高为"太保"。侬峒地区本来就不是交趾土地，以尔之地交尔管辖何谓"封赐"？当然不能骗过侬智高及侬峒人民的眼睛。于是，到庆历8年（1048），侬智高等乃逃到古拂峒，建立抗交据点。交趾派武威侯及太尉郭盛谥率兵进攻侬智高。"交战之日，俄而轰雷震于洞中。"侬军乘机逃入山林。交趾兵不胜而撤退。侬智高徙居安德州文村。余靖说"智高矫勇而善用兵，因击并旁近州邑而统有之。拓地浸广，胜兵浸盛。交趾不能制、南方亡命者归之"（《武溪集》卷19）。余靖说的就是这桩事。次年，在黄峒首领黄师宓、黄玮（两人均曾考取广州进士）的谋划下，又在安德州建立据点，自称"大南国"，年号"景瑞"。继续打起反抗交趾的旗帜。

当此之时，侬智高及其军师部将考虑仅以安德州及附近诸邑为根据地，不能长久有效抵抗交趾，乃正式给宋朝上书，请求内附，要求封侬智高为五州刺史，以便名正言顺地以宋朝地方官员的名义来抵抗交趾。然而昏聩的宋朝及其地方官，反而无中生有地说"智高叛交趾而来"，纳之"恐失交趾之心"，而引起"疆场生事，却而不受"（《涑水纪闻》卷13）。侬智高仍不死心，继续多次上书，苦苦哀求宋朝予以内附，均如石沉大海。侬智高又于宋仁宗皇佑三年（1051）春三月，奉表向宋朝进贡驯象及金银。知邕州陈珙"皆寝而不奏"。对此，时任广南西道转运使萧固也认为，"如智高者，宜抚之而已"。"愿就一官以抚之，且使抗交趾"，"且智高才武强力，亦非交趾所能事而畜也，就其能争，而蛮夷自相攻，吾乃得以闲而无事矣"（《续资治通鉴长编》卷170）。萧固从北宋的利益出发，想让侬峒和交趾自相残杀，以坐收渔翁之利，这固然是自私的；但他想接纳侬智高的意见是对的，可惜未得到宋朝采纳。于是，萧固自作主张，派邕州指挥使亓斌到安德州安抚智高。亓斌却不执行萧固的命令，而发兵攻打智高。结果反被智高俘虏。智高释其缚，"问曰：'唐弃安南，宋罢戍卒，非智不及，虑不奢，而荆南兵力弱也。'斌曰：'王者不臣异俗，知其冥顽莫革，不足以重劳百姓，故且休之。……然而带甲百万、粟支十年。天子仁圣神武，亿兆归心，……何以云弱。'智高引斌坐，赐之卮（音 zhī，古代盛酒的器皿）酒。"智高复问斌取两广为抗交趾据点之策。斌顺势劝说侬智高归附宋朝，智高笑曰："吾固念之，事在公矣！"以为此次准能取得宋朝认可！因而表示愿意以驯象金银来献，并表示今后岁贡方物。谁料，宋朝却认为这是侬智高"叛交趾来归，是开边衅，拒弗纳"。智高复赍金函书通过亓斌请求邕州刺史陈珙替他向朝廷上疏。陈珙又不予理睬，并将亓斌关押起来（此段故事见道光《南宁府志》卷40）。于是，侬智高觉得长久屈居于小小的侬峒地区，既打不过交趾，又不为宋朝所接纳，"穷无所归"，"乃与广州进士黄玮、黄师宓及其党侬建忠、侬志（智）忠日夜谋入寇，一夕，焚其巢穴，给其众曰：'计穷矣，当拔邕州、据广州以自王。否则必死'"（《续资治通鉴长编》卷172）。接着，率军沿龙须河而下，向进军横山寨、邕州，侬峒起义进入新的阶段。

从皇佑四年（1052）农历五月初一算起，到至和二年（1055）四月，侬峒起义完全失败止，共三年时间，为侬峒起义的第二阶段。起义斗争的宗旨是抗交与反宋同时并举，目标是"拔邕州，据广州以自王"。

在这种思想指导下，皇佑四年四月底，侬峒起义军在右江黄峒人民的支持下，沿右江而下，围攻邕州城（今南宁市）。在邕州城内外僚汉等族人民热烈支持下，一举而于同年农历五月初一攻克邕州。乃迁都邕州，改其政权叫"大南国"，年号"启历"，众推智高为"仁惠皇帝",尊称其母阿侬为"皇太后",立其长子继封为太子,黄师宓、黄玮为军师,侬志忠、侬建侯以下皆称中国官员,表明它们的斗争是中国内政问题。同时派兵打开府库,赈济州内贫民。于是,顷刻之间,"万岁"之声如雷贯耳,连那个邕州知州陈珙也低头连呼"万岁"!

紧接着,侬智高就率军沿郁江东下,相继攻克横、贵、浔、龚(平南)、藤、梧、封(广东封川)、康(德庆)、端(高要),同年农历5月22日,前锋抵达广州城下。

这时,广州城外被压迫、被剥削的广大农民群众,特别是少地和无地的佃农,如王罕所说"十县皆反",广州城外仅黄师宓家乡,加入起义军就有6800余人,后被宋廷知广州苏缄杀害者达60余人(宋史.苏缄传)。侬智高在广州城外宴饮诸路新军时,有万余人加入(据宋滕甫《征南录》),起义队伍迅速增加到数万。但因广州城内的宋军防守工事坚固,几次云梯攻城和土炮攻击,均被击退。义军围攻广州共达57天,到是年7月19日,乃放弃攻城,挥军北上韶关、连洲,佯作欲攻湖南之势,实则急速回军广西,经贺县、昭州、柳州、宾州,而回到邕州(今南宁市)。欲据邕州抵抗交趾入侵、内敌宋军镇压。

皇佑五年(1053)正月15日,狄青屯兵宾州过元宵节。利用侬军疏忽大意,深夜偷渡昆仑关。17、18两日,宋军与侬军大战于昆仑关之南、邕州城之北的归仁铺。狄青利用骑兵的优势和以多击少的特点,大败侬军于归仁铺。侬军军师黄师宓、主将侬建侯,侬智忠等牺牲。当夜,侬军主动撤出邕州,分三路逃走:一路由侬智高、黄玮等率领经特磨道、沅江而进入大理,欲借大理的支持再卷土重来;一路由其母阿侬率领,退居特磨道,日习骑战,准备重新打回邕州;另一路则由侬智高的弟弟侬智会、卢豹、侬宗旦等率领,分别退回侬峒地区广源州、万涯州、雷、火、古佛等州峒,继续领导当地僚族人民,进行抵抗交趾的侵略和北宋王朝军队的镇压，为保家卫国、捍卫民族平等权利、捍卫国家神圣领土而斗争。

到北宋至和元年（1054）冬，侬智高母阿侬、弟智光、子继封、继忠等因内奸出卖而被捕。次年4月，侬智高牺牲于大理。接着，其母、弟、子，遇害于洛阳。但是，侬峒起义并没有完全失败，而是由侬智高部将同僚侬宗旦等所率领的第三路军，退回广源及雷、火、频、婆、古勿等州峒继续进行"抗交"，运动进入第三阶段。

这个阶段，可从皇祐五年（1053）正月侬峒起义军撤出邕州算起，到元丰二年（1079）—元丰七年（1084）宋朝把广源州（广义）及附近许多侬峒地区出卖给交趾时为止，共约30年时间。

在这阶段里，侬侗起义军骨干、侬智高重要部将与族人侬宗旦、卢豹、侬智会（侬智高弟）率领部分侬军分别退回广源及雷、火、频、婆、古勿等地、坚持进行"抗交"斗争。不过，这个阶段斗争的特点是归附于宋朝，宋朝也一反常态愿意接纳他们作为宋朝"土官"，利用土官来组织僚族人民进行"抗交"。

在这个阶段里，交趾方面也发生很大变化。据时人沈括（1031—1095）在《梦溪笔谈》卷25记载，先是天圣七年（1027），李公蕴死，子李德政（1029—1061在位）立。嘉佑六年（1061），德政死，子李日尊（1061—1069在位）立，自称"圣神皇帝"，追封公蕴为"太祖神武皇帝"、德政为"圣武皇帝"，国号"大越"。熙宁二年（1069），日尊死，几经争夺，其子李乾德（1073—1127在位）于熙宁二年（1073）立。这时，李乾德还是一个10岁的孩童。一切权力均操纵在宦官李常杰（亦作"尚吉"）手里。从李公蕴到李乾德，是交趾的新兴政权，获得较长时间的稳定和发展，正是最富于侵略扩张的时候，加之此时中原北宋王朝是中国历史上最懦弱的一个王朝。于是，交趾李氏王朝更加肆无忌惮地入侵广南西路边疆,而首当其冲的便是邕州侬峒地区。

正因这样,祖国南疆的保家卫国任务,便责无旁贷地落到当地僚族(即今广西壮族及越南的侬、岱族)的肩上,而经过千锤百炼的侬峒首领侬宗旦等,依然成为领导组织僚族人民的中坚骨干。主要事迹如下:

"嘉祐二年(1057)四月,火峒首领、侬智高子(其它史书多作'侬智高族人',以族人为是)侬宗旦及其子侬日新率族人三百并酋长六十九人,以地内属。"宋封宗旦为忠武将军,仍知火峒;封其子侬日新为三班奉职,知温闷峒(今靖西县湖润乡)(宋刘絜《宗肃集》卷12,引于《四库全书·集部三别集类二》)。

嘉祐七年(1062)10月,广西经略司言:"'知火峒、忠武将军侬宗旦,知温闷峒、三班奉职侬日新愿以所领雷、火、计(今靖西县计甲地方)、诚(今靖西诚甲地方)诸峒内属,愿给省地归乐州(今属大新县),永为省民'。…诏曰:宗旦等各迁一官,仍以耕牛、盐。彩赐之"(《宋会要辑稿》第198册,《宋史·广源州传》略同)。

"治平二年(1065)七月九日,以知顺安州(今靖西县)忠武将军侬宗旦为右千牛卫将军"(《宋会要辑稿》第198册)。为什么侬宗旦父子的封地越来越大,最后竟把今靖西县全部及大新县大部都交给他们,官也越当越大,就是因为他们在"抗交"斗争中,屡立大功,有力地打击了交趾李氏王朝及其派来奴役侬峒地区的官员、交趾观察使刘纪的侵略行径。

《宋会要辑稿》同上册云:"宗旦,本智高族人。…与李日尊、刘纪有隙,畏逼。…因徙其州(指广源州)内属,故有是命。"这是一种轻描淡写、把国仇说成个人恩怨的错误说法,应该说这是国家深仇、民族大恨;也不仅仅是"畏逼",而是退回雷火峒建立坚强的抗交根据地，如同从前阿侬与侬智高那样的做法。他们所领导的一支侬峒人民，是抗交、保家卫国的一支重要力量。

再说侬智会这一支，侬智会，多种史书都说是侬智高弟。侬军撤出邕州后，他率领一支队伍回到故乡古勿峒（今天等县属），自称古勿峒知峒，建立抗交根据地。熙宁二年（1069）九月，侬智会、侬进安等大小首领共同给宋朝上书，表示愿意归属宋朝，永作"省民"。诏封他为右千牛卫将军，依旧知古勿峒。与侬智会一起回乡、一起归顺的侬进安则受封为保顺郎将，同知古勿峒。各赐锦袍、金涂银带。其余首领各有恩赐。不久，侬智会升为归化州（其地含今靖西县东部及天等县西部，治所仍在古勿）知州，补为文思副使。元丰二年（1079），因交趾派驻广源州刘纪发动反宋叛乱，入侵顺安州（今靖西县地）。侬智会率领峒兵一千二百击退交趾兵，以功升为宫苑副使，全俸终身。

再就是原为侬智高重要部将卢豹、黎顺。黄仲卿等撤出邕州后，就率领一支队伍，退回广源州（狭义，后改称顺州）安营扎寨，与交趾官员刘纪对抗。因寡不敌众，被刘纪所败，乃率队归附宋朝。熙宁三年（1070）正月，宋封给各人为左班殿直的官衔，安排他们在省地顺安峒居住。

另一支侬军原知特磨道侬夏卿及侬平、侬亮等侬峒首领也率众来归宋朝，这些首领都自称为侬智高族人。朝廷一律赐予有差，仍任特磨道土官。这些人后来实际上就是云南广南府侬氏土官的先人。因此，广南壮族一直认为是侬智高后裔是有历史依据的；反之，侬氏土官《家谱》往往把自己的祖先虚构成从四川而来的汉人，是民族自卑感作怪及历代封建统治阶级实行民族压迫、民族歧视政策所造成的不正常现象。

这时，广源州侬峒地首领所以如潮水般地来归宋朝，声明永作省民，就是为了坚持从侬存福、侬智高以来的抗交、保家卫国立场与路线。

在这种情况下，交趾李氏王朝觉得宋地广源州、特磨道一带阵地太坚固，于是，时任李乾德太师的李常杰乃于北宋熙宁八年（1075）十月，率领八万交趾兵突然改从水路入寇钦州、廉州；另派宗亶率兵由龙州而来，左右夹击邕州城。到次年正月二十一日，邕州城因援兵迟迟未到而被攻破。知邕州苏缄及其全家以身殉国。直到次年二月，宋朝才派郭逵、赵卨（音 xie 谢）分别担任正副招讨使，率兵前来反击侵邕交趾兵。交趾欲派兵通过广源州、顺安州、龙州、雷、火峒来接应、李常杰亦想从陆路退兵，均被黄峒、侬峒官兵击退。李常杰乃被迫从原路退兵，沿途劫掠壮老妇孺七、八万人去充当他们的"奴隶"，男的十五岁以上在额头刺"天子兵"、二十岁以上刺"投南朝"、妇女则在左手腕刺"官客"二字，逃亡者被抓着必杀。接着，邕州左右江羁縻州峒民众为宋军当向导者有之，当民夫送粮送物者达八十七万之众，终于协同宋军，追击交趾兵到距升龙城（今河内）仅三十里的富良江畔，大败交趾兵，斩其大将、太子李洪真。李乾德乃派使者诣宋军军门称臣表示投降。宋军乃退兵，并改广源州为顺州，派流官陶弼知顺州事。

这时，宋军为胜方，理应逼迫交趾无条件归还被劫持去的八万人，也应无条件驱逐原先到广源州等地征收赋税的交趾官员。可是，昏慵懦弱的宋朝，仅仅接受交趾王朝进献犀角、顺象各 50 只，就于元丰二年（1079）十月，表示愿意把顺州、门州、苏茂州、桄榔县、上思琅州等四州一峒"赐予"交趾。理由是广源等四州一县乃"瘴疠无用之地"之地。后来，交趾只交回 220 个人质。宋朝就与交趾王国于北宋元丰七年（1084），由双方派出代表划定边界，签订和平协议，正式把四州一县之地出卖给交趾了。

这是一桩不平等的交易，也可说是贪"私利"而卖国土的耻辱。对此，当时就引起宋朝朝野的极大不满，特别引起前线侬峒人民的反对。元丰五年（1082），侬峒人民知道其地被宋朝出卖后，纷纷携老扶幼逃出广源州等地，回归邕州顺安州等地。其中最明显的一例，就是原属广源州古旦峒首领率全峒民众逃回宋地永作省民的事例。据史籍记载："广西经略司言：'广源州管下古旦峒首领侬勇及本峒民户叛入邕州。（交趾）累牒邕州为施行。'诏曰：'侬勇原非交趾所管，归明，在交趾未纳降以前，自是省户，理难给是'"（《宋会要辑稿》第197册）。连交趾后人阮朝史学家吴士连对这件不平等的买卖，也引用宋人写的两句诗"因贪交趾象，却失广源金"，来挖苦讽刺宋朝（《大越史记全书》卷3）。

在中国历史上，以侬智高为代表的侬峒起义事件，历时半个世纪，是中越两国边疆汉、京、壮、侬、岱多种民族关系和国家民族存亡的大事。究竟应如何认识和看待这个历史大事件？历来就有两种对立的鲜明的观点：一是以宋朝、交趾王朝封建统治阶级及其文人、甚至包括他们的继承者历代封建统治者及其史学者为一方，他们对侬峒起义及其"抗交"斗争大多采取否定的态度。为达到此目的，他们千方百计地把起义的代表人物妖魔化，甚至捏造、颠倒、歪曲历史事实，给后人制造很多麻烦。二是以两国人民群众，特别是亲临其境的中越两国壮、侬、岱等少数民族人民群众为一方，千百年来一直采取肯定态度。连当时宋朝思想家李觏(1009—1059)也说"彼智高者岂英雄哉"！他心里非常崇拜侬智高！他承认侬军确是"鬼将（天将）神兵，非人可敌；故（宋军）锋刃未交，而心胆已碎！"他还评论说："当其（指侬军英雄们）自邕而来，所过诸郡，突如破竹（得道多助之意）。若能因其仓库，存抚其民人（紧密依靠人民群众），分留同恶，合聚亡命以守之，避实攻虚，直趋英、韶、南雄，以扼大庾，使江南之兵不得过，虽广西兵来，而东路之势已盛，则五羊（广州）仲子（仲简）怯师，橐橐中物耳"（李觏《直讲李先生文集》卷28"寄上孙安抚书"）。人民群众肯定侬峒起义的理由很简单，认为他们是真正代表国家民族利益的、是反侵略、反民族压迫、反阶级压迫的正义战争。得道多助，失道寡助。他们的正义战争，符合包括中、越两国汉、京等各民族人民利益，也应得到中越两国各民族人民的拥护和支持。他们的代表人物侬智高，不愧为中华民族的民族英雄！

但是，因为他们是失败者，"胜者为王，败者为寇"，他们没有发言、留言权；加之当时僚族及其后裔壮、侬、岱族都没有本民族文字，故至今留下来的全是敌对方面的记载，难免有片面之处。因此，我们必须仔细分析研究，既不能不用对方留下的书面记载，又不能不加分析全部照搬。我们应该深入当地进行调查，采用他们留在当地民间的传说故事、碑文、庙宇、营垒，特别是他们本民族语言。因为语言的沉淀力很强，语言本身没有偏向性。

三、侬峒后裔中的越南侬人

宋时侬峒的后裔，在中国今称壮族；在越南就演变为岱（亦译"岱侬"）、侬等族。侬族（越南称族为'人'）与岱族交错杂居，无论语言、生活习惯、政治制度，斗争历史等，基本上相同。根据现有材料，越南侬族共有270,810人。其中人口比较集中的高平省有100,447人，谅山省有106,877人，河江省有19,313人，北江省有14,659人，老街有5,804人。总之，越北自治区内侬族人口为224,765人（照原作1959年所用数字）。侬族多居住在盆地、平坝及丘陵地带。因侬族比岱族来得晚，所以只占有次等的土地。有的侬族因缺少耕地，只好开垦山地，耕种旱地和梯田。侬族的村落也很稠密。侬族与岱族多各自单独建立村寨，与中国接近的少数村寨为两族共建。侬族来源于中国的广东、广西、贵州、云南等省。根据中国史籍记载，唐宋时，中国南部靠近越南边境的有"西原蛮"民族，其中有侬、黄、张、韦四个大部落，侬部是人口较多的一个。这个部落有一个很有势力的酋长叫侬智高，曾经占领高平省和广西的八个土州，建立"政权"，后于11世纪被宋朝打败。侬族之名，可能就是起源于侬氏部落。

据初步了解，谅山、高平、老街一带的侬族，从中国迁徙到越南的时间大约有四五代到七八代人之久，约为300年左右。到19世纪中叶太平天国革命失败后，又有一部分侬族家庭逃入越南，许多人的亲属还留居中国，至今仍互相来往。侬族支系，也是根据各自的故乡命名的。例如来自广西万承州的称"班生"（万承）侬，龙州的称"昭"（州）侬，崇善县的称"崇善"侬，隆安县的称"英"（安）侬，下雷州的称"雷"侬，归顺州（今靖西县）称"归贤"侬等等。

越南的侬族，与中国广西的壮族，无论在血统、还是在历史、来源等方面，都有密切的关系。侬族和岱族的关系也很密切，两族的服饰、语言、风俗习惯等基本一样，只有某些微小的区别。例如侬族衣服短，有"短衣人"之称，岱族衣服长。两族语言基本相通；只是借用名词读音时，岱语读音多似京语，侬语多似汉语。例如说"去开会"，岱语读"呗开会（bae khaihoi）"，侬语则说"呗嘿会"（bae hayhoi）！岱侬杂居区，两族的语言完全相同，外人分不清彼此。在侬族各个支系中，崇善侬的语言、风俗习惯等方面最接近岱族。

侬族和岱族，都是农耕稻作民族。侬族十分辛勤，他们从中国过来初期，是没有土地的，仅靠双手给岱族地主打长工，岱族地主也乐于雇佣他们替自己耕田，或者雇佣他们替自己开荒造田，而后把他们变成自己的佃农。有的侬族劳动者用勤劳节俭的生活方式逐步购置田产，放养家畜，而逐步变成自给自足的小康家庭。在谅山，有些破落的岱族土司的田地，已逐步转移到侬族同胞户下。侬族与岱族的饲养业主要以养黄牛、水牛、肉猪为主。侬族擅长种菜，每家屋前屋后都有一块自种的菜园。住在城镇附近的侬族，主要以种菜卖菜为生。少数侬族同胞，特别是住在城镇附近的昭农同胞，以经商、做小买卖为业。侬族的手工业，特别是纺纱织布手工业很发达。他们纺织的布匹，可供全家常年使用。他们无论在家还是外出，经常穿着崭新的服装，很少见到侬人穿破旧或褪色衣服。侬族妇女很精于洗染，新织出来的布匹一染再染，从白色染到紫红色，再用木棍在江河口岸反复槌打。打得布匹紧密坚硬而闪闪发光。然后用来缝制衣裤，既好看又经穿耐磨。即便是旧衣服，也要重新洗染而后穿，让人新旧都分不出来。侬族男女青年，每逢赶集、赶歌圩，无不穿着崭新耀眼、漂亮无比的服装。侬族的木匠、铁匠、铸犁、砖瓦、制陶、弹棉工艺，也以精巧著称于世。

"八月革命"（1945年八月越南民主共和国成立）前，侬族地区与岱族地区一样，基本上都处在封建地主经济社会制度下，阶级分化非常明显。

不过，那时在比较边远的老街、勐昆、河江等地，侬族人民依旧在土司制度统治下。许多侬族部落，为首的是土司、头人。那些土司头人经常压迫部众到邻近地区去掠夺财物，制造武装械斗。法属时期，法国殖民统治者继续委派土司头人为区长、乡长，容许他们继续享受封建特权，使用劳役劳动、接受人民进贡送礼、占有公田、世袭官爵等，并把土司头人培植成殖民统治者的帮凶。在那时，侬族土司头人在殖民统治者的纵踊扶持下，走私、开赌场、垄断海盐专卖、贩卖毒品等，与殖民统治者狼狈为奸。新中国成立后，那些极端反动的土司头人跟随法国殖民统治者一起逃跑。土改后，侬族人民才获得了彻底解放与自由。

老街、河江地区侬族家庭，行兄（弟）终弟（兄）及婚制，寡妇可继续嫁与夫之兄弟为妻。目的是为了家产不旁落他人。女人既已出嫁，则其人身、财产的所有权，一概归属丈夫家庭。假如改嫁，则不仅需要索还财礼，而且此后生产的子女还要继续给前夫家庭补偿。

侬族与岱族一样，过年都祭祀祖先。侬族还另外崇拜观音菩萨佛。他们把观音菩萨佛神位置于家中最神圣的地方，置于祖先灵位之上。每当家中遇到什么灾难、疾病及一切不走运的事，就祭祀此佛，祈求此佛保佑。每年秋收完毕，就要制作糯米糍粑先祭祀观音佛，然后人们才能进食。侬族忌讳用牛肉、狗肉祭祀观音佛。侬族也信仰多神。班生侬还特别信仰"屋外鬼"，认为"屋外鬼"最灵验。祭祀"屋外鬼"必须在空旷的野外烧一束香火，然后摆上各种祭品。据说"屋外鬼"是土地神从中国带到越南的，因当时没钱给它们盖祠庙，只好居住屋外，久之便成"屋外鬼"。凡是崇拜"屋外鬼"的家庭，都不能出卖生猪。只能把猪杀死，先祭祀屋外鬼，然后才能把猪肉卖出去。假如非要出卖生猪，则必须先买一只小猪来养，等于代替那只家猪，然后再悄悄地把那只家猪放出田野，再于田野间把它捉起来带出去卖。有的侬族家庭特别害怕和讨厌"麒麟鬼"，认为"麒麟鬼"经常捉弄女人，故意使妇女难产。故要把女儿嫁到远方去，"麒麟鬼"就不会跟随女儿走了。有的侬族家庭，以充当道士、巫婆为职业。道士与巫婆，都得到社会尊重。给道士巫婆送厚礼，道士、巫婆做法起劲。侬族人称呼道士和巫婆为"勤他红"，意思是"明眼人"，因为只有他们才能同鬼神打交道。

侬族与岱族，都有完整的民族语言，但没有与这种语言相应的民族文字。侬族民间也使用"土俗字"来记载本民族语言，但没有统一规范，使用范围不广。现在，侬族已改用"国字"（指越南文）。但是，侬族民间还有相当多人愿意并喜欢学习汉文汉字，因为他们的语言同汉语比较接近，特别在日常生活中例如过年过节或有红白喜事，喜欢写对联、挽联，生儿育女要写"八字"，老人逝世也要有"八字"才能安放灵位。这都需要认识汉字、使用汉文来表达。侬族的民间文学丰富多彩。青年男女在歌圩上对歌叫"瓦西"，在婚礼上唱的颂歌叫"古鲁"。每个侬族支系都保存有歌本。每遇集会、节日、集市、婚礼，不同村寨之间的青年男女，彼此就用对歌的形式来展开思想交流与谈情说爱。"歌圩"，是侬族民间最流行的文艺表演场所，和青年男女谈情说爱的最好地方。青年男女间对歌到一定程度，彼此就互赠手镯、介指、花巾、绣袋之类，表示已建立亲密的友情，再通过父母媒妁之言而结婚，建立美满的家庭。侬族的民歌，歌词婉转含蓄美丽，感情半富。侬族的乐器有管乐唢呐、二胡和敲击乐铜鼓、木鼓、铜锣、铜钹、铜铙等等。使用乐器的主要是舞狮队、舞龙队，以及集体打醮、扫寨、做道场、举行祭神拜鬼活动的道士、巫师们。

　　侬族有强烈的民族主义和爱国主义性格思想。在历史上，他们为争取民族独立、自由、解放和保卫祖国领土完整而进行过英勇斗争，作出过巨大贡献！八月革命以前，越南共产党就已经在侬族人民的拥戴下，于高平省境内建立了博白、麻栗坡革命根据地。

第七章 历史文化

一、稻作文化

我国古越人（亦称百越），最早分布于我国长江以南的东南、中南沿海地区东起江浙，西至云南的一个古代民族群。西汉以后，有大批量的汉族人由中原南下与越人共同居住，互相融合，江、浙、赣、粤地区的古越人，逐渐融合于汉族中，多自称为汉族，百越之名逐渐少见。原西瓯、骆越、滇越仍保存有自己独特的语言及形成新的凝聚区域，史称乌浒、鸠僚、俚僚、蛮僚、洞僚，史称百越之后。它的主体后裔大概是今分布于我国南方的壮侗语诸民族。古越人先民的氏族、部落名称，历史文献没有给我们提供明确的记载，姑且统称其为古越人先民。他们最早居住生息在我国东、中、南地区，他们是这一地区物质文化和精神文化的创造发明者，劳苦功高，值得中华民族各民族人民所共同怀念。

人们但知稻米是今日全世界很多人的主食，吃起来香甜可口，富有营养，为全球各民族人民所共同喜爱。若问稻米是哪里人、哪个族群最早发现、最早尝试、最早将其野生稻种经过栽培使之形成人们的一种主食，即现在的稻米？换句话说，"稻作文化"的发明者是谁？恐怕知道的人就不多了。

当然，关于这个问题，国内外学者目前还有些不同看法，但绝大多数都同意稻作文化起源于华南，它的发明者最早是居住生息于当地的古越人先民。这个说法最有说服力，因为要发明稻作文化，必须首先具备一个先决条件，就是当地原来就生长有适合于人类吃、又适合于人们移植、栽培的野生稻种，这种野生稻种就叫"普通野生稻种"。只有这种野生稻种才适合于人类把它移植到多水的沼泽地带和沿河区域，因为它的根部长有横于水中的匍匐茎，由这种匍匐茎的各节发根分蘖成钻入泥土中的宿根构成多年生草本类型茎，再由多根这种类型根茎生长成稻禾，成熟的稻禾谷穗小而散，谷粒小而有芒，脱去外壳就成红色糙米，可吃而富有营养。今全世界人们（除非洲外）吃的就是这种稻米，名叫普通栽培稻的稻米。

当然世界上其他地区也发现有野生稻种，例如印度境内曾发现有小粒野生稻种和药用野生稻种，海南和云南也发现有疣粒野生稻种。除疣粒野生稻种未作定论外，其他野生稻种既不能吃，也不能转化为普通栽培稻。原因很简单，因为小粒野生稻种是四元体植物，与普通栽培稻种不是同种植物；而药用野生稻种具有地下茎，与普通栽培稻种也大有差别，彼此不能互相转化。据说非洲发现有短舌野生稻种和光身野生稻种，可以发展为人工栽培稻，非洲有人栽培和吃食。但至今只有非洲栽种，非洲人吃，没有传播到非洲以外地区，知道的人也很少。由此可知，当地生长有普通野生稻种，是当地人得以最先尝吃、试种、栽培成普通栽培稻种的先决条件。

至今世界上发现生长有这种野生稻的，唯有我国的广东、广西、云南和台湾，而以广东、广西的西江流域为最多最普遍（参见：一、丁颖：《中国栽培稻种的起源及其演变》，载《农业学报》1957年三期；二、丁颖：《广东野生稻及由是育成的新种》，载《中山大学农艺专刊》第三集，1933年；三、丁颖：《中国稻作的起源》，载《中山大学农艺专刊》第七集，1949年）。仅广西境内就发现有两千多份资料。

因此，学者一致认为稻作文化起源于新石器时代早期或更早的今我国华东、华南，即百越先民地区，越人先民是它的发明者。他们先发明先享受，然后才逐步传播推广到长江以北及朝鲜半岛、日本、东南亚、印度，以至于全世界。

上述论点，已得到大量出土实物所证实。首先，在浙江余姚河姆渡新石器时代遗址的第三、第四层文化中（年代距今约4800年前），出土有宽约400平方米、厚约30至40厘米稻谷、谷壳和稻草堆积，稻谷重量当在120吨以上；同时出土的还有稻作农具和耕畜例如骨耜和水牛。很明显，这里的稻作文化已有相当程度的发展（参见《河姆渡遗址第一期发掘报告》，载《考古学报》1979年1期），这是东越先民的稻作遗迹。

距今约4500年前的广东曲江马坝圩新石器时代稻作文化遗址中，发现有普通栽培稻的谷壳及稻秆碎片，特别在探方47号下层堆积土中，发现有数百粒炭化稻米，经专家鉴定，这些炭化米粒属于普通栽培稻种中的籼稻种。同时还出土有石铲、石𰻞、大型长身石镞等专用于稻作的农具（参见：《广东曲江石峡墓葬发掘简报》，载《文物》1978年7期）。这是南越先民的稻作遗迹。

距今3000多年前的云南元谋大墩子和宾川白羊村新石器时代遗址中，也发现有稻谷及其他稻作文化的遗迹。其中除稻米粉末、稻秆、谷壳外，还有大量用于稻谷加工的磨谷工具。这是滇越的稻作文化分布区域或其传播区域。

在西江流域的广西左右江流域，新中国成立后还大量出土有属于新石器时代晚期的大石铲。这种大石铲就是为适应稻作文化而制造的。因为它的体形硕大，造型独特，平整光滑，不便在旱地、坡地使用，大概是专用于稻田的农具，如修整水沟、田中翻土等等。同时广西还出土有大量专用于稻谷加工的石磨盘、石碾、石杵及稻谷收割工具石刀、石镰等等。这显然是西瓯、骆越先民的稻作遗迹。

在泰国东北部的班清文化（有人认为年代约与云南宾川白羊村遗址相当）中，也发现有稻谷遗迹（参见彭南林：《泰国班清文化》，载《云南民族学院学报》1987年3期），这当属于滇越先民的稻作文化遗迹。

上述观点，还可从古文献记载及古典传说得到进一步印证。汉班固《白虎通义》载云："古之人民，皆食禽兽肉。至于神农（约5500年前，亦称'炎帝'），人民众多，禽兽不足，于是神农教民耕作，神而化之，使民宜者，故谓之神农也。"苻秦方士王嘉撰《拾遗记》载云："时有丹雀衔九穗禾，其坠地者，（神农）帝乃拾之，以植于田，食者老而不死。"这给后面"鸟田"诸说，打下伏笔。汉《淮南子·时则训》则把神农说成是南方的皇帝，曰"南方之极，赤帝（即炎帝，亦称神农氏）、祝融之所司者万二千里"。汉高诱注云："赤帝，少典之子，号为神农，南方火德之帝也。"这是明确传说神农帝发明稻作、稻田于南方，神农是南方人的先祖。又司马迁《史记》卷十三《平准书》亦载云："烧草，下水，种稻，草与稻并生，高七、八寸，因悉芟去，复下水灌之，草死，独稻长，所谓火耕水耨也。"汉袁康撰的《越绝书》卷8、后汉范晔《吴越春秋》卷6、《水经注》卷40等古籍，都记载有"鸟耘象耕"的传说，说大禹为民治水，到大越，上茅山（古属东越，今浙江会稽山），死葬于会稽。天美其德，教鸟为民耘田；舜死苍梧（古属西越，今广西梧州），象为民耕。把"鸟耘象耕"附会于历史上个别英雄人物，这仅仅是民间的传说故事罢了。晋阚骃《十三州卷》此书已佚，见清张澍《张氏丛书第6册辑本》亦云："上虞县有雁为民田，春拔草根，秋除其秽。"今人便因雁鸟野鸭之类会喙食稻根能使稻禾分枝、田土疏松等来解释"鸟田"故事的来源，固然也有一定道理。笔者以为，鸟类对稻作文化的贡献可能更早、更大，那就是鸟类天生就靠吃野生果谷长大的,不用谁教,它们就能分辨什么种类的野生稻米能吃,什么不能吃。古越人最初知道普通野生稻米可吃,最早可能是从鸟类那里学来的。他们看见一群群野鸟聚集在山野间喙食一丛丛野生稻米,吃后并无中毒,并且个个都长得白白胖胖的,于是人们也拿来尝尝,果然好吃,又富有营养。于是,人们就开始把这种野生稻种栽培成栽培稻种。并且逐步把它变成主食。后人觉得这种鸟是天神赐予人类的,是神鸟。于是,人们为了怀念最先发明谷食的鸟,就把它们神化当作"图腾"而崇拜起来。越人叫鸟为"soeg",音同或近汉语汉字的"骆"、"雒"、"僚"、"罗"、"洛"、"六"等字。这就是后来越人为什么以"骆"、"雒""僚"为氏族、部落甚至民族名称,后来壮侗诸族又继续以"骆"、"罗"为姓氏,以及华南为什么会出现那么多以"洛"、"鹿"、"六"字为词头的地名的缘故。仅以广西为例,唐时岭南西道因沿用当地壮侗语诸族先民语言而设置有洛容县(今鹿寨县。壮语 soegyeng,即鹦鹉)、洛富县(今宜山县。壮语 soegfung,凤凰)、洛都县(今宜山县。壮语 soegduz,鸟只)、洛曹县(今宜山县地。壮语 soegciu,画眉鸟)、洛下(今属宜山县。壮语 soeghaj,喜鹊)、罗笼县(今扶绥县。壮语 soeglong,山鸟或野鸟)、罗和(今属扶绥县。壮语 soeghau,鸽子)、罗阳县(今扶绥县地。壮语 soegyaek,乌鸦)、罗辩县(今北流县。壮语 soegbit,野鸭),还有罗绣、罗坐、罗佐、罗窦、罗淡、乐阳、乐山、乐艳、乐化、乐光、乐古、乐兴(后称古田)、乐墩(今侗族三江自治县)、乐沙(今柳江县)、乐善(今属仫佬族罗城自治县)等等,均属鸟类之名。唐代元和(800-820)年间,韦丹为容州(今广西容县地)经略使,设立屯田二十四所,其中以壮侗语鸟(soeg)类为名的就有六谋、六居(八哥鸟)、六九(猫头鹰)、六云(鹧鸪鸟)、六奎、六高(猫头鹰)、六槐(吃牛虱的鸟)、罗勘(蝙蝠)、罗权(鹌鹑鸟)、六鹰(喜鹊)、思盖

（野鸡）、罗哈（乌鸦）等。所有这些地名与"鸟田"传说，同我们所说的稻作文化创始于南方百越先民是一致的。

早在我国《甲骨文》中的"稻"字出现以前，古越人就称稻谷与大米饭为"秏"（音蒿或欧），与今壮侗语诸民族称稻禾、稻谷、稻米为"haeux"仍为同音或近音。理由是公元前17世纪的商代第一任宰相伊尹出使南海（今广东境）时，已尝到一顿香喷喷的稻米饭，他满口赞云："饭之美者，玄山之禾。南海之秏。"再过三四百年，甲骨文中才出现"稻"字，故他只能用当地人的语言译音，而不可能用"稻"字。

当然，发明稻作文化的决非某一二个人，所谓"神农"、"大禹"云云，只不过是千千万万个越人先民的代名词或其代表者罢了。有无"神农"其人也无关紧要。

百越先民发明稻作文化后，首先在百越先民地区发展，然后向东、西、南、北，由近及远，或直接或间接地推广传播。

最早是向长江以北的汉族先民地区推广，因为汉族先民和百越先民的关系历来都是最密切的，早就存在互相来往、互相交流、互相融合、互相吸收的态势。长江以北地区发现有稻作文化遗迹概在新石器时代晚期，如洛阳西部的高崖遗址、郑州大河村遗址、陕县柳西镇遗址等，年代约当距今三四千年前，年代比长江以南晚，遗址分布比江南疏，且多粳稻型种，这同稻米型类的发展规律——籼稻最早，粳稻次之，糯稻最晚是一致的。甲骨文中首次出现"稻"字，约在距今3300年前至距今2800年之前。从长江以北再往北推广，就到朝鲜半岛，再越海就到日本，已到距今2000年（参考：日本安藤广太郎：《日本古代稻作杂考》第1至52页，1952年；日本野口弥吉：《栽培原论》第10至14页，1956年）。据说南洋群岛的稻作文化是公元前1000多年时，有一个被称为"澳尼"民族的人们从中国南下，把稻作技术传到南洋群岛，而后于公元前1084年首先有人在爪哇开始种稻，以后才推广到南洋群岛各地（参见：日本宇野园空：《马来稻作之仪礼》第54至74页，1944年版）。这是南路的传播路线。

西路的传播路线，是由云南或泰国经缅甸到印度北部，再由印度经伊朗到古代巴比伦，再传入欧洲、非洲，发现新大陆后才传到美洲。有人认为印度也是古老的稻作地，是否也有发明稻作的可能呢？我们的回答是否定的。因为第一，根据目前掌握的资料，印度境内没有发现有普通野生稻种；第二，据印度人察脱杰考证，比中国甲骨文晚200多年的印度赞美诗《阿者婆吠陀》及其他梵文才提到"稻"字，比岭南的"秏"字则晚五六个世纪。所以，印度先民不是稻作文化的发明者，而是较早的受益者。总而言之，华南是稻作文化的故乡，百越先民是其首创者。

越人后裔壮侗语族诸民族及岭南汉族代代以稻作为生，发扬稻作文化。不仅在水田中种稻，称水稻；还在旱田、旱地、山地里种稻，称旱稻。稻谷的品种有因其米饭的硬度而称为籼稻、粳稻、糯稻；又因稻米颜色而分为白米稻、红米稻、墨米稻等等。用稻米做成的食品有大米饭、米线、米粉及各种糕点，富有民族特色的食品粽子、糍粑、彩饭（亦称五色饭）、黄香饭、乌饭、马脚秆、郎棒等等，以稻米酿成的酒、醋等，则多得不可胜数。后面我们将谈之，此处从略。

二、铜鼓文化

铜鼓，是西部越人及其后裔壮侗语民族历史文化的一大特色。

据统计，从目前已经出土的文物馆藏及民间保存的现有铜鼓数量，分布在我国广西、云南、广东、贵州、四川、湖南及东南亚的越南、老挝、柬埔寨、泰国、缅甸、马来西亚、印尼等国，共约 1500 面。可是，据不完全统计，我国全国馆藏 1000 余面，仅广西壮族自治区的馆藏就多达 600 多面，民间所藏更多，仅东兰县民间就藏有 500 多面，居全球之首。上述地区，全是古越人及今壮侗语民族的主要分布地。因此，推断壮侗语民族先民是铜鼓的主要铸造和使用者，是能够成立的。

从考古资料看，最早或较早出土的铜鼓有云南楚雄万家坝墓葬铜鼓，约为公元前 7 世纪，相当于春秋时期，数量并不多。其次，为云南石寨山遗址（出土铜鼓数量较多，年代约在战国至汉代）、广西田东锅盖岭铜鼓（战国时代）。再为越南东山玉缕鼓（汉代）、广西西林普驮（西汉）、贵港罗泊湾 1 号墓出土的铜鼓（汉代）等等。发现于广东的云浮、高安、罗定、高州及广西的岑溪、北流、梧州、玉林等地的铜鼓，不但形体硕大，花纹齐全，时代大多在两汉时期。唐、宋以后的铜鼓，属遵义、麻江型号。

从古籍文献记载看，最早载及铜鼓的古籍，首推南朝宋范晔（398—445）《后汉书·马援传》及晋裴渊撰《广州记》。前者载云："援好骑，善别名马……于交趾得骆越铜鼓，乃铸为马式，还，上之。"交趾，南越王赵佗置郡，其地含今广东东部、海南全部、广西西南部及越南北部。马援征交趾，走的是沿广东东部，经广西南部，到越南北方。不知他究竟在哪里得铜鼓，反正这一带主要居民泛称"骆越"，所获铜鼓都可叫"骆越铜鼓"。后者载云："俚、僚铸铜为鼓，唯以高大为贵。面阔丈余。初成，悬于庭。克晨，置酒招致同类。来者盈门。富豪男女（一作'子女'）以金银为大钗，执以扣鼓。扣竟，钗遗主人，名曰铜鼓钗。其俗尊有鼓者，号为都老，群情推服。"裴渊所说的俚、僚，就是分布在两广海南的骆越、瓯越。是不同时期出现的不同称谓，或者是它们的分支。

此说一出，后人多处引用之。证明裴渊所说的铜鼓文化，岭南俚、僚及其后裔依然使用，作用亦略同。例如《隋书·地理志下》云：诸僚"铸铜为大鼓。初成，悬于庭中，置酒以招同类。来者有豪富子女，则以金银为大钗，执以扣鼓。竟，乃留遗主人，名为铜鼓钗。俗好相杀，多构仇怨。欲相攻，则鸣此鼓，到者如云。有鼓者，号为都老，群情推服。本之旧事，尉佗于汉，自称蛮夷大酋长老夫臣。故俚人犹呼其酋者为倒老也。言讹，故又称都老云。"此处前半段基本上是照抄裴渊的语言。后半段说了两点新鲜事：一是说铜鼓作为乐器外，还有一个重要作用就招致同类参加作战；二是臆想"都老"一词乃出自赵佗之语。这是因他不明了越语及俚僚风情之故。"都老"是越语故有名词，裴渊乃译自越语，连赵佗本人也模仿当地越人的习俗和语言。直到近现代壮人仍呼"寨老"、"头人"为"都老"。"都"是人称前置词，"都老"犹言"被人尊敬的老者"。根据壮族社会历史调查材料，新中国建立前，广西上思县三科村等地，"都老"是经过当地民主选举产生的。平时，都老与当地民众一样参加生产劳动，没有任何特权。他的职责就是召开和主持村中长老会议，通过寨规民约，维持社会秩序，主持村上集体祭祀和排解民间纠纷等。在排解纠纷时，接受双方当事人请吃一顿饭。

元脱脱等修撰的《宋史·抚水蛮传》讲到分布在抚水州境内的水族、毛南族先民使用铜鼓时，亦云："其族铸铜为大鼓。初成，悬庭中，置酒以招同类。争以金银为大钗叩鼓。去，则以钗遗主人。相攻击，鸣鼓以集众。号有鼓者为都老，众推服之。唐末，诸酋分据其地，自为刺史。宋兴，始通中国。"关于铜鼓文化的文献记载，还有《北史·僚传》、《隋书·欧阳颉传》、《旧唐书·南蛮西南夷·东谢蛮传》、《新唐书·诸夷番将列传·冯盎传》、《太平寰宇记》及《桂海虞衡志》、《岭外代答》等书，都有记载。其中，要算唐末刘恂《岭表录异》载之最详，最逼真，最有意思！今录之如下："蛮夷之乐，有铜鼓。形如腰鼓，而一头有面。鼓面圆二尺许。面与身连。全用铜铸。其身遍有虫、鱼、花、草之状。通体均匀，厚二分以上。炉铸之妙，实为奇巧。击之响亮，不下鸣鼍（鼍，音 tuo 驼，亦叫鳄鱼，如扬子鳄）。贞元（785—804）中，骠国（今缅甸）进乐，有玉螺铜鼓，即知南蛮酋首之家，皆有此鼓也。咸通（860—873）末，幽州张直方贬龚州（今广西平南县）刺史，到任后，修葺州城，因掘土得一铜鼓。任满，载以归京，到襄阳，以为无用之物，遂舍于延庆禅院，用代木鱼，悬于斋室，今见存焉。僖宗（874—888在位）朝，郑驷镇番禺，有林蔼者为高州大守，有乡墅小儿因牧牛田中，有蛤（大青蛙）鸣，牧童遂捕之，蛤跃入一穴。遂掘之深大，即蛮酋冢也，蛤乃无踪。穴中得一铜鼓，其色翠绿……多铸蛙黾之状。疑其鸣蛤即铜鼓精也。遂状其缘由，纳于广帅，今尚存焉"（此段引于鲁迅补遗校勘《岭表录异》卷上，广东人民出版社，1983年版本）。

在这段引文中，刘恂详细描述了三面铜鼓的来源及形状，除第一面来自缅甸玉螺铜鼓外，其余两面均在岭南高州和龚州所获，当属岭南玉林北流型铜鼓，特别是第三面，是从越人首领的墓葬中发掘出来的。作者刘恂对这面铜鼓，不仅亲眼目睹、仔细观察，并且作过简单的测量，故说得如此详细。关于鼓面的花纹，特别对鼓面周边的立体蛙纹，写得活灵活现，津津有味。他说青蛙的叫声是铜鼓精，这已涉及当地越人的蛙（今壮语仍叫"蛤"，音 goep）图腾崇拜。蛤图腾崇拜，并以蛤名呼其氏族，这是两汉时期分布于广西左右江流域骆越人的普遍现象。这个问题，笔者将在后面"左江崖壁画"节详述，现从略。刘恂所载这段，与上面多处提到"俚僚铸铜为大鼓"，亦完全吻合。铜鼓的鼓面和鼓身所铸造的花纹、图案及立体物、太阳纹、大青蛙、羽人舞、羽人划船等，都不是无的放矢的，都与有鼓者瓯越、骆越、乌浒、俚、僚首领的地位及其所管辖的氏族、部落、部落联盟图腾徽号有关。

大家想想，别说铜鼓那么重要的宝物，就是古今中外遗留至今的任何一幅名画、名作，无不都在显著地位留下作者的名号，或者打上印记。遗憾的是铜鼓主人，没有本民族文字，当时也还未引入汉文。但是，聪明智慧的瓯、越人，终于想出了通过铸造在鼓面或鼓身的花纹、图案，表明铜鼓的主人是属于什么氏族、什么部落、什么部落联盟的，这就是各个氏族的图腾崇拜。铸有多个氏族图腾崇拜物，就是部落或部落联盟首领，按照当时汉语习惯讲，就是王、侯、将、相、帅的氏族名称。这就是作者的印记，因当时越人还带有原始民主的习惯，故只注明有鼓者的集体名称而没有注明个人姓名。例如鼓面上有鸟纹、雁纹、羽人或羽人舞蹈纹、竖物者，表明铜鼓的主人是骆（raeg，鸟）越；有太阳纹，表明是黄氏族或称"黄峒"，因越语叫太阳为"ndang"；有人扛着犁头牵着水牛，当是韦氏族，越语叫"vaiz"；有大青蛙（蛤）型铸物，当为郭或甘氏族，今侗、仫佬族仍自称"甘"、"锦"，左江壮族多"甘"姓；有稻禾或稻穗花纹饰者，当为瓯越及其后欧姓人；有竹子或竹笋纹饰，当为"郎越"鼓；有鱼纹、水纹者，当为"水"氏族鼓等等。然而，古代铜鼓大多是多种纹饰兼而有之，那就表明此鼓不是某种氏族所独有，而是多个氏族，亦即某个大部落或部落联盟所共有。铜鼓在名义上是属于氏族、部落或部落联盟公有的，这就有更大、更广泛的号召力；但这时的铜鼓实际上是掌握在富豪之家和氏族、部落首领手中。表明当时已进入阶级社会，但仍有原始民主制度的外廓。铜鼓的用途，最初，主要有两种：一是祭祀祖先，求雨祛涝。因越人都是农耕稻作民族，天旱祈雨，雨多祛涝，这是生存的第一要素。二是抵抗外侵，求得安定稳定的生活秩序。这也是农业民族的最大愿望。三是进入阶级社会后，各部落首领之间为了掠夺财富、扩大自己的统治地盘而进行武装械斗与战争，也经常利用铜鼓来号召与驱使人民群众去参加作战。唐李贺在《黄家洞诗》中云："黑幡三点铜鼓鸣，高作猿啼摇箭服……间驱竹马缓归家，官军自杀容州槎。"李贺（779—816）在这首诗中，是描述唐时分布在岭南西道邕州左右江流域的"西原蛮"亦称"黄洞僚"(壮族先民)起义时,唐朝派官军来镇压,"黄洞僚"奋起抗敌的情景。李贺这首诗的意思是说:两军开战时,官军占领山谷平地,僚军布阵于山区高处,僚军"都老"手里摇摆着三点黑旗,身上佩戴着装有箭头的箭服(实际上就是腰间背着箭袋,敲起神秘的铜鼓,嘴里发出像"猿猴"(意思是"听不懂")般的口令,实际上就是高喊"冲锋呀";一会儿,官军就被击垮了;这时,败兵如山倒,一个个官军都走投无路,纷纷投"容州"河(即今郁江)自杀,而僚军却自由自在地好像骑着"竹马"(体育游戏工具)回家去了。一个唐朝远宗诗人,能如此真实描写僚军的盛况,实在难得。他写得何等生动啊!又岭南俚女"都老"洗氏夫人的孙子辈冯盎、冯子猷等,"富豪雄天下,奴婢万余人",已发展成大奴隶主或大封建主。可是,他们依然离不开利用铜鼓作为号召部众的工具。唐高宗李治(650—683在位)时,朝廷想探听冯氏的财富和势力,就派许瓘为使者,来到冯洞附近,等待冯家用高规格礼遇来迎接他。讵料,主持冯洞的冯子猷,竟敢把堂堂的唐朝使者不放在眼里,而非礼遇之,不但不远出迎接,而且带着武装部众数十人,"击铜鼓(这是作战的号角),蒙排(盾)",把许某抓起来,并列举许的罪状给朝廷上奏(见《旧唐书》卷109及《资治通鉴》贞观五年载)。弄得李治都啼笑皆非!说明铜鼓在战时,是俚僚"都老"指挥作战、指挥部众作战的号角和法宝。这是因为铜鼓声响,就表示着他们一个个图腾(祖先)神下令,哪有不冲锋陷阵之理?

三、"干栏"建筑

"干栏"建筑,是我国古代流行于长江以南的一种原始建筑形式。在东南、西南各省区的新石器时代遗址中,已发现有这种建筑形式的遗迹，直至近现代我国南方许多少数民族依然使用这种建筑，彼此之间的联系脉络都很清楚。充分证明，这些少数民族的历史很悠久，他们的建筑技术也很有特色。

"干栏"，在我国历史文献上亦作"阁栏"、"高栏"、"麻栏"、"栅居"、"巢居"等。指的是建筑在一根或若干根木桩上的人居住宅而言。存在如此众多的名称，是由于不同时期、不同的人以及取于不同方言译写出来的。既然是从少数民族的语言译音而来，所以就很难从汉字的含义求得正确的解释，而必须从现在仍采用这种建筑形式的少数民族语言中求得正确的解释。向来都采用这种建筑形式的壮侗语诸民族，在他们的语言中，仍保存有"干栏"诸词语的确切含义。例如：壮语北部方言、水语、仫佬语称房屋或家室为"ra：n"或"a：n"；布依语称"Za：n"；侗语、毛南语称"ja：a"；西双版纳傣语称"han"，都与汉文献上的"栏"字同音或近音。可知"栏"字是从这些少数民族的先民语言中翻译过来的，它的准确含义就是"居室"、"家室"的意思。文献中的"干"、"高"、"麻"字，在这些少数民族的语言中，是建筑物和树木的量词或前置词，如"古"、"棵"、"板"、"曼"等，可以不用翻译出来，偏要翻则单数可译为"座"、"栋"；多数可译为"村"、"寨"，再发展就成"都市"了，如古之"番禺"，今之"曼谷"者是也。

我国南方"干栏"式建筑的历史很悠久，资料也很丰富。

（一）从出土文物看"干栏"式建筑

首先，看看属于新石器时代的"干栏"式建筑：

（1）浙江杭州湾河姆渡遗址：这个遗址发现于1973年，后开始发掘。发掘报告称："出土的木构件总数在千件以上。主体构件是十三排桩木。这里至少有三栋以上建筑。这座建筑的原状可能是带前廊的长屋。根据以下几点判断，建筑应是干栏式：a、建筑所在地段为泽沼区，地势低洼、潮湿，需要把居住面抬高；

b、建筑遗址内没有发现经过加工的坚硬的居住面；c、推测为建筑的室内部分，发现有大量的有机物堆积，如橡子壳、菱壳、兽骨、鱼骨、鱼甲、鳖壳以及残破的陶器，等等。这些应是当时人们食用之后丢弃的。如果不是把居住面抬高的干栏式建筑，室内这层堆积的形成是无法解释的；d、所发现的建筑遗址，主要是排列成行，打入生土的桩木，此外为散失的梁、柱长木以及长度均为80至100厘米的厚板，绝无高亢地区建筑遗址所常见的单筋或红烧土之类，说明此处建筑全系木构。"年代为6000至7000年前，是至今世界上所发现的年代最早的"干栏"式建筑遗迹（引于浙江省文物管理委员会、浙江省博物馆：《河姆渡遗址第一期发掘报告》，载《考古学报》1978年第1期）。

（2）浙江吴兴钱三漾遗址。1958年发现。有居住遗迹三处。发掘报告称："（甲区）这一层发现木桩很多，能肯定是居住遗迹的有两处。其中一处是在探坑15与16之间，南北两边作倾斜坡度，中部下陷。木桩按东西向树立，长方形，东西长约2.5，南北宽约1.9米，正中有一根长木，径11厘米，似乎是起着'廪脊'的作用。上面盖有几层大幅的竹席。""（乙区）较为明显的居住遗迹有一处，位于探坑14的西部斜坡下，方向北偏西，已知的长度是3.18米。木桩只有东边的一排尚完整，排列密集，正中也有一根长木，径18厘米。上面盖着大幅树皮、芦菲和竹席。东边散乱着好些青冈木和几处红烧土灶穴。每个灶穴都有几道火弄，但都残破。"这些居住遗迹似应属于"干栏"式建筑的遗迹（引于浙江省文物管理委员会：《吴兴钱三漾遗迹第一、二次发掘报告》，载《考古学报》1960年2期）。

（3）江苏丹阳香草河遗址。1957年发现。据说："……在广约200平方米的范围内，挖出200余根长2米、直径30厘米不等的木桩。木桩一端削尖，三五根一处地密密麻麻排在一起。埋藏木桩的堆积土呈黑色，极似淤积的河泥。内包含蚌壳、兽骨、鹿和人的骨骼，以及远至新石器时代近到南北朝的文化遗物"（朱江：《丹阳香草河发现文物》，载《文物参考资料》1959年9期）。

此处遗迹的年代虽无法确定，大体应属于新石器时代。这里所发现的木桩，三、五根密密麻麻地排列在一起，似乎也符合"干栏"式建筑的特点，应视为新石器时代"干栏"式建筑遗迹之一。

（4）江苏吴江梅堰遗址。1959年发现。在新石器时代的青莲冈文化层内，出土很多木桩。据称："在蛤蜊层上面和一般生土中，还发现有木桩，约略可以看出有长方形和椭圆形的"（江苏省文物工作队：《江苏吴江梅堰新石器时代遗址》，载《考古》1963年6期）。据此，可以把它看成是一处长方形和椭圆形两种形式的"干栏"建筑遗迹。

（5）江西清江营盘里遗址的陶屋模型。1956年发现。发掘报告云："看形制极似陶屋的顶部，但出土时与许多炊器共存，作用不明。"但经考古学者考察其实物模型之后，认为"这种陶屋模型的形制和结构不同于一般建筑物，可能与'干栏'式建筑有联系"（江西省文物管理委员会：《江西清江营盘里遗址发掘报告》，载《考古》1964年4期）。

（6）云南剑川海门口遗址。1957年发现。"……其中建筑物桩柱已大部露头。横梁已有四根被移动了地点，放在工地上面。有一根长1.5、圆径0.2米，表面无凿孔，有四枝枝杈。在横梁的两端接近处，枝杈的尖端大部分砍去，只余枝根四节。横梁及枝杈的头部极不平齐，横梁的一面较为平滑，当是架梁时的向上一面……又有一根长度和圆径与有枝杈的一大根大致相同，但附近两端均有凿孔一对，孔深0.34、圆径0.67厘米，两孔中间留一木隔，二者互通，两对凿孔梁置当向下面，斗在桩柱的尖头上面，梁的向上一面也不滑，似乎是只去了树皮未加刮削……桩柱共有224根。"(云南省博物馆筹备处《剑川海门口古文物遗址清理简报》,载《考古文物通讯》1958年6期)。简报还发表了木桩的照片及分布图。学者认为,这是一处"干栏"式建筑遗迹。

其次,看看青铜器时代的"干栏"式建筑:

(1)湖北蕲春毛家嘴遗址。发现于1957年。在这个西周遗址中,有两处木构遗址。发掘报告称:"(木构遗迹一)中型水塘的木构遗迹,形制较清楚,暴露面积亦较大,约1600平方米。在试掘的范围内共发现木桩109根,木桩直径多在0.2米左右排列整齐,纵成行,横成列。在它们的周围,有的残有排列整齐的木板墙。有的木桩上有榫眼,以便插置横柱架扶板墙。板宽0.2—0.3、厚0.02—0.03米……在这个地方的南部,曾发现有木制楼梯的残迹。在一号房之东的三又3/1探方内还发现有大块平铺的木板。从这些迹象观察,有些建筑可能是木构的楼房。""(木构遗迹二)……遗迹的范围很大,共发现粗细木桩171根。房子两间、木板墙残迹13处和一处长2.3、宽2.8米的平铺板遗迹……"这个发掘报告还同时发表了木构建筑遗迹的照片和遗址的平面图(以上均见中国科学院考古研究所湖北发掘队:《湖北蕲春毛家嘴西周木构建筑》,载《考古》1962年9期)。从有木制楼梯、木柱上的榫槽插置横梁以扶持板墙,以及薄而整齐的木板和有规则地凿成槽形榫口等情况看,判断其为采用青铜工具加工制成的"干栏"式建筑是可信的。它当是一处比较进步的青铜器时代的"干栏"式楼房建筑遗迹。

(2)云南晋宁石寨山青铜器上的"干栏"式建筑模型。1956—1957年,在云南晋宁石寨山古墓群中出土的青铜器上,饰有若干"干栏"式建筑模型,反映了当时或以前这里曾流行这种形制的建筑。根据已发表的资料,这些建筑的共同特点是,人们都沿梯而上,居住在建筑物上层,具有非常明显的"干栏"式建筑特点。在此仅举数例如下:

其一，铸在一件被称为"杀人祭铜柱场面盖虎耳细腰贮贝器"（M12：26）的盖上："盖上有一长方形楼房，高17.5厘米，四面无壁，以两圆柱撑之，前端置二梯，可以上下。屋顶作细条木棍拼成之状，屋脊稍呈弧形"（云南省博物馆：《云南晋宁石寨山古墓群发掘报告》第76页）。

其二，一件被称为"人物屋宇镂花铜饰物"（M3：64）。这件饰物有"上、下两层，上层正中靠后方一长方形屋子，屋顶以细长棍形交叉排列。前面及左右有墙，后面没有。前面偏右一窗，窗内露出一人头，屋子左右两端各立一圆柱，柱头斜出一支柱，承于檐下，柱上挂一牛头，屋子周围三面有栏板，正面栏上置有牛或猪腿等食物，栏内形成较宽的一道走廊……下层正面有一梯，梯右有一人，可踏此梯爬到上层……通高9厘米，广12厘米，深7厘米"（同上书第92—93页）。

其三，另一件被称为"人物屋宇镂花铜饰物"（M6：22）。这件屋宇的"结构与上一件基本相同，唯栏板及柱上铸有极细的菱格形和三角形花纹。正面梯上也有这样的细花，屋子左右两方也多有一小窗牖。上层正面窗内亦露出一人头……下层正面中央一长梯，梯上爬着一条蛇……通高11.5厘米，广12.5厘米，深7.5厘米"（同上书第93页）。

其四，另一件被称为"人物屋宇镂花饰物"（M13：259）。这件饰物"已残破。上层屋顶脱落，人物多数毁坏。从残存部分看，屋宇结构与前两件大体相同，亦为一楼一底的建筑物，唯四面栏板较矮，屋檐右端及左前方各延伸出一个平台……通高约8厘米，广15厘米，深10.5厘米"（同上书第93页）。

（3）铜鼓纹饰上的"干栏"式建筑图像

在两件传世铜鼓的底部，铸有若干"干栏"式建筑图像。这种图像有两种类型：一种是长方形的，由正面可以看到有五根从底部到顶部的柱子，有的柱子底端加粗，可能表示柱础。屋顶覆盖条子纹，象征茅草或其他。顶部中央有一葫芦形的装饰。另一种是圆形的，底架有四根桩柱，有的桩柱底端也加粗，底架之上另安柱子，周围饰方格状交叉纹，象征着用竹子编制成的墙壁，顶部覆盖编织物，顶部中央也有葫芦形装饰，似为当时的图腾崇拜物。在长方形的"干栏"式建筑附近，还有四五个小的图像，均作锥尖圆锥，底架下部支有4—7根桩柱。图像中还有人物、禽兽、树木、池塘等，应是一幅表现以前或当时当地人们生活的图景（见于商承祚：《十二家吉金图录》；闻宥：《古铜鼓图录》图57）。

再看看出土的有关汉代的"干栏"式建筑：

今属广东地区的汉代"干栏"式建筑模型。被称为"陶仓"、"陶囷"的建筑模型，以广州市附近出土最多。除个别为石质或木质外，大部分为陶质。形制有三种：一种是长方形的，多为三开间，底部附有四到六根桩柱，在桩柱之上建筑离开地面的长方形住宅，房顶盖以瓦片，底架空如，有的设置木梯以上下。这种长方形的"干栏"式建筑图录，见于广州市文物管理委员会撰《广州出土的汉代陶屋》一书中，图号为43，44，45，47，48，49，50，51，55，56等十余件。另一种是正方形的，如1954年在广州东山羊山横路汉墓中出土的一件。这件陶屋"内分前后两部分，方形门口，直达檐际。前壁有镂空的斜格子窗，左、右、后三壁划仿木构的线条，长26.5，宽26.5，高25.5米。"第三种是圆形的，底部亦附有四根桩框，在桩柱之上构筑圆形住宅，周围编织竹子或竹席为墙壁，顶部覆盖较大的茅草、芦菲一类的穹芦顶，顶部中央也有葫芦形装饰，与铜鼓上的"干栏"式建筑图像及台湾高山族的谷仓极为相似（见同上书图号57、58、59）。

在广州汉墓中，还出土有许多被称为"栅居式陶屋"的"干栏"式建筑模型，比前三种结构更加复杂。屋顶周围用短桩，用拱或斜方格板代替桩柱,大部分模仿砖石的建筑结构。有的设置楼梯,供上下之用。其中在东郊龙生冈出土的一件"栅栏式陶屋",还饰有舞象(见同上书图号1—9)。据唐刘恂在《岭表录异》中记载,这种舞像是南方少数民族特有的艺术表演。可见这种建筑形制,也是南方少数民族专有的。

广西出土的"干栏"式建筑模型,以贵县汶井岭东汉墓出土的一件陶屋为例,形式与广州附近出土的长方形陶屋模型相同(见梁友仁:《广西贵县汶井岭东汉墓的清理》,《考古通讯》1958年2期)。

湖南出土的"干栏"式建筑模型有两例:一则长沙东汉墓出土的长方形和有桩柱的圆形陶屋模型,与广州附近出土的同类形制陶屋一模一样(见高至喜:《谈谈湖南出土的东汉建筑模型》,《考古》1959年11期);二则湖南耒阳东汉墓也出土了方、圆两种形制的陶屋模型。长方形比较简陋,没有门、窗和栏板,而是利用画线来代替,底部附有桩柱。圆形的门内坐着一人,双手扶门槛,向外眺望(湖南省文物管理委员会:《湖南耒阳东汉墓清理简报》,《考古通讯》1956年4期)。

四川出土的"干栏"式建筑模型,形制结构和广州出土的不同。这里的陶屋可分两类:一类以成都天回山、清津县牧马山和堡子山所出土的为代表,特点是底架上只有一层房屋,前面有栏板或两根带斗拱的立柱。另一类以重庆江北相国寺出土的为代表,其特点是在底架上置有房屋两层,上层正面的中央支一带斗拱的立柱,伸出三面带栏板的平台,下层有两根带斗拱的立柱和栏板,底架基上有一个漏斗的痕迹,具有较多的地方色彩。

贵州清镇县M5东汉墓出土的一件陶屋模型,陶层虽残,下有短柱基,基本形制与四川第一类相同(贵州省博物馆:《贵州清镇平坝汉墓发掘报告》,《考古学报》1959年1期)。

(二) 文献记载的"干栏"式建筑

在我国古籍文献中,"干栏"建筑最早见于魏晋南北朝时期,以后历代均有记载,例如:

僚人"依树积木,以居其上,名曰'干阑'。干阑大小,随其家口之数"(《魏书》卷101、《北史》卷95、《南史》卷79)。

"晋康郡(今广东德庆)夫辰县夷人曰'带',其俗栅居,实为俚之城落"(南朝、宋怀远:《南越志》,转引自《太平御览》卷785)。

"广州镇南海,滨际海隅,委输交部,虽民户不多,而俚僚狼杂,皆楼房山险,不肯宾服"(《南齐书》卷14"志"6)。"楼房",就是"干栏"。

南平僚"土气多瘴疠,山有毒草及沙虱蝮蛇,人并楼居,登梯而上,号为'干栏'"(《旧唐书》卷197)。

"南平僚,东距智州(今贵州石阡),南属渝州(今四川巴县),西接南州(今四川綦江县),北涪州(今四川涪陵县),户四千余,多瘴疠,山有毒草、沙虱、蝮蛇,人楼居,梯而上,名曰干栏"(《新唐书》卷222下"南蛮传"下篇)。

应州、庄州(今贵州黔东南、黔南一带)谢蛮、牂柯蛮"散在山洞间,依树为层巢而居"(同上书)。

窦州(今广东信宜县)、昭州(今广西平乐)风俗"悉以高栏为居,号曰干阑"(宋乐史《太平寰宇记》卷163)。

渝州风俗,"今渝州(今四川巴县等地)山谷中有狼、垂,乡俗构屋高树,谓之'阁阑'"(同上书)。

昌州风俗"无夏风,有僚风,悉住丛箐,悬虚构屋,号'阁阑'"(唐樊绰:《蛮书》卷4)。

贺州(今广西贺县)"俗重鬼,常以鸡骨卜。……又俗多构木为巢,以避瘴气"(《太平寰宇记》卷161)。

雷州（今属广东）"地滨边海，人惟夷僚，多栅居，以避时郁"（《太平寰宇记》卷169）。

抚水州（今广西环江、贵州荔波、三都等地）"诸蛮种类不一，大抵依阻山谷，并林木为居"，"中有楼屋战棚，卫以竹栅，即其酋所居"（《宋史》卷495）。

宋、广南西路邕州左、右江羁縻州峒"民居苦茅，为两重棚，谓之'麻阑'，上以自处，下畜牛豕"（《文献通考》卷330引南宋范成大：《桂海虞衡志·志蛮》）。

又"深广之民，结栅以居，上设茅屋，下豢牛豕，栅上编竹为栈，不施椅桌床榻，唯有一牛皮为茵席，寝食于斯。…考其所以然，盖地多虎狼，不如是则人畜皆不得安。无乃上古巢居之意欤！"又说"民编竹苫茅为两重，上以自处，下居鸡豕，谓之'麻阑'"（南宋周去非：《岭外代答》卷4"巢居"、卷10"蛮俗"条）。

"仡佬以鬼禁，所居不着地，虽酋长之富，屋宇之多，亦皆去地数尺，以巨木排比，……名'羊楼'"（南宋、朱辅：《溪蛮丛笑》）。

明田汝成在《炎徼纪闻》卷4中载云："僮人（即今壮族），五岭以南皆有之，与徭（即今瑶族）杂处。……居舍茅缉而不涂，衡板为阁，上以栖止，下畜牛羊猪犬，谓之'麻阑'。"

明邝露在《赤雅》"僮丁"条中亦载："（僮丁）缉茅索绹，伐木架楹，人栖其上，牛羊犬豕居其下，谓之'麻阑'。子长娶妇，别栏而居。"清初闵叙在《粤述》书中说到壮人的住屋形制时，与邝露所说略同。

清贝清乔在《苗俗记》中亦云："女子年十三、四，构竹楼野外处之，苗童聚歌其上，……黑苗谓之'马郎房'，僚人谓之'干栏'。"清代诸如此类记载甚多，恕不赘述。

近人刘介在《岭表纪蛮》一书第46—47页中，对桂西、桂西北地区壮族的"楼居屋宇"的结构,描写得非常详细。他说:"此等屋宇通常为二间三间,其高度为一丈二三尺,全体为木或竹所造,上盖瓦片,然大都皆以树皮茅草覆之,或亦剖竹通节,阴阳互合,覆之以代瓦。……人皆楼居,楼下为两部,一部为舂碾室,农具杂物亦储其间;一部为牲畜室,一家所饲鸡豕牛羊,悉处其内。楼上分三部或两部,左右为卧室,最狭,普通仅可容榻,中间为火塘,封填形如满月之三合土,以铁制圆形之三角灶(俗名三撑)架于当中(其贫者不用铁灶,取石放置成三角形,架锅于其间)。……火塘两门之外为骑楼,骑楼曲展至屋侧,为楼口。于此建木梯,即为升降必由之路。屋前或屋侧多架竹为楼,露天无盖,蛮人凉物、晒衣、缝纫、乘凉诸事,多于此间为之。"

(三)我国现存的"干栏"式建筑

(1)傣族的"曼栏"式建筑

傣族"曼栏"(竹楼),是现存"干栏"式建筑的典型代表。建筑形制以四五根通高及若干根长及屋檐的桩柱凿成榫卯互相穿套衔接,以构成房屋的骨架,置于地平面上,不用打桩、钉钉子,自然稳固如山。再将横木将楼房分为上下两层。将下层隔为两间,一间用来豢养牲畜;一间用来安置舂碓及农具等杂物。上层为家人居室,居室距离地面约七市尺,用大南竹剖开去节压平铺于横木之上作为地板,四壁亦如是制作。室内视家口人数,用竹篱分隔为若干房间,一般分为两间,内室为主人夫妇及其子女同室而卧;外室为客厅、饭厅、厨房,置有高出地面四、五寸,用泥土填成的火塘一处,火塘中间置铁三脚架一具,全家及来客之烹饪,用饭、宴饮事宜,大家都围着火塘进行,如都市饭馆中的火锅。冬天,火塘还可作为取暖及全家谈笑、娱乐场所。住房正面另建一骑楼作为走廊。骑楼的一头安置木梯一具,供升降之用;另一头伸出屋外,用木竹搭成一所凉台,作为置放水缸、晒衣、缝纫及热天吃饭、乘凉、聚谈、娱乐之所。屋顶用木竹架成双斜面的脊檐，覆以瓦片或茅草席，以遮阳光和风雨。住宅外面用竹篱或种植严严密密并带刺的荆棘、仙人掌来代替围墙，作为一所独立的院落，另开辟一扇大门以供进出。院落之内的空地，都种植着绿油油的椰子、柚子、油松、木瓜、槟榔、香蕉等高大果树，既供家人食用或出卖，又能美化住宅风景。集多所院落而构成村寨，傣语称为"曼"自然村寨，有"曼丙"、"曼棒"、"曼垄"之谓，集若干曼而构成"勐"，犹汉语的乡村或平坝。

(2) 壮族的"麻栏"式建筑

广西壮族的住宅建筑形制，除一部分已仿照汉族的平房形制外，多数仍保存"麻栏"（楼居）式形制。其中，以广西龙胜各族自治县龙脊乡壮族地区的"干栏"式建筑为最典型。又有许多壮族民宅，虽然已有所革新，建筑材料已改变为挖地基，用石头为基础，用土砖砌墙壁，脊檐檩梁直搭在墙壁上，屋顶盖着瓦片。但内部结构仍分上下两层：下层以一间豢养牲畜，一间置舂碓磨碾及农具杂物；上层住人，用木板铺平地面，内分三开间：中间前半部为堂屋，为待客、安祖先牌位及宴饮之所；后半部为火塘，上置铁三脚架一具，为家人平日炊事、饮食、冬天取暖、谈天、娱乐之处；左右各为一间或分隔为数间，一间为家长夫妇居室；另若干间为儿女分享。有的在居室之上再搭一层楼，供储存粮饷之用。堂屋正面或侧面，用石头或木板制成梯子，作为家人及来客进出麻栏的必由之路。梯子之侧，常用木竹编织搭架晾台，宽约五、六平方米一处，作为安置水缸、缝纫、晾晒衣服及暑天全家乘凉、聊天、娱乐之所。

(3) 布依族的"干栏"式建筑

今贵州罗甸、望谟、册亨等县比较边远的布依族村寨仍保存早期的"干栏"式住宅。而在镇宁扁担山一带山区和关岭县部分地区的布依族，多建造石墙、瓦顶或石片屋顶的"干栏"式建筑。

布依族的"干栏"式住宅，机动灵活，可以随着人口的增加和地形的不同而变化。在地形倾斜度大的地区，则把房子盖成"吊脚楼"的形式。屋基分前后两级，前矮后高；靠山的或左或右或后半部是平房，而前半部或左或右半部是楼房，楼的上层铺木板，与平房平齐，成为半边楼。前半部楼上和后半部平房住人；楼下豢养牲畜。这种建筑形式，既具有传统的"干栏"式特点，又吸收了汉族平房式建筑的优点，是"干栏"式半汉化的过渡形式。

(4) 侗族的"干栏"式建筑

侗族的住房多为外廊式两层楼房，全部是木质结构。桩柱横梁全用大木桩为之，上凿榫卯以互相穿套衔接，周围墙壁及地板用木板铺制，房顶覆盖瓦片或杉木皮。正楼两端另搭偏房，构成四面斜坡的流水形状。三江侗族自治县侗族村寨，常建成由若干幢楼连成一片的长方形大楼房，廊檐相接，屋里可以互通，多系由同一父系家族内的若干个小家庭的房子所组成，每个小家庭居住一幢房子。位于河边或陡坡的寨子，也常常根据地形的特殊性，建成各种形样的吊脚楼，与布依族的吊脚楼相似。侗族住宅通常也是两层楼，楼上住人，楼下两侧安置舂碓、厕所，中间豢养牲畜。楼上正屋前半部为堂屋，是安置祖先神龛、接待宾客之所；后半部为厨房，安置火塘一处、铁三脚架一具，还有大、小火灶。正屋两侧及偏房为住宅室。

水族、毛南族及部分苗族、瑶族、崩龙族、景颇族、基诺族、布朗族等兄弟民族，也流行"干栏"式建筑，形制分别与当地壮族、傣族、侗族、布依族传统的"干栏"式建筑相似。台湾高山族曹人和海南黎族在住房之前另盖一间谷仓和谷囤，也是盖成圆形或方形的"干栏"式建筑。

此外，东南亚和南亚群岛许多民族，也常采用这种建筑形制。在我国古籍中也有所记载。

在我国建筑历史上，大概上古时代就已出现穴居、石室、巢居三种形制。巢居是东南沿海及华南最早的住宅形制，以后逐步演变成"栅居"、"干栏"、"麻阑"等形制，这就是古越人及其后裔壮侗语族诸民族的主要住宅特点，这同他们所住的地理环境及民族特点有关系。传说巢居是南方民族远祖有巢氏（亦称"神农氏"、"炎帝"，他教民稻作，又教人构木巢居）首创。最早见于春秋时孔子弟子所作《礼记·礼运》所载："昔者先王未有宫室，冬则居营窟，夏则居橧巢。""橧巢"，就是巢居。又战国庄周所著《庄子》亦云："古者禽兽多而人民少，于是民皆巢居以避之。"战国韩非在《韩非子》"五蠹"篇中说得更为清楚："上古之世，人民少而禽兽众，人民不胜禽兽虫蛇。有圣人作，构木为巢，以避群害，而民悦之，使王天下，号曰有巢氏。"晋代张华在《博物志》卷一也谈到："南越巢居，北朔穴居，避寒暑也。"巢居与栅居、干栏，常常同时并提，但他们是有区别的。巢居，是指把人的住宅建筑在自然的一根或相近数根树木的枝杈上，若鸟巢然；而栅居，是把树木砍倒，搬出原始森林，在一小块平地上另竖立若干根桩柱，再于其上部横绑若干根檩梁而构成住屋以居其上；干栏，是发明了金属工具后，随着需要把桩柱檩梁凿成榫卯，然后穿套构筑，建成各种结构更加复杂、形式更加美观的楼房住宅，并且把许多独立住宅连成一片，形成了自然的村寨，这样才更加有利于人们的集体生产和生活，更加有利于防避自然灾害、野兽和敌人的侵犯。因此，可以说，巢居→栅居→干栏，是同一种类型建筑的三种不同发展阶段，总称"干栏"式建筑。巢居是这类建筑形制的最早形制。

关于巢居与栅居、干栏的关系，曾有以下三种不同见解，一种意见认为巢居就是栅居，栅居就是干栏。持此见解的代表人物就是南宋的周去非。他在《岭外代答》一书中说："深广之民，结栅以居。……无乃上古巢居之意欤!"另一种意见认为巢居和栅居是干栏发展史上的两种不同建筑形式,代表人物是德国的斜尔兹（Heinrich_schurtz）。他认为栅居发展的程序是由巢居而引起典型的栅居。我国学者戴裔煊先生也同意这种意见。第三种意见认为栅居与巢居没有关系。这种意见的代表人物是意大利学者俾阿兹特（Renato_Biasutte）。他认为巢居不是某种文化所固有,而是一种偶然的现象。既然是偶然现象,自然就不会同栅居发生系统上的关系。法国民族学家蒙登东（G. Montandon）虽然对俾阿兹特的见解表示不赞同,但他也认为巢居与栅居没有发生系统上的关系（以上均参见戴裔煊:《干栏——西南中国原始住宅的研究》一书）。我们认为,第一、第二种意见都是可取的。

综上所述,我们已经很清楚地看到:新石器时代及传说时代的巢居及其"干栏"式建筑,主要属越人先民的住宅;青铜器时代的栅居"干栏"式,主要属于越人或称"百越"族群的住宅;魏晋南北朝到唐、宋、元、明、清时期的"干栏"、"麻栏"、"楼居"式住宅,主要流行于岭南俚、僚、蛮僚、峒僚及近现代壮侗语族诸民族之中,彼此之间都是有民族渊源和科技系统上的继承关系,不是偶然发生的。除此之外,与其邻近或同一地理环境的我国苗族、瑶族、德昂族、景颇族、布朗族、基诺族及南亚群岛许多民族,也部分或全部地流行这种建筑形制,那可能是属于建筑文化史上的互相传播或互相吸收所至,亦如越人先民首先发明了稻作文化,很快就传播到长江以北甚至海外各国,道理是一样的。

四、鸟崇拜与鸡卜

鸟是古越人的一个重要图腾崇拜物;鸡卜是古越人的一种信

仰与卜卦方式。信仰，包括人们最原始的图腾崇拜、自然崇拜、祖先崇拜及各种巫术、占卜，都是人类社会发展到一定阶段的产物，都反映一定的社会经济、政治、心理状态和文化类型。人类社会发展是有规律性和连续性的，信仰和卜卦也有规律性和连续性。汉代司马迁就说过："四夷各异卜"，我国古代不同的民族都各自有着不同的卜卦。我们今天研究边疆各个少数民族的不同卜卦，仍有助于研究这些少数民族同我国古代哪个族群有联系及其彼此间的关系。我们先从古越人"鸡卜"说起。鸡卜究竟是怎么来的？后来哪些民族继续使用这些卜法呢？

（一）越巫鸡卜状况

鸡卜，可能很早就流行于越人各部，只因越人没有本民族文字，而同内地汉族接触又很少，故未见于文献记载。到汉武帝元封二年（前109）初，"南越国"灭亡后，通过越人勇之的上言，人们才知道这件事，并且载入汉司马迁的《史记》和汉班固的《汉书》。《史记·孝武本纪》和《史记·封禅书》均载："是时（指元封二年初），南越（《汉书》作'两越'）既灭，越人勇之乃言：'越人信鬼，而其祠皆见鬼，数有效。昔东瓯王敬鬼，寿至百六十岁。后世谩怠，故衰耗。'乃令越巫立越祝祠，安台无坛，亦祠天神上帝百鬼，而以鸡卜。上信之。越祠鸡卜始用焉。"《汉书·郊祀志》所载略同。据越人勇之所说，越人似乎早就普遍相信天神上帝百鬼，就是相信多神，尤其普遍相信鸡卜。越巫鸡卜的种类，时人没有说明，后人经过考证，注明是鸡骨卜。唐李奇在"鸡卜"条下注曰："持鸡骨卜，如鼠卜"；唐张守节《史记正义》说得更加详细："鸡卜，用鸡一，狗一，生，祝愿讫，即杀鸡狗煮熟，又祭，独取鸡两眼骨（疑为两股骨之误），上自有孔裂，似人形则吉，不足（疑为'不是'）则凶。今岭南犹（存）此法也。"

其后，学者根据岭南现行的鸡骨卜，阐述得更加详细，同时又增加鸡卵卜，也是越人流传下来的古占卜法。唐末段公路在《北户录》卷2载云："南方当除夜（指农历正月三十晚）及将发船，皆杀鸡择骨为卜，传古法也。"又说："邕州之南，有善行术者，取鸡卵墨画，视而煮之，剖为二片，以验其黄，然后决嫌疑祸福，言如响答。据此，乃古法也。"南宋范成大云："鸡卜，南人占法。以雄鸡雏执其两足，焚香祷所占，捕鸡杀之，拔两腿骨，净洗，线束之，以竹签长寸余遍插之，斜、直、偏、正，各随窍之自然，以定吉凶。其法有十八变，大抵直而正或近骨者多吉；曲而斜或远骨者多凶。亦有用鸡卵卜者，握卵以卜，书墨于壳，记其四维，煮熟横截，视其墨处，辨壳中白之厚薄以定侬、人、吉、凶"（转引自《资治通鉴》卷21"注"）。

稍晚于范氏的周去非在《岭外代答》卷10讲得也很清楚："南人以鸡卜，其法：以小雄鸡未孽尾者，执其两足，焚香祷祈，占而捕杀之，取腿骨洗净，以麻线束两骨之中，以竹签插所束之处，俾两腿骨相背于竹签之端，执签再祷，左骨为侬，侬者我也，右骨为人，人者所占之事也。乃视两骨之侧所有细窍，以细竹签长寸余遍插之，或斜、或直、或正，各随其斜、直、正、偏，而定吉凶。其法有一十八变，大抵直而正或附骨者多吉，曲而斜或远骨者多凶。亦有鸡卵卜者，焚香祷祝，书墨于卵，记其四维而煮之，熟乃横截，视当墨之处，辨其白之厚薄，而定侬、人、吉、凶焉。昔汉武奉越祠鸡卜，其法无传，今始记之。"周去非说得最直接了当，连同汉代越人鸡卜的关系都说了。自称他所记载的"南人鸡卜"就是汉代"越人鸡卜"的延续和补充。

（二）鸡卜源于鸟崇拜

越巫鸡卜至迟起源于越人原始社会鸡还未成为人们的家禽以前的鸟图腾崇拜时期。那时，鸟是人们得以维生的重要生活来源之一。越人分布很广，人数众多，崇拜对象也绝对不仅仅二三种，而是很多种，凡是同他们生活有密切关系的，诸如太阳、月亮、蛇、龙、蛙、鸟、禾稻、竹子等，都成为某些氏族、部落的图腾崇拜。正如马克思所说："他们（原始人）的宗教崇拜多少和氏族有着直接的联系；正是在氏族中宗教观念才得以萌芽，崇拜形式才被制定，但是这些宗教观念和宗教形式扩展到整个部落，而不是为氏族所特有的"（引于马克思《摩尔根〈古代社会〉一书摘要》84 页）。在此，我们特地谈谈越人中的鸟崇拜：

"夫能理三苗，朝羽民，徙裸国，……其唯心行者乎（汉、高诱注云：'羽民'南方羽国之民）"（引于《淮南子》卷1）。

"自西南至东南方，结胸民、羽民、灌头国民、裸国民、三苗民……"（《淮南子》卷4）。

"南方有人，人面鸟喙，而有翼，于是扶翼而行，食海中鱼。有翼不足以飞，一名灌兜。书曰：放灌兜于崇山，为人很恶，不畏风雨，不畏禽兽，犯死乃休耳"（东方朔《神异记》卷2）。

"灌兜，唐尧时人，与共工比周为恶，舜放之崇山。…灌兜，尧臣，自投南海而死。帝使其子居南海而祀之，则灌头即灌兜之后也"（郭璞《山海经·南海经注》）。

古籍所提到的南方、西南、东南、南海、崇山，皆古越人地。羽人、羽民、羽国、灌头、灌兜、有翼人，都可认为是古人对古越人中鸟图腾氏族或鸟图腾部落形象的描绘或传说。

湖南长沙马王堆一号汉墓出土的漆绘棺的盖板及四壁外表，绘有神态栩栩如生的羽人，有的正在骑马持矛，与持钺的犬人交战（见于中国历史博物馆1973年关于"长沙马王堆一号汉墓"出土文物试览品）。这里所描绘的故事，正是鸟图腾部落的越人与犬图腾部落的三苗人互相交战的故事情景。

在云贵两广一带出土的石寨山型铜鼓上，经常见到头戴羽冠、身披羽饰、或手舞足蹈、或竞划龙舟的羽人形象，也是越人鸟部落的写照!

如前节《稻作文化》所述,古籍载有很多关于"鸟田"、"鸟耘"(越语称"莱")、"鸟耕"(越语称"野")的传说故事,实际上也不过是"鸟"图腾崇拜的表现形式!

壮语称"鸟"为"骆"或"雒",其后续称为"僚",以及至今"骆"、"罗"姓壮人,均与壮语"鸟 soeg"音相同或近似。全是从鸟图腾演化而来的!

马克思说:"很可能在世系过渡到按男系计算以后或还早一些,动物的名称就不能再用来标志氏族,而为个人的名称所代替"(马克思:《摩尔根〈古代社会〉一书摘要》227页)。越人可能在原始社会末期,由于生产力的进一步发展,鸟已驯化为鸡,且已不再用鸟来标志部落;但鸟或其同类鸡在他们的心目中依然是神圣、神秘莫测的东西。于是,越人上层"越巫"便利用人们的这种心理,转而提出鸡骨、鸡卵有"灵"、有"鬼"的说法,"鸡卜"之术亦由是而生!

鸡卜最初大概是很简单的,人人会做。由于私有财产的产生,越巫为了垄断这种技术,鸡卜的方法也更加复杂化,并且制造出一套咒语和祷词。这时,鸡卜就变成只有那些既懂得做,又会念咒语和祷词的人们才能进行,巫师阶层乃由此产生。这就是笔者关于越巫鸡卜来源的解释。

(三) 越巫鸡卜的延续

越巫鸡卜虽然发生于原始社会末期,盛行于阶级社会科学文化不很发达的越人及其后裔南方俚僚诸族群中,直到近现代壮侗语诸民族还有所延续。今举例如下:

首先,看看壮族中的鸡骨卜与鸡卵卜。见于文献记载的,早在唐代,晚至清末,壮族都崇信鸡骨卜和鸡卵卜。最有趣的是宋神宗元丰年间(1078—1085年),吴处厚为大理丞时,为了要判决岭南宾州（今广西宾阳、来宾一带）壮族杀人案时，"韦庶为人所杀，疑尸在潭中，求而弗获。（韦）庶妻何以档就岸，爨煮鸡子卜之，咒曰：'侬来在个泽，里来在别处。'少顷，鸡子熟，剖视，得侬。韦全曰：'鸡卵得侬，尸在潭里。'果得之"（见宋代吴处厚《青箱杂记》卷3）。新中国成立前，桂西和云南文山州壮族地区，仍普遍流行鸡骨卜，特别是鸡卵卜。

其次，看看布依族的鸡卜。直到新中国成立前，布依族中仍普遍流行鸡卜，名曰"鸡卦"。卦名有"介加"、"介三"、"介荣"、"介要"、"介肖"等。其法：用两只鸡腿骨并排绑在一起，然后用小竹签插入腿骨小洞眼中，如果两只腿骨合起来有三只、一只或四只洞眼，就称为"介三"；每只腿骨只有两只洞眼，就称为"介要"；两只洞眼在腿骨下端，就称当"介肖"。"介加"卦有吉也有凶，如果占卜疾病，凡在申、亥、卯、末日得此卦，则表明吉，病轻且将好转；在其他日子得此卦，则表明凶。得"介荣"卦者多吉，如占卜疾病得此卦，说明病情即将好转；如占卜交友，则表明友谊常青；如占卜远行，表明平安无事。如在巳、丑、酉年月日得此卦，则一年四季皆大吉。占卜得"介三"、"介要"卦者亦多吉，但如果在寅、午、戌年月日得此卦，对于埋葬、敬神则不吉，出门也会漏财。贵州镇宁布依族自治县六马区韦永松先生1981年9月16日曾对笔者说："新中国成立前，当地布依族群众都懂得一些简单的鸡卜知识，惟精通鸡卜技术，又会念咒语、祝词的则只有巫师。"关于布依族崇信鸡卜的文献记载，则有明万历刻本《贵州通志》及明郭子章撰《黔记》等，讲得都比较简单。

再看看侗族的鸡骨卜：新中国成立初，贵州省从江县高增、西山一带侗族群众，在祭"撒妈"、"撒堂"庙时，先让寨老入席就座，而后由"执事人"念念有词，焚香烧纸，设神食于前，置双刀于两旁，再于寨中捉来两只小鸡，杀死鸡，拔掉鸡腿上的毛皮，而视其骨，以辨认骨象之吉凶。

水族的鸡蛋卜也很有趣。据水族老知识分子潘一志先生在《水族社会历史资料稿》一书中写道："水族群众称鸡蛋卜为'割蛋'。其法：用鸡蛋一枚，放在一个碗装的白米上，用小树杈枝烧的木炭作笔，鬼师（即巫师）捧起放着鸡蛋的那碗米，念念有词；念毕，用炭笔在蛋壳作画；画笔，置于小锅内煮熟，用刀切成两半，吹去蛋黄，察看蛋白中的阴影黑点及蛋白极薄的那一面现出来的画笔指向何方，以判断吉凶。主持占卜的巫师，都认识"水书"、懂得念咒祷告。巫师在社会上有一定威信，不是一般群众都能进行的，但是他们在社会上并没有什么特权，他们大多数都是不脱产的农民。"

黎族"以鸡骨卜占人心良歹，名曰'插鸡簪'。其法：于两人对食时，取鸡腿骨剥去肉，于有孔处用竹簪刺入，照亮处验其体全否，可识来人之心是否善良。其秘巧外人不知也。""又病不知医，尚跳鬼，数十人为群，击鼓鸣钲，跳舞号呼，或取雄鸡红色者，割之见血，用以祈祷，谓之'割鸡'。海南风俗多类此"（清、张庆长《黎歧纪闻》，收于《昭代丛书》道光本巳集广编）。据调查材料，新中国成立前，黎族仍盛行鸡骨卜和鸡蛋卜，主要用于战争。每次出征前，全村战士都要把武器放在村前草坪上，由主持鸡卜的巫师杀一只小雄鸡，把血淋在武器上，并抽出小雄鸡的两根股骨来进行卜卦。其法：杀鸡的巫师念咒语和祷词，祈求鬼神保佑自己的队伍，而击败敌人；然后，巫师使用小木签插入鸡股骨上的营养孔，左股骨代表我方，右股骨代表敌方；如果左股骨上的木签高于右股骨上的木签，便代表是我强敌弱，当天出战必获大胜，反之便是出战不利，不能出战；等三天后再进行占卜，直至获得吉兆方能出战。狩猎、"砍山栏"、种稻田、婚姻、疾病等，也要进行鸡卜。其法与此略同。此外，新中国成立前，云贵地区的彝族和云南的佤族也盛行鸡卜。

五、古朴的左江崖壁画

(一) 左江崖壁画考察记略

1985年11月9日至24日，我和石钟键先生等五位原中央民族学院的学者，应广西壮族自治区民族委员会的邀请，参加了由广西壮族自治区政府组织的"广西左江崖壁画考察团"，赴广西左江地区宁明、龙州、崇左、扶绥等县进行为期一周的科学考察，然后集中在南宁举行关于左江崖画的学术讨论会。

左江崖壁画分布在广西左江流域的凭祥、龙州、宁明、大新、天等、崇左、扶绥七个县（市）中，延伸200多公里，今已发现有84个地点、183处、287个画组。画面内容主要有人（神）像，在人像腰间带有环首刀及长剑、短剑等；在人像附近，有类犬、飞禽、铜鼓、太阳等壮族历史上常见的动物器物图像。神像大小高矮不一，高者达两三米，最矮小的仅有20厘米。画幅最大的一处就是宁明花山崖壁画，仅此一处就有1300多个神像。神像风格独特，多作双手上举，两脚叉开，如青蛙站立在水面上的形状。画墨全部是土赤色，估计是就地取材研磨制成的。学者一致认为，这是壮族先民的遗作。因为壮族自古以来就是左江流域的主体民族，至今壮族人口仍占当地总人口百分之九十以上，而且画笔风格、使用器物如铜鼓、环首刀等，也都与壮族有关。

壮族先民在历史条件还十分艰难的情况下，画下规模这么宏大的崖壁画幅，究竟是做什么用的？是以供观赏？还是有何实用性？它的主题思想是什么呢？因为画面没有文字说明，自从新中国成立初期发现以来，学者就争论不休，有记录战争场面、祭祀场面、舞蹈场面、图像文字、语言符号、压服水神等多种不同的说法。通过这次考察团的讨论，初步认为这是壮族先民巫师画的壮族先民进行祭祀的场面；或者是壮族先民进行祭祀的神像，好像近现代人们在庙宇中所雕刻、塑造的神像一样。

关于壁画出现的年代有殷商说、两汉说、唐代说、宋代说、太平天国时期说等多种。这次考察后，多数学者认为是春秋战国至两汉时期的作品。理由是这次所取得碳14数据，多表明在春秋战国，至迟到东汉。而画面上所出现的器物，在广西有遗物为证的也出现在春秋战国至两汉。

（二）蛙神崇拜的典型：左江崖壁画的主体思想

1985年11月，在南宁召开的左江崖壁画考察团讨论会上，笔者在发言中提出左江崖壁画的主体是蛙神的观点，取得许多学者的赞同。有的学者甚至认为"这是目前最有竞争力的一种观点"（见《广西民族研究》1986年1期）。当时论述还比较粗浅，笔者在此试图从民族学、民间文学、综合考古学、历史学等，多个角度来论证。

1. 几种说法的比较

广西壮族自治区左江流域的崖壁画，简称"左江崖壁画"，亦称"花山崖壁画"，由于作画人没有留下文字说明，学者仅凭壁画的图像，结合考古学、历史学资料进行考察，长期以来未能取得一种比较有说服力的解释。归纳起来，大致有军队会师图、点将图、庆功图、语言符号和古人祭祀图等多种说法。

首先是把壁画同当时当地发生的战争、历史事件联系起来的会师图、点将图或战争胜利后的庆功图等说法，认为壁画内容讲的是太平天国农民起义军吴凌云部，或唐代"西原蛮"（壮族先民）农民起义军的会师、点将、庆功。这几种说法，后来都被排除了。首先是与清代太平天国革命有关的问题，明代人张穆所撰

《异闻录》中已有关于崖壁画的明确记载:"广西太平府(府治在今崇左,辖区含左江流域各县)有高崖数里,现兵马,持刀杖,或有无首者,舟人戒无指,有言之者,则患病"(转引自清初汪森缉《粤西丛载》)。这里所说的"高崖数里",当指宁明花山;"现兵马,持刀杖,或有无首者",当指崖壁画上的人物图像;又出版于清光绪九年(1893)的《宁明州志》亦说壁画出现在太平天国农民起义之前:"花山距城五十里,峭壁中有生成赤色人形,皆裸体,或大或小,或持干戈,或骑马。未乱(指太平天国农民起义)之先,色明亮,乱过之后,色稍黯淡。又按沿江一路两岸崖壁,如此类者多有。"至于壁画是唐代"西原蛮"起义军的点将图的说法,也缺乏足够的证据。因为壁画中显现的艺术风格及各种器物形象,如铜鼓、羊角钮钟、环首刀、扁茎短剑等,在壮族地区都是唐代以前就大量出现了;况且唐代壮族先民已广泛使用汉文,而壁画上却没有发现一个汉字。因此,推论壁画必作在唐代以前。

语言符号之说,既不像,又太复杂,且缺乏历史、考古、民族及民俗学依据。因为壮族历史上或现实中,从未使用过这样复杂的语言符号。壮族民间历史上曾经使用过的"土俗字",是使用汉字的字形、音、义来记录壮语的,总离不开汉字的总体形象,而崖壁画的风格特点是画而不是字。因此,它同语言符号或文字的初形没有关系。

古代壮族巫师作的祭祀图说。这是一种比较有说服力的说法,也是一种越来越接近实际的一种说法,近年多持此说。但是,壁画画的究竟是人们的祭祀场面,还是祭祀的物体神像?是什么神?又众说纷纭,有说是龙神、雷神、水神、天体等。

笔者认为,崖壁画是壮族先民,或职业、或非职业巫师作的供壮族大众祭祀、崇拜、信仰的神像,这些神像固然也有多种类别,但它的主体是蛙神。

2. 壁画的主体是蛙神

壁画有人像、器物、动物，但以人像为主体。而壁画上一个个大大小小的人像，动作姿势几乎千篇一律、大同小异地作两手上举，两脚叉开，欲跳跃前进的姿势，酷似一个个青蛙站立起来正要跳跃前进的样子。当然，我们不能把壁画上的人像理解为现实生活中的人群或蛙群，而是传说中人格化了的蛙神。因为壁画上画的如果是人，即使在当时的历史条件下，也不可能一丝不挂、全部赤身裸体，连一块遮羞布也没有，况且人头不像人头，没有脸盘、眼睛、鼻子、耳朵和嘴巴，而且还有一些男女当场进行交媾的场面。总之，整个图面画得奇特而又神秘。同样，我们也不能把它们理解为现实生活中的一群青蛙，因为它们仅仅具有青蛙的某些特征，而不是青蛙的全部特征。故我们把它们理解为人格化的民间传说中的蛙神。

笔者这种理解，至今固然无法从历史文献中找到证据，却能从壮族民间现存大量的"活化石"例如神话传说、习俗、崇拜、信仰及宗教、迷信活动中找到有说服力的佐证。

壁画上表现出来的这种蛙神形象，似为壮族先民最早、最重要的一种图腾崇拜。大概是壮族先民在举行崇拜活动前，壮族巫师为了祈求蛙神到场显灵，而根据民间传说，把他们想象中的蛙神形象，画在绝崖陡壁上，表示他们所请的神灵已经到来，于是群众带着各种贡物接踵而来顶礼膜拜，巫师们则模拟青蛙的动作舞而跳之。祭祀完毕，祭众散走，贡物归巫师所有。这种做法，群众的收获是取得了思想寄托；巫师出力出技艺换得了贡物，于是一年增加一点，多年便画成一幅幅巨画。好比壮族地区旧时所建的多处庙宇和雕刻塑造的神像一样。

我们的这种设想，可以从旧时壮族师公做"道场"时所跳的"蚂拐舞"和所画的"蚂拐符咒"中（蚂拐，青蛙别名）得到证明。旧时，壮族师公做"道场"时，师公所跳的"师公舞"亦称

"蚂拐舞",舞蹈动作很像壁画上的人物形象,也是两手上举,两脚叉开,伸张五指,手持刀剑或拐杖,跳跃前进的姿势。新中国成立前,笔者在家乡多次目睹壮族师公做道场时所画的符咒,其中有的就酷似壁画上的蛙神形象。无论是模拟青蛙的动作而跳的"蚂拐舞",还是在符咒上画着蛙神的形象,都是为了表示他们所请的蛙神已经到来。人们可以、而且应该立即举行祭祀仪式了。所以,现代壮族师公所做的道场,乃是古代壮族先民在崖壁上所画的崖壁画及其祭祀活动的简单化及后续。由此可知,古代壮族先民对蛙神的信仰和崇拜,近现代仍有痕迹可寻。

上古时代,壮族先民在悬崖陡壁上绘画蛙神作为偶像来供奉并加以崇拜和祭祀,就反映当时人们必有一种观念,即认为蛙神是一种很神圣的东西,它能庇护人、能替人去战胜一切妖魔鬼怪和自然灾害,它有一种不可捉摸的非常神秘的魅力。因而,关于蛙神的种种传奇故事,便相应而生,长期流传于壮族民间。至今壮族民间,仍广泛流传有《蛙王的故事》、《田蛙显灵的故事》、《蛙神替人求雨的故事》及多种祭蛙活动,便是古时蛙神故事的缩影。《蛙王的故事》说的是从前红水河沿岸有个土皇帝(土官),受到异邦藩王侵略,就出榜招募能战胜蕃王者,愿给他高官厚禄,并愿将自己的女儿嫁给他。蛙王带着几个兄弟骑着水牛,前来把榜揭了。只见当日蛙王就带着铜鼓、环首刀和长短宝剑,骑着水牛去同藩王厮杀。当夜前沿阵地,战鼓震撼山岳,风火交加,杀声四起。次日一早,蛙王果然绑着藩王及其主要头目到土皇衙门来领赏了。土皇定睛一看,见前来领赏的竟是一只大青蛙,就食言了,改口说:"只能给你封官爵,不能把爱女嫁给你。"蛙王却坚持要娶公主,什么高官钱财都不要。土皇问公主怎么办?在公主的眼里,蛙王不是青蛙,而是一个才貌双全、英雄盖世的小伙子,俩人一见钟情,公主便满口答应嫁给他。土皇认为真的把爱女嫁给他,实在有损祖宗体面,便密谋在举行婚礼那天，把蛙王杀掉。吉日那天，蛙王穿上举世无双的旗袍，现出英俊无比的王子面貌，亲自登门迎亲，一进门就脱下龙袍，同公主谈情说爱去了。土皇转忧为喜，特别见到王子进屋后脱下这件龙袍如此美丽，就顺手拿来试穿一下。谁知土皇一穿就再也无法脱掉，并且立即变成一只青蛙，呱呱地叫着跳进水塘里去了。蛙王乃同公主正式结婚，并继承其父位当了土皇帝。从此，当地国泰民安，风调雨顺，五谷丰登，呈现一片兴旺发达的景象。于是，后人就把蛙王当做民族英雄永远崇拜祭祀（参见《僮族民间歌谣资料》1957年铅印本）。

《田蛙显灵的故事》内容是说，从前红水河南岸有个心地狠毒的土官，强占当地农民三块良田作为埋葬他母亲的墓地。葬后第三天，那个土官的住屋附近田里蛙声四起，昼夜不停地叫闹，弄得土官通宵无法合眼。土官便叫长工烧几锅开水倒入田里，把青蛙全部烫死。不久，土官却突然得了一场大病，据算命先生说是青蛙来报仇。于是，土官被迫把他母亲的坟墓迁走，把田地归还给农民。当地农民觉得这些青蛙是为他们而死，乃捡起来举行隆重的葬礼。相沿成俗，这一带农民便于每年春节期间唱着蚂拐歌，给青蛙举行葬礼。

流传于东兰、凤山一带的《蛙神替人求雨的故事》，说蛙神是雷神与水神结婚所生的子女，天使亚良伟把它们送到人间替人类求雨排涝。因为只有它们，才能上通雷神，下达水神。如果上天久旱无雨，它们就叫雷神造雨；如果久雨成涝，它们又叫水神疏通江河，排涝祛灾。它们神通天地的法宝就是铜鼓。所以，铜鼓是蛙神不可须臾离开的法器。据说现在青蛙叫时鼓起的大脖子，就是它们敲击着铜鼓而呼天唤地的情形。壮族民间常说"青蛙叫，暴雨到"，"蚂拐呱呱叫，大雨就要到"，就是相信青蛙具有神通广大的能力。壮族自古以来都视铜鼓为珍宝，左江崖壁画上的蛙神，也往往离不开铜鼓。

近现代壮族的祭蛙活动，主要流行于广西东兰、凤山一带壮族地区。每年农历正月初一至十五期间，这一带地区的各个壮族村寨，都要隆重举行祭蛙活动。到约定的那天清晨，村中青年男女们便争先恐后地到田间去捉青蛙，先被捉到的那只就称为"蛙王"，另找一只与他配对，再用桃枝把它们击死，装入竹筒中。然后选出两名大汉抬着竹筒，到村中挨家挨户地游行拜年，接受村民祝福送礼；而村中男女都穿着节日盛装，跟随在竹筒之后，一边敲击着铜鼓，一边唱着"蚂拐歌"。最后，村人还要为它们守灵，再举行隆重的葬礼。"蚂拐歌"的内容大多讲述蛙神的神秘故事，例如其中有一首大意是这样的："青蛙青蛙叫呱呱，个子虽小志气大；日夜巡逻在田坎，辛勤捉虫保庄稼。青蛙青蛙从天降，神仙派来保农家；谁敢轻易伤害你，雷公叫他头开花！"（以上故事及活动均参见《广西日报》1962年2月10日、1985年8月7日）。

壮族是多神崇拜的民族。民间认为，日、月、星、辰、山、川、河、流、怪石、奇树及牛、马、鸡、鸭，特别是人类赖以生存的稻谷、籼稻、糯稻等等，都有神灵，但是，在众多神灵中，人们认为天上以雷神为最大，地下以水神为最大，地上最大的神灵各地看法不一致，许多地区认为蛙神最大。蛙神是至高无上、完美无缺的善神。它被认为是专门替人类办好事的英雄，而备受人们爱戴，故古人把它们加以人格化，然后描绘在最纯洁、人迹难以到达的崖壁上，逢年过节时去崇拜、祭祀它，祈求它显灵、替人类造福。这是完全可以理解、合情合理的。

值得注意的是，从出土文物和历史文献的有关记载，也可看出壮族崇拜蛙神和铜鼓的历史是很悠久的。新中国成立后，在广西恭城发掘的春秋晚期墓葬和在广州发掘的西汉赵昧墓中，均出土有蛇蛙互斗的器物图像。这就是古越人把蛇神和蛙神都当作崇拜对象的表现。

春秋战国时的越王勾践，也崇拜青蛙："越王虑伐吴，欲人之轻死也，出现怒蛙，乃为之式。从者曰：'奚敬如此？'王曰：'为其有气故也'"（见《韩非子·内储篇》）。

唐僖宗（874—880）时，高州（今广东高州、电白、茂名一带）太守林蔼也很相信鸣蛤（青蛙别名）是"铜鼓精"。他把一面塑有青蛙的铜鼓当做宝物，悬挂在广州帅府武库中（见《岭表录异》卷上）。

清人张心泰在《粤游小志》卷三也载有：岭南某地，一只金蟾（青蛙）偶入书房，主人便以为灵异，于是"奉承畏惕，罔敢越思。一时演剧供奉，不能禁。"

上述种种历史事实，是壮族先民早期崇拜蛙神的一些遗迹，也是左江崖壁画的主体结构的有力佐证。

3. 壁画折射了时人对农业生产的需求

如前所述，壮族来源于古越人的一支或数支，自古就生活在西江流域及其上游左、右江、红水河流域。所谓"九疑之南，陆事寡而水事众"，而农耕水稻及渔业生产，正是他们生活的主要来源。水灾、旱灾经常威胁到他们的生命安全和生活出路。因此，他们崇拜信仰雷神、水神或幻想中与雷神水神关系最密切的水产动物，即古书上所说的"于是人民披发文身，以像鳞虫"（见《淮南子．原道训》）。作为鳞虫的一种蛙神，就这样应运而生，成为人们信仰的偶像，并把这种偶像，通过美术表达方式活生生地把它描绘到崖壁上。除久旱或久雨时人们去祭祀祈求外，还按常规于每年某月某日，携带各种贡物，敲击铜鼓，成群结队地到壁画之下祈求、礼拜！至今东兰、凤山一带壮族民间，还流传有这样一则故事：有一年，人间久旱无雨，人们叫苦连天，乃请蛙神击鼓，叫雷神下雨，但却遭到雷神拒绝。蛙神被迫带着铜鼓及全副武装上天同雷神讲理，雷神还是不予理睬。气得蛙神怒火冲天，和雷神展开了一场激烈的战斗。终因神力有限，被雷神用电杖击毙。雷神也因此大发怒火，雷电交加，大雨倾盆而下。后人为了纪念蛙神这种不怕牺牲的精神，就给青蛙举行了隆重的葬礼。

左江崖壁画中的蛙形图案虽然是古代壮族幻想出来的蛙神形象，但它并不是完全脱离当时人们的实际社会活动的。神的形象，只能是人的形象的迂回反映。人间有什么样的人，阴间就会有什么样的鬼和神。人是怎样生活的，神也会表现出近似人间的生活。不过，神不仅具备人一般的生活，而且会比人更聪明、更高级、更理想化的生活和才干。因此，左江崖壁画上的蛙神活动，是当时当地壮族人民现实社会不完全的、模模糊糊的写照。壁画上绘画着大小不同的蛙神，有的身边有铜鼓，有的佩刀带剑，有的赤手空拳，那是当时壮族先民社会已经出现部落首领、氏族酋长、师公、军事首长和普通民众的区别，甚至已经出现贫富差别。壁画上绘画着带刀佩剑的武士蛙神，并且做着随时投入战斗的准备姿势，反映当时社会已经出现武装冲突、掠夺或战争。因此，可以设想，这是壮族先民正处在原始社会末期或阶级社会初期的迂回反映。

总而言之，左江崖壁画是壮族先民给我们留下的宝贵财富。它不仅为我们提供了古代壮族社会的精神、艺术、信仰的物证，也给我们展现了壮族先民的社会、经济、物质生活的现状。它的历史价值和学术研究价值是很高的。

六、从越人歌到壮歌

（一）越人歌

壮歌，人们都说它历史悠久，但究竟有多久？起于何时？已不可考。若从民间传说看，有人说壮人向来都是以歌代言，以歌达意，以歌传情，因此说壮歌可能和语言同时诞生；于今壮族民间还流传有关于人类起源、水稻起源、婚姻起源等歌句，可能就是原始时代口传下来的。无文字与实物见证，不能算信史。壮歌的可靠历史，现在还只能从距今两三千年前的《越人歌》算起。

这首《越人歌》，是古越人唱的。而古越人是今壮侗语族诸民族包括壮族在内的共同先民，这个学术问题笔者已另有论证。本章再从民间诗歌来进一步论证。

这首越人民歌，已记载进西汉人刘向写的《说苑》"善说"篇中。刘向在"善说"篇中说，他讲的故事不是发生在他那个时代，而是早于他数百年前的战国（前476—前221）时代。故事说：战国时，楚国令尹鄂君子晳有一次出去旅游，行船于波江（不知今属何江域）之上，替他划船的船夫是当地越人。正在兴致盎然的时候，这位船夫给他们大声歌唱了一首越人歌。大家都说太好听了，但谁都听不懂。随行人员楚国大夫庄辛就用汉文译音的办法，记下了这首《越人歌》的唱词。原歌的歌词为："滥兮抃草滥予，昌枑泽予？昌州州谌，焉乎秦胥胥。缦予乎昭澶，秦逾渗惿随何湖"（原书没有标点，今点句是现代人加的，仅供参考）。庄辛又于当地找了一个兼通汉语和越语的越人来给他们翻译，才弄懂了这首歌词的大意是："今夕何夕兮？搴州中流。今日何日兮？得与王子同舟。蒙羞被好兮，不訾诟耻。心几顽而不绝兮，得知王子。山有木兮木有枝，心悦君兮君不知。"

从这首歌的发现，至今已有大约三千年之久。人们只知其大意，而不知原歌的本来面目。直到20世纪80年代初，中国社会科学院民族研究所壮语专家韦庆稳先生（广西来宾人，壮族。新中国建立初期，曾参加壮语普查，并与原苏联专家一起创制新壮文。）发表了一篇题为《"越人歌"与壮语的关系》的论文，这首歌头上的黑面纱才首次被揭开，并首次成功地恢复了这首歌的原貌。

韦论的要点是把《越人歌》中原来用汉语译音的歌词，对它重新进行注音，再用壮语对它进行逐字逐句的对照。终于取得了圆满的结果，完全弄懂了原歌的唱词、韵律和意义。例如：

第一句原译为：滥　兮　抃　草　滥　予
新注音：ngam　uei　ban　tsog　ngam　dyiag
直译为：晚（夕）　今　这是　（配音）　晚　哪
意译：今晚是什么佳节？舟游如此隆重？

第二句原译：昌　枻　泽　予
新注音：kiang　lrwag　gak　gyiag
直译：正中　船的　位　哪
意译：坐在船的正中位子，是哪个大人？

第三句原译：昌　州　州　湛
新注音：kiang　tiog　tiog　dam
直译：正中　王府　王子　到达
意译：是王府中的王子驾临

第四句原注音：州　焉　乎　秦　胥　胥
新注音：tiog　tran　trwag　tsian　ziag　ziag
直译：王子　会见　赏识　我小人　感激　感激
意译：王子接待又赏识，我小人感激感激。

第五句原译：缦　予　乎　昭　澶　秦　渝　渗
新译：ngwan　dyiag　trwag　tiog　ndam　tsian　dliu　zam
直译：日　哪　知　王子　与　我小人　游　玩
意译：不知今后哪日能与王子再游玩。

第六句原译：愓　随　河　湖
新译：tieg　lsaw　ho　zrwag
直译：小人　心　喉　感受
意译：小人内心感受您的好意。

韦先生认为，这是一首五言六句、腰脚押韵的越人歌。后来，其他学者又用侗语、其他方言的壮语解读这首壮歌，也同样可以了解原歌的意义。

经过这番研究，我们便知这首越人歌无论在语言、押韵、句子组合及风格特点等方面，都与现代壮侗语族诸民族的民歌大致相同。这不仅在壮侗语族诸民族的文学史研究上有重大突破，同时也再次证明，我国古越人确实是今壮侗语族诸民族先人。

（二）"刘三姐"时代的壮歌

"刘三姐"，是流传于壮族民间的古代人物故事。有无其人并不重要，也不必拘泥故事中的每一句话是否都有事实根据，重要的是她曾被誉为壮族的歌祖、歌仙、歌圣。壮歌已经非常兴旺发达，并且受到广大壮族人民大众的喜爱。可以说，"刘三姐"是壮歌兴旺发达的代名词。有的华南瑶族、汉族地区也有传说。

最普遍的说法：说"刘三姐"，又名"刘三妹"，唐代人。生于唐中宗神龙元年（705）；有的说生于唐景龙年间（707—709）。

明末清初以来，学者陆续把壮族民间的这些传说写成人物传记，载之于文献、方志中。最早的一篇，题为《刘三妹歌仙传》，是明末清初人张尔翮（音赫、he），在康熙二年（1663）三月三歌节期间，游浔州府（治所今桂平县）西山时，亲自采访附近名为"仙女寨"一位80多岁杨姓老人，得知详情后撰成的。载于康熙间成书的《古今图书集成》卷1140"方舆汇编、职方典、浔州府部艺文"中。内略云：刘三妹是浔州府人。生于唐中宗神龙元年。聪敏过人，七岁能读书，好笔墨，被人誉为"女仙童"。十二岁会作诗、唱歌。十五岁，由父母包办许配林氏。十七岁，即唐开元十年（722），有邕州白鹤乡秀才张伟望者，慕名来访，彼此以歌代言，情投意合。三天三夜，废寝忘食，歌之绝妙，围观者人山人海，无不为之倾倒。竟歌至第七天，二人乃化石成仙。林氏不信，上山去看，亦化成石。今西山景区有三块人形的石峰，就是她们三人的化石。

明末清初人屈大均（1630—1696，广东番禺人）在《广东新语》卷8，也写了一篇《刘三妹语》，说刘三妹是广东新兴人，兼通"蛮"语，能唱"蛮"歌（"蛮"是旧时封建统治阶级及其文人对壮族及华南其他少数民族的侮称）。其他内容与上文略同。

在成书于清康熙三十年（1641）的王士祯笔记《池北偶谈》一书中，所收睢阳（今河南商丘县）吴淇采辑的《粤风续九》，又谓唐代刘三妹是广西贵县水南村人。与白鹤秀才张伟望登西山，人们为之筑高台，三日赛歌，秀才歌"艺房"之曲，三妹答以"紫凤"之歌；秀才复歌"桐生南岳"，三妹以"蝶飞秋草"和之；秀才复变调为"朗陵花"，词甚哀切，三妹歌"南山白石"，更悲激。听众无不叹服。

清张祥河(1785—1862)撰、道光二十五年(1845年)成书的《粤西笔述》亦说：刘三姐是贵县西山人，生于唐景龙年间。

《宜山县志》又说刘三姐是宜山县下涧村壮女。顺流而下到柳州鱼峰山。当地民众为之搭台唱歌。不知所终。

云南文山地区的壮族民间，又传说刘三姐是云南壮女，生于明季。

因为壮族当时没有本民族文字，也未发现汉文注音的歌本，所以刘三姐所创作和编唱的壮族民歌至今一首、一句都没有见到，这是我们感到最遗憾的。清初吴淇在《粤风续九》的"序言"中说他所采集到的粤西民歌、瑶歌、郎歌、僮歌等，全是刘三姐的遗篇，这仅能算是一种假想或民间传说，不能算信史。乾隆《浔州府志·艺文》载有一首民歌，词云："入山忽见藤缠树，出山又见树缠藤。树死藤生缠到死，树生藤死死亦缠。"作者说这首民歌是刘三姐的遗歌。这也仅仅算传说，没有信史根据。不过，刘三姐时代的壮歌，比起《越人歌》来，无论语言还是歌词的风格特点，当然会更进步，与现代壮歌更接近。

(三)《粤风续九》新解

《粤风续九》一书，是明末清初人吴淇（1615—1675）所采辑的一本广西民歌集。吴淇字伯真，号冉渠，明睢阳县（清改睢州，今河南商丘县）人。顺治十五年进士。康熙年间曾任广西浔州府（治所今桂平）推官。著有《雨焦斋诗集》、《律吕正论》、《雨焦斋杂录》等。此书是他在浔州府推官任内，采辑于今桂平、贵县一带壮族文人作品或民间歌手的歌词，加上自己的注解，再编纂成书。书名"粤风"者，指广西民风；"续九"者，自比战国屈原"九章民歌"。可见他对广西少数民族的民歌是很推崇、很敬仰的。这书的历史和文学价值很高。惜原书已佚。好在清初王士祯（1634—1711，山东新城人）康熙三十三年（1691）编著的笔记《池北偶谈》收有其书的一部分，但错漏较多。乾隆年间李调元（1734—1803，四川绵阳人）辑解的《粤风》书中，又收录有其书的一部分，惜未具体指明哪些歌句是吴淇所辑。

《粤风续九》书中所收"民歌"与"瑶歌"（原作"猺歌"，今一律改作"瑶歌"），是用汉语、汉文记载，一看就懂，这里就不再重复了。

我们在此要探讨的是该书所收的"郎歌"（原作"狼歌"）和"僮歌"。郎歌，就是郎人唱的民歌；僮歌，就是僮人唱的民歌。在壮族地区的郎人就是壮人。因此，郎歌和壮歌都是壮歌，语言相通，押韵法及风格特点都相同，只是句子多少不同。郎歌，适合于即兴编唱，随唱随编，五言四句为首，以情歌壮人称"西"或"比"者为多；僮歌，五言四句为节，两节、三节（最多）、四节、五节……为一组，比较难于创作，须事先编好，或唱传统歌句，或有师傅在旁指点，或有现成歌本，适合于在大庭广众场合唱，古歌、酒歌、农事歌，祝福歌等壮人称"欢"者为多。

《粤风续九》书中所收的郎歌和壮歌，别说汉族人，就是兼通汉、壮两种语言的文人作家，看了原注解后，虽能领会其大意；但很难全部弄懂它的意义，更难恢复它的原汁原味。原因是：明清时，桂平、贵县一带的壮语，方言复杂，有的是本地壮语，有的可能是被明朝征调来镇压大藤峡农民起义的田阳或南丹一带的壮人；用汉字注译壮语的语音，本来就很难准确注译，有的语音根本就找不到相应的汉字；再就是辑注者是江南或四川汉族，说不定他根本就听不懂壮语，翻译注解时难免有误差错漏之处。即便这么难，我们也要设法对它进行新的注解，以便大家都能读懂能唱原歌，从而更好地来继承这份被埋没在故纸堆里至少已有三、四百年之久的宝贵遗产。

在此，笔者仅仅重新译注其书所收的几首较好的郎歌与僮歌：

郎歌一首，原译音为："六吞六，齐度菊口笼。"原注云："六，鸟也。吞，见也。齐度，大家也。菊，入也。口笼，山中也。"一看便知这是五言四句的壮歌。可是，《池北偶谈》只收了开头的前两句，遗漏了后两句。好在李调元《粤风》收了全首，补充后两句为："有吞同，请（讲）十艮布应。"李对此首歌注解："六，是鸟。吞，是见。齐度，是大家。菊，是飞。口是进。笼是山里。鸟见鸟，彼此相顾大家一齐飞进山里。艮是日。布印，是不应。今我见你，与你讲十日话也不应我。"笔者认为，李注对"布印"二字，理解错了。实为"不停歇"的意思。因为"不答应"的说法，不符合壮族青年对歌的风俗情理。壮族青年邀请对方对歌，别说十日不应，哪怕十句不应，邀请一方就不理睬你了。

我们现在用新壮文对这首壮歌重新注音："duz roeg raen duz roeg, heuh dou mbin haeuj lueg. boux youx raen boux doengz, gangj cib ngoenz mbouj yiet."意译：鸟只见到鸟只，就会彼此嘟嘟地呼唤着一起飞进山去；今日我们遇到亲爱的你们，讲起歌

来会讲它十天十夜（这是常见的夸张语句）不停歇。

另一首郎歌，原译为："三十六图羊，四十双图鸡。"原注云："言礼之多盛，称夫家人罗敷行同意。"这也是一首五言四句壮歌。又只收前两句，李文也不收。我们只好替他假设两句："礼纳心何采，代代结姻亲。"才形成完整的一首。

把这首壮歌译为壮文："sam cib loeg duz yiengz, seiq cib song duz gaeq。leiz naek simhok ndei, daih daih giet yienzgya。;"

意译：你家送礼三十六只羊，四十双肥鸡；礼重心又好，两家代代结姻亲。

又如一首郎人扇歌，也只收前两句，译音："比万两千金，有情又有意。"再假设后两句："送侬伦比尼，里耐又比林。"

译为壮文则成：beiz vanh song cien gim, miz cingz youh miz yeiq。

soengq nuengx lingh beiz nenx, ndei yawj youh beiz rumz。"

意译："比"，是扇子的音译。意为：这把扇子一把顶两千金，它有情又有趣。哥送给妹这把扇子，好看又能煽凉风。

该书所收"僮歌"，与郎歌一样，实际上都是壮歌。语言、风格、特点都相同，只是僮歌比郎歌的表现形式更加复杂。这是另一种形式的壮歌，许多壮族地区是同时存在、同时使用的。今举一首为例，原译为："口三六四里，踏得耳花桃。花脉淋了好，花桃淋了密。淋了细丝丝，淋了漓乙乙（原注：音亚）。养勒佛排琶，养勒花排菲。里样对鸳鸯，里样梁山伯。山伯祝英台。"

李氏《粤风》也收录有这首歌。不过李氏说这首歌的原辑人是明代人黄道（其人不详），而不是清初的吴淇，也许这是壮区的传统民歌，无论明清，都普遍流传于壮族民间。原注云："此进山踏歌之词。口，入也。脉，瓣也。淋，谛视也。漓，陆离之意。乙，犹亚也。五六句，承四之句，言桃花树身之浓艳。已下五句，专赋踏歌之人。勒，儿也。琶，整齐也。菲，美丽也。男女相悦言男如佛,女如花耳。鸳鸯,比人于鸟。梁、祝,比之于人。"李氏注云:"此进山踏歌之词也。口,是进。三,不是数目,犹言这里。耳,是枝。言进得这里,有六四里之远,方寻得桃花枝。脉,是瓣。淋,是看得分明。花桃,又指花朵而言,言花瓣这样好,花朵这样密。此六句写景而赋比也。以下五句专赋踏歌之人。勒。是儿。佛,是列。苔,是整行。菲,是标致。厘,是好。样,是像。这些踏歌的是谁屋生得好男勒,这样整齐,就如活佛。是谁屋生得好女勒,这样标细,就如桃花排列得十分好看。若各配成双,比之于鸟,好像鸳鸯;比之于人,好像梁山伯祝英台也。淋字,是审观谛视意。四个淋字,妙在由浅至深。淋了细丝丝,是视看一番。正花淋淋,所以好也。淋了密,也是初看。淋了漓乙乙,是又视看一番。见花桃之不啻密也。漓而陆离之离。乙音轧,与一有瓣,即花低亚之意。养勒二句,乃一班一班分夸,是一经。里样二字,乃一对一对合夸,是一纬。"

这是一首五言十一句壮歌。唱时,要分成三节十二句,第十句须复唱。

译成壮文:haeuj sam loeg seiq leix
　　　　　nda ndaej nyeiq vadauz;
　　　　　valimq nding youhhau,
　　　　　vadauz yinx duzrwi。
　　　　　nding louz sei sei,
　　　　　nding rongh dog sag。
　　　　　ciengx lwg faed baed bya,
　　　　　ciengx lwg gyaeu baed ndei。
　　　　　ndei lumj roegyenhyangh。
　　　　　sndei lumj liengzsanhbwz。
　　　　　ndei luwj liengzsanhbwz(第十句复唱),
　　　　　sanhbwz cuzyinghdaiz。

新注：李注谓赶歌圩有六四里之远，疑误。笔者认为："六四"，乃歌圩地名。原歌意为：一旦进入六四这个歌圩中，展现在我们面前的是一片桃花园。桃花正开放着红彤彤的花朵，吸引着许多蜜蜂。花朵红得亮闪闪，惹得来人眼哆嗦。养子就养上山如飞的小伙子，养女就养如花似锦的姑娘。他们配成双配成对，既像对对鸳鸯鸟，又像梁山伯和祝英台。

这是壮族歌手对壮族"歌圩"进行赞美的歌句。讲得多好啊！笔者给它起个题目，叫做"歌圩颂"。

（四）《粤风》新解

《粤风》，也是一本采辑于广西桂平、贵县一带，流行于明、清时代的广西民歌专辑。全书保存至今，历史、文学价值很高。见于《函海》（乾隆、道光本）第23函、《图书集成初编》"文学类"、1927年朴社单行本。清乾隆间李调元辑解付印。调元字羹堂，号雨村，四川绵州（今绵阳）人，汉族。乾隆进士。选庶吉士，后任吏部佥事、吏部员外郎、广东学政、直隶道、永兴道等。著有《雨村曲话》二卷、《雨村词话》四卷、《南越笔记》十六卷，并辑有《函海》大型丛书852卷。此书是他在清乾隆年间到广西浔州府督学时，听到民间唱"摸鱼歌"时，受到感动而开始采辑的。不过，据中央民族大学语言学权威教授闻宥（已故）等在《谁是粤风的辑解者》一文中考证：该书关于《郎歌》与《壮歌》的辑解、全部剽掠自吴淇的《粤风续九》。歌词辑文是真实可信的，文学价值很高（原文载于1982年《上海图书馆建馆三十周年纪念论文集》）。该书内分四卷，卷一收"粤歌"（广西民歌）二十九题四十九首，附有"蛋歌"一首；卷二收"瑶人歌"（瑶族歌句）数首，附"峒人""布刀歌"一首；卷三收"郎歌"二十二首（实有40首），附"郎人扇歌"七首，"郎人担歌"一首，原辑人是东阳（今属浙江）吴代（年代、生平不详）；卷四收"僮歌"七首,原辑人是明代的黄道(籍贯、生平不详)。平列编排为四卷,表示他对少数民族一视同仁。其中卷一和卷二,原书是用汉文记的,至今仍可读唱。惟卷三和卷四,是用汉字翻译壮语语音的。壮语和壮歌本来就很难用汉字准确注音,加之李氏又是外地汉族,难免有误译和误解之处,故其注解虽较详,至今仍很难真读懂,更难恢复原歌的原汁原味。

我们是广西壮族,从小喜爱壮歌,收集有不少壮歌新旧歌本。今试图用现代壮歌与之对照,再用壮文新译、用现代汉文进行新注这些"郎歌"、"壮歌"中的部分歌组。供喜爱壮歌者参考。

我们现新译新注的第一首郎歌,原用汉字译壮音:"宽介留么往,宽的歌答广。宽介留么往,宽解闷双巡。"

原注:"宽,是唱。介,语词。留,是我。往,是妹知。广,花名,木类,出桂平诸县山中,高三四尺许,细叶,春夏开着小花。唱与我么妹,唱得好,就如一枝智花花一般。诱之使唱也。双巡,是两句。唱给我罢妹,唱两句解闷。"

壮文新译:"gangj gaiq graeuz mah nuengx, gangj diq vuen dap gvang. gangj gaiq raeuz mah nuengx, gangj song coenz gaijmbwq。"

新注:这是一首男方邀请女方唱歌的"初唱"歌,歌的意思云:特邀妹妹来唱歌,恳请妹妹用歌来答话。邀请妹妹来唱歌,唱两句歌来解闷。

第二首郎歌,原译壮音:"皮是云布寨,往买皮就呵。往恳皮就笼,不贫同不放。"

原注:"皮,是兄。云,是人。布,去声也。寨,是好。买,是爱。呵,是应。兄虽是为人不当怎的好,妹若恳爱我,我就应了。恳,是上。笼,是下。土人谓所欢曰同年。言其青春期相称也。妹若肯从上俯下就之意,兄即从下仰板,不得与你成同年决不放过去。"

新译:"beix dwg vunz boux sai, nuengx maij beix couh angq。nuengx hwnj beix couh roengz, mbouj baenz doengz mbouj cuengq。"

新注：这是男方向女方求爱的情歌。歌的大意是说：哥哥是村上好人，若妹妹肯爱我；我就更爱你。若妹妹肯上来，我就一定会下去，咱俩非结成同年不可。

第三首，女方答男方的情歌。原译："宽便宽么皮，宽败岑样墨。宽便宽么皮，宽败匿样辛。"

原注："岑，是墨。败，不像。辛，是石。匿，是黑。唱就唱么哥。只是唱得不好，不像墨恁一样黑，不像石恁一样坚。盖自谦之词，答前四句。"

新译：gvanj couh gvanj mah beix, gvanj baenz maeg yiengh ndaem。gvanj couh gvanj mah beix, gvanj baenz rin yiengh geng。

新注：原注把"败"（baenz）理解为"不像"。笔者认为不对。这个字实际上是"像"的意思。这才符合女方回答的思想逻辑。全句歌词的大意是：唱就唱呗大哥，我们的歌唱了就算数，像墨汁一样，唱到哪就染到那；唱就唱呗大哥，我们的歌是过得硬的，像石头一样，唱出去就不会变卦。

第四首，也是女方答男方。原译："吞同厘伶俐，约友二何行；扶买扶过寻，何行也不失。"

原注："吞，是见。厘，是好。约，是教。友二，妇人自称。缘土人谓相知曰同年，又曰友，友二，妇人自处于友之次也。何，是颈。行，是痒。见同年生得好伶俐，教我颈中痒痒。颈痒，即心痒。答前往句。颈，即喉咙，答真不得不为之唱也。吞同句，答皮是句。扶，是一个人。过寻，是顽（玩）耍。一个人爱一个人，自常过寻和玩耍，我心也痒。亦不放过你了。"

新译：raen doengz ndei lingz leih, hawj youx neix hoz haenz, vunz maij vunz guh caemz, hoz haenz yax mbonj cij。

新注：把"心"说成"喉咙"，心爱叫做喉爱，心痒叫做喉痒，心想叫做喉想。这确是壮语的特点，无论古今，很多地方都是这么说的。这首情歌的大意是说：当我们见到你们这般美好的同年，心里就忍不住而发痒；当我们同你们唱歌玩耍时，又何止心里发痒呢！

以上所说是李书所辑解的"郎歌"；以下再说李书辑解的"僮歌"，即壮歌的另一种形式。请看李书所收七首"僮歌"中的两首：

其一，原注："子挂勤违远（去），燕挂下游游。巴摆没生水，巴不里溇淋。有摆寻布慕，有不佐疼都。谁何秋（音走）依有。"

原注："子，是云。卦，是过。僮人读过，多作挂音。勤远，云飞貌。游游，燕飞貌。巴，是鱼。有所舍而摆曰摆。里，是到。溇淋，是浊水。布慕，是别个。佐，是肯。都，是我。谁何，是疼不痛。秋，是尽。依有，是不见你。云过则勤违而远矣。燕过则游游而下矣。此二句，与也。鱼去则必投生水，不到浊水来矣。此二句，比也。今日你舍我，另有别个疼我。不疼我，任你去罢了。"

新译："huj gvaq gwnz gyaegyae, enq gvaq laj youzyouz. bya mbouj aiq raemx hamz, bya cimz haeuj raemxmboq. boux youx yax bouxmoq, youz mbouj rox gyaez gou。mwngz soh bae yiyoux。"

新注：这是一首典型的壮族民间"勒脚歌"，腰脚押韵，有情有景，借景生情，既形象又生动，听之何其动人心弦！歌的前四句写景，后三句写情。唱时，复唱第六句，变成八句两节。大意云：云过天晴亮闪闪，燕子飞来乱纷纷。鱼儿不喜浊水塘，鱼儿喜进清水泉。你们于今找别个，知我心里有多痛！知我心里有多痛，问你有没有良心！

其二，原注："歌古幼立潭，淋曾藤就贪。淋藤贪纷纷，像观音在寺。识世梗天香，织年不罗老。有里道相逢。"

原注："首三句是兴体歌。古，是树，生长在潭边。淋，是风。贪，是动。藤附于树，风吹而动纷纷然。以兴我佳人，如寺里观音。梗，是食。在世不食人间烟火，只食天香而长生不老。到底与你有相逢处也。"他的解释不通顺，不连贯，说明他也没有完全听懂这首歌。

新译：gogux youq henz daemz，rumz caengz daengz couh doengh。rumz daengz doengh foenfoen。lumj gyanyaem youq caeh，cijyrox gwn diemj yieng，roxbi mbouj roxlaux。youh ndei dauq dox bungz。

新注：讲讲潭边那棵枫树，风未吹到就先动；等风吹到它动得更厉害。就像观音菩萨在寺里，只知等人来上香，自己却坐享长生不老的天年。只知等人来上香，情人不会自动来与你会面！

这是一首讥讽那些妄想不劳而获的懒汉和那些不爱去赶歌圩而又想情人找上门来的青年！写得有景有情，言浅意深，生动活泼，是一首好歌。

七、古越人的"凿齿"习俗

在古越人历史上，曾广泛长期流传着一种人体装饰，名曰"凿齿"（亦名"摘齿"、"缺齿"，俗名"拔牙"、"打牙"等）的奇异风俗。

古籍记载：《淮南子·本经训》说，传说时代的"尧乃使羿诛凿齿于畴华之野"。《山海经·海外南经》亦云："昆仑圩（按：只有南方古越人才呼集市为"圩"）在其东，圩四方，羿与凿齿战于华寿之野，羿射杀之。在昆仑圩东，羿持弓矢，凿齿持盾

(一曰戈)。"在这里，二书据传说均把"凿齿"说成是传说时代个体的人名。假如是个体人名，既然尧已命羿射杀死了，为何以后历代还有凿齿出现？因为这里讲的"凿齿"，本来就不是指哪一个具体人，而是泛指以凿齿为身体固定装饰的某些氏族部落。尽管在氏族部落间的武装冲突中有的战败，有的成员或某个首领牺牲，但氏族部落大众依然存在发展。其后，就被称为"越"及其后裔中依旧以传统的"凿齿"习俗为标记的氏族部落。

《管子》载云："吴、干战，……摘其齿"。吴，是春秋时代的吴国，系古越人之邦；干，就是指"干越"，位于今江西一带，系越邦国。

晋时张华撰《博物志》云"荆州极西南界至蜀，诸民曰僚子。妇人妊娠，七月而产，临水产儿。……既长，皆拔去上齿狗齿各一，以为身饰"。

《旧唐书·南蛮传》："三濮在云南徼外千五百里，有文面濮，俗镂面，以青湟之。赤口濮，裸身而折齿"《新唐书·南蛮传》也有类似的记载："又有乌浒僚，……故自凿齿"。

《太平寰宇记》卷77称：川西南"夷僚生子，长则拔去上齿加狗齿各一，以为华饰。"同书卷166亦云：贵州（今广西贵县地）"有俚人，皆为乌浒。……女既嫁，便缺去前齿。"又说：邕州百姓"悉是雕题凿齿，画面文身。"卷167说钦州"又有僚子，巢居海曲，每岁一移，椎髻凿齿。"

《续资治通鉴长编》熊本疏载：熙宁八年（1075），南平僚"居栏栅，妇人衣通裙，所获首级多凿齿。"

李京《云南志略》云："土僚蛮，叙州南乌蒙北皆是。男子十四、五，则左右击去两齿，然后婚娶。……人死，则以棺木盛之，置于千仞颠崖之上，以先坠者为吉。"

田汝成《行边纪闻》云："仡佬，一曰僚，其种有五。……殓死有棺而不葬，置之崖穴间，高者绝地千尺，或临大河，不施蔽盖。……父母死，则子妇各折其二齿投之棺中，云以赠永诀也。"

类似以上记载，不胜枚举。多数说与婚娶有关，少数说为表示永诀。所云大多为西南俚、僚诸族，正如《隋书·南蛮传》所说"古先所谓百越者是也"。

再看考古资料，在山东泰安大汶口、兖州王因、曲阜西夏侯、胶县三里河等新石器时代文化遗址中，就发现东夷人生前有"凿齿"习俗；在江苏邳县大墩子、上海崧泽、湖北房县七里河、福建昙石山、广东增城金兰寺村、佛山河宕、台湾屏东县鹅銮鼻和恒春垦丁等新石器时代遗址及四川僰人遗骨中，发现东南沿海古越人及其后裔俚僚人都有"凿齿"习俗（分别参见《考古》1977年第4期、1979年第1期、第3期和《考古学报》1972年第1期、1973年第2期、1976年第1期等）。

在江苏大墩子遗址的凿齿习俗，在65个个体男女遗骨中，有64.6％的个体男女拔去上颚侧门齿、中门齿、犬齿和臼齿，超过了总人数的一半。四川珙县发现的十具遗骨，除一具没有拔牙的小孩遗骨外，其余均已拔去上下门齿，有明显的人为拔牙遗迹（均见《考古学报》1974年第2期）。1978年清理的广东佛山河宕遗址下层77具人骨架中，发现有十九个成年男女进行了人工拔牙，主要拔除上颌两个侧门齿，占总人数的24.7％（以上参见《考古学报》1974年第2期和杨式挺《百越文化探讨》一文）。

从民族学角度分析，我国南方壮族、布依族、侗族、黎族、水族、高山族、傣族、仫佬族、毛南族、仡佬族等民族，语言、文化特征及地理分布等，都与古越人及其后裔俚、僚、乌浒等有密切渊源关系。说明他们的先民，都有部分人兴"凿齿"，而另部分人不凿齿。在这些民族中，直到清代、近代，仍有某些"打牙"习俗或其变形表现。仡佬族就有"打牙仡佬"和不打牙仡佬之分。仡佬族打牙的仅限于妇女，男子不打牙。据《黔南图说》记载，仡佬族拔牙是在室外举行的，由老年妇女执行，其他妇女围观助兴。高山族中的布侬、泰雅人近代还兴"拔牙"，小孩七、八岁至十三岁期间要拔牙，"把左右两枚门牙拔去，或者将侧门牙齿各拨去一枚，也有拨去侧前齿和犬齿的"（《日月潭邵族的宗教》，台湾《考古人类学刊》1957年9、10期）。一般由父母执行，先用两块木板夹住要拔掉的牙齿；再用锤子慢慢敲打木板，使牙齿松动；接着在一根17.8厘米长的木棍上拴一个绳套，套住已松动的牙齿，突然猛拉之而出。将拔下的牙齿埋在屋檐下。在牙槽内涂上煤烟，以便止血（参见徐子为等撰《今日的台湾》上册第100—101页，中国科学仪器公司，1945年版）。唐、宋时广西左右江流域壮族，也流行拔牙习俗，到近现代却以饰齿（嚼槟榔以染黑，或用金纸包侧门牙一、二颗以为装饰）代之。傣族早就有所谓"金齿蛮"（以金镂片裹其齿，或镶之以银，有事出见人，则以此为饰，寝食则去之）、"漆齿蛮"之谓。其实，饰齿、漆齿、染齿等等，不过是古越人"凿齿"的延续或变形罢了！

　　这种风俗的兴起，究竟有什么作用？原因是什么？后人皆说是为了"美观"。笔者认为，这种做法，既痛苦难耐，又美观！说是"美观"，原先恐怕是骗小孩的话。久之人们便弄假成真，以为真的美观了。其实，人类在氏族公社早期，实行氏族外婚制、严禁族内乱婚，是保证氏族得以健康发展和延续后代的头等大事。但是，在那种氏族交错居住、彼此来往频繁的地区，要做到这一点，各个氏族就要有明显的标志，这就产生了各个氏族自己特别的身体内外装饰，如凿牙、割痕、断发、文身、椎结等等。总之，这些全是氏族特征、氏族符号、氏族标记的产物。

　　泗顶壮村旧时民间还流传有一则"打牙雷公和大力士"两个氏族通婚的传说（详见本书下章"泗顶壮村典型调查"），很生动地说明"打牙"习俗，是氏族外婚制度的产物，是为人类生产繁衍本身服务的！其后才演变为美观的装饰。

这种"打牙"习俗，在世界其他地区其他族类也有，同样是与即将婚配的成年仪式有关。例如澳洲的约克角人将成年时，由氏族公社将其送到森林里的禁忌地点，进行成年训练，为期几周或一年半载，在此期间不许玩耍、说笑，有专人看管，进行"忍耐力的试验"。拔牙就是其中之一。拔牙时，让被拔人仰卧在地上，头枕在执行者膝盖上，执行者用袋鼠骨在将拔除的那颗牙齿两边反复挖动，使牙根松动，然后用石块敲击下来。以后这个人就有权利寻找不拔牙的异姓对象谈情说爱婚配了，未举行此礼者则不能（见于《南洋猎头民族考察记》一书第338页，商务印书馆，1935年版）。

八、"嚼槟榔"

古时我国南方许多民族最爱嚼槟榔，特别是广州人嚼槟榔时最讲究。到近现代，汉族人已不再嚼，只有海南部分黎族、广西、云南部分壮族及云南的傣族、景颇族、德昂族等民族民间还嚼。东南亚各国如越南、老挝、缅甸等国家许多民族民间都还流行此风。东方人嚼槟榔，除了与西方人嚼口香糖有洁齿、固齿、驱除牙虫、保护牙齿的作用外，还有一种美不可言的精神享受，使人进入飘飘然的亢奋精神状态。我国南方人嚼的这种槟榔果，来自槟榔树上。这种槟榔树，学名"Areca catechu"，属棕榈科。春天开花，夏天结果，果长椭圆形，花果均极芳香。果实有白、红二种，白果大而硬，嚼前需将其切成数块，每次嚼一块；红果小而软，每次可嚼数粒。槟榔树高大壮观。今我国广东、福建、广西、云南、海南、台湾及东南亚各国常在公园、庭院中栽种，作为风景树，夏天人们坐在树下乘凉，微风吹来，芳香扑鼻，神清气爽。南方人嚼槟榔是很讲究的，否则嚼不出味道。一般习惯于用一张蒌叶（亦名扶留藤叶）包着一块槟榔、一点砚灰、丁香、八角、桂花等，然后放入嘴中慢慢咀嚼，香味四溢；久之，三者发生化学作用，溢出血红色的液汁，咽之，并吐出渣物。这样的嚼法，目的是使槟榔的辛涩味去掉，而增强它的芳香醇正味，引人嚼而不厌。对这点，南宋周去非《岭外代答》卷6已有详载："昔斤而瓜分之，水调砚灰一诛许于蒌叶上，裹槟榔咀嚼。…无砚灰处只用石灰，无蒌叶处只用蒌藤。"又云："广州人更加讲究，砚灰处还加少许丁香、桂花、三赖子诸香药，谓之香药槟榔。"嚼槟榔有专用的槟榔盒，盒中分三格：一格盛砚灰，一格盛蒌叶，一格盛槟榔。小盒的材质，富者用银制之，贫者用锡制之。一家团聚或有宾客来访，照例要拿出槟榔盒，一边嚼槟榔，一边聊天谈事情，再入席享用酒肉饭菜。这就是南方人款待客人的最高规格。

嚼槟榔除精神享受外，还因为槟榔果内含有丰富的营养素如槟榔油、槟榔碱等，咀嚼之就会迅速起化学作用而变成高热能，它又含有一种能使人的中枢神经兴奋的麻黄碱和麻醉人的中枢神经的生物碱与鞣酸，一旦吸进人体就会使人感觉精神振奋，神清气爽，飘飘然欲醉，好像是一种享受。久食有隐，吸之不当也容易中毒。嚼槟榔的这种作用，古人已有深刻的评论。宋罗大经在《鹤林玉露》书中载云："槟榔之功有四：一曰醒能使之醉，盖每食之，董然颊赤若饮酒然；二曰醉能使之醒，盖酒后嚼之，则宽气下食，酒醉顿解；三曰饥能使之饱，盖饥而食之，则充然气盛，若有饱意；四曰饱能使之饥，盖利饮食消化，不至饮食停滞。"他又说："余始至不能食，久之，亦能稍稍。居岁余，则不可一日无此君矣！"明代浙江吴兴人王济来广西横州当州判，在任不到一年，回家后他写了一本回忆录，名曰：《君子堂日询手镜》。书中生动地写到他在横州嚼槟榔的情景。他说："岭南人好食槟榔，横州人尤甚。…余初至其地，见人食甚甘，余亦试嚼一口。良久，耳热面赤，头眩目花，几乎颠扑。……始知其能醉人。"

嚼槟榔还有以下几点作用：1. 有消积、利水、醒酒功能，饭前酒后嚼之尤佳。故槟榔是南方人宴请宾客的必需品，无之则谓"鲜礼"。清《桂林府志》载云："婚姻庆吊，以槟榔为礼，杂以石灰啖之……或合盘置之怀袖以为恭，否则谓之鲜礼。" 2. 槟榔果主治腹痛、腹胀等症。从前，广西民间缺医少药，但家家有槟榔果，偶遇食物中毒，或寒气入侵，顿感腹胀、肚痛、上吐、下泻，就取出家存槟榔干果，削成细片，再加捣碎，冲开水口服，病症便立即得到控制。3. 古时，内地人常谓广西多瘴疠，令人听之发指，实际上是因地处亚热带地区，山多林茂，气候多湿热，蚊蝇终年肆虐，人易染疟疾，俗称"打摆子"。嚼槟榔能治疗"打摆子"，因槟榔具有驱热祛湿、辟内寒的特效功能。当然，嚼槟榔也有明显的弊端。

南方人嚼槟榔有两千多年的历史，东汉杨孚《异物志》已谈到岭南越人爱嚼槟榔，西晋嵇含《南方草木状》又作了进一步的介绍；到宋代，已发展到极盛阶段；然而，到近现代，终究还是衰落了。原因是医药日益发达，此法已不甚需要；再则嚼之不当容易引起中毒；最明显的副作用是常年咀嚼的人，引起口齿漆黑，有碍美观；近期又有人说，槟榔果含有一种对人体有害的因素，久嚼易染口腔癌，这就更使人谈虎色变，但仍须等待进一步科学论证。假如没有这种有害物质，则它仍不失为我国传统文化中的一枝奇葩。

九、古老的"砍戛"丧俗

我们从贵州省旧志、旧州志、旧县志中知道,布依族民间旧时普遍流行一种被称为"砍戛"的丧俗或称丧礼。按照这种丧俗,老人去世后,他(她)的子女必须牵出一头牛(或一匹马)来,拴在鬼场中央的鬼竿上,鬼竿旁边是死人棺材;死者亲属及前来吊唁的亲友都围着棺材及牛只转三圈,妇女们还须号啕大哭;然后,由死者长女婿(无长女婿可由次女婿或幼女婿、侄女婿代行)手持一把斧头或大刀,将牛只砍倒,如因女婿年幼无力砍倒,也要让他做出砍牛的姿势,然后由他人将牛只砍倒杀死、去皮、去内脏,当场分出一部分牛肉煮熟,款待前来吊唁的亲友们(丧家子女绝对禁止吃牛肉,只能吃素菜),把另一部分牛肉分成若干等分,给亲友们每人一份带回家去吃。丧礼就算完成了。

我对此不解其意。20世纪七、八十年代,我到贵州布依族地区进行民族调查时,多次向布依族老人请教,他们用很有趣的民间传说故事来回答我。故事大意说:

相传远古时代,有一个时期,老人死后,人们并不是把死者的尸体弃之荒野或埋之地下,而是由近亲分而食之,谓之"食老"。后来由于近亲、特别死者的子女不忍吞食自己亲人的肉体,改由远亲外族来吃。久之,约定成俗,甲家老人死了,由乙家、丙家、丁家…络绎不绝地来"食老";反之,乙家、丙家老人死了亦如此。有一年,某家出了一名孝子,他觉得他的父母不但生他、又养育他长大,功劳比天地还大,死后的尸体应妥善保存,不应视为一般动物让人们吃掉。于是,他妈死时,乡亲们照样接踵而至,叫喊要"食老",他不忍心让人们分食他妈的肉体,他想把他妈的肉体先藏在岩洞里,再埋入地下;但他无言以退乡亲们。急中生智,他先把妈的尸体藏起来,同时杀掉一头大水牛,把牛肉摆到鬼场上,谎称这是他妈的肉体,并煮熟分给大家吃,吃不完的再分给每人一份带回家,大家乃欣然而散。这个办法后来被说穿,乡亲们不但没怪罪于他,反而异口同声地称赞他做得对,做得好,是移风易俗的大孝子,于是子孙后代都照着他这个法子办,这就是布依族"砍戛"丧俗的来历。

我们听后觉得这种解读,不但非常有趣,而且似是人类远古历史的真实回忆。

第八章　泗顶壮村文化习俗典型调查

泗顶，镇名。位于广西壮族自治区柳州市融安县东部熔岩山区，90％以上的人口是壮族。加上邻近的沙子、桥板、大坡等乡壮族，形成了一个方圆百里的壮族聚居区。这里的壮语，属壮语北部方言区桂北土语区。语言基本可通东兰、巴马、河池、天峨、南丹等地壮族及贵州部分布依族地区。保存有浓厚特点的历史文化。这里的壮族先民，古属瓯越（西瓯），瓯译自壮语"haeux"字，意为稻禾、谷子或大米饭。明代著名的古田"佃僮"农民起义运动，就发生于这一带旧称"古田"（今分属永福、融安、龙胜等县）壮村。笔者出生成长于泗顶镇板喇寨，相当熟悉当地壮族的历史文化，加之1985年夏回广西讲学和1989年秋回乡参加《融安县志》的编写讨论，有机会用两个月的时间深入壮村进行调查。所获材料，整理成篇。书中所引壮语及拼音壮字，概属本地土语。

一、生产习俗

土地所有制　新中国建立前，广西融县（今融安县）泗顶壮村基本上属于地主土地占有制。占有人口总数不到百分之十的地主阶级占有水源充足、土质肥沃的大部分稻田。他们雇佣长工耕作最好及近村的稻田，其余出租给缺地或少地的贫、雇农耕作，坐收稻田一年出产的一半。自耕农（中农）占有水源较差的一部分稻田和旱地。贫、雇农则很少有、甚至根本没有水田。此外，山地和岭地及牧场，是属于"板"共有的，有能力开荒耕种或养殖牛羊者由已。丢荒后仍归公有。新中国建立后，经过减租退押、反霸、土改、合作化、公社化及包产到户等一系列改革与重新分配后，这种旧有土地制度，早已成为历史。

下地（hahdieg） 壮名。译成汉名"结草圈地"。这是旧时泗顶壮村农民在村社公有荒地上领种的一种形式。那时，以"板"（村社）为单位拥有宽广的山岭荒地。凡本村成员，都有在公有荒地上自由开垦的权利。但在开垦前，一定要在自己已经确定的范围内，打上记号，名曰"下地"，意为"结草圈地"。其法：就是每年冬季来临，欲开荒者就必须在这块土地的四周和中央割掉杂草，再插上一根打结的草标，表示这块土地已经有人开荒，别人就不会再来侵犯你的权利。但次年开春，你必须说到做到，否则村人就会责备你不守信用和有碍别人开垦。新开发出来的土地，收获归己。一般第一年种"糇产"（haeuxsanj），汉名不详，类似小米又不像小米，这种谷种耐旱，仅靠雨水即能正常生长，春种秋收，有人叫它为"暹罗谷"。也可种"糇枉"（haeuxvaeng），汉名"鸭脚粟"，米粒特小，呈红色。第一年同时就在谷地里种上果树、杉树等树苗、次年，树苗还小，为了继续松土和施肥，还可在两树苗的空隙间种毛薯及各种豆类。第四、五年后，果树长大，已无法种粮食，每年春夏间仍须给果树锄草。茶树、桐树须七八年才能正常收获，杉木成材则须十年以上。20世纪三四十年代，吉照村"板"喇寨有个叫莫波慕和黄米慕的俩夫妇是贫农出身，家里没有稻田。可是，他们就靠自己勤奋，在村前石山坡和"麻该岭"溪谷间开垦了两大片荒地。到40年代初年，他们每年收获数十担茶子和桐籽，榨油出售买粮食。一家三口竟也过着小康的生活。

浪思贝旁巴（langhbangzbaq） 壮名。汉译"村社公有牧场"。旧时，泗顶壮村每个"板"都有一片，面积大小不一。在这片公有牧场里,不许私人开垦,但容许本村成员放牧。旧时壮村的主要畜类是耕牛,以黄牛为多,其次为水牛及极少数的马匹,没有羊只。各个村社放牧有两种形式:一种是一家一户自行放牧,牧童多为自家孩童。只有地主家庭才雇佣牧童放牧。第二种是以"板"为单位集体放牧。每天早、晚放一次。放牧者,由各家轮流出人或共同出资雇佣一人充当。

齐敌羊敌才(caezdikyiengzdikraih) 壮名。汉名"集体围猎"。旧时,山羊、野猪糟蹋农作物现象严重。故春节农闲期间,泗顶壮村常有集体围猎活动。这种活动,多以"板"为单位,别的村寨也可闻讯加入,形成数十人不等的队伍。不论男女老少均可加入。由一人至数人有威望的老猎手统一指挥。首先听取群众反映及察看农作物的损坏情况及野兽的踪迹走向,判断野兽的藏匿地点。然后指挥者便从队伍中选出二至五名身强体壮、上下悬崖如履平地的壮汉为循迹追踪者;再安排带有猎枪、有一定打猎经验的猎人守候在野兽可能突围的路口;再集中赤手空拳的老少男女人群把野兽可能藏匿的某座高山或岭谷团团包围起来。做好准备后,追踪者带着猎犬进入深山老林寻迹追踪。一旦他们走近野兽,猎犬嗅到野兽气味,便狂吠不止。野兽被迫跳出,四处逃窜,企图突围。这时,围在明处的妇幼老少,一齐敲锣打鼓,不停地呐喊,并指明野兽的走向。野兽则左走右转,这里走不通又走回头路。这样,持枪者便容易在近距离内开枪击中野兽。猎获野兽后,分肉又有一套传统的做法。一般都由指挥者和追踪人亲自动手,当场剥皮、分肉。分肉的原则是:不称重量,而平均分割为若干等份。以野兽倒地为准,无论男女老少,到场者人、枪、狗各得一份;总指挥及分区指挥追加一份;打中第一枪者得兽皮及两只从膝盖骨以下的后腿;补枪者得从膝盖骨以下的两只前腿;追踪者共分野兽的全部骨头和内脏(包括大小肠。喉、舌、胃、肺、肝、肾等)。无不尽欢而回。这种分配法,既有古老的平均分配制度意向，又有按劳分配、多劳多得的意思。新中国建立后，国家明令保护野兽、特别是珍稀野兽，这种活动已逐渐消失。

二、传统节庆

我小时在壮乡生活，每月都过节，每年大约过十多个节日。旧时所过的节日可分两类，第一类如春节、清明节、端午节、中元节、中秋节、重阳节等等，意义与汉族地区差不多，大概是受到汉族文化影响而形成的。本章就不想再说了；唯独要着重记述的是第二类。这类节日，过节的意义和形式，都与当地汉族不同，具有浓厚的壮族特点。今举数例于下：

嗯立款栏栾（hwnziap gangjraezson 直译除夕讲家教）　旧时，在我们那穷乡僻壤的壮乡，过大年也是一年最大的节日。壮语过大年叫做"啃张"（gwnciengq 过年），过年三十晚叫做"过嗯立"（gva hwnzlap 过除夕）。虽属特大节日，然而并没有演戏、电影、电视看。即便这样，我们的节日，仍过得很有意义，文化生活很丰富，丝毫不觉得孤单和寂寞。其中一项最重要的文化娱乐活动，就是唱壮歌、听壮歌。壮歌内容丰富多彩，形式多种多样，生动活泼，有在歌圩上唱，有的村头巷尾唱，也有在家唱的，有在酒席上边唱边喝的，也有酒余饭后唱的。以我家为例，每到年节的年三十晚或初二、初七晚，我那个家族，便以我奶奶为中心，包括我家、叔叔、姑妈、姑姑等五、六家的父母辈及兄弟、姊妹们共一二十人，集中到一起聚餐。饭后茶余，便开展文化娱乐活动，有讲故事、猜谜语、炸油蛋、下棋、跳桌、拳术表演等。其中最重要、排在第一个节目的就是由我奶奶宣讲或演唱十六首，壮语称为"句"，实际上是四句五言名曰"家教"

(raezson) 的壮歌。内容如下:

1. 序言

第一首音译:

讲句话鲁听,一定否雷伦。

公奶开各温,勒兰年续续。

壮文:

gangj coenzvah sou dingq,

itdingh mbouj ndej lumz。

goengnaiq hai goek van,

lwglan nienz ndatndat。

意译:我宣读几条"家教"给你们听,你们千万不可忘记;这是祖宗定下的规则,你们要照办才对!

2. 勤俭致富,浪费必穷

第二首音译:

介劳塔劳塑,眉撮又眉艮。

摆文正又稳,坦当各世界。

壮文:

gaej laudak caeuq sox,

mizcoq youh mizgwn。

byaij soen cingq youh onj,

danj dangz guh saeqgyaiq。

意译:

只要你们不怕日晒雨淋,就会有吃又有穿。

只要你们始终坚持走正道,不走邪路,你们就一定能堂堂正正地奔赴光明前程!

第三首音译:

扛动分挖布,喃欢贫糖灰。

靠波米斗耳,喃过何又汗。

壮文：
gag doengh fwng vat mboq,
raemx moq van baenzoij。
gauq bohmeh daeuj hawj,
raemx gvaq hoz youh hwq。

意译：你们必须依靠自己劳动来发家致富，好比自己动手挖水井，冒出来的新水，喝了甘甜像蔗糖；假如你们想依靠父母遗产过日子，那就好比盼望山洪来潮浇田地，雨过天晴田又干。

第四首音译：
扛动分因钱，千年用否礼。
开百贾米岩，谨礼动又瘅。

壮文：
gag doengh fwngz romcienz,
cien nienz yuenz mbouj yuenz。
ajbak gyaj meh yuenh,
nyamh yuenz dungx youh iek。

意译：自己动手积钱，会积小成多，年年有余剩的；假如单纯靠父母的遗产过日子，就好比等着母亲来喂饭，喂完一餐下餐就饿肚子了。

第五首音译：
栏眉钱眉银，用分都算数。
花钱否算数，谨苦唶拜朗。

壮文：
ranz miz cienz miz ngaenz,
yungh faen aeu siengjsiengj。
vacienz mbouj suenqsoq,
gwnhoj youq baihlaeng。

意译：家里积蓄有钱财，也要坚持艰苦朴素的作风，用一分一文,都要想想,该不该用,是否用到刀刃上;假如花钱如流水,不算账,那么穷困吃苦的日子,必在后头!

按:这个"家教"歌,是小农思想教育的典型。花大钱做大事不足,而勤俭持家分文必算有余。

3. 夫妻要和睦

第六首音译:

肋栏双甫妹,介乱斗同强。

眉话齐相良,用钱要公开。

壮文:

ndawranz song bouxmaex,

gaej luenh daeuj dozceng.

mizvah caez siengliengz,

yunghcienz aeu goenghgaih.

意译:家里两夫妻,不要瞎吵闹;有话就好好商量,用钱一定要公开。

第七首音译:

眉几世甫妹,眉几代同栏。

齐心丈勒兰,尽力各世界。

壮文:

miz geijsaeq bouxmaex,

miz geijdaeh doxranz.

caezsim ciengx lwglan,

roengzrengz guh saeqgyaiq.

意译:人生能有几世做夫妻,也不能有几代同做一家人;因此,你们夫妻俩必须珍惜这个机遇,相亲相爱一辈子,努力养育好子孙,为建设新家园(新世界)做贡献!

第八首音译:

甫妹要同心,平等来讲话;

别吵也别骂，该讲句话泪。

壮文：

bouxmaex aeu doengzsim,

bingzdaengj daeuj gangjvah。

gaej doxceng doxndaq,

gaej gangj vah soiz。

意译：夫妻一定要同心协力，对待对方要用平等的态度来说话；有时固然难免发生口角，但双方都口不出恶言，很快就会平心静气、重新和好的。

4. 搞好邻里邻居关系

第九首音译：

栏垦拉台侬，方方眉因缘；

有话让三分，相敬伦布客。

壮文：

ranz gwnzlaj beixnuengx,

fuengfueng miz aenyienz。

mizvah nyiengh samfaen,

doxgingq lumj bouxhek。

意译：不论上下屋或左右邻居，都是同胞兄弟；平时不管有什么矛盾，彼此都应该退让三分；早晚见面，彼此要相敬如宾！

第十首音译：

窝世滕拉潘，定要安本分。

汗暗常同登，该论贾唆掐。

壮文：

oksaeq daengz lajmbwn,

dingh aeuan bonjfaenh,

haethaemh sangz doxraen,

gaej lwnh gyaej caeuq gyawj。

意译：为人在世，以安分守己为本；早晚见面的都是兄弟姐妹，不要再论姓甚名谁，要一视同仁！

5. 待客交友

好客，是当地壮族最普遍最突出的一个优良传统。别说上下村寨及亲戚近友之间相互十分热情，即使素不相识的外省小商贩或小补小修的工匠，时有三三两两来到壮乡，壮族人民也热情招待，如时值傍晚，客人要求进屋住夜，主人从不拒绝，并不收分文地腾出地方安排住宿，而且到晚上还无偿地供给客人烧柴取暖、做饭用具及小菜等。这是与他们的传统"家教"有关的。在我奶奶的"家教"歌句中，就有这方面的内容。仅举数节于下：

第十一首音译：

平布尔当栏，肋心宽贫舻。

眉布客牙鲁，要开都招待。

壮文：

bingz bouxlawz dang ranz,

ndawsim gvangq baenz ruz。

miz bouxhek rasou,

aeu haidou ciudaih。

意译：将来不管谁当家，只要有客人找上门来，你们的心就要像船只一样的宽广，容纳得下任何一个人；务必开门迎宾，热情招待。

第十二首音译：

唷栏靠波米，窝洛靠朋友。

平时不交友，想教白斗帮。

壮文：

youq ranz gauq bohmeh,

okrog gauq baengzyoux。

bingzciengz mbouj gyauyoux,

siengjaeu byawz daeuzbang。

意译：在家靠父母，出门靠朋友。平时不交友，临时没人帮。

6. 结语

第十四首音译：

各活各生意，勤各那各俚。

读书学手艺，处处眉仅吞。

壮文：

guhhong guh seng eiq,

gaenx guhnaz guhreih;

doegsaw hag gisiz,

gizgiz miz gwndaenj。

意译：为人在世，最本分的事业就是干活、做生意、种田、种地、学手艺……只要你们努力做好这些，就会不愁吃不愁穿！

第十五首音译：

嫖赌雍贼抢，讲假吹囊时。

伦图马比圩，伦勒泽咳"咪"！

壮文：

biuz doj yaeuh caeg ciengj,

gangjgyaj boqnaengcwz。

lumj duzjma baehaw,

lumj lwgcwz heuh "meh"！

意译：凡是嫖、赌、骗、抢、偷、讲假话、吹牛皮…，以及在有钱有势者面前像只狗那样摇尾乞怜，或者像只小牛那样不停地叫"妈"，那是最卑鄙最可耻的，饿死也不能为，不可为！

第十六首音译：

布老想鲁利，句句讲心话；

鲁听伦初过，古拉鲁滕殆。

壮文：
bouxlaux siengj sou ndei,
coenzcoenz gangj simvah。
sou dingq lumj rumzgvaq,
gou ndaq sou daengzdai。

意译：我们老人盼望你们将来好，才如此循循告诫；假如你们把它当做耳边风，根本听不进去；我将数落你们一辈子！

初一汲新水　汉语译名。汲新水，亦称汲金水、挑勤水。这是泗顶壮族姑娘及青年妇女们最喜欢过的节日，每年农历正月初一拂晓，村村寨寨的姑娘就梳妆打扮穿着节日盛装，争先恐后地带着水桶到水泉、水井、河滨去汲水。以汲到第一桶水者为最好，名为"金水"；第二桶次之，名为"银水"；第三桶以后也好，名为"勤水"，总称"新水"。姑娘们打了水后，还在河边捡五块小石头，象征着牛、马、羊、猪、犬，有的还用绳子绑着带回，并模仿着牛羊的叫声放入牛栏猪圈中。进屋后，煮开新水，放入红糖、姜片、竹叶、罗汉果等，让全家每人喝几口；接着又让每只家畜也喝点新水。据说，喝过新水的人，一年到头都会健康、少得病；喝过新水的家畜，会更加硕壮。有的村寨姑娘当日清早，成群结队跑到水泉、水井边直接喝一口"新水"，亦称喝口"伶俐水"。接着，姑娘们齐声唱道：

壮歌音译：
很尼啃滥慕，清细又清凉。
温尼留过章，比比眉福分。

壮文：
haetneix gwn raemx moq,
cingzsaw youh cingzliengz。
ngoenzneix raeuz gvaqcieng,
ndwenndwen miz fukfaenh。

意译：伶俐水，清又清，喝一口，润你喉，洗你心。初一喝一口，全年有福又聪明。

花婆节 汉语译名。相传"花婆"原是天上的一个神仙，后因违犯天条被贬下凡间掌管民间生儿育女之事。因他降生于农历二月初二，故民间定是日为花婆节。泗顶壮村家家户户的堂屋正中，都写着三行大字，中间写："天地君亲师"几个大字；右边写：敬祀"莫一大王"之神位；左边写：敬祀"花婆"之神位。由此可知，花婆是壮族人最崇敬的诸神之一。除逢年过节必须祭祀外，特别定每年农历二月初二为花婆节。是日，家家户户都杀鸡备酒肉祭祀花婆，祈求它保佑全家平安，多生儿育女。婚后多年无子或孩儿年幼体弱多病之家，往往于是日向花婆"请愿"，即请求花婆赐子或保佑幼子健康成长；此后，如果真的得子，或幼子果然健康成长，其家长则必须"许愿"、"还愿"，即答应今后某年某日举行答谢花婆赐子或保子的厚意。"请愿"、"许愿"、"还愿"各有一定的仪式。"请愿"的做法为：于二月初二或另选吉日，派三名中年妇女连同主妇带着酒、肉、五色饭、粽子和一根竹子到桥头，先祭祀，再将那根竹子搭在桥边，竹子两头挂着红线、缠着红纸，谓之"红桥"，一名妇女念念有词，大意是请花婆由这条红桥过来进入主妇卧房，赐予主家儿子或保子健康成长，祭毕还须带着这根红桥回家挂在主妇房门上；"许愿"仪式比较简单，即主家得子后或幼子如愿成长，就备酒肉在主妇住房前面祭祀，并答应几年后举行还愿典礼；"还愿"，亦名"剪花"，或曰"安龙"，典礼非常隆重：首先要请算命先生择定黄道吉日；届时主家通常会杀猪鸡，大宴宾客；并请道公到家通宵达旦地念经、剪花、跳师公舞，表示祝贺；同时远近亲朋特别是主妇娘家的年轻妇女及未婚的姑娘们都络绎不绝地穿着节日盛装，带着布料及主家小孩用的服装鞋帽等礼品前来贺喜。晚间，孩童们观看道公唱道歌、跳道公舞。老人们则唱"颂歌"。寨上的年轻男子就忙着同来宾中的姑娘们对唱情歌、猜谜歌。全家整夜喜气洋洋，而不知疲倦。

母系（包括孩子的母亲或祖母）女长辈唱的"颂歌"多为传统的歌词，更有欣赏和保存价值。现已不多见，仅记得一首是这样唱的：

音译：
剪花等奶花，请花婆熬栏。
奶久傲残残，保勒兰兴旺。
剪花等奶花，送盆拉给兰。
伯读书贫栏，样样都贫路。
恭贺门发财，全栏齐兴旺。
平做农做工，冬冬侯音有。

壮文：
raed va daengj naiq va,
cingj vabuz haeuj ranz。
naiq gyaeuj hau saksak,
bauj daeglan hwng vuengh。
raed va daengj naiq va,
soengq mbuknda hawj mwngz。
lan doegsaw dou hoengz,
yienghyiengh duh baenzloh。
gung hoh mwngz fatcaiz,
cuenz ranz caez hwng vuengh。
bingz guhnungz guhhong,
doengh doengh haeux rim yiuj。

意译：
剪花祭花婆，请花婆回家。
白发苍苍的她来到家，保佑子孙永无恙！

剪花祭花婆，我送我孙这副襁褓。
祝您长大读书务农，均能马到成功前程辉煌。
恭喜您家发财致富，全家健康长寿！
无论做工务农，年年钱满袋，粮满仓。

牛王节 亦称"招牛魂节"、"敬牛节"、"脱轭节"、"拜秧节"等，是稻作民族很有特色的节日。一般在每年农历四月初八日过节，规定给牛放假一天，全天解开牛轭，不准用牛犁田耙地，还必须备办酒、肉、黄香糯米饭及鲜草到牛栏前祭祀牛魂，祭毕喂牛吃鲜草，草里包点饭肉。主祭人是各家年高望重者。例如笔者亲眼见到我的百岁奶奶为主祭，奶奶仙逝后，我父亲是主祭。主祭人给牛只喂草前，口中念念有词，仔细一听，原来那是朗诵一首壮歌。

音译云：
伙鲁斗拉潘，邦布温犁呀。
功们伦江海，同齐做世界。
文尼鲁脱轭，利利歇一文。
文各再发狠，同齐做世界。

壮文：
vajsou daeuj laj mbwn,
bang boux vunz caenaz.
goang mbwk lumj gyang haij,
doengzcaez guh saeqgyaiq.
ngoanzneix sou doet ek,
deixdeix yiet itngoenz.
ngoenzcog caiq fat haenq,
doengz guh aen saeqgyaiq.

意译：
你们下凡到这个世界，就是来帮人类犁田耙田的。

你们的功劳大如海，咱们一起建设这世界。

今日是你们的脱轭节，理应让你们歇一天。

明日还须你们努力干，咱们一起创建更美好的明天。

牛王节来源于壮区民间流传的一则美丽动听的神话故事：相传牛只本为天上神仙，掌管民间花草绿化环境事宜。有一天，玉王大帝命它替人间撒放花草种子，叫它三步撒一把种子，因它喝醉了酒，却听成一步撒三把种子，搞得人间大地到处是花草，稻禾没法长了；于是，玉帝生气了。乃于某年农历四月初八这一天，贬牛只下凡，让它投身到大地吃草，还要替人类犁田耙地，变花草为绿肥。它的子孙后代每年都辛苦劳累，替人类耕作，才给人类带来了丰收的喜悦。因农历四月初八，是牛王下凡的日子，故人们定每年是日为牛的节日，表示人类对牛的敬意。

三、饮食习俗

崖兰（ngaizndaem） 壮名。汉名"乌饭"。是泗顶壮村的风味食品与祭品。常在每年五月初五，六月初二，七月半等节日中制作。做法：采摘新鲜的枫树叶、皮，晒成半干，然后把它切碎捣烂；放进鼎锅加水煮成乌水，把树叶、树皮捞出；再把糯米放进去浸泡；待糯米发黑，捞出米粒置于蒸锅中蒸熟，即成乌黑、芳香的"崖兰"。枫树，又名枫香树，有祛风去湿、行气活血等功效。因有特殊香味，故壮人民间相传这种饭能招祭祖先尚飨！有的地区还借用春秋晋国介之推的孝母故事，说明用这种饭祭祖是孝敬祖先的表现！泗顶壮村，还在端午节采摘枫树叶回家，晒干后保存起来，遇到感染风湿、五肢麻木、气血不畅时，用干枫树叶煮水洗身，身体常可康复。

崖显（ngaizhenj） 壮名。汉译"黄花饭"。泗顶壮村传统食品和祭品。"三月三"歌节和清明节前后制作。每年农历二、三月间，泗顶石山区满山遍野开放着一种壮名叫"花显"的香花（不知汉名叫什么），花序与香味类似北方的丁香花，但树皮、叶又不像丁香花。这种花，既可做饭，又能做调味品，还可制作香水、香油。"崖显"的做法：采摘连着嫩枝的"花显"的花朵，捆绑成束晾干；做饭时，饭锅水开后，放下一束花，几分钟后将花束取出，把糯米放进去煮熟，即成香气四溢的"崖显"了。这种花朵用过晾干保存好，下次还可再用二三次，香味不减。用这种食品作为祭品和礼品，是因为它特别芳香可口，既有喜气洋洋之意，又有容易招致祖先前来享受之说。

崖琅（ngaizndangq） 壮名。汉译"五色糯米饭"或"彩饭"、"花色饭"。壮族普遍流行的喜庆食品和礼品，泗顶壮村亦然。多于农历八月十五、九月初九等重要节日中制作的风味祭品和食品，或遇到亲友举行三朝酒、满月取名酒、剪花、安龙、祝寿、拜寄、认同年时，常常拿崖琅作为赠送的礼品。制作法：采摘无毒、可食、有香味、色彩鲜艳的四种花、草、根、皮，如黄花香、红兰草、枫叶、紫香藤等分别捣烂取汁，分别浸泡出四种彩色米再加糯米原色共五种颜色的糯米，置于蒸锅中蒸熟，即成五彩缤纷、香味扑鼻的"崖琅"了。把各种色彩的"崖琅"分别捏成团团，置于竹篮中。祭祀祖先后，全家团圆时享用，或作为礼品赠送给亲友。

郎棒（lakbongq） 壮名。汉名"风肠"。泗顶壮村风味食品。不管什么季节，杀猪时必做。制作方法：杀猪时，取出猪血及小肠，把肠子翻转过来洗干净；同时把炒熟的糯米、鲜菜、肉末、猪肝肺放入新鲜的猪血中，再放适量的油、盐、葱、姜、青蒜、桂皮粉、八角粉、香椿菜、橘子皮等；搅拌均匀后，通过羊角筒，灌进长长的小肠内；用麻绳把两头绑紧，再于中间绑成若干环状长条，置于肉汤煮熟，即成。进食前，把环状长条切成短条，置于大盘，端上酒席，有荤有素，不腥不腻，鲜美异常，可以敞开肚子吃。按照当地壮族风俗，家里杀了一头肥猪，必请同堂兄弟姐妹，特别是老人和幼童到自己家吃"郎棒"；家住村外的舅家、姨家老人、幼童来不了，则留出若干"郎棒"，饭后送去给他（她）们吃，表示共同享受吃"郎棒"的快乐！近人刘锡蕃曾在《岭表纪蛮》书中载云："侬、僮人喜食郎棒。…屠宰香猪，取出大肠、肝、肺，剐碎，拌以猪血、花生、胡椒等物，纳入小肠，束之以绳，使成段节，并肉烹之，熟以大嚼，是曰郎棒"（见《岭表纪蛮》第52页，商务印书馆，1934年4月版）。

娄胆（laeujdamj） 壮名。汉名"肝胆鸡杂酒"。泗顶壮村风味酒品。杀猪或宰鸡鸭时，必须首先小心取出胆囊（蛇胆尤佳），用棉线绑紧，勿使胆汁漏出。入席后，将胆汁注入烧得滚烫的酒罐中；再把煮熟的鸡鸭肝、肾、肠、鸡内金等，特别是公鸡公鸭的睾丸，分成若干等份，分给席上男性长者和贵客每人一份，置于他们的酒杯中；然后注入胆酒，由各人用筷子把鸡杂捅碎，再举杯同饮。民间传说，喝过这种酒，做事有胆量，并有一举成功的把握。这种说法当然是没有科学依据的；然禽类睾丸有壮阳益气功能；猪胆、禽胆，特别是蛇胆，有清热、补胆、抑制病菌功能；肝类富有钙、磷、钾、铁等多种营养成分，那是可信的。

聋烂（ndoklanx） 壮名。汉名"腌酸碎骨"。泗顶壮村风味食品和调味品。制作法：杀猪（杀牛、羊亦同）取出肉后，留下脊椎骨、头骨及腿骨的骨骺部分，捣碎成粉末；加入适量的油、盐、酱、酒、醋、姜、葱、蒜头、辣椒粉、五香粉、八角粉、香椿菜及炒糯米粒，搅拌均匀，置于瓦缸或瓮镡中，严加封盖。使其发酵酸化一、二月后，即可启盖食用。剩余严封下次再吃。如不启盖，使其发酵酸化可长期保存，时间越久越好。一般家庭，平时只当调料用。炒菜、炖肉、烧火锅，放进少许，这道菜的味道就会立刻变得特别鲜美。有贵客到家，才舍得取出多点做一碟凉菜。动物骨髓，特别富有钙、磷、铁等营养成分，且经过长期腌制酸化，容易消化吸收，确是一种好食品。

巴烂（byalanx） 壮名。汉名"腌酸鱼"。制作方法和"聋烂"略同。其味香酸酥甜辣，鱼刺完全溶化可吃，富有钙、磷、钾等营养成分，不腥不腻，尤其适合老少人群食用。

搏荔浦和诺芙蓉（buklitbuj caeuq nohfouyungz） 壮名。汉名称"荔浦芋和芙蓉肉"。"芙蓉肉"，取自桂柳官话，据说是清末首次见售于今融安县长安镇一个名叫"芙蓉饭馆"而得名。今已成为岭南桂、粤、港、澳各大城市餐席上常见的一道美味菜肴。制作方法：用荔浦芋为基本原料，去皮、洗净，蒸熟后碾碎加入油、盐、姜、蒜、桂皮粉、八角粉、香椿菜，和匀后置于盘底；上置加入各种配料的五花猪肉末和鸡蛋精；再上层置调匀各种配料（特别勿忘加入当地出产的黄花香汁）的鸡蛋黄。这样，就形成三层融合为一体的生品放入蒸锅蒸熟。出锅待凉后，切成扁平长形块状，倒置于瓷碗中再蒸五分钟，出锅后再倒置于瓷盘中，便成一道上呈黄色，中层紫褐色，下带槟榔纹白色，五彩缤纷，香气四溢，有荤有素，不油不腻，美味可口的佳肴了。

各琏垦窑（guhliemx gwnzyiuz） 壮语。汉译"窑烤白薯聚餐"。这是泗顶壮村牧童经常举行的一项野外聚餐活动。旧时，农历九、十月间，各村农田基本上都收割完毕了。牧童们把牛群赶进一个草场，由它们自逐水草后，便聚集到一块自由自在地玩耍起来，有下棋、游泳、打比、老虎抓羊等，还有一种特有趣的活动，这就是"各琏垦门"。其法如下：选出一名领头者充当窑长，领着一、二名窑工，挖取干净土块制成一个拱窑形状；派一、二名牧童遥看牛群；另派数名牧童就近采摘麦秆、蒿杆、干茅草等，点火烧窑；再派人到农田中摘取农民收割漏下的白薯、芋头、玉米及从溪河、水塘中捉取青蛙、鱼、虾、蛤蚧等,除去内脏,洗净后用箬叶包扎起来;待土窑烧成火红的土炭;再把一个个、一包包食物置入火红的土窑内,再用木棍把土窑推倒,打碎土炭,封盖食物。约个把时辰后,掘开土炭,便见满窑皆是熟透而诱人口腹的玉米、芋头、白薯及一包包肉食。这时,十至数十个牧童便坐到一块,美美地聚餐起来,名曰"垦珒"。因为这是瞒着家长在野外吃的野餐,不可吃饱肚子,否则回家吃不下饭,就会在家长面前露馅,被家长教训,下次就不敢玩了。

四、壮语壮歌

泗顶壮语特点 泗顶镇壮族所讲的壮语,与其他地区壮语一样,都属于汉藏语系壮侗语族(亦称"侗台语族")壮傣语支。本语族的语序和汉语相同,都是由主语——谓语——宾语组成语句;但语音和语法中的词序与汉语不同。前者语句中的修饰词或称限制成分,一般位于被修饰的中心词之后,指示代词更在整个修饰词的后面;而汉语的修饰词则在被修饰的中心词之前。例如汉语说"牛肉"、"猪肉"、"我们村子的大哥"、"二哥"等,壮侗语则反过来说"肉牛"、"肉猪"、"哥大村我们"、"哥二"等。这种词序的结构不同,有人仅仅从汉语角度去看,说他们的语言是"倒装法"。这种说法不确切,也不太公正;假如你能从他们的语言角度去看,不仅不"倒装",而且很正常、很合理!泗顶壮语所属的这个语支,国内有壮、傣、布依语,分布在东南亚各国的还有泰语、老语、掸语、岱语、侬语等,语句、词汇、语法结构几乎完全相伺,只要弄清各个语言的调类,就很容易交流。泗顶壮语属壮语北部方言桂北土语区,流行于广西桂北、柳北的融安、鹿寨、修仁、荔浦、临桂、龙胜、三江、融水、罗城,以至东兰、巴马、河池、天峨、南丹等县,及红水河北岸贵州省境部分布依族语言。这个土语区壮、布依语的特点:有八个声调(用1(可不标出)、z、j、x、q、h、t(k)、b(g)八个拉丁字母表示),与柳江土语区壮语最接近,与北部方言其他土语区壮语也仅仅是声调的使用差别。可是,同汉语的区别就大了,无论语音、词根、词汇、词序组装法等,都不相同,是两种不同语言的区别。因此,不能简单直译,也很难借用汉字。直译或直接借用的汉字,壮人汉人都看不懂,或颠三倒四,或扭曲原意。有许多壮语,例如由ng、m、w、by、bh、kh等音组成的壮语无法在汉语中找到相应的同音字,要译音就只能取其谐音、近音。这样,译成的汉字,如有些壮语地名、物名、人名,就常常闹出笑话,甚至完全歪曲了它的原意。可是,壮语也是具有悠久历史的语言,有许多优点与长处,有独立而完整的单词、词组、词序和语音、语句,词汇非常丰富,语法结构也很严谨,壮人遇到壮人,讲起壮话就倍感亲切。它的存在是长期的,不可能用别的语言代替。当然,我们应该提倡和大力帮助壮族在使用本民族语言的同时,努力学习和使用汉语、汉文,尽量做到两种语言、文字共存,共同发展。这样,既有利于民族团结,又符合壮族人民的利益和愿望。非常遗憾,由于历史上的原因,壮语一直与文字脱钩,而成为弱势语言。新中国建立后,在中国共产党的正确领导与民族政策的照耀下,国家出钱出力帮助壮族创造了文字,并批准施行,还印入人民币,成为全国合法的文字。这对壮族来讲,是有史以来特大的好事,也是非常难得、非常重要的事情。当然,由于这种文字要求各个方言、土语的壮语一下子就都统一到"一种壮字"上,是"欲速则不达"的,客观上是有困难的。然而更重要的原因,是因为受到"左"倾思想干扰,一直有人反对推广新壮文、主张直接学汉语汉文,所谓"直通车"法。特别是"文革"后,许多地区干脆把壮文打入"冷宫",把壮校、壮委都取消了。殊不知,从一种母语过渡到另一种客体语文是很困难的;如果有一种文字做"拐棍",学起来就会更加方便、快速、牢靠;而且能使两种语言都能长期存在和正常发展,各取所长、逐步融合在一起!

泗顶壮歌 壮歌,泗顶壮人称为"欢"、"比"、"歌"等,多五言,也有七言的。"比",多指随唱随编的情歌。"欢"多指适合于在大庭广众场合演唱的壮歌,如酒歌、祝福歌、古歌等,多用于讲民间故事、寓言、谚语、猜谜、童话等多种传统的文学内容,或者有歌本依据。演唱这种歌时,有时唱,有时朗诵,如说《山东快书》、说"相声"一般。"歌",为壮区边缘地带或壮汉杂居区的称谓,多七言四句为一首。唱壮歌的"唱"字,汉译音为"宽"、"款",直译为"讲",如"讲欢"、"讲比"之类。壮人对讲和唱是不分的,这是因古时壮人常以歌代言,凡是民间故事、谚语、童话、家教…,都用"诗歌"形式,以表演手法来表述的缘故。

泗顶壮歌的押韵法,有规律,又比较复杂。最常见的是有腰、脚韵两种,而且要腰脚韵互押,把一节四句紧密联系在一起。所谓脚韵,亦谓尾韵,就是在一句歌的末尾那个字押韵;所谓腰韵,就是要在第二句和第四句的第一、二、三个字中的一个字(五言句常见的在第二,七言常在第四或第五字)押住前句的脚韵。每节歌都取两个韵。第一句取脚韵,亦称起韵,就是起头一个韵,如第一句为:ooox,第二句则:oxooh(换另一个韵);第三句ooooh,第四句oohoo。这样,唱起来只要把押韵那字唱得特别响亮,咬得特别清晰,整节歌的四句就会很和谐、很自然地把四句歌词紧密联结在一起,既容易记,又特别好听,形成抑扬顿挫、铿锵有趣的诗歌。如果押韵不对,不符合这个规律,哪怕你唱的歌词内容再好,也被人笑为外行,唱得不好听。泗顶壮歌的歌词,特别讲究形象生动、托物取喻、幽默含蓄、生活气息浓厚等特点。哪怕是很抽象的内心事,也要把它变成看得见摸得着形象化的东西。例如遇到合适的对象,心里明明是想邀请对方停下来唱歌玩耍，但他们并不直说；因为如果直说，对方就会笑你太俗，不懂礼貌，可能不予理睬。必须这样说唱："naengh byouq mbouj caix leix, menbceij hah geiz sam（棋名）; naengh byouq bmouj wng dang, hah geiz sam、long、gouj（都是棋名）。"意为：咱们都闲着，闲坐真没意思！我提议咱们一起下棋吧！下什么棋？下三棋、六棋、九棋都可以！在此，下棋是唱歌玩耍的比喻。如果对方有意，就会找同样的比喻来回答你。如果唱好几句，对方都不回答，或委婉谢绝，你就走人吧！又如歌颂新社会美好，也是很幽默、委婉的唱道："nuengx lumj va gaeu ndok（金银花）, nyienh byout mbok nyienh baih. ciuh neix nuengx ndei lai, mbouj nyienh dai caeugq laux. 音译：满伦花勾勒，愿白不愿败；朝你满里来，不愿抬所老。意译为：当今人们笑得欢，好比盛开的金银花，开着就不愿衰败；当今社会真美好，使我想长生不老！泗顶壮歌不但种类繁多，内容也十分广泛，社会上任何事情，几乎都可用讲唱诗歌的形式来表述。例如逢年过节，人们围在火塘边，听老人讲演民间故事的，叫做"款古歌"；青年男女之间以歌传情的，叫做"情歌"；替老人祝寿的，有"祝寿歌"、"生日歌"；为小孩生日祝福的有"三日歌"、"满月取名歌"、"满岁歌"、"剪花歌"、"安龙歌"；为婚嫁等事请客喝酒吃饭的，有"酒歌"、"敬酒歌"、"劝酒歌"；还有"劝农歌"、"农事歌"、"惜别歌"、"孝歌"、"劝孝歌"、"哭丧歌"、"哭嫁歌"、"从善歌"、"改过歌"、"禁赌戒赌歌"等等，不胜枚举。以歌代言，歌句的组合很复杂，很独特，也很有趣。一组（首）壮歌，可长可短。常见的有四句（如汉诗的绝句）、八句（律诗）、十二句、十六句、二十句……如汉文的古歌、长歌。五句、七句、九句、十一句……但唱时必复唱其前的某一、二句，凑够四句为一节，二、三、四节为一组（首）。每句以五言为多，七言次之。泗顶壮人最喜欢唱的"三炒歌"，就是因为抓到一个重要的主题就反复的炒作，由八句组成，分为三组来唱，唱第二、第三组时都要复唱第一组中的某一、二句。泗顶壮歌，自古以来就是壮族人民群众喜闻乐见的一种文学作品。它既是旧时壮族老人对儿童、青少年进行传统的社会道德、家道、爱国、爱家及历史、自然知识教育的最好方式；又是青年男女之间表达爱情、求爱的最好方式；更是广大群众旧时在各种节日、红白喜事、亲朋来往中重要的一种文化娱乐活动。它的作者和歌手是最受人们尊敬、喜爱的人才，好比现代的歌星、影星、作家。然而，在旧社会历代封建主义及大民族主义统治时代，它不仅没有得到正常的引导和发展，而且被封建统治阶级及其文人污蔑为"淫秽语言"。这是很不公平、极端错误的。新中国建立后，批判了这些错误观点，恢复了壮歌和歌圩的名誉。壮歌曾在宣传新社会的美好、党和国家的各项方针政策、爱国主义及社会道德教育等方面，取得了很好的效果，发挥过重要的作用。如果能够把它作为历史遗产而载入史册，必将更加丰富中华民族的历史文化宝库。

五、地名释义

今泗顶镇范围内，壮族居民占绝大多数。据广西人民出版社1996年6月版《融安县志》第45页载，1989年泗顶镇总人口23262人，绝大多数是壮族；少数是操土拐语的汉族；极少数是操桂柳方言汉语的汉族，多住在泗顶圩上，是晚期为经商而来的移民。壮语称汉族为"客家"，称土拐方言汉语为"客话"；称桂柳方言汉语为"官语"，意为"官方语言"；自称"土人"或"壮人"。各民族都公认壮族是当地土著民族。名从主人，故当地村屯名称，最早应起源于壮语。壮语尽管是一种很完备的语言，壮人对它有深切感情，是他们的母语。但是，在广西、融安、一直属于弱势语言，没有文字，故必须翻译成汉语文，方能为官方接受，并载入史册，这是必然的，别无他法。可是，壮语同汉语是两种无论在语音、语序、语法结构上都不相同的语言，很难直接对译。有的音译成汉字，语意全变了。假如人们不仔细推敲，硬照汉语意思解释，那就解释不通，或者意思完全变了，甚至把壮语原意、严重误解，故应趁着现在壮语仍比较完整、许多壮族老人还在世的时候，就把这些不好解释或被误读误解的地名原意解释清楚，恢复它的原貌。泗顶地区壮语地名，多起源于四种情况：一是取自民间传说故事，以泗、龙、灯等字为词头者大多属于这类；二是以地势、地形特点为名，如巴、洞、弄、水潭（塘）为村屯（板）名称的；三是以某种特产、植物、动物为名者、多以古、都字为词头；四是出自壮族某个氏族（姓氏）名称。今粗略统计，泗顶镇共分9个行政村，有142个自然村（屯），壮语一律称为"板"。所以，用壮语叫"××村寨"，必须在"××"字之前再加一个"板"字。其中以"泗"为词头的有11个；以"喇"字为词头的字有7个；以洞（详见第56页解释）、弄字为词尾的10余处；以古、都字为词头的有5、6处；还有以潭（塘）、水坝（歪）为名的也不少……有的译于壮音，有的取于壮意，有的找不到合适的音就取其近音。译成汉字后，有的意译还可以用；有的音译，壮语原意大多被篡改，有的根本听不懂，有的被严重歪曲，有的变褒意为贬义，使人看后难以容忍。为了尊重壮人，壮语地名采用壮语音译是必要的；但不能从汉语角度去解释，应把壮语原意说明清楚。这就需要我们加以必要的调查研究和注释，以免后人产生误会。

"歪"、"九"地名释　　载入方志、地图的泗顶壮区村名地名，应根据当地原始居民语言予以正确解释。例如县志及地图上，汉文作儒南村有"歪么村"，按汉语解释，"歪"者，歪门邪道或七歪八邪之意；"么"字是疑问词，二字合起来，变成七歪八邪或歪门邪道的疑问村。这是对这个村庄的严重丑化。事实上，当地壮族居民谓新建水坝为"歪么"，因该村位于这个新建水坝旁边，故名。与汉语的意思完全相反，不作解释与纠正怎行。又如镇采村有个"九歪"水库，按汉语解释，这是一所八邪九歪的水库，也是曲解了。其实当地壮语谓头、前头、后头或上头均称"九"（音 gyaeuj）；"歪"是拦河的水坝，二字合起来，意思是这所水库是建立在原有的一个水坝的前头或后头、上头。又如吉照村有个"二九"屯，有人按照汉语解释为"二九＝十八"村，明明是一个独村，竟名之为"十八个村"，语义不通；其实这村名乃来自当地壮人的一种传说。汉语的"九"者，壮语意为人或某种动物的"头"或"头部"。相传这村处在两条龙头（一条石山龙与另一条土岭龙）的交会点，故名。

八赖村名释 上洞村有汉文作"八赖"村者，也是歪曲了壮语原意。按汉语解释，"赖"，意思是"赖皮"，"八赖"就是"七赖八赖"，也被严重误解了。其实，壮语原意"八"是"笔杆子"（bit）；"赖"是"锐利"的意思。二字合起来，意为"笔杆锐利"的村子。可能因古时这个村子出过"笔杆子很锐利"的能人或附近山形象一支锐利的笔杆子，故名。原名含意优美。

古字都字地名释 吉照村有"古代"屯，但仍与壮语原意距离太远。所谓"古代"，顾名思义就是远古、近古，这是历史学上的断代名词。旧时，这里及周围，绝大多数农民是文盲，哪知这类名词是什么含义，他们绝不会取这样的村名。其实，这是因为这个村子曾经出产某种植物或古树而得名。壮族地区以"古"（植物词冠）、"都"（动物词冠）字为名的很多、有"十都九古"之称，概因特产而得名。"古代"，意为该屯曾经盛产一种值得夸口的木本植物，其名 gondaij，旧译"古带"，类似苎麻，是壮锦、壮布的必需原料。马田村有"古兰"屯，因特产兰花而得名。"都木"屯因特产猪仔而得名。

喇、拉字村名释 泗顶壮村以喇、拉字为村名者不少。按汉语解释，就是爱吹"喇叭"的村子，要么就是"拉拉扯扯"的村子，都错了。其实，这两个字乃译自壮语的"laj"字，意为在某名山、名建筑物的下方。例如吉照村的"喇寨"屯，因其右侧一山上，相传古时曾为某农民领袖所构建的军营要塞，三面悬崖陡壁，易守难攻，又能扼守从泗顶通向三睦、沙子的要道；"喇昂"屯，"昂"者，高大之意，因其村后有一名山，壮名"宝山"，是周围附近十数里最高大的一座名山，故名；儒南村有"喇岜"屯，因村后有一形似铜鼓的山，故名。此外，寿局村有"坡拉"屯，意为此屯位于一座岭坡下方；镇采村有"拉练"屯，壮语称镰刀为"练"，意为此屯位于像镰刀一样的一座山岭下；山贝村有"拉沙"、"拉纸"、"拉玻"、"拉正"、"拉寨"等屯，概在某某名山、名址、名砦之下之意。

峒、弄地名释 壮区以峒、弄为地名、村名词尾者古今都常见。唐宋时，广西有黄峒、侬峒、韦峒、左右江溪峒；明清时，宜州有五十二弄、柳北有四十八弄等等。我们绝不能按汉语把"峒"解释为"岩洞"、把"弄"解释为"糊弄一通"。按壮语解释，诸山之间，水源充足，壮人先民早在那里开辟有水田块块，这一带就叫做"峒（亦作峝）"，即田峒、峒场之峒；诸山之间，有一块狭长山谷，水源不足，壮人就把它开发为旱地其中仅有少量的水田，壮语称为"弄"，或译成龙、垄、路、洛、骆、罗等。泗顶镇有儒（鱼）峒，壮语称"韦"氏为"儒（鱼）"，这个峒场的居民几乎全是韦氏，也许因韦氏所居而得名；"满峒"，壮语称"最小个的"为"曼（满）"，意为在壮族地区诸峒中这里只能算是小小的一个；还有上峒、上弄、下峒、良峒、弄尾、弄田、泗浪（弄）等等，皆出自壮语。

六、婚姻家庭

各媒（guhmoiz） 壮名。汉名"说亲"。旧时，泗顶壮族婚姻，一般实行一夫一妻制，整个婚姻程序，绝大多数均由双方父母包办。第一个程序就是"说亲"说亲是由男方主动的。男孩到该结婚的年龄时，父母便四处物色查访，得知某村有合适的女孩，且门当户对时，便托媒人带着一定礼物到女方家，找她父母面谈，介绍男孩及其家世情况，撮合双方婚事。如果女方父母有意，便约定下次再谈。在此期间，女方父母也积极了解男方儿子及家世情况。也有极少数人，由男女双方自己在歌圩、赶圩过程中，相互认识爱慕，而后回家说通父母请媒人撮合的。"说亲"，一般要经过好几个回合才能成功。在第一个回合或中间某个回合中，即便女方父母明明不中意，也要热情接待，请媒人喝酒吃饭，并多方夸口男方的优点，然后托词女儿还小，目前不想替她谈婚事，不想再麻烦你走冤枉路等。媒人便知已被拒绝，向男方回话就结束了。假如女方父母没有说死，媒人就总是走来走去，替双方传话，直至女方父母完全同意，并将自己女儿的"八字"（即由该女出生的年、月、日、时晨八个干支汉字交替组合而成的八个字，简称'八字'）交给媒人转交男方父母，这桩婚事的序幕就算开始了。

合八字（habbetceih） 壮名。汉语称"算命"。泗顶壮人旧时结婚的第二个程序。男方收到女子"八字"后，立即把它与自己的儿子的"八字"放在一起，押在祖先香炉下面三天。假如在此三天内，全家平安无事，便可请算命先生来把男女二人的"八字"合在一起逐字推算。如果两人的"八字"相生而不相克，就算"命合"了。即可通知女方，并择吉日，积极准备下聘礼，进入下一个程序。

妈八字（maqbetceih） 壮名。汉名"定亲"。泗顶壮村旧时结婚的第三个程序。那时人们认为"八字"是人的灵魂，把儿媳的"八字"背回家来，就象征已经把儿媳娶回来了，因此，这是结婚最重要的一个步骤。由男方择吉日进行。届时，男方派一长者，率领一个父母兄弟姐妹齐全、为人聪明伶俐、长相也帅的男童和数名壮汉挑着礼银、数十斤猪肉、槟榔子等，在媒人的带领下，来到女家送礼和做客。女方则邀请房族长者及亲戚朋友等出面接待。先将男方带来的聘金、礼品及即将出阁的女儿"八字"（放在一个麻袋中）置于祖先灵位前的那张八仙桌上告祭祖先。祭毕，在男方长者的示意下，那男童便悄悄地把内装"八字"的那个麻袋背走一段路，象征已把那女子背回家了。至此，整个仪式就宣告完成了。双方来宾乃入席宴饮，叙亲戚之礼。

带哈"带哈"（daejhaq） 壮语称谓，意为唱哭嫁歌。汉语叫"出阁"。泗顶壮村旧时结婚的第四个程亭。定亲仪式结束后，双方便积极准备举行这个程序，这就是结婚典礼。典礼首先在女方家举行，汉语称"出阁"礼。壮村在这个典礼中，最具民族特色的是唱哭嫁歌。新娘出阁前夕，娘家便设宴招待远近女性亲友，主要有新娘的姨妈、姨娘、舅妈、舅娘及表姐妹们。晚间，除小宴外，最重要的活动就是唱哭嫁歌。主角是即将出阁的新娘。进入村寨，就听到高声地哭唱声，其声似哭非哭，似唱非唱，五言、七言、不定式句都有，音韵和谐，如泣如诉。内容多为诉苦、抒情，听者无不凄然泪下。唱词内容：先诉说父母养育之恩，再诉不能终养父母，此乃天公不公；而后诉同胞兄弟同为父母所生，今日骨肉分离，抚养父母之责全在你们身上，你们必须勤俭持家，善待父母等语。接着，对到场的一个个亲朋好友逐一地数落、抒情、诉苦，同时又加几句挖苦言语。正因为这样，当她诉说到某个口才出众的姨妈、阿姨或表姐妹时，立即引起对方哭唱回答，一时哭唱四起，极为悲壮。答唱内容大多劝说这门亲事如何如何之好，出阁后一定会建起美好家庭，子孙满堂等。按照壮族风俗，哭唱好坏常常是衡量该女是否聪明和有品德的重要标志。哭得好，人人夸；哭得不好，会被人讥笑。因此遇到年幼不会唱或口才不佳的姑娘，还须事先找师傅来教她，或者让师傅在旁边帮她造词，甚至由师傅小声领唱，由她大声唱出去。这种风俗，在壮族地区流行甚广。清光绪年间，黄君钜、黄诚沅撰《武缘县图经》书中载云："僮女出嫁，前数夕即号哭痛骂也！哭之段落则分为三：其始怨自身不为男子，俾承宗祠；次则述其父母劬力抚养，难报宗恩；继则骂其兄弟鬻已于人，希图谋占家产。"到次晨即将出阁时，哭唱得更加悲戚。这时，由她的兄弟或堂兄弟背着她出阁、上花轿，另有一个妇女替她打伞，不能被太阳晒、被雨淋，旁边还有两个妇女抓住她两只脚，不能让她踩门槛，表示此后就不再进门的意思。然而，她则坚决反抗，偏偏伸脚去踩门槛。表示旧时妇女对包办婚姻的反抗。婚姻本是双喜临门，应大唱诵歌；为何壮族民间却保留有这种哭哭啼啼、大吵大闹的风俗？可能出于广大妇女对封建社会的控诉；也许是同不落夫家、舅权、产翁、入寮等习俗一样，是壮族先民母系氏族制、母权制、夫从妻居婚制的一种遗迹。

敖媚好栏（aeumaex haeujranx）　壮名。汉名"迎亲"。旧时，泗顶壮族婚礼的第五个程序，也是最隆重的一个程序。与融安汉族地区大同小异。在迎新当天，男方派出敲锣打鼓吹唢呐的乐队和打着飞龙、飞虎、美人伞、千年灯及各种彩旗、对联的仪仗队，抬着花轿、鸣放铁炮，浩浩荡荡地到女方家接亲。女方早在一年半载之前就一直准备起来的嫁妆，有新婚夫妇所需的新被子、蚊帐、衣箱、衣柜，特别是新娘所需的全部衣物等等，由男方来人抬走。其中最具民族特色的要算由女方派出的一群少则十数人、多达数十人的伴娘队，穿着花枝招展的服饰，紧随花轿到男方。伴娘队多由堂姊妹、舅表、姨表、姑表姐妹们组成。花轿来到男方庭院后，由两个父母儿女齐全的中年妇女一左一右挟持着新娘进堂屋，称为"入阁"。需要特别小心的是不许新娘脚踩门槛。进屋后，立即举行拜堂仪式。然后先由新郎进入洞房，象征性坐在一张草凳上，几秒钟就走了；接着由两名妇女及一群伴娘簇拥着新娘进入洞房，同样象征性地坐在那张草凳上，然后才可打开蒙在头上的一块大红布，这时一群伴娘紧跟新娘不舍。新婚晚上，夫家一般有三队热闹人群：一是乐队奏乐，锣鼓喧天，吸引着众多幼儿；一是老年男女对唱"颂歌"，壮语叫"讲欢"，内容主要是祝福新婚夫妇幸福美满，生子育女，发家致富；一是男方青年歌队，到洞房门外邀请伴娘队"讲比"，内容广泛，天文地理、民间故事、谈情说爱，什么都谈。伴娘们在洞房里，或编造歌词，或出主意，或听或唱，或坐或躺，通宵达旦，忙得不亦乐乎！次晨饭后，新娘便在伴娘队的陪伴下，回娘家去了。新郎也在一个男同伴的陪同下，带着各种礼物，跟着新娘回女方娘家，汉语称为"回门"。

不落夫家 汉语称谓，也是民族学上常见的一个名词。壮语叫"摆勒帕"（**byaij lwgbawx**）或"雅栏"（youqranz），意为"走姑娘"或"住家"。泗顶壮村旧时普遍存在的一种婚俗。按照这种习俗，举行婚礼后，新娘便回娘家长住。住家时间长短，要根据不同情况来决定，有的因早婚则住家的时间就要长些，有的则因夫妻相处得不太和睦故住家也会长。总之，住家少则二、三年，多达五六年甚至七八年不等。在此期间，只是逢年过节，或农忙，或夫家有喜、白酒事时，夫家才派一两个女伴到娘家来迎接她来夫家住几天，过夫妻生活，她又悄悄地跑回娘家长住。就是在夫家那短短的几天内，她始终羞羞答答，像个陌生的客人，人们依然称呼她为"新娘"。只有等她怀孕临产，才长住夫家。生育第一胎子女后，才称"成家"。学术界认为，这种短住夫家、长住娘家婚俗，与原始社会的"母权制"与"夫从妻居制"有渊源关系。前者是后者的过渡性婚姻形态；后者是前者的活化石与印证物。在封建社会里，它又是反抗封建压迫、反抗"男尊女卑"制度的重要表现、

盆栏（baenzranz） 汉语意译"成家"。然与汉语"成家"的意思却不相同。汉语所谓"成家"，就是完成婚事，夫妻合为一家就成了。泗顶壮人完成婚事还不能称为"盆栏"。完婚后，还须等待新婚夫妇生育第一个子女，举行"盆栏"典礼后才算。这个典礼是这样举行的：新婚夫妇生育第一个子女后的第三天早晨，男方便操办"三朝酒"，宴请男女双方女性亲友。是晨前夕，娘家女性亲戚就成群结队地携带着幼儿所需锦织背带、衣物、彩饭、彩蛋等礼品，富者家庭还特地把陪送给女儿的贵重财产，如牛只、稻田、棉花地、杉树地（写成契约书）等等送来。是晨，将娘家带来的礼品及男方备办的猪头、酒、肉等置于祖先灵位前举行奠祭，然后，在众多宾主的簇拥下，由夫妻抱着婴幼儿向祖先进行三鞠躬礼。礼成后，宾主入席大宴。从此，人们才不再称呼幼儿的母亲为"新娘"，而她从此在这个家庭中，才以主人身份出现，主动管理家务、种田、种地、赶圩买卖等。

七、亲属称谓

泗顶壮人亲属称谓特点 泗顶壮人与汉人的亲属称谓有许多区别，深入考察方可发现。例如第一，壮人女子结婚生子女后，夫妻及其子女回娘家，必须称"麻栏"（maranz），意译"回家"；忌讳说"斗栏"（daeujranz）或"贝栏"（baeranz），假如误口说错了，则会引起娘家人的不快，会说你不懂礼貌。第二，婚后男子称岳父岳母为"养父"（bohciengx）、"养母"（mehciengx)。这两项，都与"夫从妻居婚制"有渊源关系。第三，夫妻共同生育的子女，长大后，汉族即称男方父母为祖父、祖母，意为"家公"、"家婆"；而却称女方父母为"外公"、"外婆"，这种称谓规范，是在封建社会制度发展到汉代及其以后才逐步形成的，都是为巩固"夫权制"，加重"男尊女卑"制度所采取的措施。可是，壮族称谓却不受其限制，女儿之子女长大后，称女方父亲为"公达"（gungda）、母亲为"奶呆"（naizdaiq），与夫方父母仅仅为了区分，而没有内外、亲疏之别的意思。这也可能是因为壮族跟"母权制"社会还比较接近、"重男轻女"封建思想还不太严重的缘故。第四，一对夫妻婚后到孙子女辈，彼此间相互称谓，按照汉语文的规范，同一个祖父之下的伯叔兄弟姐妹间互称为"堂兄弟"、"堂姐妹"，意为同堂兄弟姐妹；而同一个祖母之下的姨姑兄弟姐妹间则互称"表兄弟姐妹"。表者，外表、表皮、表面之谓也，疏远得不堪言状了。若再从兄弟，只要同一父祖，依然是兄弟；若是母祖，再从兄弟姐妹及其以外，已不知其亲矣。所有这些，都是"重男轻女制度"的产物。壮语则根本找不到这些区别称谓的词汇，而现今所使用的，全是汉语的借词。

囊那（naknan） 泗顶壮村亲属风俗。汉语意为重"舅权"。旧时，壮族母方亲兄弟对外甥子女的事情什么都管，比父方伯叔重要得多。特别遇到外甥的命名、婚嫁、分家吵架等重大事件，一定要舅父到场说了才算数。父母正常去世时，子女虽可把父、母的尸体放进棺材，但不能盖脸、钉棺盖。必须由其子女携带酒肉回舅家报丧，并祭祀女系祖先，等待舅家长者到场验尸看脸后，方可用一块大白布盖脸，再盖上棺板、钉紧。正如一首传统壮歌所说："天上数谁大，算雷公最大；地下数谁大，算舅公最大！"学者认为：这是由母系向父系制过渡时所存在的"舅权制"遗俗。

父母子女间称谓的汉、壮语对比

汉语称谓	壮语称谓	拼音壮字	语意解释
父、爸	波、达	boh da	亲生父亲
子	勒特	lwgdaeg	亲生子
女	勒妹	lwgmoiq	亲生女
母、妈	米、媚	meh	亲生母
子	勒特	lwg	亲生子
女	勒妹	lwgmoiq	亲生女
家翁	波、达	boh、da	丈夫的父亲
家母，婆婆	米、雅	meh、yah	丈夫的母亲
儿媳	勒帕	lwgbawx	亲生子的配偶
岳父	波像	bohciengx	男子配偶的父亲，壮语意译为"养父"
岳母	米像	mehciengx	男子配偶的母亲，壮语意译为"养母"
婿儿	勒给	lwggwiz	亲生女儿的配偶，意为"这儿子'给'你养"。

伯叔姑舅子侄间称谓的汉、壮语对比

汉语称谓	壮语音译	拼音壮字	语意解释
伯、从父	垄	lungz	父亲的哥哥
侄子、从子	特兰	daeglan	弟弟的儿子
侄女、从女	美兰	moiqlan	弟弟的女儿
叔、从父	买	mai	父亲的弟弟
侄子、从子	特兰	daeglan	哥哥的儿子
侄女、从女	美兰	moiqlan	哥哥的女儿

伯母、审母	把	baj	父亲的嫂嫂
侄儿	特兰	daeglan	弟弟的儿子
侄女	美兰	moiqlan	弟弟的女儿
叔母	娘帕	niengxbawx	父亲的弟媳
侄儿	特兰	lan	夫兄之子
侄女	美兰	lan	夫兄之女
姑妈	把	baj	父亲的姐姐
侄儿	特兰	lan	哥哥的儿子
侄女	美兰	lan	哥哥的女儿
姑父	垄	lungz	姑妈的丈夫
侄儿	特兰	lan	妻弟之儿子
侄女	美兰	lan	妻弟之女儿
姑姑	娘	niengx	父亲的妹妹
侄儿	特兰	lan	哥哥的儿子
侄女	美兰	lan	哥哥的女儿
大舅	垄	lungz	母亲的哥哥
外甥子	特兰	lan	妹妹的儿子
外甥女	美兰	lan	妹妹的女儿
舅妈	把	baj	大舅的妻
外甥子	特兰	lan	夫妹之儿子
外甥女	美兰	lan	夫妹之女儿
小舅	那	goux、nax	母亲的弟弟
外甥子	特兰	daeglan	妹妹的儿子
外甥女	美兰	moiqlan	妹妹的女儿
姨妈	把	baj	母亲的姐姐
外甥子	特兰	daeglan	弟弟的儿子
外甥女	美兰	moiqlan	弟弟的女儿
姨夫	垄	lungz	母亲的姐夫

外甥子	特兰	daeglan	妻的外甥子
外甥女	美兰	moiqlan	妻的外甥女
阿姨	那	nax	母亲的妹妹
外甥子	特兰	daeglan	妹妹的儿子
外甥女	美兰	moiqlan	妹妹的女儿
姑夫	买	mai	母亲的妹夫
外甥子	特兰	daeglan	妻之外甥子
外甥女	美兰	moiqlan	妻之外甥女

祖孙间称谓的汉壮语对比

汉语称谓	壮语音译	拼音壮字	语意解释
祖父、爷爷	公	gungq	父亲的父亲
孙子	特兰	daeglan	儿子的儿子
孙女	美兰	moiqlan	儿子的女儿
祖母、奶奶	奶	naih	父亲的母亲
孙子	特兰	daeglan	儿子的儿子
孙女	美兰	moiqlan	儿子的女儿
外祖父	公达	gungqda	母亲的父亲
外孙子	特兰	daeglan	女儿的儿子
外孙女	美兰	moiq	女儿的女儿
外祖母	奶呆	naihdaiq	母亲的母亲
外孙子	特兰	daeglan	女儿的儿子
外孙女	美兰	moiqlan	女儿的女儿

同辈亲属称谓汉、壮语对比

汉语称谓	壮语音译	拼音本地壮字	语意解释
兄、哥	哥	go	比己年长的男性同胞
弟弟	特侬	daegnuengx	比己年小的男性同胞

妹妹	美侬	moiqnuengx	比己年小的女性同胞
嫂子	皮	beix	哥哥的配偶
弟弟	特侬	daegnuengx	夫之弟弟
妹妹	美侬	moiqnuengx	夫之妹妹
姐夫	姐夫	cejfou	同胞姐姐之丈夫
内弟	特侬	daegnuengx	妻之同胞弟弟
内妹	美侬	moiqnuengx	妻之同胞妹妹
妹妹	美侬	moiqnuengx	比己年小的女性同胞
妹夫	侬给	nuengxgwiz	妹妹的配偶
内兄	哥	go	夫兄
内姐	姐	cej	夫姐
妹妹	美侬	moiqnuengx	丈夫的妹妹
妹夫	侬给	nuengxgwiz	妹妹之配偶
丈夫、官人	布、勒给	boh、gwiz	女性对己配偶的称谓
妻、内人	媚、都雅	maex、duzyah	女性对己配偶的称谓
内兄	哥	go	妻子的哥哥
内姐	姐	cej	妻子的姐姐
内弟	特侬	daegnuengx	妻子的弟弟
内妹	美侬	moiqnuengx	妻子的妹妹
堂兄（从兄)	哥	go	同一个祖父母之下年长于己的伯叔之子
堂姐（从姐)	姐	cej	同一个祖父母之下年长于己的伯叔之

			女
堂弟（从弟）特侬		daegnuengx	同一个祖父母之下年小于己的伯叔之子
堂妹（从妹）美侬		moiqnuengx	同一个祖父母之下年小于己的伯叔之女
姑表兄	表哥	biujgo	同一祖父母之下年大于己的姑母姑姑之子
姑表姐	表姐	biujcej	同一祖父母之下年大于己的姑母姑姑之子
姑表弟	表侬	biujnuengx	同一祖父母下年小于己的姑母姑姑之子
姑表妹	表侬	biujnuengx	同一祖父母下年小于己的姑母姑姑之女
舅表兄	表哥	biujgo	同一外祖父母下年长于己的大舅小舅之子
舅表姐	表姐	biujcej	同一外祖父母下年大于己的大舅小舅之女
舅表弟	表侬	biujnuengx	同一外祖父母下年小于己的大舅小舅之子

舅表妹	表侬	biujmoiq	同一外祖父母下年小于己的大舅小舅之女
姨表兄	表哥	biujgo	同一外祖父母下年长于己的姨母阿姨之子
姨表姐	表姐	biujcej	同一外祖父母下年大于己的姨妈阿姨之女
姨表弟	表侬	biujnuengx	同一外祖父母下年小于己的姨妈阿姨之子
姨表妹	美侬	biujnuengx	同一外祖父母下年小于己的姨妈阿姨之女

壮人拜寄习俗 旧时，泗顶壮人结拜寄养父母（简称"拜寄"）的风俗非常兴盛，且有很多特点。这种风俗与汉族结拜"干爸、干妈"相似但不相同。壮族"拜寄"的特点是婴幼儿体弱多病，父母便请算命先生来推算"八字"。假如算命先生算出该幼儿的"八字"与其父母中某人的"八字"相克，不宜抚养这幼儿时，其父母就必须替他（她）"拜寄"，意思是说，另外去找一对结拜"父母"，把这个幼儿寄托给他们抚养，称为"波基"（bohgeiq）、"米基（mehgeiq）"。"拜寄"之法有多种：第一种是自行物色一对父母子女齐全、门当户对、对方也完全同意的夫妻作为人选。第二种是择吉日，派人带着酒、肉、彩饭、彩蛋到桥梁边祭奠，用一根竹竿象征性地架桥，表示行善，然后躲进路旁草丛中，等待第一个过路人，不管是谁，都要认定他或她为幼童的"寄"父或"寄"母。如果此人未成年，可以转移给他（她）

的父母。第三种是事先刻好一块指路碑，派人带着酒肉、彩饭、彩蛋到三岔路口竖立，表示行善，然后藏匿在路旁如同上述。无论哪种方法，都须举行隆重的"拜寄"仪式。其法为确定人选后，由幼儿父母请算命先生选择吉日。届时，由幼童父母携带酒、肉、鸡、鸭、彩蛋等礼物，到寄父、寄母家祭祀祖先，表示入户。有的还须由寄父母重新给幼儿命名，有的须改从寄父姓氏或以寄父姓氏为名，如寄父姓何，男性幼童从此取名"特何"，女的改名"美何"。仪式结束后，寄父母乃大办酒席，邀请祖父母、伯叔父母及堂兄弟姐妹们入席宴饮。席间，寄父母带着幼童向在座长辈及同辈一一介绍，并要求今后一律按照家人亲属称谓相互称呼。寄子或寄女离开时，寄父母则给幼童赠送若干糯米、红米、中草补药、衣物、封包等，作为象征性地"给养"物资。从此，这名幼童一辈子都如同对待自己的亲生父母一样对待寄父母，无论寄父母家遇到什么事，如盖房子、有喜、白酒事，自己都要首先到场帮助。平时，逢年过节，都要亲自（有了儿女可派儿女代替）回寄父母家"送包"，带回寄父母送给的"给养"米粮。

送种 soeng qsuek 汉语意译"送包"。泗顶壮族习俗。女儿"成家"后，每年春节期间，必拖儿带女（儿女长大后由儿女代劳）、肩挑手提着若干个"包子"返回娘家，称为"送包"。每个包子，都用荷叶或箬竹叶包扎，内装一只煮熟的母鸡后半身的一半、一块约一斤多重的腊猪肉、一根香肠、数只豆腐包肉丸、油炸糯米丸（壮语称"油蛋"）等等，贫富家庭略有增减，但基本内容不变。回到家门后，分送给寄祖父母、寄父母、寄伯叔父母等每家一包。回家时，各家回赠给若干糯米、红米、红包等。寄子、寄女、寄孙子女春节返回寄父母家的礼节与此相同。

送槟榔 泗顶壮村亲戚宾客来往习俗。岭南壮族古时向有"嚼槟榔"以待宾客的礼俗。关于这种习俗，唐代刘恂《岭表录异》及南宋范成大《桂海虞衡志》、周去非《岭外代答》等，都有详细记载（详见第七章第八节）。近、现代泗顶壮村虽已不复见"嚼槟榔"习俗，但仍普遍以槟榔子为重要礼品和信物。在婚聘礼物中，槟榔子是必备的重要礼物。此外，民间但凡需要请客、会聚、会约宾客等事，不用请帖，概用槟榔一枚。收到槟榔的亲友，届时必然如约赴会，绝无失信。这种习俗，可能沿于古时"嚼槟榔"以待客的习俗。槟榔子平时不能嚼食，但有杀虫、消食功能。家中有人，特别是幼儿，如果遇到蛔虫骚扰而引起腹痛、滞食，服用适量槟榔子粉，蛔虫即随大便排出，病情立即痊愈（详见第七章第八节）。

八、泗顶壮人民间传说

（一）大力士与拔牙雷公

传说古时，天与地相隔很近，彼此间的人常相交往，有斗争，也有和好，甚至结亲的，语言都相通。据说天上有个雷公（后称拔牙雷公），是专门管理刮风、下雨、旱、涝等事；地上的大力士管理农耕稻作、油、盐、商、贩等事。大力士与雷公虽有天壤之隔，但彼此经常来往，互相帮助，如大地久旱不雨，大力士就"呱、呱、呱"地叫，雷公就打雷下雨；天上人们缺食少穿了，也可在五谷成熟时派飞鸟来衔喙。大力士和雷公也常因为一语不和而引起吵嘴、争斗，甚至大发雷霆，或大动干戈。

有一次，不知为何大力士竟与雷公积怨成仇，大力士预知雷公必将于近期对己进行攻击。所以，为了保卫其家人和自己，常在家枕戈待旦，并且到河边捞回很多浮苔，把整个屋顶都铺得滑溜溜的。没等多久，果然天昏地暗，雷雨大作，雷公大怒，大喊大叫，两手握着一双斧头，飘飘然从天而降，声称要来和大力士角斗。当他刚刚降落到大力士屋顶，只听得"咣当"一声，被脚下的浮苔滑倒而跌落到石头地上，一时动弹不得；说时迟，那时快，早就做好准备的大力士迅速用一根扁担把雷公压住，再用绳索把他的手脚绑紧，投进牢房（谷仓）关起来。

然后，大力士一家乃庆祝胜利，并商量如何处治雷公。大力士的妻子主张同雷公谈判，提出苛刻条件，如雷公答应，就放他回家，不答应则处死他。大力士说："送上门来的肥肉，哪能白白地甩掉。"主张把他宰了，粉其肉碎其骨，拌上油、盐、姜、葱、蒜、八角、桂皮，制成"腌酸肉"（壮族风味食品）来吃，并招待客人。经过一番讨论协商，夫妻一致同意第二种处治办法。

第二天，大力士与其妻就准备到街上去买盐。走前，其妻对着两个小孩（兄名特可，妹名美依）说："我和你爸要上街买盐去了。牢房里关的是雷公，你们一定要把他看管好，不要让他出来；也不要给他东西吃，例如饭、菜、肉、剩饭、剩菜、剩肉、甚至猪狗吃的猪潲，一点都不能给他吃。"兄妹二人齐声应道："我们都听清楚了，一是不给他开门；二则不给他一点东西吃。"说完，大力士夫妇就出门买盐去了。走到半路，听到空中霹雳雷声，大力士就知道家里出事，一定是雷公破牢而逃了。因即迅速返道回家，准备应急之事。

原来大力士夫妇出门后，雷公就敲门同两个小孩谈话："来，过来，小朋友！叔叔两天没吃东西了，饿得很！请你们可怜叔叔，给点东西吃。"

"不给。"兄妹齐声应道。

"不是白吃的，我会给你们很多钱！"

美依动心了，反问了一句："那你想吃什么？"

"给点饭、菜、肉。"

"我妈交代过了，饭、菜、肉不能给。"

"那就给点剩饭剩菜吧!"

"也不能给,我妈也交代过了。"

"那就给点猪㳆吧!"

"也不给,我妈也讲了。"

"要不就给一瓢冷水喝?"

美侬与特可商量了一下,觉得阿妈倒没有提到不给他喝冷水,两人就答道:"冷水吗?我妈倒没有讲过。"美侬就盛着一碗冷水递给雷公。

谁料,雷公一旦喝了第一口水,全身就有力了;喝了第二口,绑在他身上的绳索就都被他挣断了;喝完第三口,他一踢一推,牢门就被他打破而站到门外来了。两个小孩马上抱住雷公的两条腿,不让雷公走,并苦苦哀求:"我们给你喝水,你才能出来;如若你这就逃走,我们两人必遭殃,岂非恩将仇报!"

"今后你俩无论遇到什么困难和灾难,我都会来拯救你们的。"

"口说无凭,你拿出什么为证据?"

雷公摸摸衣兜,什么也没有,不得已拔掉一颗门牙(从此人称"拔牙雷公")交给兄妹俩,并吩咐道:"这颗牙齿是无价之宝,你们把它种在屋檐下,就会长出一个大葫芦瓜,把瓜籽、瓜瓢挖掉,就成一只葫芦船。你们遇到什么灾难,就住到船里去,保证你们能平安无事。"说完,兄妹两人就放他上天去了。

真的,种在屋檐下的这颗牙齿;第二天就长出碗口粗壮的藤条和雨伞般大的绿叶,覆盖着整个庭院;第三天,就长出如船只般的一个大葫芦瓜。特可和美侬按照拔牙雷公所说把它制造成一只葫芦船,用其藤条绿叶做船篷。平时吃饭,将锅巴留下,烤干后积存到葫芦船中,以备急用。

再说大力士夫妇回家后,也日夜准备,他们是把家里常用来舂米的一个木碓,改造成一只水陆两行的大木马,以备夫妇两人骑用。

再说拔牙雷公回天后，禀报过天帝，又经过三七二十一天的造雨准备，就雷声大作，大刮风沙，接着日夜不停地下瓢泼般大雨。没有几天，竟然把整个大地都淹成汪洋大海。农作物、花、草、树木被淹死了，家畜、走兽、人类……也都葬身于鱼腹中了。

这时，大力士夫妇骑着木马随洪水漂流到天上，并立即追到拔牙雷公，举起扁担就打，打得拔牙雷公瘸了一条腿，乃跪下求饶；大力士命令他立即下大地挖河造海，疏通洪水，以拯救大地上的人类及动植物。拔牙雷公急忙下到大地挖河造海，排泄洪水。霎时间，洪水就落得离天好远了，大力士俯身一看，已经无法下地了，只好按照天帝旨命，留在天上做雷公的监督员，与雷公一起负责管理人间风雨旱涝之事。而最幸运的是特可和美侬两兄妹，当洪水挨着天门时，他们没有上天，他们一直坐在葫芦船中随水漂流和升降。当洪水排泄完后，他们又重新回到了大地上。可怕的是，这时的大地已不是从前的大地，什么都没有了，十分荒凉，草木得重新生长，飞禽走兽也得由鱼类重新蜕变而成，人类只剩下他们俩，怎么办？怎么繁殖后代呢？他们已逐渐长大到结婚年龄，特哥提议道："我们两人结婚生小孩吧？"妹妹说："我们是兄妹，兄妹怎能结婚呢？"特可又提议去请月亮出主意，并说："如果月亮同意帮助，我们就拜她为媒婆和证婚人。"美侬同意了。

月亮婆婆不但同意当他们的媒婆和证婚人，而且替他们出了一条很好的主意："你们不是碍于一家兄妹不能结婚吗？这事好解决：你们当中一人为大力士夫妇后代，住原地、着原装不变；另一人拔掉一颗门牙，改装为拔牙雷公的后代，就成两家人，不是亲兄妹了。两人从不同地方追逐到一块，就可以结婚了，我愿意当你们的主婚人。"

特可和美侬依计而行，特可愿意打掉一颗门牙，装成拨牙雷公的后代，住到山后去；美侬为大力士夫妇后代，住原地、着原装。第二天一早，在月亮光下特可开始去追逐美侬。美侬往右边跑，特可从她后面追，一连追逐好几圈，都没有追到；美侬心生一计，转身往回跑，仅仅跑了一会儿就迎面遇上特可，两人不约而同地拥抱在一起。特可建议当即向天地月亮三拜三鞠躬，算是举行结婚大典了。

特可与美侬结婚后，美侬就生出一个似人非人的肉球，虽无五官手脚，却听到有许多人在言语，说这就是她们的后代。特可认为仅此一人，繁衍太慢。就把这个肉球剁成肉末，然后撒向四方，口中还念念有词："每粒肉末就是一个人，你们自相婚配，成家立业，迅速繁衍后代。"

第三天早晨，果然不出特可和美侬所料，无论东西南北，也无论是山坡上或水溪边，到处是炊烟缕缕，人声四起，人类重新在大地上繁衍起来，成为大地上的主人翁。这就是于今大地上人类的最早先民。

编者按：民间神话故事，虽非真实历史，但它是历史的影子。它掺杂着许多神话、幻想及讲述者的主观意识，也有若失若离的历史影子。如果我们能够用历史唯物主义和辩证法的观点对它进行分析，去其粗取其精，去其伪存其真，或许能够看到人类远古历史的某些真实片断，补充人类历史的缺陷。这则神话故事的背后，就蕴藏着人类早期共同经历过的婚姻形态。

这则故事描述的历史背景是氏族公社的初期阶段。大力士和拨牙雷公是两个氏族的人，他们处于同一个部落，因为他们有共同的语言、习俗、领域，彼此互相往来，相互通婚。特可与美侬，原来是同一个氏族的人，是广义上的母系兄妹，按照当时的习惯法，是严禁通婚的，所以美侬说"兄妹怎能结婚呢？"证明当时社会上实行的是氏族外婚制。后来，听从月亮的指教，美侬拔掉一颗门牙，又到山后去居住，已变成以拔牙为标志的氏族的人。此后再同特可相遇，那就意味着是两个氏族的男女相遇，不是兄妹相遇，又有中介人（月亮）的证明，理所当然可以结婚而繁殖后代。这个故事生动地说明氏族外婚制已被社会所公认，同时又还存在一些"血缘婚制"的遗迹。

这则神话故事还帮助我们解读我国古籍文献和地下发掘文物所常见的"凿齿"、"染齿"、"文身"等，以及近代贵州还有"打牙仡佬"、台湾也有"打牙"高山人这些特异的风俗。近人解释为是一种美观的装饰。我们认为，它的原意应该是原始人氏族组织单位的一种标志，是为了区别彼此间可否通婚而设置的，而后逐步衍化为一种装饰习俗，长期留传下来。

（二）水牛斗老虎

从前，我们村有一个放牛娃名叫特定，人特别聪明，又热爱劳动，特别热爱他家的水牛。五岁时，他家母水牛生下一头小牯牛。小牯牛是在草地上出生的。特定亲眼目睹小牛出生的全过程，它刚从母体上落地就接受其母的舐爱抚摸，脱去胎衣后，小牛很快就从地上爬起，吮吸着母奶，接着又学会走路、蹦蹦跳跳，十分顽强。特定非常喜欢小牛的性格，高兴得跳起来喊道："天呀，我家增添了一头顽强调皮的小牛啦！谢天谢地！"特定当时就给它起了个好听的名字叫"怀郎"，意为"牛首领"、"牛长老"。

从此，特定和怀郎彼此都产生特别深厚的感情，每次放牧在外，特定都给怀郎特别优厚的待遇，怀郎爱洗澡、爱游泳，特定就把它放到水质特别干净、凉爽的山溪小河中游泳，喝着山溪流下的矿泉水，有时特定还与怀郎一起游泳、玩水、替它擦背；放牧放到玉米地边时，特定不许怀郎损坏老乡的庄稼，自己带着镰刀进地头割来最嫩最好的草料喂给怀郎吃；冬天到了，特定怕怀郎喝生冷水会得病，每天都特别给怀郎煮一锅热水，再放一把盐，然后让怀郎喝；还经常把剩下的小米粥、猪潲喂给怀郎吃；特定还特别喜欢和怀郎一起锻炼身体如赛跑、跳跃、顶头，还经常用磨刀石帮助怀郎把两只尖角修理得又光又尖，像武士的两把尖刀。不到两岁，怀郎就长得高大、结实、强壮，赛过成年的水牯牛。

再说，怀郎也心领神会，特别爱戴特定。待他力所能及时，每天让特定骑在它背上，它活像一匹骏马，带着小主人过河、爬山、越坎，如履平地，从来不叫累。没有多久，特定上学读书了，怀郎依然充当特定的"骏马"，每天接送他。放学回家路上，特定还顺便割取两袋牛草，带回家喂给怀郎吃，主仆俩配合得十分默契。

特定除怀郎外，还有一个要好的伙伴，这就是他家那条猎狗，名叫"马安"。马安也长得非常雄壮、聪明和灵敏，三者形影不离，出门必在一起。

有一天，特定背着书包准备去上学，因天气不太好，他又戴着雨帽和蓑衣，想自己走路，不带怀郎和马安。怀郎急了，"哞，哞，哞"地叫个不停，意思是说天气越不好越需要我背着你去，万一下大雨、河里长大水我好背你过河；而马安更急，早就跑到路口等着他们了。

特定骑着怀郎，马安走在前面，不一会儿，来到了一个山崀中，马安首先嗅到一股猩风，就知道附近有老虎。它乃发出"呜，呜，呜"的警告声，怀郎问道："莫非有老虎？"马安连连点头。特定又拍拍怀郎的脖子，问怀郎怎么办？怀郎抖了抖身子，高高举起头，发出"呲，呲，呲"的叫声，意思是说：小主人，你莫怕，有我在，老虎来了我对付！

话刚说完，一只虎视眈眈的老虎从山林里一跃而出，看到这头雄赳赳气昂昂的壮牯牛站在那里，乃不敢轻举妄动，接连倒退三步，心想：好雄壮的水牛，它的脖子比我的身子还粗，头上还扎着两把尖刀，硬拼说不定反被它制服，力敌不如计取，让我同他谈谈：

"牛大哥，久违了！吃早餐了吗？"

"废话少说，你挡住我们的去路，是何用心？实说吧！"

"不瞒你说，我已三天三夜没吃东西，请你放下这小孩给我吃，我会谢谢你的。"

"放屁！他是我的小主人，与我亲如手足！你敢动他的一根毫毛，我就要你的命！"

"那我俩比武好吗？我胜，你就让我吃他；我输，你们就走好啦！"

"怎么比？"

老虎想，必须先下手为强，先发制人嘛！于是说："各站在50步之外，各自准备五分钟，然后你站在那里，让我咬你三口；我再站在那里让你顶我三下。谁先倒下谁就算输了。"

"行。不过，比武死了不偿命的？"

"行，一言为定。"

于是，怀郎把特定送到树上观战，自己后退25步进行准备去了；老虎也后退25步进行准备。

再说它们俩都是怎么准备的？但见老虎在左边对着一块大石头磨牙，磨了又磨，试了又试，突然一跃而起，竟把一棵大树咬断，自以为了不得，胜利在握了；右边水牛不慌不忙地跳进一口烂泥塘中三翻五滚，全身沾满几寸厚的烂泥巴，然后站在那头等待老虎的进攻。

时间一到，老虎从50步开外起步，恶狠狠地一跳一扑，张开血口，对准水牛的胸膛连咬三口。妈呀！口口是烂泥，水牛的一根毫毛也没损伤；老虎垂头丧气，灰溜溜地退回原地等待水牛的进攻；水牛也从50步开外起步，由慢到快，鼓起全身气力，头上戴着两把尖刀，快到时，瞄准老虎的胸膛，三步并作一步猛扎进去，先是"咔嚓"作响，接着听老虎尖叫一声，老虎的胸膛被水牛顶穿，肝肠掉出来了；水牛再顶一次……只两三个回合，老虎就一命哀哉了。

特定在树上看得入神，真刺激，真过瘾，真痛快！眨眼间，怀郎就大获全胜。他大声叫好，不停地鼓掌！

接着，怀郎就走进干净的河水，冲掉自己身上烂泥巴，干干净净地洗个澡。然后同特定一起，收集行装，把胜利果实老虎的肉体托在身上带回村。

村子里的人们知道特定的水牛打死了这只不知吃掉村上多少只猪仔、牛仔和过路小孩的老虎，皆拥到村外列队欢迎牛英雄战胜归来。据说，至今老虎仍然怕水牛，从来不敢伤害小水牛，就是怀郎立下的功劳。

（三）蜈蚣斗大蟒

故事开头，说者先用壮语唱七节"壮歌"。歌词如下：

第一节音译：

话讲波顶利休来，友轮雍六像拾魏。

图拾魏也真是乖，永伦布采保布主。

壮文：

vahgangj bohding ndeiriu lai,

riuj raenyugzroeg ciengx sipvaiz.

duzsipvaiz yax caencing q gvai,

yienz lumj bouxcaiz bau bouxcawj.

意译：说起从前有个名叫"波顶"的人好笑得很，手里提着一只鸟笼，笼里养着一只大蜈蚣。无论出门赶圩、干活或旅游，他手里总是离不开这只外表用块黑布蒙着，不容别人知晓里头装的究竟是什么的鸟笼；而鸟笼里的那只蜈蚣对他也很忠诚，像个勇敢的卫士，日夜紧密跟随着首长，保卫着首长的生命安全！
第二节音译：
话从各讲斗，请留歪歪听。
照波顶皮性，也爱像画眉。
壮文：
vah dajgoek gangj raez,
gyoengq sou vaehvaeh ding q.
ciuq bohding beizsing q,
yax ai q ciengx roeggiu.

意译：话从头讲起，请你们耐心地仔细听：按照"波顶"原来的爱好，也是喜欢养画眉鸟的；只因有一天，他遇到了一个生死攸关的故事，才改变主意的。欲知故事详情，且听我再唱数节。

第三节音译：
顽年拉海恩，忽吞图堂斗。
赖图拾魏救，命求腾硕尼。
壮文：
ngoenzninz ndahai gyaen,
yaep raen duzdangh daeuj
gaq laiq sipvaiz gouq,
mingh gyaeudaengz ngoenzneix.

意译：有一天，波顶午睡刚睁开眼睛，忽然看见有只大毒蛇从屋梁上冲着他脑门袭击而来！在此紧急关头，正好有一只蜈蚣不知从何处跳出咬死了这只毒蛇，于是波顶的生命才活到于今。从那时起，波顶就与这只蜈蚣结成生死之交的哥俩，并答应奉养它一辈子。

第四节音译：
鼾宁牙江巴，尔底更惊吓。

衣波波不含，假贝殆就算。

壮文：

mizhaemh you q gyangbaq,

hawjde eng q gingyaz。

heuh boh boh mbouj han,

gag caj dai couhbah!

意译：又有一天，波顶远出旅游，天黑时，独家客栈不给住，而昏睡在野外。原因据说当晚，有只大蟒必来吞食他！这时真是叫爹爹不应，只好把蜈蚣放走，而自己就闭眼等死，昏睡过去了！

第五节音译：

救命图拾魏，索败又斗救。

底含图堂久，毒斗堂翻痛。

壮文：

gaeu q mingh duzsipvaiz,

satbyai youh daeuj gaeuq。

de haeb duzdangh daeuj,

doeghaeuj dangh fan'dungx。

意译：值此紧要关头，不知预先躲在哪里的那只蜈蚣，飞跃而出，狠狠咬往那大蟒的头部，起初那大蟒凭借它庞大的身躯，摇头摆尾，一时甩到客栈房门，一时甩到屋顶，咚咚作响，惊吓到客栈大众，人们不约而同地操起木棍、扁担，准备抵抗。不一会，蜈蚣的毒气发作，那大蟒就翻起大白肚死在客栈门口了。这时，客栈大众一齐出来观看，喜出望外，顿时聚集在一起，手舞足蹈，翩翩起舞，齐声合唱，热闹异常！他们跳的是《扁担舞》，合唱的是《壮歌》。

合唱一，音译：

堂箴罪伯来，尼殆赖拾魏。

拾魏除大害，代代唱它功。
壮文：
dangh meng coih mbwk lai,
neixdai laih sipvaiz。
de'bang raeuz cawzhaih,
daihdaih mboujndaej lumz。

意译：这条大蟒在这一带地方，不知吃掉多少人命和家畜，可谓罪大恶极了！于今波顶养的这条蜈蚣打死了它，为民除害，功大如江海；我们要世世代代铭记与歌颂它的功劳！

合唱二，音译：
讲到图拾魏，可爱又可太。
底邦留除害，代代纪念它。
壮文：
gangj daengz duzsipvaiz
dwgngai q youh dwgdaiz。
de'bang raeuz cawzhaih,
daihdaih geiqniemh de。

意译：再说那蜈蚣，真是可爱又可夸；它替我们除大害，我们要世世代代怀念它！

曾经广泛流传于融安壮乡的这则美丽动听的童话故事，可用壮歌唱，也可用壮语讲述。为了节省篇幅，我们把原来口述的壮语音译、直译与壮文删去，仅录汉语译文如下：

从前，我们那里有个怪老头，名叫"波顶"，约莫五十来岁，家境小康，过着无忧无虑的生活。别人喜欢饲养小狗、小猫、画眉鸟、红头鸟之类的宠物；他却喜欢饲养一只蜈蚣。

蜈蚣是一种毒性很大的动物。北方不常见，南方可多啦！它不怕毒蛇，蛇倒是最怕蜈蚣，因为蛇一旦被蜈蚣咬伤，毒性很快就浸透进大脑，蛇就昏死了。蜈蚣的全身，对人类还具有解毒、祛风、止痛、镇痉等功效。农民常用它来作为解蛇毒药用。据本村草医说，蜈蚣酒（活蜈蚣泡白酒，满月即成）可治人的各种风湿性关节炎、关节痛等。至今仍被视为大益虫。

话说波顶原来也是喜欢养画眉鸟的。他曾制作了一个漂亮、结构讲究的鸟笼，内装一只活泼可爱、能歌善舞的画眉鸟，出门干活、蹓跶或远出旅游，从不忘记提着这只鸟笼跟随。有一天中午，波顶正睡在床上，突然发现屋顶有一只毒蛇朝着自己的脑门进攻来了！逃走、拿棍子打，一切都来不及了。眨眼间，突然窜出一只蜈蚣飞一般的跳到那蛇脑门死咬不放，那蛇立刻就缩成一团滚倒地上死了。仔细一看，原来是一条眼镜蛇。

波顶亲眼目睹这个动人心弦的场面，立即跪拜这只蜈蚣为救命恩人，口称："恩人呀，恩人！没有你，我这条命今天就埋葬在蛇腹中了。谢谢你，谢谢！"波顶心想，俗话说："滴水之恩，当涌泉相报。"何况救命恩人呢！乃对蜈蚣说："恩人，你今天有大恩于我，我当如何报答你呢？你就留在我这里，我奉养你一辈子！"说完就拿出画眉鸟的饲料：蚂蚱、昆虫、炙猪肝、鸡蛋炒小米等给蜈蚣吃，蜈蚣开怀大吃，波顶和蜈蚣都很开心。

从此，蜈蚣真的就不走了，愿与波顶终身为伴。可是，画眉鸟同蜈蚣乃世为仇敌，彼此绝对不能相容，两者只能留一。波顶乃转身对画眉鸟说："画眉鸟，对不起了！蜈蚣有大恩于我，我离不开它。只能让你远走高飞了。"画眉鸟点头表示同意，并说"再见"，就飞走了。此后，波顶无论出门干活、散步、锻练身体，还是远出旅游、做客、经商……都用一块黑色绸布盖着笼子，然后提着随身跟从，别人都以为他随身提的是画眉鸟，无人介意。十年如一日，蜈蚣也长大得像只鞋底那么粗大，红光四射，雄壮而美观。

再说广西某地有一座大山，周围数十里无人居住。山中有一条人行道，是从某地至某风景区的必经之路，中途只有一家客栈，可供过客住夜。那客栈后山的半山腰有一口深邃莫测的山洞，洞里藏有一条大蟒。据说这条大蟒会说人话，会叫人名字。凡是路过这里的外地人，常被它叫喊名字。如果它叫到你的名字，你并没有理睬、没有答应它，它就找不到你，你就平安无事了；如若你无意中答应了他，不管你当晚躲到哪里，你都逃不出它的魔掌，到晚间必被它吃掉。当地人民已恨透了它，而又无可奈何于它。

有一天，波顶提着笼子沿着这条山路走来，说是要去某地旅游，大蟒叫他名字，他不知内情竟应声而答。走到客栈门口，天色已黑，就进客栈准备住夜。客栈老板第一句话就问他："刚才你路过那山下时，有人叫你名字了吗？"

"叫啦！"

"你答应了吗？"

"答应了。"

"哦！那就不给你住我的客栈了！"并将前面说过的事一五一十地告诉他，最后说道："谁都救不了你，你就住野外束手就擒吧！"

波顶得知大蟒力大无比，心想："此劫难逃了！我死不足惜，千万不能让它伤害我的恩人蜈蚣！"于是，乃亲切地对蜈蚣说："恩人呀，恩人！你我相处十多年，你对我很好，我待你也不薄，今晚我的命完了，我也顾不得你了；你赶快逃离此地吧！"说完就打开笼子，自己蹲在路边被吓得昏睡过去了。蜈蚣并没有逃走，而是在附近找个地方隐蔽起来。波顶半夜醒来，大地突然卷起一股妖风，在月亮光下只见随风而来一条大蟒，约有一丈长、碗口那么粗大，张开血口就要吞食他。在这紧急关头，他所养的那只蜈蚣不知从何处飞将而来掐住大蟒的脖子，死咬它的头部。大蟒凭借它的强大身躯甩头摆尾，一时甩中房门，一时又甩到房顶，咚咚作响，但蜈蚣就是咬住不放。不一会儿，大蟒就动弹不得，死在客栈门前了。

再说，客栈里的老板和旅客们都听到门前咚咚作响的声音，以为是大蟒攻击客栈来了。大家一急，每人都拿起一根大扁担，准备抵抗。胆子大点的旅客从窗口往外看，乃知原来是波顶和他的蜈蚣已经把这只作恶多端的大蟒打死于门前。老板遂敞开大门，旅客们像迎接英雄一样地欢迎着波顶和蜈蚣进门，并就地跳起了扁担舞，唱着颂歌，庆祝胜利！至今这里壮族民间，逢年过节或有特大喜事，仍喜欢倾听老人讲述这则美丽故事同时唱着颂歌、跳扁担舞。

（四）韦银豹故事

韦银豹，明代广西古田县（治所在今永福县寿城镇）壮族。古田县，唐、宋、元称古县，明代改称古田县。韦银豹起义失败后，改称永宁州，清因之。民国改称百寿县。新中国建立后，析归永福的寿城、三皇、和平、龙江及融安县的桥板、雅瑶两乡及泗顶镇。这一带自古以来是壮族聚居区。从前地多人少，土地肥沃，生产发展缓慢，人民生活尚称安定富足。明代以后，江南各省人口密集，土地高度集中，农民大量破产。明朝为了缓和江南农村的阶级矛盾，就以"屯田"名义，用军队和枪杆子把大量失业的农民，驱赶到西南各省包括古田县这个地广人稀的地区来实行"军屯"和"民屯"。这种"屯田实边"政策，对江南农民，等于被"流放"，他们与当地少数民族是没有根本利益冲突的，因为他们是从江南而来的劳动人民，他们带来了先进的生产技术和生产方式，他们之来会促进当地壮族社会的进一步发展。然而，明朝封建统治阶级对当地壮、瑶、汉居民，是采取强圈、强买、驱赶和民族歧视的政策与手段，把手无寸铁的壮、瑶农民，驱赶进贫瘠的山区，强占沿河膏腴的田亩，他们把部分富有稻作经验的壮族农民变为屯主（地主）的佃农，呼之为"佃僮"。因此，就激起了一场古田"僮佃"起义。韦银豹是这次农民起义的著名领袖。壮族民间一直流传的韦银豹故事,就是这样来的。

A. 唱唱韦银豹

壮歌:1. 讲达韦银豹,2. 布老就何亨;3. 讲三恒三文,4. 句句都利听。

直译:1. 讲到韦银豹,2. 老人喉就痒,3. 听三天三夜,4. 句句都好听。此乃开头的一首。

壮文:1. gangj daengz vaezyinzbau,

2. bouxlaux couh haenzhwnj,

3. dingq sam hwnz sam ngoenz,

4. coenzcoenz duh ndei dingq。

韦银豹的民间说唱故事,具有浓厚的民族文学风味。上世纪二三十年代,泗顶壮族民间仍有流传。老人们最爱听,也最爱传诵。凡是遇到老人祝寿或过年节,酒余饭后,那些民间歌手、业余说唱者就摆起"龙门阵"来,说唱韦银豹的故事。听众则听得津津有味,听三天三夜,仍依依不舍,觉得句句都好听。韦银豹在壮族劳动人民的心目中是英雄;而官方却说他是"草寇"、"强盗头",不准民间公开说唱。可是,民间谁听它这一套。数百年来,直到近现代,泗顶许多壮族村寨,依旧流传有"特架"(韦银豹的小名)的故事和歌谣。

B. 特架的出身

壮歌:1. 特架里眉啃,2. 耳布"屯"浪闭,3. 唷拉胆搭棱,4. 银老者斗努……

直译:1. 特架没有吃,2. 给地主牧鸭,3. 在崖壁下晒太阳,4. 有个老先生来吩咐……

壮文:1. daeggyax mboujmiz gwnz,

2. hawh bouxak laengz bit,

3. youq laj dat daklwt,

4. yawj boux laux daeuj naeuz。

意译：第一句歌的意思是说，韦银豹（小名特架）小时，父亲就去世了，他孤苦伶仃，和老母亲过日子，人称"特架"，意为"孤儿"，没吃没穿的。第二句说，那一带地区壮人的田地几乎都被屯主（当官的地主）强占完了，在当地壮人的语言里，屯主和当官的地主几乎是同义词，壮语叫他们为"布郎，bouxhak"。韦银豹小时就被迫给当官的地主当童工，每天给地主牧牛、看鸭。第三句说，有一天，天很冷，他正在寿山崖壁下晒太阳。第四句说，这时，忽然有个老先生来吩咐他许多机密的话……什么机密话呢？原来是帮助他找一个美丽的家园。什么美丽家园？

话说韦银豹在崖壁下晒太阳，那位老人和蔼可亲地看到特架满脸愁容，并诉说家里还有一位老母没吃没穿没柴烧，不知如何是好！老者笑嘻嘻地说："小朋友，别发愁！你听从我说的做去，什么都会有的。"接着就告诉他这寿山是龙神和虎神的交会地点，山下有宫殿美女和山珍海味，够你们母子享受一辈子的。

"这崖壁怎能进去？"特架问。

"你只要拍打它三巴掌，再叫三声开门，宫门就自动打开，让你进出自由！"老者说。

说也奇怪，老者的话音刚停，人就不见了。特架一面非常感激这位老者对他的怜悯，一面将信将疑地照着老者的话拍着崖壁三下，再喊三声开门。顷刻间，崖壁果然敞开一扇大门，门旁还站着一位神仙似的美女笑盈盈地说："请进！"

特架大着胆子走进去。呀！果然是一座从未见过的宫殿，里头摆着龙床、龙椅，床上有龙被、龙服，屋里还有吃的，真是十全十美。还有服侍小姐和蔼可亲地对特架说："这些都是属于你的，连我们也都是你的仆人，随时听从你使唤！"

特架说："这么好的房子，我怎舍得一人享受。我得回家叫我妈来一起住！"

"也好，你快些接你妈来，我们等着你！"

特架急匆匆地回家将他妈接来。她妈到此,在侍女的侍候下,洗过澡,换过新衣裳,一起吃过饭,心满意足。特架见到她老人家有点累了,就让她上床好好歇着。

　　特架环顾左右,心想这里什么都有,就是缺少柴火烧。万一再冷下去,冻了我妈怎么办!于是转身对他妈说:"妈,我得回家把昨天挑回的那担柴火挑来。你自己歇息!"

　　不一会儿,特架就挑着那担柴火来到崖壁下。他照旧拍壁三下、喊三声开门。可是,山壁只有回音,却一点门缝都没有。随你再拍多少下,再喊多少次,崖壁再也无门可进了。急得特架独自一人团团转。最后,只好在崖壁下跪下来,大哭他妈,哭得死去活来,终于晕倒在那担柴火底下不省人事。不知过了多久,特架才似醒非醒、蒙蒙地睁眼,却看见几个全副武装的大汉在说话:

　　"噫!这不正是我们要找的人吗!"一个军师模样的人说。

　　"怎么见得?"一个将军模样的人问。

　　"大家看,他头上摆放的那担柴火,像个'天'字;而他弯曲着腿子躺在那担柴火下像个'子'字,两个字合起来不就成'天子'吗!他是我们农民革命军的'天子'、首领嘛!"

　　"说得有理,说得对,我们找的正是他!"大家都说。

　　于是,来人便把特架推醒坐正。问过身世,知道他原来是韦朝威的儿子,立即就把他拥上马背,威风凛凛地回营,并拥戴他为农民革命军首领,取名"韦银豹"。从壮语角度解释,"银"者,"找"也、"见"也;"豹"者,与"扶"、"甫"、"波"同音,是"父"、"长老"、"首领"、"王者"的意思。"银豹"二字,意为"他就是我们要找的农民革命军的首领和王者"。

　　C. 特架打当官的

　　壮歌:1. 特架真是狠,2. 约逢扪布郎,3. 哪窝淋浪浪,4. 布郎腰呵呵。

　　直译:1. 特架真厉害,2. 举手打当官的,3. 满脸血淋淋,

4. 当官的笑呵呵。

　　壮文：1. daeggyaz caenxcingq yak,
　　　　　2. gauj fwngz moeb bouxhak,
　　　　　3. batnaj lwed ndinglak,
　　　　　4. bouxhak riu hoho.

　　意译：1. 特架好厉害呵！2. 举起手来就朝着当官的脸庞打去，3. 打得那当官的地主满脸血淋淋的，4. 可是那当官的丝毫没有发怒，反而笑呵呵的。

　　这究竟是怎么回事呢？让我详细讲给大家听。相传韦银豹（特架）小时在当官的地主家当童工，地主家的人吃肉喝酒，他和其他长工们则只能喝粥、吃剩饭、剩菜，百般被虐待。在他心灵里埋下深深的阶级仇恨。特架心想：总有一天，我会狠狠揍你一顿的。有一天，机会来了，他放牛回家赶牛进圈后走进正屋，看见那地主正在注精会神地看小说。特架迅速举起手，朝着那地主的脸庞就狠狠地打了一巴掌，打得那地主的脸面血淋淋的。那地主还未反应过来，特架已恭恭敬敬地跪在地主面前，伸出手掌给那地主看，说："主人啊！你看这只蚊虫好可恶！把你咬成这个样子！幸好我赶到，把它打死了！"

　　那地主转眼看看特架的手掌，果然是被打死的一只大蚊虫。于是，笑呵呵地对特架说："打得好，打得对！"

　　其实，特架牧牛回到门外，刚好看见一只大蚊虫叮咬在牛身上。他迅速逮住它，挟紧于自己的手掌上，悄悄地进屋，迅猛异常地打在那地主的脸上。这事长工们知道后都鼓掌叫好，却一直瞒着那地主及其家人。

　　D. 特架打当官的老爸

　　壮歌：1. 波布郎祝酒，2. 伙留贝啃社，3. 边啃边猜码，4. 特架伦江灵。

　　直译：1. 爸官做祝寿酒，2. 咱俩去赴宴，3. 边喝边猜码，

4. 特架像只猴子。

　　壮文：1. boh bouxhak guh laeuj,

　　　　　2. varaeu bae gwn laeuj,

　　　　　3. bien gwn baen caimax,

　　　　　4. daeggyaz lnw gaenglingz。

　　意译："啃社"，是当地壮族过"社"节时小孩们吃野餐的欢乐情景。后逐步演变为"聚餐"、"赴宴"的借词。"江灵"，是猴子的美称。当地壮族常常用来比喻聪明的小孩。相传这是特架的好友特满唱给在当官的地主家里打长工的穷哥们听的一首壮歌，言简意深。第一句的意思是说，明天是地主老爸做祝酒的日子。第二句说，咱俩赶在今晚去赴宴。第三句讲，正在吃喝间，特架提议两人猜码（即划拳猜谜）。第四句说，特架真聪明，既白打了那地主的老爸，给我们出气；又要得地主全家人团团转，像台戏一般。

　　欲知此歌全部内含，请继续听我讲解。话说地主老爸明天就要举办七十大寿的祝寿酒，他家已提前一天请来好多有名的厨师和厨工来办酒菜。许多山珍海味和美酒佳肴，都提前办好，就等明天上桌。当晚，特架邀请特满去"赴宴"。

　　特满笑道："你活得腻味啦！我们是他家的长工，只配吃残羹剩饭，怎敢上席赴宴？"

　　特架道："大哥，别慌张，且听我说来！"接着就咬着他的耳朵大致说了怎么去、什么时候去等等，最后说道："只要你依我的计谋行事，我保管你能吃到各种山珍海味！"讲得特满馋涎欲滴。

　　特满素知特架诚实聪明，机智勇敢，跟他做事从来没出什么差错，他也绝对不会出卖朋友，就爽快地答应跟着他去试一试。

　　时届深夜，仔细观察厨工们都入睡了。他俩便大摇大摆地步入宴会厅，取出各种山珍海味和美酒，摆在酒席上。特架出于客气，让特满坐正席，位于酒桌里面；特架坐客席，位于酒桌外边。坐定后，两人便开始大吃大喝起来。刚开始，两人还谨小慎微，小声细语，只顾吃喝。酒至半酣，两人便忘乎所以，胆子越来越大。特架还提议打哑语！只出手势，不出声。

没多久，两人便喊出声来："来呀，来呀！福禄寿喜！我出二猜六！"特满猜六。

"来呀，来呀！昏猪送死（四的壮语谐音）来！我出二猜四！"特架猜四。接着，特架评说："我出二，你出二，合为四；我猜四你猜六，你输我赢。而且，那地主老头属猪，是只昏猪。我说他该死；你说福禄寿喜，有什么喜？你又输了。所以这一回，你双输我双赢！你必须把这碗酒一气喝完。"

特满也觉得特架赢了，就连连点头喝酒。

这两人就这样你一杯、我一碗，不知不觉地喝得酩酊大醉。话音也越说越大，不一会儿，就把厨工们惊醒了。

厨工们醒后，知是有盗贼来偷酒肉吃，就起床操起扁担、菜刀来抓贼。这时，坐在外边的特架就闻风溜走了；而坐在里面的特满一是多喝了点，二是被桌椅挡住，一时难以逃脱，被捉住了。厨工们把他绑紧装入一个大麻袋中，吊在屋梁上。准备禀报主人后鞭打。

再说特架逃走不远，回头看见特满已被捕，立刻盘算如何营救他出来。正盘算间，看见离正屋不远处有一排偏房，心生一计，立即放火烧这排房。顷刻间，偏房的火势迅猛异常，即将危及正屋。

此时，地主家所有的人，已乱成一团。地主大喊"救火"！当大家都救火去了，正屋就只剩下走不动路的地主老爸一个人。

特满放完火，趁着大家都出去救火的那会儿，迅速溜回正屋把特满放出来。再把地主的爸绑起手脚、用湿毛巾将他的嘴巴堵塞得紧紧的，然后把他装进麻袋里，同特满原来一模一样地吊在屋梁上。特架叫特满一起走到远处藏起来看热闹。

大火熄灭后，急性的厨工早已禀报过地主，并急急忙忙地跑回正屋鞭打"盗贼"。他们操起扁担、木棍、鞭子，不问青红皂白，朝着吊在屋梁上的麻袋打去。打了一会儿之后，那老地主才挣掉堵嘴的毛巾，大喊道："别打，别打！我是主家呀！"厨工们打开麻袋一看，果然是"老祖宗"！

E、叹韦银豹被捕

壮歌：1. 特架文老实，2. 钉擒矸诺时，3. 里得罪布勒，4. 殆连朗布坏。

直译：1. 特架人老实，2. 被擒矸诺时，3. 没得罪何人，4. 死身边坏人。

壮文：1. daeggyaz vunz lauxsaed,

2. die gaemh gamj nongciz,

3. mbouj daekcoik bouxlwz,

4. dai henz ndang vunzvaih。

意译："矸"，是岩洞；"矸诺时"，是一所岩洞的专用名词。位于今广西融安县泗顶镇与桥板乡的交界处，据说里头很宽广、深幽莫测，有地下河通过。这首壮歌的意思是：1、韦银豹是个老实忠厚的人；2、他的被捕，是很冤枉、很可惜的；3、他一生只打坏人，从未得罪过穷人和好人；4、他死于他身边的叛徒，叛徒把他出卖了。

欲知这首壮歌的全部意义，还须继续听我讲。相传韦银豹的母亲入居寿山后，韦银豹就在天神的帮助下，一路扶云直上，一直当了农民革命军的"王"。任凭明军怎么攻打，韦银豹都没有被打败。明军知道是韦银豹母亲的坟地保护着他，就派兵到古田打听其母坟地的所在地。可是，当地群众都说韦母没有死，也不知去向。明军不信，就派懂得壮话的那地州（今属南丹）郎兵打扮成卖犁头的商人，深入到壮族民间暗访，得知有一天，其母在韦银豹的带领下走到寿山下就不见了，也不再回家，谁也不知她的死活，附近确实没有她的坟墓。

明军继续派郎兵暗访。据说，访到三九二十七天那夜，埋伏在寿山附近的郎兵发现有两个侍女模样的女子，手中提着灯笼从寿山崖壁走出来，走到稻田间寻找螺蛳，边走边说话。郎兵就尾随其后，偷听他们谈话的内容。

"姐姐，你说明军能找到特架母的坟地吗？"甲女问。

"怎能找到呢！我看是竹篮打水一场空，永远找不到！"乙女答。后面说的话，就再也听不清了。

郎兵如获至宝，马上回营报告长官，领了奖赏。

第二天，明军就派工兵去挖掘寿山。说也奇怪，这寿山的山壁，你凿一尺深，第二天它反长一丈高，越挖越高。凭你怎么挖，都无损于它的一根毫毛。

不得已，郎兵只好每天晚上都埋伏在寿山周围，继续偷听鬼女的谈话。

过了好几天，天黑时，那两个鬼女又出现于稻田间说话。

"明军天天来挖山，闹得我们不得安宁。有朝一日，他们真的把山挖开了，我们怎么办呢？"

"别怕！他们挖不动的。怕就怕他们会取十二桶狗血从山顶淋下来，山神怕狗血淋头都跑了，山壁就会被挖开！"

次日，明军果然派兵把古田县老百姓的宠狗、猎狗通通杀光，取来了十二桶狗血从寿山的山顶上淋下来，山神被吓得全逃走了，寿山就被明军挖成一个个的山洞，韦母的尸体乃被明军挖走烧掉。从此，古田县"佃僮"农民革命军才节节败退。作为革命根据地的"四十八弄"（今分属广西鹿寨、柳城、融安等县地）才被明军占领。

然而，直到这时，韦银豹仍活着。他在几名心腹卫兵的保护下，隐藏在今属融安县泗顶镇附近名叫"矸诺时"的岩洞中。此岩洞外狭内宽，有地下河经过，可容纳万人居住，易守难攻，洞中有吃的喝的，又得到人民群众的保密和拥护，明军很难找到他。据说韦银豹的被捕,完全因为他的心腹保镖中有个吃不了苦,想当官发财,暗中投降明军的廖东贵,黑夜出洞引导明军进洞,抓住了韦银豹。

按:本则故事与壮歌,是 20 世纪三四十年代,笔者亲自听一个亲家父韦席珍(他当时年约七十余,泗顶镇三坡村社塘屯人,壮族,业余道士,粗通汉文,会诵读道经,唱道歌,懂得很多民间典故)在我家当着全家人讲的。他边讲边唱,唱了不少壮歌,可惜多数我都没记住,只记得几句简单的。事后我简单记入自己的笔记本,50 年代回家乡进行调查,翻出这本旧笔记。再说这则故事产生于封建旧社会。原作借用民间的风水术和鬼神故事,以便增强故事的神秘性和感染力。笔者认为,其中有关于风水与鬼神之说,是没有历史事实根据的;所说的事,也不一定都属实。我们所以照录保存故事原貌,乃是考虑到在虚幻迷信的背后,或许隐藏有某些历史事实真相;特别考虑到民间故事反映当地壮人对壮族农民起义领袖韦银豹的真正思想感情,故照录故事全文。仅供参考。

(五)"食老"的传说

相传远古之时,家里的老人老死了,他(她)的亲人不是把他的尸体埋葬掉,也不舍得丢弃于野外,而是由乡亲们把他的尸体分而食之,谓之"食老"。由此逐渐形成一种风俗,在人类历史上流传一段时间。

现在,老人死了,乡亲们都来吊唁和悼念;那时,老人死,乡亲们也是络绎不绝地来,不过他们除了来表示哀痛之外,主要来分食老人肉即"食老"。这种风俗正当流行的时候,人们并不认为这是一种不道德的行为,反之却一致认为这是理所当然的。甚至临死的老人自己,也拥护这种做法,认为是符合道德的,是子女对自己孝顺的表现,理由是与其说让子女亲人把自己的尸体弃之野外喂狼喂鹰，倒不如随他们葬在人腹中。故许多老人，当病重估计难以活命时，就一再催促自己的子女："我活不了啦，快烧开水吧！"有的老人甚至说："不要拖下去了，越拖我就越瘦，剩下皮包骨头，乡亲们来吃什么呢？"

后来，有一个放牛出身的人，名叫特火。他大胆改革了这种风俗，并且逐步得到部落人的拥护，被推选为"都老"（部落长老）。相传特火从小就以牧牛为生，从小就看见母牛生牛仔的痛苦情景，当母牛生仔时，躺倒又爬起，爬起又躺下，流汗、流泪又流血，死去又活来，好不容易才把牛仔生下来；牛仔生下后，母牛不顾自己的痛苦劳累，立即就舔吻自己的孩子，给它喂奶等等，给予百般的呵护与疼爱，接着又长期在母牛的带领、教育和保护下，小牛才逐渐长大成牛。他联想到人的出生和成长，未尝不是如此这般。母亲从怀孕到生育、再从育婴到培养长大成人，没有父母们的苦难在前，就没有晚辈们的幸福在后。因此，当特火的父母老死时，他就把他们的尸体藏之于岩洞中。这就是悬棺葬的开始。

再说特火的这种大胆改革，开始也曾遇到旧的习惯势力的阻拦和反对。当特火的父亲或母亲死时，乡亲们照样成群结队地登门，大叫大嚷要"食老"。特火似乎早就预料到这一点，他早把人们分给他的其他乡亲的老人肉一份一份地做好记号、腊干、保存在那里，原封不动。当人们到他家吵闹要分肉时，他就拿出这些人各自父母的肉交还给他们，并说："你们父母的肉，我没有吃；所以我父母的尸体也不分给你们吃，理应归我自己处理。"当大家无话时，他进一步地向大家宣传他的做法才是最符合敬老道德，希望大家今后都这样做。说得来者口服心服，转而拥护他。

编者按：这则壮族民间故事曾广泛流行于广西融安县泗顶、沙子、桥板一带壮族民间。据笔者调查，广西河池、南丹一带壮族、瑶族民间及贵州望谟、罗甸、都匀、平塘、独山等地布依族民间，也广泛流传有与此内容大同小异的故事。第七章第九节"古老的'砍戛'丧俗"所论及的历史事实与成书于三国时的古籍文献《异物志》、《南州异物志》等书的记载吻合，都提到我国南方古族"乌浒"人（壮族古称之一）民间也曾流传有"食幼"、"食俘虏"的传说。当然，所有这些传说故事，不是说者凭空杜撰，也不是某些民族所独有，而是人类在童年时代由于生产力的极端低下、食物的极端缺乏，一切民族都曾经经过"食人"首先是吃自己的亲人的一个时期。不同的是有些民族已经忘记，有些民族的记忆还保留在民间的传说故事中，有些民族甚至保留在某种礼仪或行为中。正如恩格斯在《劳动在从猿到人转变过程中的作用》一文中所说的："……在我们所知道的一切民族中，有一个时期曾因吃肉而吃起人来。"他并且说："柏林人的祖先，韦累塔比人或维耳茨人，在十世纪还吃他们的父母"（见于《马克思恩格斯选集》第3卷第514页）。至今，在国内外，已有大量的考古学和民族学资料证明恩格斯的这一论断是正确的。这则壮族民间故事，又为人类远古历史增添一份宝贵的说明资料，故录之以保存。

附录一：
一、我的民族调查生涯

20世纪50年代开始，我国展开了全国民族大调查活动。这是中国历史上首次有组织、有计划、大规模的少数民族调查活动。这不但在中国历史上是空前的创举，在世界范围内也是仅见的。此次民族大调查所取得的丰硕成果，为党和政府在少数民族地区进行民主改革和社会主义改造、制定民族政策、规划少数民族自治地方政权、实施民族地区政治、经济、文化建设，提供了丰富而全面的资料依据，也为子孙后代继续进行民族历史文化研究提供了永世难得、无比珍贵的史料。笔者有机会亲身参与这个活动，做点实际工作，乃是一生的荣幸，也是我对党和人民应尽的义务！我国这次民族大调查，是在党中央和中央人民政府的直接领导下进行的，动员了全国民族工作者、民族学、民族历史学、民族语言学、民族人类文化考古学的学者、学生参加，分为两个大阶段进行：第一阶段是建国初年为"民族识别"而进行的民族调查。经过调查，确定了中国共有56个民族，总称中华民族，亦称"华人"，除汉族外，确定55个少数民族的民族名称与成分，就是这个阶段收获的成果。第二阶段是从1956年开始，1965年至文化大革命初期曾暂停，"文化大革命"中后期继续进行，直到20世纪80年代才陆续完成，它的任务就是对少数民族的社会历史语言文化，展开更加全面的调查，在此基础上，分别写成包括55个少数民族的"五套民族问题丛书"，即个体"民族简史"、"民族简志"或"民族简史简志合编"、"民族语言简志"、"民族社会历史调查"、"民族语言调查"。这确是一项前无古人的伟大事业。

笔者个人固然非常渺小，但从1958年夏天开始，直到1989年退休时止，整整30年，有幸能同这桩伟大事业结成难分难解的"缘分"，一直或长或短地参加其中某项具体工作，近期还参加民委总编的再版本修订，确是感到十分荣幸。回忆起来，主要有：

一、1958—1960年夏，到广西对仫佬族社会历史进行调查和参加《壮族简史》一书的编撰。当时，笔者是中央民族学院历史系本科（五年制）三年级学生，是学校调去参加的。这个工作是中央做出的决定，由全国人大常委和国务院民族事务委员会直接领导，时任人大常务委员会秘书长彭真同志亲自动员，由各机关与有关大学抽调大批师生组成八个调查组，分赴全国各个少数民族地区。我被分配在广西少数民族调查组，同时被调来这组的还有本院历史系、政治系、研究部、文物室的师生、专家、学者及北京大学历史系、中央美术学院的师生，混合组织在一起，前往广西加入"广西少数民族社会历史调查组"，在广西民族事务委员会的具体领导下进行了一年半工作。在前半年时间内，我被分配在由13人〔莫俊卿，韦文宣，严英俊、女，沈端发（以上均为原中央民族学院历史系学生）、何谊（女、民语系毕业生）、王天奖（北大研究生）、徐宣玲（女、北大历史系本科生）、谈琪（广西师大历史系毕业生）、李维信（云大历史系毕业生）、张介文（中山大学历史系毕业生）、唐兆民（广西调查组老专家）、县委统战部派来二人〕组成的"仫佬族社会历史调查小组"，我被指定为小组长。我们走遍了罗城县及原天河县等仫佬族分布的村村寨寨，与当地农民同吃同住同劳动，访问了数百各界人士及老人、男女干部，召开无数次座谈会，阅遍县、乡、村保存的所有旧志书及新旧内部文书档案和仫佬族各个姓氏的家谱、族谱、祠堂、墓碑等等。在几个月内，收集到并整理成调查报告的共有50余万字。经审定稿后，绝大部分已编入《广西罗城县仫佬族社会历史调查》一书，后由广西民族出版社正式出版。大约从1958年11月开始，我被重新分配在《壮族简史》编写小组，还是当小组长。从此把主要精力都花在阅读古籍文献及数百万字的调查报告上，同本小组的执笔编撰者研讨壮族历史上的疑点及争议问题。次年四、五月间就写成第一次打印稿。然后召开讨论会，全组人员并邀请住在南宁的有关党政领导干部和学术界人士参加，我们根据大家的合理意见修改、讨论、再修改，反复进行五六次，然后才付诸铅印。在此期间，大约是1960年夏，我突然接到学校函件，调我回系提前一年毕业，留系担任党总支副书记。此后，《简史》的编写信息，我就不得而知了。

二、1973年上半年，学校已正式成立由上级派来以"工人军人宣传队"为领导核心的"学校革委会"，各项工作基本恢复正常。学校领导觉得对门巴族和珞巴族了解得太少，乃提出要对门巴、珞巴两族社会历史进行补充调查，我和索文清同志被指派担任此事。恰好，中国历史博物馆也想派人前往门巴和珞巴族地区搜集文物。于是，他们派出杜耀西、胡德平两同志和我们共同组成一个调查组到西藏，经西藏博物馆派翻译员、向导员一起，先后往错那县勒布区门巴族地区和米林县南伊公社珞巴族地区对这两个民族进行社会历史调查，并征购文物。在短短的几个月内，我们为中国历史博物馆收集、收购到大批文物，同时写出《西藏错那县勒布区门巴族社会调查报告》和《西藏米林县南伊公社珞巴族社会历史调查》（均为打印本），共4万余字。后来，这些文字资料均分别编入《门巴族社会历史调查》和《珞巴族社会历史调查》两本丛书由国家正式出版，成为国家级永存史料。

三、1972年下半年，学校领导为了要了解少数民族地区人才需求情况，曾组团分赴边疆少数民族地区进行办学调查，征求民族地区意见。我被派往云南西双版纳傣族自治州对傣族、布朗族进行调查。1974年初，学校领导为了要出版一本《西双版纳今昔》影集，又把我和文物室石健中同志，连同从北京市特种艺术品公司借调来的包振禄摄影师等二人（他们后来半途退出单独行动去了），组成一个调查组立即奔赴云南。到达西双版纳后，受到自治州的热烈欢迎，他们十分重视，增派宣传部年轻作家征鹏及勐海县摄影师刘某等四、五人加入我们这个小组，前往州内各地调查和摄影。结果，我们写出书面调查报告3万余字，其中1万余字曾化名"石磨"公开发表在《中央民族学院学报》1975年第1期"西双版纳通讯"栏内。与此同时，我们又共同拍摄了数百幅照片，并选出300余幅放大，详加文字说明，经学校领导同意，用中央民族学院和西双版纳傣族自治州党委宣传部合制名义，在自治州驻地允景洪召开的三级干部会议上展出一周，再到景洪、勐腊、勐海三县各地展出两周，获得当地干部和各民族人民的高度评价。回校后，我们经过仔细研究和修改，把这些照片和文字说明，编纂成《西双版纳今昔》影集一本，交给学校领导处理。时任学校革命委员会主任李力同志对我们说，这部影集是根据周恩来总理指示精神编制的。要争取正式出版。可是，后来形势急剧发生变化，校领导究竟如何处理？为何没有出版？我们不得而知，也未再过问。

四、1976年上半年，中央民族学院民族研究所决定抽调我、韦崇武、苏儒光等同志组成一个调查组，前往海南五指山中心地区保亭县毛道乡毛阳大队进行蹲点调查。我们与当地农民打成一片，同吃同住同劳动，利用劳动空闲时间翻阅材料，同农民谈心。在大量原始材料基础上，我们编写出《五指山黎族新面貌》约15万字书稿，本来也是准备正式出版的；后来同样因为形势变化而搁置下来。遗稿存放在原中央民族学院民族研究所资料室。

五、为了补充调查壮族、布依族历史文化及最后修订出版《壮族简史》、《布依族简史》两本书，从20世纪70年代中期至

80年代中期，我先后又被派到广西、贵州参加60年代暂停下来的《壮族简史》和《布依族简史》两本书稿进行续写补充和修改工作。在此期间，我常利用工作间隙，和有关同志一起深入广西、贵州边疆各地对壮族、布依族等民族的崖壁画、土司遗物、边区经济及黔南的崖葬制、水族的石棺葬、侗族的"撒玛"庙等进行专题补充调查，取得丰富的第一手材料，并在此基础上发表了一些比较有分量的论文。例如，在此期间由我撰写的《布依族简介》就受到该书的审稿者——费孝通先生的好评，他对该书的修订者之一施联珠教授说："布依族这章写得有特点，有新意。"当时我还写了一篇《左江崖壁画的主体探讨》的论文，文中我和本院其他两位壮族学者首次提出"左江崖壁画的主题是壮族先民祭祀蛙神的场面"的论点，获得国内学术界的普遍赞赏。1985年在南宁"左江流域崖壁画学术讨论会"上，有不少专家表示赞同我们的论点，从而形成全国性的富有生命力的一个岩画新学派。《八角茴香与繁荣壮族经济》一文，对壮族山区如何脱贫致富提出一些有应用价值的意见，特别受到山区党政领导和农民群众的欢迎。至今每次回乡，还经常听到乡亲们提到该文对他们的启发和影响。

若问民族调查有何意义？答曰："兵马未到，粮草先行。"我们的民族调查就是为我们党和政府，为民族工作者和历史学、民族学、民族历史学、民族博物馆学、民俗学、人类学等专家学者们提供"粮草"，即提供事实依据、提供理论根据的第一手材料。因此，我们完全有理由自豪地宣称：我们民族调查工作者是党和政府民族工作大部队的先遣队与侦察兵。

我们那时参加民族调查很艰苦，连个人所用的蚊帐、铺盖，都要自己从北京背下去。所到大、中、小城镇，一律不住饭店旅馆，而住机关、学校腾出来的空房，分男女两班通铺睡觉，吃喝一律在机关食堂。到调查点后，住在农民家里，与农民同吃、同住、同劳动,同农民交朋友,建立感情。那时许多县镇还没有公路,不通车,全靠两条腿翻山越岭。记得1958年从宜山镇到罗城县东门镇,间隔60~70里,我们早晨天刚亮就开始从宜山上路,人人肩负手提,一直走到天黑还未到东门,有个年龄小、比较娇气的女同学哭了,我们就地休息一会儿又走。住在农民家里,几乎每天晚上,都要同农民聊家常或召开座谈会,等别人都入睡了,我们还要埋头在昏暗的柴油灯下整理调查材料。就在这样的艰难条件下,我们仅用几个月的时间,就搜集到并编写好十几万字的调查报告。我们虽然日以继夜地努力工作,可是我们谁也不计较个人名利地位,所写的调查报告及书籍,不管个人贡献大小,大多是用集体名义发表的,更无人去争吵稿费或名次排列。那时,这种力量从何而来?就是靠党的教育,靠爱家乡、爱民族、爱国主义精神,靠社会主义和共产主义的崇高理想!

实际上,我所参加的民族调查,不仅为民族工作、民族学界做出了自己应做的奉献,也为自己的教学、科研和个人后来写作打下了良好的基础。

在这几十年中,我先后对中央民族学院历史系、民族学系、民族语文学系的大专生、本科生、越南两名留学生和硕士研究生开设讲授过《壮族史》、《南方少数民族史》、《东南中南地区民族史》、《壮侗语族民族研究》、《中南半岛各国民族研究》等课程。假如没有民族调查,仅仅抄袭别人的文章,踩着别人的脚印走,人云亦云,则开不出这么多新课,也讲不出特点与新意来。

通过对许多重要问题亲临其境的调查和考察,然后回校做科研、写文章,就会觉得迎刃而解,得心应手,文章写得既快又好。在这几十年内,我在报刊上发表的论文、译文近百篇,合撰、集体撰写并已正式出版的共计15部著作、典籍,仅亲自撰写部分就有200余万字,而且在15部(项)著作典籍中有8部获得国家、省(自治区)、市级社科著作奖,其中一等奖三项,二等奖三项、三等奖一项、高等学校优秀教材奖一项。假如不做大量而艰苦的调查研究，要想取得这些成果，简直是难以想象的。

然而，由于客观、主观的原因，特别由于受到十年"文化大革命"极左错误路线的影响，我的民族调查工作难免会有这样那样的缺点和错误；所取得的成绩也受到极大的限制；在这之后，很多珍贵的资料已无法找回，许多历史的见证人也不在人世了，最好的调查时机被错过了。这是我最大的遗憾。

想当年，浑身是劲！组织一声令下，扛起铺盖就走，踏遍边疆村村寨寨，为民族团结和祖国统一事业奉献一切！看今朝，多情应笑我，白发苍苍，热忱不减！回首谈经，值与不值？我说值，太值！

二、庆贺我国《民族问题五套丛书》修订本再版
——中国的统一和民族大团结历来是我国各民族的根本利益和共同追求的目标

2009年底，中华人民共和国民族事务委员会召开《丛书》修订再版总结大会，并宣布已由民族出版社正式出版。这不仅对我国的民族研究工作具有重大意义，而且对促进和巩固我中华民族56个民族的进一步团结和祖国的统一具有重要意义。

我们是《丛书》的作者之一。20世纪50年代中，我们是中央民族大学（时称学院）历史系高年级学生。我们全班近百人，师生全部奉调参加了《丛书》的民族调查、研究和编写工作。我们分别参加了全国八个少数民族社会历史调查组，走遍全国东西南北中55个少数民族地区的村村寨寨，同各民族各界老人促膝谈心，读遍记载有关少数民族的古籍、方志、碑文等资料，然后集中编写，反复讨论修改，从初撰稿，到打印稿、初稿、编修

稿、出版稿……再到修订稿，经过了数十年时间。我们这个班在学生时代已被人们称为是调查组的主力军，毕业后绝大多数又继续从事民族调查、研究、教学或民族行政工作。退休后直至老年还参加《丛书》再版的修订工作。因此，我们对少数民族的历史及各民族人民的思想感情、追求与要求有深刻的了解和体会。其中最重要的是下面几点：

（一）

祖国的统一和各民族大团结，是中华民族各民族人民自古以来共同追求奋斗的目标，也是各民族人民共同奋斗的结果。

我国的统一和各民族的团结，在千百年历史上，是由小到大，由局部到全部，由短期到长期的。历史经验告诉我们，每当一次大统一，就有各民族间的大交往、大融化、大团结，社会就安定，经济文化就繁荣发展，历史就大踏步前进；每当祖国被分裂，民族就不团结，社会就混乱，历史就倒退，各民族人民就遭殃。因此，各民族人民都追求统一和团结，反对民族分裂和民族压迫，而且都为这个目标作出自己的贡献。仅举历史上我国三次大统一为例。

第一次大统一在秦汉时期。秦始皇统一中原和岭南百越，是顺应历史潮流，符合人民愿望的，故得以成功；但他一味进行军事征服、民族压迫，故又遭到各民族人民反对，以至秦末引起陈胜、吴广起义，天下乃大乱。接着汉朝兴起，继承了秦朝的统一大业，于是才出现了全国第一次兴旺发达的局面。这个局面是由各民族先民共同创造的。

从广义讲，秦人，当时也还算是少数民族"夷狄"。《公羊传》载云："其谓之秦何？夷狄之也。"《穀梁传》亦云："不言战而言败，何也？狄秦也。秦之为狄，殽之战始也。"夷狄，就是少数民族。秦人，当时还包括其西一部分戎人、其北一部分匈奴和东胡人。到汉朝，才融化于汉族中。

汉族的"汉"字，直到汉代才开始以中原少数几个古国的人民为主体，融合了东西南北许多少数民族时谓"戎"、"狄"、"鲜卑"、"荆楚"、"蛮"、"越"、"昆明"、"夜郎"等中的一部分人而形成的。从民族关系看来，汉族本身就是个"大杂烩"、就是民族团结和民族融合的结果。

第二次大统一在隋唐时代。这也是顺应我国各民族的意愿，由各民族人民共同奋斗的结果。

汉代后，中国陷于南北朝许多王国宣布自立的而造成全国分裂战乱局面，给各民族带来了巨大灾难。

公元581年，弘农华阴（今属陕西）杨坚取代北周称隋，后定都于大河西（今陕西西安）。他实行均田制，扩大了垦田生产，受到各民族农民拥护，于是很快统一了全国，结束了南北朝的分裂局面，打下了这次大统一的基础。

尽管隋朝的存在还不到百年，就被起于山西太原的李渊父子取代。唐朝是在隋代已形成的全国统一的基本格局的基础上建立起来的。它继续依靠各个少数民族的支持，沿着全国的统一大业走，才取得了唐代社会经济文化的空前成就，形成了一个名震全球的盛唐国家。

在此谈少数民族对这次大一统的贡献。早在隋朝初年，岭南大乱。当隋文帝派总管韦洸进军岭南时，又遭到陈朝残军的抵抗。这时，俚人（今壮侗语民族之先民）首领冼氏夫人"怀集百越"，并集俚人首领及群众数千人到广州迎接韦洸，于是岭南悉定。隋朝几乎不费吹灰之力就统一了岭南今广东、海南、广西等地。冼氏被隋封为广州总管、谯国夫人。

唐朝从开始到最后，都依靠少数民族的支持和拥戴，全国统一大业才得以巩固和扩大。例如隋末，李渊在太原北部起兵，欲南下攻太原和西安，是经过派部将刘文静去请求突厥兵南下帮助，经突厥始毕可汗率骑兵合击，隋兵才被打败的。唐统一大漠南北的东突厥和西突厥后，为了巩固统一的成果，就继续对各地少数民族实行笼络和亲善的"羁縻制度"，这就是唐朝的民族政策。例如在西北、北方和东北少数民族聚居区设立羁縻府州，其大者曰都督府、都护府，小者曰州；在南方则设州、县、峒。任少数民族首领掌管。例如在北方蒙古草原建立饶东都督府、松漠都督府，其民称契丹；西北设瀚海都督府、定襄都督府和云中都督府；在东北设立安东都督府、华卢节度府、黑水都督府、渤海都督府；在南方两广云贵等地则分设羁縻州、县、峒。皆委任当地少数民族首领任都督、都护、节度使或称刺史、长史、司马、知州、知县、知峒。条件是"奉正朔、来贡赋、听调遣"；但户口可不上报户部，不改变原有社会、文化制度和风俗习惯，"以故俗治之"。因而就取得少数民族特别是民族上层的拥护和支持。有许多少数民族首领还当了朝廷命官。举个例子说，唐贞观六年（公元632年），西突厥铁勒部首领契苾何力与其母"率部千余家来归，奉表内附"，唐太宗封他为朝廷左领将军。贞观十六年，契苾何力回家探亲时，部落中的其他首领挟持其母、弟叛变唐朝，并把契苾何力抓起来，要他一起叛变。契苾何力坚决反对，斩钉截铁地说："主上于汝有厚恩，任我又重，何忍而图叛逆？"经过激烈斗争，契苾何力取得胜利，该部没有叛变（见《唐书》卷109、《新唐书》卷110）。这就说明，唐朝的统一事业是大势所趋，人心所向，分裂是不得人心的。

此外，在唐朝期间，与唐朝有"和亲"、"从属"友好关系的南诏、吐蕃政权，也分别为统一云南、西藏边疆地区做出了巨大贡献。

唐末，由于社会矛盾和阶级矛盾激化，中国又陷入四分五裂局面，人民生活非常痛苦。正如五代南唐李煜（937—978）在一首词中所说的："故国不堪回首明月中。雕栏玉砌应犹在，只是朱颜改。问君能有几多愁？恰似一江春水向东流。"言泪流成河，痛苦之甚也。

第三次大统一在元明清时期，少数民族的贡献更大、更明显。蒙古贵族顺应中国各族人民久厌分裂内战之苦和热盼统一稳定繁荣的契机，一举率军族统一了全国，建立了元朝。有大量汉族、藏族上层、知识分子在朝廷做官。元朝统治中国的时间虽然不太久，但继之而起以汉族封建贵族为主体的明朝，却继承下元朝的统一版图，继续为统一大业而奋斗，故明朝初期百余年间，曾一度出现繁荣兴盛景象。众所周知的郑和（1371—1435，云南晋宁人，回族）率舰队七次下西洋，最远曾到达非洲东岸和红海海口，最早打开了中国和亚非各国人民经济文化和平交往的通道。说明中国的统一，不仅对中国社会兴盛有利，对世界和平经贸交往也有贡献。到明朝末年，明朝统治集团走上镇压农民和少数民族起义之路，实际上就是走上了民族分裂、自取崩溃灭亡之路。当时，起源于我国东北地区一个少数民族古族靺鞨，后称满族，在各民族支持下，起而取代之。先在东北地区建立了金朝政权，后入关在今北京建立了清朝政权。清朝继承了明朝的统一大业，并在各民族的支持拥戴下，把国家的统一规模推向更高的境界。这是符合我国各民族人民根本利益和根本意愿的，所以才能实现。

（二）

从明末起，特别是近代以来，西方列强包括日本，就屡屡侵略中国，欲分而治之，均被我国各民族坚决抵抗和反击，祖国的统一方可以维护。

当然，我国以汉族人口最多，社会经济文化最先进，无论在国家政权、军队中都占主导地位。故在保卫祖国领土不受侵犯、维护祖国统一大业的斗争中贡献最大，这是不言而喻的。本文对

此略而不谈,是因我们经民族调查,目睹耳闻,乃知位于祖国边疆地区的少数民族人民贡献也很大,不可忽视。略举数例如下:

明末,当倭寇(日本海盗)入侵我国台湾和东南沿海各省时,倭寇十分猖獗,四处掳掠人民财产,强夺商船,焚烧民房,枪杀平民,强奸妇女,破坏生产,给人民带来重大祸患。明朝派往抵御倭寇的山东官军和江南官军又屡屡败退,给台湾及江南、山东沿海居民带来深重灾难。这时,明朝乃调遣壮族、土家族、苗族人民组成的土司兵和郎兵(土官兵)到前线作战。广西田州土官妇瓦氏率领以壮族为主而组成的郎兵7500人马和湘土司官彭荩臣和彭翼南率领由土家族与苗族组成的土兵,在张经、俞大猷指挥下,在江南重镇王江泾等战役中,一举歼灭倭寇主力数千人,取得抗倭以来第一次大捷。继之在抗倭英雄戚继光的追击下,终于战胜倭寇,把倭寇赶出了东南沿海和台湾。瓦氏受封为明军女参将;彭荩臣晋升云南布政使司右参政,仍管湘西保靖宣慰司;彭翼南加布政使司衔、赐二品服,实管永顺宣慰司。

明末清初,沙俄竭力吞并我国新疆伊犁、卫拉特和准噶尔等四部落领土,遭到当地驻军和各民族人民的反击,特别是准噶尔部首领巴图尔浑台吉(?—1665年),率领四部军民多次反击沙俄侵略势力,并于公元1650年主动向清朝入贡,表明其地属清朝版图,伊犁地区的领土主权才不再受沙俄侵犯。

清初,我国云南边境曾被英国殖民主义支持下的缅甸木梳王朝入侵。当时就遭到占领今西双版纳一带的"桂家"首领宫里雁(傣族)及各民族首领的共同抗击。后因宫里雁归附明朝流亡政权而被清军击毙,由其妻囊占继承"桂家"集团首领。不久,英国殖民主义侵略势力又大举入侵云南边境直至西双版纳一带,并用缅甸象兵打败清军。在此万分危急的情况下,囊占带领的傣族等地方部队,究竟应站在外国侵略者一边,替夫报仇呢;还是应站在清军一边,捍卫祖国领土完整呢?囊占毅然为了行大义而忘家仇，站到清军一边，并用他们熟悉当地地形和象战特点的优势，与清军一起采用火战对付象战，终于打败外国侵略者，并乘胜将侵略者驱逐出云南境外。

清末，英殖民统治者又从缅甸入侵云南边境，并迫使清朝当局于1894年和1897年签订了两个界务条约，侵占了原属云南管辖的大片土地。它还嫌不够，继续胁迫清廷从刚经过双方划定的边界线再后退六、七里，激起我国云南边界各民族人民的坚决反对。云南陇川县王子树乡的景颇族爱国山官早乐东，在当地各民族人民的支持下，首先奋起抵抗，向英殖民当局提出严重抗议，并出示虎踞关和铁壁关两块碑文拓本，证明这六、七里领土，历代均属中国领土。殖民当局虽理屈词穷，仍派骑兵强行占领陇川县章凤乡一带，当即遭到早乐东所率领的景颇族人民武装的迎头痛击，早乐东还把侵略军头目奥氏从马背上拉下来，欲就地斩首示众。经奥氏求饶，并答应以后再不越界侵犯，早乐东才饶了他一命。早乐东的英雄事绩至今仍为陇川县各民族人民传颂。

19世纪末，法国殖民侵略者从越南侵入我国广西龙州和云南河口等地，遇到派驻当地的爱国官兵，特别是世居当地的壮族、苗族、哈尼族等民族人民的迎头痛击。其中首屈一指要算以壮族农民起义为骨干的"黑旗军"。当法国侵略军占领越南南部继续向北部进军并将魔爪伸入我国边境时，黑旗军乃应越南当局邀请，进入越北抗法。在壮族名将吴凤典、黄守忠领导和各民族民众的支援下，曾取得河内西城外和东距河内二里余的纸桥两大战役的大胜，阵斩法军主将和主帅李威利、安邺、韦鹭等及士兵数百人，缴获武器、弹药、马匹、粮草甚众，迫使法军侵略者退居到越南南部。后来，法国侵略者又北侵，直至广西友谊关，清军乃派驻广西的爱国将领冯子材的"萃军"去抵抗。冯氏在当地壮族民众的大力支援下打了许多胜仗。特别值得一提的是龙州壮族民众，在壮族长老蒙大的号召和带领下，组成一支"敢死队"，给冯子材部带路、打头阵，于是冯氏军曾在友谊关附近地名"关前隘"大胜法军。壮族"敢死队"的英雄业迹，至今仍为当地壮族传颂。

19世纪末，日本帝国主义发动侵略我国台湾的战争。1871年，台湾高山族牡丹社首领阿禄率众英勇抗击，因寡不敌众而英勇牺牲。1898年，台湾的高山族又和汉族一起，举行反对日本入侵的武装起义。

在众所周知的鸦片战争、第二次鸦片战争和抵抗"八国联军"的战争及抗日战争中，汉族、满族、蒙族、回族、藏族等各民族人民及各界爱国人士，都为反抗外国侵略、保卫祖国领土及人民财产安全做出巨大牺牲和贡献。

总之，祖国的统一和中华民族的团结，是由56个民族共同创造、捍卫、发展的。缺少任何一个民族都不行。

（三）

历代封建统治阶级反动派所推行的大民族主义和狭隘的地方民族主义，以及近代以来的外国殖民主义、帝国主义侵略势力，是分裂我国统一，挑拨民族团结的罪魁祸首。

因此，我们在看清祖国统一和民族团结总趋势后，还必须看到，在旧中国历史上的统一和团结都不能持久的稳定，每次统一之后，又走向四分五裂和内战，兄弟自相残杀，甚至同一个民族，内部还要分裂成许多经常互相打冤家、进行武装械斗的集团和山头，造成各民族人民处于水深火热、家破人亡，或背井离乡、妻离子散的悲惨境况。正如毛泽东主席1950年写的一首诗词中所说的："长夜难明赤县（指中国）天，百年鬼怪舞翩跹，人民五亿不团圆。"

造成这种状况的根本原因是因为旧中国的国家政权和民族关系都是建立在阶级对立、阶级压迫、阶级统治基础上的。经过农民起义和民族起义而初期建立起来的国家政权或朝代，慑于农民或少数民族起义力量的强大，还能顺应人民的要求，维持甚至推动国家统一和民族团结，以利社会繁荣发展；可是一旦它的政权巩固，或传至其后代，就把人民的利益置于脑后，争权夺利、腐败堕落、互相残杀等行为就随之而起，国家四分五裂就成为不可避免的结局。这时，各民族、各统治集团为了达到他们各自统治、剥削各民族人民包括他们自己那个民族的人民在内，就必然要煽动民族之间的矛盾和斗争，以便转移人民的视线，于是就极力煽动和执行大民族主义或狭隘的地方民族主义的思想，实行民族压迫政策，或以大欺小，以强凌弱，或另立山头，建立独立王国。所有这些，都背离了全国各民族人民大众的意愿，都违反了国家和人民的根本利益和核心利益。

在我国历史上，大民族主义和地方民族主义的表现例子，多得不胜枚举。例如在中国古籍、方志或个人著作里，一概在少数民族的族称上，加个犬字旁或动物字头，如羌、戎、夷、狄、蛮，"獞（音壮）"、"猺"、"猫"、"狆（音仲）"等等。意思是说，这些少数民族乃"非我族类"，"禽兽视之"而已。遇到少数民族起义，不管正义或非正义、有理无理，一概实行军事镇压，不管男女老幼均采取斩尽杀绝、"夷其种党"等残暴手段。

近代西方殖民主义和帝国主义侵入中国后，他们当然不愿意看到中国走向统一强大的道路。因为中国统一强大不符合他们的侵略利益。因此，他们总是、千方百计地通过文化、军事、政治、经济、外交等手段来侵略中国，在中国各民族、各军事集团之间进行干涉和挑拨离间，挑动内乱和内战，在中国分划势力范围，以便分而治之。从鸦片战争、八国联军战争、日本军国主义入侵中国的战争以及在帝国主义、殖民主义的武装侵略胁迫下所签订的一系列不平等条约如《中英南京条约》（亦称"江宁条约"1843年英国侵略者强迫清政府签订的第一个不平等条约）、《中法天津条约》(1858年)、《中法北京条约》(1860年)、《中俄天津条约》(1858年)、《中俄爱珲尔条约》(1858年)、《中美五口通商》(1844年在澳门望夏村签订)、《中日马关条约》(1895年日本强迫清政府在日本马关签订)等等,都是外国侵略者破坏我国统一,干预我国内政,调拨我国民族团结的具体行动和表现。

使中华民族各民族非常愤懑的是代表外国殖民主义,中国封建主义和官僚资本主义利益的蒋介石统治集团,从唯心虚无主义世界观出发,继承历代大民族主义的衣钵,实行反共反人民,反对抗日民族民主统一战线,打着"攘外必先安内"的旗号,实行分裂国家统一,破坏民族团结的勾当。

1943年3月,由陶希圣起草,经过蒋介石精心修改,然后以蒋介石名义发表的一本小册子名曰《中国之命运》,内容充满法西斯主义和封建主义思想。实际上,就是为他们实行剿共,破坏民族民主统一战线,镇压人民民主运动,镇压农民和少数民族起义而制造舆论。

在这个册子里,对中华民族除汉族外还有55个少数民族这个客观事实存在视而不见,一概采取否定态度,胡说什么"中国只有宗族区别,没有民族区别。"

其实,蒋介石统治集团制造国家分裂、破坏民族团结的思想行动是贯穿在他的整个统治过程中的。1932年秋,桂湘边境曾暴发过十多个县的瑶族人民大起义,实际上是瑶族农民反抗当地封建地主阶级和国民党地方统治者无限制地侵占瑶民田地和山场、沉重的苛捐杂税,特别是不断抓丁、派差、派民夫及明目张胆、名目繁多的"打油火"(即敲竹杠),造成瑶民不堪负担,因而暴发了这次武装起义,史称"桂北瑶民起义"。1933年,蒋介石统治集团不问清红皂白,调用外国侵略者的洋枪、洋炮武装起来的伪19师及民团共4万多兵力,在伪第7军军长廖磊的率领下前来镇压手持大刀、长矛、木棍、竹刀、粉枪等简单武器的桂北瑶民起义队伍及瑶族平民。瑶民坚持斗争达三年之久，终因寡不敌众而失败。伪军进占瑶民山寨后烧杀抢掠、强奸妇女，无恶不作，并在山寨留下三年驻军，对瑶民实行法西斯统治，实施"五户联保制"和早晚点名制。在蒋介石统治期间，桂北瑶民一直处于水深火热的生活中，根本谈不上人身和人权自由。

（四）

在我国历史上，真正意义上的国家统一和各民族大团结是在1949年中华人民共和国（简称"新中国"）建立以后，在中国共产党的正确领导下，在民族团结政策和民族区域政策的光辉照耀下才出现的。

新中国成立后的第二年，中国共产党和人民政府就组织一批由民族工作者和历史学、民族学、语言学专家组成的中央民族访问团，分赴全国各少数民族地区调查访问，进行民族成分的甄别工作，根据各民族的历史、语言、文化生活、风俗习惯及本民族人民群众的意愿，逐步提出各少数民族的族称，再经过全国人民代表大会逐个讨论、审查和表决通过，再由中央人民政府批准和公布。这就是中华民族除汉族以外还有55个少数民族，总称"中华民族"，简称"华人"的来源。中国就是中华民族的大家庭。

为了给党中央和人民政府制定和实行民族政策提供材料依据，获得各民族人民的认同，增强各民族自尊心和团结力量，以便进一步巩固我国的统一和民族大家庭的大团结，从1958年起，又由全国人大常务委员会具体组织领导，从各高等学校、科研单位和民族工作机构抽调数以千计专家、学者、学生和研究人才，组成少数民族调查组，分成八个大组，再次深入少数民族地区调查研究，编写五套《丛书》。

我们在参加调查研究到编写《丛书》的全部过程中，亲眼看到并充分认识，在我国辽阔的土地上，有众多的民族共同创造了伟大中国数千年的历史。在历史上，固然有军事征战，而古代的军事争斗也是一种民族交往，不打不相识的过程；然而更多、更长期、更频繁的是各民族劳动人民之间的和平交往，如自由贸易、物物交换、通商，以至互相通婚、结拜兄弟等。于是，早就的过程形成了各民族人口大杂居、大分散小集中局面。从民族成分来说早就是你中有我，我中有你，谁也离不开谁。汉族就不知道容纳了多少个少数民族成分。"我们都是炎黄子孙"，其实，"炎、黄"只不过是我们象征性的共同祖先。传说炎帝亦称神农氏，是居住在南方的一个部落首领，他首先发明稻作；黄帝原居住在北方，他们首先发明粟米。今天中国无论哪个民族，千百年来都居住在这块土地上，都依靠稻米、粟谷为主食，故可说他们是我们的共同祖先。如果硬要从血缘这个狭义上去争论，那是扯不清的、也是没有意义的。

中国共产党根据中国民族关系的这种实际情况和这样的国情，就提出制定和实行民族团结和民族区域自治政策。这是十分恰当，非常正确的。它首先从根本上否定和改变了我国历史上各个封建朝代的统治者所执行的大民族主义和地方民族主义的民族压迫、民族歧视、民族分裂政策，极有利于维护祖国统一，促进民族大团结、大融合，有利于发展生产力，发展四个现代化，迎接中华民族的伟大复兴。

我国实行的这个政策，既有别于西方的"民族国家"制度，也有别于原苏联共产党所执行的"民族联邦"制度。因为那些制度不符合中国国情。

我们这个民族政策，叫做民族团结、民族区域自治政策。内容主要规定：在全国范围内，各民族一律平等；在某个区域范围内，无论哪个少数民族，只要人口达到一定比例，就可建立民族自治地方政府如自治区（省级）、自治州（地区级）、自治县，依法享受民族自治权利，但均为统一国家之内的一级政权机构，都要遵守国家宪法，接受中国共产党和中央人民政府的统一领导；各级民族自治地方和散居少数民族，都可根据人口比例选出全国及地方各级人民代表和政协代表；在发展生产和经济、文化建设、培养人才中，大民族要适当照顾和扶持少数民族……。

我国之所以能够而且必须实行这样的民族政策，是由中国共产党的性质决定的。它代表中国工人阶级和全国各民族人民的根本利益；以中华民族伟大复兴为己任；坚持用马克思主义基本理论、立场、观点和方法同中国实际情况相结合，即用马克思主义、毛泽东思想、邓小平理论、"三个代表"思想和社会主义科学发展观的历史观、世界观和人生观来看待和处理国内的民族关系问题。

我们通过亲自经历实践，亲眼看见我国边疆少数民族地区的社会和人民半个多世纪以来，在上述民族政策的引导下，取得了民族独立和人民解放，实现了跨越性的社会发展，有的由封建地主制，有的由封建农奴制，有的竟由具有浓厚原始社会残余的落后社会制度一跃而进入初级社会主义社会。各民族的社会经济文化普遍取得辉煌的成就和发展。"没有共产党就没有新中国"，"没有新中国就没有少数民族的今天"，已成全国各个民族人民大众共同的口头禅和口碑。

确实如此，没有国家的统一和民族团结，各族人民必遭殃，社会必动乱，外敌必来欺，什么四个现代化、飞船上天，什么富国强兵、富民兴邦等，全成一句空话！

莫俊卿　洪俊　合撰 2009 年 12 月

附录二：著撰译文目录

一、著作：

1.《僮族简史》（初稿）1963年11月内部铅印稿

本书是壮族有史以来第一部有文字记载的壮族史书，是《中国少数民族简史丛书》之一，是在国家民委民族问题五种丛书编撰委员会的统一组织领导、广西壮族自治区民委具体领导下，1958年10月成立"壮族简史编写小组"开始编撰的。在此以前，已广泛进行社会历史调查和研究。此书就是在这个基础上编撰的。到1958年底撰成《僮族简史》油印稿。然后召开三次大型讨论会，修改过九次，铅印过五次。参加过调查讨论的先后有黄现璠、刘介、石钟键、汪明禹、王天奖、王昭武、李干芬等数十人。1958年至1959年，笔者曾任编写小组长，1950年后由黄昭担任。执笔撰稿人先后有莫俊卿、王天奖、杨策、杨诚、范宏贵、郭在忠、李干芬、周宗贤、华祖根、唐兆民、黄昭等人。

2.《壮族简史》，广西人民出版社，1980年3月版。

本书是在1963年《僮族简史》（初稿）的基础上进行修改的。1975－1977年由莫俊卿、李干芬、周宗贤、唐兆民等执笔修改，时任广西民委主任覃展指定莫俊卿为"修改稿"主编，李干芬、周宗贤为副主编。

本书被广西壮族自治区1987年评为广西社科著作成果二等奖。

3.《布依族简史》，贵州人民出版社，1985年版。

本书为国家民委统一领导编写的《中国少数民族简史丛书》之一，是在贵州省民族事务委员会具体领导下进行的。先后经过很多人进行社会历史调查、多人执笔编写、多次召开大型讨论会、多次修改。笔者仅参加了最后一次讨论会及最后那次执笔修改。

获贵州省1987年评为贵州省社科著作二等奖。

4.《中国少数民族》

本书内容包括全国55个少数民族社会历史简介。由国家民族事务委员会马寅担任主编，陈永龄为副主编，多人合撰的大型著作。笔者担负书中"壮族"、"布依族"两篇撰写。人民出版社，1981年5月版。

获北京市1986年评为北京哲社著作一等奖。

5.《原始社会史》林耀华主编、黄淑娉副主编。编撰者有林耀华（导论、第一章）、陈凤贤（第二章）、黄淑娉（第三章）、宋蜀华（第四章）、黄淑娉、莫俊卿（第五章）、吴恒（第六章）。中华书局，1984年8月第1版。

获北京市1987年评为北京哲社著作一等奖。

又获国家教委1988年1月评为全国高等学校优秀教材奖。

6.《中国少数民族历史人物志》谢启晃、胡起望、莫俊卿三人合著。

第1辑，民族出版社1983年7月版；第2辑，民族出版社1985年1月版；第3辑，民族出版社1987年9月版；第4辑，民族出版社1989年7月版。合计810千字。

7.中国社会科学院民族研究所编《中国历代民族史》八卷本

笔者是该书"宋辽金时期民族史"卷和"明代民族史"卷的作者之一。

四川民族出版社，1996年首版；社会科学出版社，2007年重版。

获评为2000年中国社科院科研成果二等奖。

8.张声震主编《壮族通史》三卷本。民族出版社，1979

年版。

笔者是撰稿人之一。

9.《中国少数民族历史大辞典》高文德主编。

吉林出版社，1995年12月版。

笔者是主要撰稿人之一。

获中国社科院2000年优秀工具书三等奖。

10.《民族词典》陈永龄主编。

上海辞书出版社，1987年8月版。

笔者是主要撰稿人之一。

获国家民委评为1988年社科著作一等奖。

11.《中国风俗辞典》叶大兵、乌丙安主编。上海辞书出版社，1990年1月版。

笔者是主要撰稿人之一。

12.《世界民族大辞典》李毅夫、赵锦元主编。

吉林科技出版社，1994年1月版。

笔者为主要撰稿人之一。

13.《中国少数民族古籍集解》张公瑾主编。

云南教育出版社，2006年1月版。笔者是主要撰稿人之一。

14.《中国少数民族文化大辞典》全国人大常务委员会副员长铁木尔·达瓦买提（维吾尔族）主编。

民族出版社，1999年6月版。

笔者是该书《中南、东南地区卷》的主要撰稿人之一。

15.《五指山区旧貌换新颜》（调查报告），约15万字。

调查者：莫俊卿、韦崇武、苏儒光。莫俊卿执笔。

书稿保存在中央民族大学民族学系资料室。未刊出。

16.《侬存福—侬智高考注》（国家民委资助研究课题），莫俊卿编著。

1990年6月完稿，共约20余万字。未刊（复写稿及光盘今存)。

二、撰文：

1. 广西壮族自治区罗城县概况　广西少数民族社会历史调查组　1958年秋　莫俊卿等10人撰　1963年铅印本。

2. 罗城县集环乡仫佬族社会历史调查报告　莫俊卿等1958年调查写成，1963年铅印本。

3. 罗城县四把乡仫佬族社会调查　莫俊卿等10人撰，1958年调查编撰，1963年铅印本。

以上三项，经莫俊卿修改、注释后，合为《广西仫佬族社会历史调查》，由广西民族出版社1985年出版。近年，又经莫俊卿修订，纳入经国家民委统一组织修订的《民族问题五种丛书》再版，由民族出版社于2009年出版。

4. 关于侬智高起兵性质的讨论　莫俊卿撰，以"南跃"笔名发表在中国社会科学院民族研究所编《民族研究》1959年第8期。

5. 侬智高的起兵是进步的　莫俊卿撰于1962年，收于广西少数民族调查组1962年编《壮瑶族科学讨论会论文集》（铅印稿）第二辑。

6. 《五指山区旧貌换新颜》（初稿）莫俊卿、韦崇武、苏儒光三人于1976年5—7月在海南保亭县毛道乡（时称公社）进行实地调查，由莫俊卿写调查报告，7月底完稿于海南。未刊。稿存中央民族学院民族学系资料室。

7. 马克思恩格斯对摩尔根《古代社会》一书的评价　胡起望、莫俊卿撰，刊于《学术论坛》1979年1期。

8. 广西少数民族在历史上对祖国经济文化发展的贡献　胡起望、莫俊卿撰，刊于《广西民族学院学报》1978年3期。重刊于翁独健主编《中国民族关系史论文集》下集，民族出版社

1982年版。

9. 桂西访古记　胡起望、莫俊卿撰，刊于《广西民族学院学报》1979年2期。

10. 布依族戴假壳的习俗　莫俊卿撰，《民间文学》1980年9期。

11. 一种奇特的抢婚形式　宋兆麟、莫俊卿撰，刊于《化石》1981年1期。

12. 布依族戴假壳风俗研究　莫俊卿撰，《贵州民族研究》1981年1期。

13. 何谓西南"八番"　莫俊卿撰，《历史教学》1980年3期。

14. 壮侗等"母权制"残余研究　莫俊卿撰，中国民族学会主编《民族学研究》第2集，1981年12月出版。

15. 布依族的族源研究　莫俊卿撰，《贵州民族研究》1980年2期。

16. 试论壮族来源于古越人　莫俊卿撰，初刊于《中央民族学院学术论文选集》（历史学），中央民族学院出版社1980年出版。重刊于《岭南壮族汇考》，广西民族出版社1989年出版。

17. 莫友芝的民族成分问题　莫俊卿、雷广正、吴正光合撰，《民族研究》1981年4期。

18. 墓碑——文物——历史　雷广正、莫俊卿，《贵州日报》1981年2月11日第三版。

19. 水族族源初探　王品魁、莫俊卿撰，《贵州民族研究》1981年第3期。

20. 俍人俍兵研究　莫俊卿、雷广正撰，刊于《广西民族研究参考资料》第二辑，1981年9月版。重刊于《岭南壮族汇考》第144页，广西民族出版社1989年出版。

21. 越南的高栏族　莫俊卿撰，刊于广西社科院办《印度支那》杂志，1985年第3期。

22. 关于民族战争与民族英雄问题　初刊于《中央民族学院学报》1981年1期。重刊于翁独健主编《中国民族关系史研究》，中国社会科学出版社1984年出版。

23. 黔南悬棺葬及族属问题　雷广正、莫俊卿撰，刊于《民族学研究》第4辑，民族出版社1982年版。

24. 谈南笼布依族农民起义的几个问题　刊于《贵州民族研究》1982年3期。

25. 漫谈古夜郎　刊于《文史知识》1982年第5期。修改稿重刊于王峰主编《构建和谐社会华人经典文集》第135页，中国广播电视出版社，2007年8月，北京版。

26. 古越人的拔牙习俗　中国百越民族学会编《百越民族史论集》第306页，社会科学出版社1982年出版。

27. 试谈羁縻土司制度对广西民族关系的影响　初刊于《学术论坛》1982年6期。重刊于《岭南壮族汇考》，856页，广西民族出版社1989年出版。

28. 母系氏族社会对女性崇拜的典型——侗族的"撒玛"和"撒堂"　刊于《史前研究》创刊号1983年。重刊于中央民族学院《民族学研究论文集》1983年版。

29. 试论壮侗语族诸民族的起源　初刊于《三月三》1983年1期。重刊于中央民族学院民族研究生编《民族研究论文集》第三集，中央民族学院出版社1984年。

30. 建国以来壮族史研究概况　刊于《民族研究动态》1983年第3期。

31. "越巫鸡卜"考　刊于中央民族学院民族研究所编《民族研究论文集》第二集，1983年北京。重刊于《中南民族学院学报》1986年增刊本第147页，节录稿刊于《岭南壮族汇考》第789页，广西民族出版社1989年出版。

32. 越南少数民族前资本主义三种社会形态或其残余　刊于云南大学边疆民族研究所《西南民族历史研究集刊》第 4 集，第 179 页，1983 年版。

33. 对重男轻女思想的剖析　刊于《学术论坛》1984 年第 6 期。

34. 略论越南嘉来族的母系氏族制及其瓦解　刊于《民族学研究》第 7 辑，民族出版社 1984 年版。

35. 论韦昌辉的民族成分　刊于《广西民族研究》1985 年第 1 期。

36. 论少数民族与祖国统一　刊于中央民族学院民族研究所编《民族研究论文集》第五辑，1985 年北京版。

37. "干栏"建筑与古越人源流　莫俊卿、雷广正撰，刊于百越民族史学会编《百越民族史论丛》，广西民族出版社 1985 年出版。

38. "食老"与布依族的"砍戛"习俗　莫俊卿、雷广正撰，刊于《历史研究》1985 年 6 期。

39. 左江崖壁画研究综述　刊于中国社会科学院民族研究所《民族研究动态》1986 年第 1 期。

40. 左江崖壁画的主体探索　刊于《民族研究》1986 年第 6 期。

41. 壮傣布依三族封建领主制的比较研究　莫俊卿、韦文宣撰，刊于百越民族史研究会编《百越史论集》，云南民族出版社 1989 年出版。

42. 试论越人与壮侗语族的渊源关系　刊于《百越史研究》，第 152 页，贵州人民出版社 1987 年出版。

43. 苦聪人今惜　石磨（石健中、莫俊卿），刊于《中央民族学院学报》1975 年 1 期。

44. 战斗在澜沧江畔的女将　石磨（石健中、莫俊卿），刊于同上杂志。

45. 毛主席的恩情说不尽　莫俊卿、索文清，刊于《中央民族学院学报》1974年2期。

46. 西藏错那县勒布区门巴族社会历史调查报告　莫俊卿、索文清、胡德平撰，刊于《门巴族社会历史调查》（一），西藏人民出版社1987年出版。

47. 西藏米林县珞巴族社会历史调查报告　莫俊卿、索文清、杜耀西、胡德平撰，刊于《珞巴族社会历史调查》，西藏人民出版社1987年出版。

48. 越南两本民族学专著评介　刊于《民族研究动态》1985年3期。

49. 胡起望等辑注的《桂海虞衡志辑佚校注》一书评介　刊于《民族研究动态》1987年2期。

50.《广西左江崖壁画考察与研究》一书评介　刊于《广西民族研究》1988年第1期。

51. 壮族　刊于《中国少数民族》一书第495页，人民出版社1981年版。

52. 布依族　刊于《中国少数民族》一书第459页，人民出版社1981年版。

53.《大宅颂》、《智城》两碑照古影　刊于《中国少数民族历史故事》一书，宁夏人民出版社1988年。

54. 奇特的木契状纸　刊于同上书。

55. 壮族的花木兰　莫俊卿、韦文宣撰，刊于同上书。

56. 壮族的婚姻家庭　刊于严汝娴主编《中国少数民族婚姻家庭》一书，中国妇女出版社1986年出版。

57. 仫佬族的婚姻家庭　刊于严汝娴主编《中国少数民族婚姻家庭》一书，中国妇女出版社1986年出版。

58. 老挝的宗教节日　刊于社会科学院民族研究所赵锦元主

编《世界风俗概览》一书，广西人民出版社1990年。

59. 柬埔寨的婚俗　刊于同书。

60. 柬埔寨的葬俗　刊于同书。

61. 壮乡饮食文化概说　刊于《广西民族研究》1991年第3期。

62. 八角茴香与繁荣壮族经济　刊于社科院民族研究所《民族研究》1992年1期。

63. 论稻作文化的发源地与首创者　刊于中央民族学院民族学系民族研究所编《民族、宗教、历史、文化》一书，第107页，中央民族学院出版社1993年。

64. 中东南地区百越先民是稻作文化的发明者　刊于《中国时代经济论坛》(论文精选)，中国时代经济出版社2003年出版。

65. 唐宋羁縻州制度考　刊于莫俊卿编撰《侬存福——侬智高考注》书稿，1990年完稿（未刊稿）第8页。

66. 党犹州考　同上书17页。

67. 广源州考　同上书17页。

68. 侬存福考　同上书49页。

69. 阿侬考　同上书56页。

70. 昆仑关之役考　同上书116页。

71. 论侬峒起义的正义性　同上书137页。

72. 论侬峒起义后期的性质　同上书158页。

73. 论侬峒起义的影响和作用　同上书169页。

74. 回首我参加的民族调查　中央民大民族学社会学学院主办《人文社会学苑.sesa学术通讯》2003年3期。

75. 孝乎，不孝乎？——为纪念邓小平同志诞辰100周年而作　刊于《中国改革开放发展文集》第840页，刊于中国改革开放发展杂志社，2004年12月版。经该书编委会综合评审为优秀征文壹等奖。

76. 《老人不该参加"家谱"的编选》 刊于《学习和实践'三个代表'的重要思想》（论文集）第 309 页，五洲传播出版社，2005 年 2 月，北京版。重刊于和谐中国系列丛书编委会主办的《和谐中国、理论论集》，2008 年北京版，获该书编委会评为特等奖。

77. 壮人民间取名趣谈 2008 年 7 月 8 日打印稿，未刊。

78. 驳王守仁"知仁和一"观 2008 年 3 月 9 日打印稿。刊于楚水主编《中华之魂》一书"思想学术篇"第 254 页，北京作家出版社，2008 年 12 月版。获"和谐盛世杰出人物编委会"2009 年 4 月评为特等奖。

79. 越人谓集市为"圩"的来历 撰于 2008 年 7 月，打印稿，未刊。

80. 漫谈古夜郎 刊于王峰主编《构建和谐社会华人经典文集》135 页，中国广播出版社，2007 年 8 月北京版。获中国文化讯息协会、和谐中国系列丛书编委会评为特等奖。

三、译文：

1. 胡伯伯在中国 1979 年 11 月，译文 7000 字，未刊。

2. 越南和平州梅州的《傣语法典》（越南唐万年撰） 1980 年翻译稿，1 万字，未刊。

3. 《越南的少数民族》 越南吕文卢撰，越南文化出版社 1959 年越文版，1980 年 5 月至 1981 年 1 月底翻译完，大约 25 万字，未刊。其中"侬族"一篇的译文刊于广西《印支研究》，1982 年第 3 期。

4. 法属时期岱侬族侬族傣族地区社会制度初探 越南吕文卢撰，原文见《历史研究》1968 年 3 月号，译完于 1981 年 12 月 14 日，大约 1.3 万字。译文刊于《民族译丛》1984 年第 3 期。

5.《加来昆嵩省各民族》 共12万字，1983年译完，未刊。

6.《多乐地区墨农族与埃地族概况》一书摘译 大约10万字，1985年完稿，未刊。

7.浅谈越南岱族——泰语族各民族的形成过程及其与中国南部、印度支那各民族关系 原文载于越南《历史研究》1968年3月号，1981年11月30日译完，大约1.3万字。刊于《西南民族历史研究集刊》第3期，1982年8月版。

8.《越南南方少数民族》 1991年译完，译文15万字，未刊。

9.越南西原民族对生育的不同看法 译文刊于《民族译丛》1988年4期。

10.云乔——布鲁人的"格来拜"葬礼 译文刊于《民族译丛》1991年2期。原作者越南人阮必胜，越南文，载于越南《民族学》1981年第1期。

11.关于山区社会经济大发展的政策主张 由越共中央政治局委员、总书记阮文灵署名，原文刊于1989年11月27日越南各报刊。译文1.2万字，刊于《民族译丛》1990年第3期。

12.越南嘉来族概况 译文刊于中南民族研究所编《民族关系史译丛》1985年第2期。

13.老挝的民族成分与人口分布 译文刊于《民族译丛》1990年第1期。

14.谅山省侬、岱人种植八角树与提炼茴香油的传统技术（越南）黄明理著，载于（越南）《民族学》杂志。译文刊于广西社科院东南亚研究所办《东南亚纵横》杂志第43页，1993年第4期。

附录三：主要参考古籍

1. 《人间训》一篇，西汉刘安撰。见《淮南子》卷十八。
2. 《史记·南越列传》，西汉司马迁（约前145或135—？年）撰。
3. 《史记·东越列传》。
4. 《史记·楚世家》。
5. 《史记·越王勾践世家》。
6. 《史记·吴世伯世家》。
7. 《汉书·闽粤传》，东汉班固（32—92年）撰。
8. 《汉书·南粤传》。
9. 《榜枻越人歌》，亦称《越人歌》，一篇。西汉刘向（约前11—前6年）辑。见《说苑·善说篇》。
10. 《罢珠崖对》一篇，西汉贾捐之回答汉元帝。见《汉书·贾捐之传》。
11. 《南州异物志》，亦称《南裔异物志》、《异物志》，一卷。东汉杨孚撰。原书早佚。清王谟、伍元薇有辑本。收入《重订汉唐地理书钞》及《岭南遗书》第五集。
12. 《吴越春秋》，原书十二卷，今存十卷。东汉赵晔撰。
13. 《越绝书》十五卷，东汉袁康撰，吴平校定。
14. 陈寿《三国志·吴·薛琮传》
15. 《临海水土志》三国吴沈莹（？—约280年）撰。
16. 《广州先贤志》七卷，三国吴陆胤撰。
17. 《南方草木状》三卷，晋嵇含（202—306年）撰。见南宋左圭辑《百川学海》、明胡文焕辑《格致丛书》及商务印书馆《丛书集成初编》等版本。

18.《南越志》八卷，南朝宋沈怀远撰。有元《说郛》（宛委山堂本）卷六十一、明《五朝小说．魏晋小说外乘家》及近人《五朝小说大观·魏晋小说外乘家》辑本。

19.《北史·蛮传》，唐李延寿撰。

20.《北史·僚传》，唐李延寿撰。

21.《隋书·南蛮传》，唐魏徵撰。

22.《隋书·谯国夫人洗氏传》一篇，唐魏徵撰。

23.《北史·谯国夫人传》一篇，唐李延寿撰。

24.《兵部奏桂州破西原贼露布》一篇，唐杨谭撰。原文已佚。辑文载于清康熙间汪森辑《粤西文载》卷六十一及清董诰、阮元等辑《全唐文》卷三百七十七。

25.《平蛮颂并序》一篇，唐韩云卿撰。摩崖碑文撰刻于公元777年。今仍完好地保存在林林市镇南峰，亦称铁封山之上，字迹清晰可认。碑高2.66米，宽2米。额题"平蛮颂"三个篆书字，每字直径30厘米。正文为隶书，字径6、6厘米，共421个字。全文曾收入《全唐文》卷四百四十一及近年桂林市文管会编印的《桂林石刻》等。

26.《童区寄传》一篇，唐柳宗元（773—819年）撰。见《河东先生集》卷十七。

27.《邕州刺史李公墓铭》一篇，唐柳宗元撰。《河东先生集》卷十。

28.《柳州峒民》七言律诗一首，唐柳宗元撰。见于《河东先生集》卷二十八。

29.《僮俗》诗一首，唐柳宗元撰。见于清汪森辑《粤西诗载》卷十八。惟因作者《柳河东集》及《河东先生集》均不收，又因其诗不像柳体风格，近人郭豫才在《僮狼仲为西南民兵名称说》（1944年10月版《民族学研究集利》第4集）文中疑此诗为明代桑悦（江苏常熟人）在成化（1465—1487）年间任柳州通判时盗用柳宗元之名所写，对此，学者有持不同见解，待考。

30.《岁晏行》七言绝句一首。唐杜甫（公元712—770年）撰。见《杜少陵集》卷二十二。

31.《黄家贼事宜状》一篇，唐韩愈（公元768—824）撰。见《昌黎先生集》卷四十、《全唐文》卷四十九。

32.《莫徭歌》五言律诗一首，唐刘禹锡（公元772—842年）撰。见于《刘禹锡集》卷二十六，上海人民出版社1975年校点本。

33.《柳子厚墓志铭》一篇，唐韩愈撰。见于《全唐文》卷五百六十二。

34.《连州腊月观莫徭猎西山》五言律诗一首，唐刘禹锡撰。见《刘禹锡集》卷二十五。

35.《机汲记》一篇，唐刘禹锡撰。见《刘禹锡集》卷九。

36.《送客春游岭南二十韵》，唐白居易（772—846）撰。见《雍正广西通志》卷百七、《全唐文》卷三百七十七。

37.《北户录》三卷，唐段公路撰。原本已佚。其文见于元末明初陶宗仪辑《说郛》（宛委山堂本）卷六十三、明《文始堂》抄本、清曹溶辑《学海类编·集余五》、清乾隆三十年（1765）敕辑《四库全书·地理类》、及明末清初陆楫辑《古今说海·说选部偏记》等。

38.《黄家洞》七言律诗一首，唐李贺（790—816）撰。见《昌谷集》卷二、《全唐诗》卷三百九十一。

39.《桂林风土记》三卷，今存一卷。唐莫休符撰。见清张位抄本、黄丕烈序与跋本、《四库全书·地理类》、《学海类编》、《丛书集成初编》等版本。

40.《岭表录异》，亦名《岭表录》、《岭表记》、《岭表异记》，三卷，《补遗》一卷，唐刘恂撰。见《四库全书》、《武英殿聚珍丛书》本等。在注释翻印复印版本中，以近人鲁迅于1911—

1923年间校勘的《鲁迅补遗校勘》本（广东人民出版社1983年版）为比较完善。

41.《南僚》史诗一首。北宋欧阳修（1007－1072）撰。见《欧阳文忠集·外集卷三》及清汪森辑《粤西文载》卷二。

42.《京观记》一篇，北宋狄青（1008－1057）撰。见于陈梦雷、蒋廷锡等辑《古今图书集成》卷1445。

43.《武溪集》二十卷，北宋余靖（1000－1064）撰。有明嘉靖十三年刊本。《四库全书》本、民国《广东丛书》本等。

44.《孙威敏征南录》亦称《征南录》，一卷。北宋滕甫（一作滕元发）撰。有《四库全书》、《艺海珠尘·壬集》、《墨海金壶·史部》、《续金华丛书》及清抄本等。

45.《涑水见闻录》原书十卷，今流行本作十六卷。北宋司马光（1019－1086年）撰。

46.《论邕州事宜状》一篇，北宋王安石（1021－1086年）撰。见《古今图书集成》卷1397。

47.《青箱杂记》十卷中的"岭南风俗记"一篇，北宋吴处厚撰。见《青箱杂记》卷三。

48.《梦溪笔谈》三十卷，北宋沈括（1031－1095）撰。见《梦溪笔说》卷二十五。

49.《论海南黎事书》一篇，宋苏过（1072－1123）撰。见《斜川集》卷五。

50.《宋朝事实》二十卷，南宋李攸撰。

51.《辰州徭人秦再雄》一篇，南宋李攸撰。见《宋朝事实》卷十六。

52.《禁岭南货卖男女诏》一篇，唐李忱括撰。见于北宋敏求辑《唐大诏令集》卷一百零九及《全唐文》卷八十一。

53.《桂海虞衡志》原书三卷，今存一卷十三篇，南宋范成大（1126－1193）撰。其中《志蛮篇》又以元马端临编《文献通考．四裔考》所引为最详。《唐宋丛书》、《古今说部丛书》则将志蛮、杂志、志器摘出单行，名为《桂海志蛮》、《桂海志器》、《桂海杂志》各一卷。

54.《骖鸾录》一卷，南宋范成大撰。见《四库全书》、《粤西文载》等版本。

55.《渠阳蛮俗》一卷，南宋洪迈（1123－1202）撰。见《容斋随笔》卷十六。

56.《邕州化外诸国土俗记》一篇，南宋吴儆撰。见《粤西文载》卷三十六。

57.《辰沅州蛮笔记》六卷，南宋陆游（1125－1210）撰。原书已佚。辑本见清陈运溶《麓山精舍丛书》第一集和清王谟《重订汉唐地理书钞》。

58.《辰沅蛮笔记》一篇，南宋陆游（1125－1210）撰。见《老学庵笔记》卷四。

59.《岭外代答》十卷，南宋周去非撰。有《四库全书》、清鲍廷博辑《知不足斋丛书》十七集、《笔记小说大观》、《丛书集成初编》等版本。

60.《溪蛮丛笑》一卷，南宋朱辅撰。有元陶宗仪《说郛》、明陆楫《古今说海》及《四库全书》、清曹溶《学海类编》、《古今说部丛书》等版本。

61.《漳州谕畲》一篇，南宋刘克庄（1187－1869）撰。见《后村先生大全集》卷九十三。

62.《诸蕃志》二卷，亦称《诸蕃记》。南宋赵汝适撰。有清张海鹏辑《学津讨原》、《四库全书》、《丛书集成初编》等版本。有德、英文译本。近人冯承钧《诸蕃志校注》（中华书局1956年版）为目前比较完善的本子。还有日本大正三年（1914年）东京民友社铅印本及台湾大通书局1967年出版的本子。

63.《平徭记》一册，亦名《广西都元帅章公平徭记》。元虞集（1272—1348）撰。有《道园学古录》、《四库全书》、《粤西文载》及清抄本等。

64.《岛夷志略》一卷，亦名《岛夷志》。元汪大渊（约1311—?）撰。初刻于元至正十年（公元1350年）。今有清彭氏《知圣道斋》抄本（国家图书馆善本书）、清龙凤镳辑本等。校注本有清末沈曾植《岛夷志略广记》、近人苏继庼《岛夷志略校释》及日本人藤田丰八《岛夷志略校注》等。

65.《黄道婆祠诗序》一篇，元末明初王逢撰。见《梧溪集》卷三。

66.《越史略》三卷。越南人佚名撰。清钱熙祚校。约成书于明洪武年间。有《四库全书》、清钱熙祚《守山阁丛书》、清浦某辑《皇朝藩属舆地丛书》、《丛书集成初编》等版本。

67.《鸡肋集》十卷。明王佐撰。有（民国）海南书局辑《海南丛书》及琼州海南书局一九三五年排印单行本。

68.《两广事宜疏》一篇，明丘浚撰。见于汪森辑《粤西文载》卷五十六。

69.《重修灵渠记》明孔镛撰。见《越西文载》卷二十。

70.《论革土舍峒首》一篇，明王佐撰。见（光绪）《定安县志》卷九。

71.《奏报田州恩恩平复疏》一篇，明王守仁（1472—1528年）撰。见《王阳明先生集》卷七

72.《处置平复地方以图久安疏》一篇，明王守仁撰。

73.《八寨断藤峡捷音疏》一篇。明王守仁撰。

74.《处置八寨断藤峡以利久安疏》一篇，明王守仁撰。

75.《督谕田州思恩土目牌》一篇，明王守仁撰。

76.《平八寨弩滩蛮寇》一篇。明毛伯温撰。见清陈梦雷等所辑《古今图书集成》卷一千四百四十五。

77.《议平黎疏》一篇，明韩俊撰。见近人李充岳纂（民国）

《文昌县志》卷十五。

78.《悯群黎文》一篇。明钟芳撰。见于《钟筠溪集》。

79.《交黎剿平事略》四卷，明欧阳必进撰，明张鳌辑。有嘉靖刻本、（民国）郑振铎辑《玄览堂丛书》本等。

80.《（嘉靖）广西通志》六十卷。明林富修、黄佐纂。有嘉靖十年刻本（国家图书馆、广西图书馆善本书）及其抄本（湖北图书馆、广西图书馆、桂林图书馆藏书）。

81.《海槎余录》一卷。明顾介撰。有明冯可宾辑《广百川学海》、明陈继儒辑《宝颜堂秘籍》、明陶廷辑《说郛》、明沈节甫辑《纪录汇编》及《古今图书集成》、《说库》等本。

82.《君子堂日询手镜》不分卷数。明王济撰。所载多为壮族民俗。有明顾元庆辑《顾氏明朝四十家小说》、《纪录汇编》、《说库》及《丛书集成初编》等本。

83.《炎徼纪闻》四卷。明田汝成撰。有嘉靖刻本、明沈节甫辑《纪录汇编》、《四库全书》、嘉庆十三年刻本、清张海鹏辑《借月山房汇钞》、《丛书集成初编》及文物出版社一九八三年重印本等。

84.《行边纪闻》一卷。明田汝成撰。卷前有嘉靖丁巳（公元1557年）顾名儒序。有嘉靖三十年刻本（国家图书馆善本书）、《借月山房汇钞》、《国立北平图书馆善本丛书第一集》等版本。

85.《鸿猷录》六卷，明高岱撰。有嘉靖四十四年高思诚刻本、《纪录汇编》及《丛书集成初编》等版本。

86.《桂林行》一卷。明田汝成撰。见《粤西丛载》卷三。

87.《广右战功录》亦名《沈紫江广右军功录》，一卷。明唐顺之撰。有作者《荆州集》、明袁耿《金声玉振集》、《借月山房汇钞》、清陈璜《泽古斋重钞》、《丛书集成初编》等版本。

88.《黎岐图说》一篇。明俞大猷（1304—1580）撰。见于清初陈梦雷辑《古今图书集成》卷1392。

89.《平黎疏》一篇。明海瑞（1514—1587年）撰。见中华书局1962年版《海瑞集》。

90.《治黎策》一篇。明海瑞撰。

91.《申海南道陈双山文》一篇。明海瑞撰。

92.《平北三大功记》一篇。明张翀撰。见于《古今图书集成初编》卷1397。

93.《西南纪事》六卷。明郭应聘撰。有万历刻本。

94.《奇游漫记》四卷，一作八卷、附录一卷。明董传策（？—1573年）撰。有清顺治元年（1644年）刻本、康熙十五年（1576年）刻本及一九八一年中华书局吕景琳点校本等。

95.《黔志》一卷。明王士性撰。有清曹溶辑《学海类编》、（民国）任可澄编《黔南丛书》、《丛书集成初编》等版本。

96.《黎女歌》七言排律长歌一首。明汤显祖（1550—1617）撰。载于清徐仇《本事诗》卷六。

97.《峤南琐记》二卷。明魏浚撰。有万历二十七年刻本，上海市图书馆和台北图书馆有藏书。

98.《西事珥》八卷。明魏浚撰。有万历刻本、明抄本等。

99.《垦田之利可兴》一篇。明魏浚撰。见《粤西文载》卷六十一。

100.《官司治猺僮不如土司治猺僮》一篇。明魏浚撰。《粤西文载》卷六十一。

101.《诸夷慕学》一篇。明魏浚撰。见《粤西文载》卷六十一。

102.《广西名胜志》十卷。明曹学佺（1574—1647）撰。有上海古籍书店1979年影印本。

103.《后骖鸾录》一卷。明岳和声撰。见于《粤西丛载》卷四。

104.《百粤风土记》一卷。明谢肇制撰。有清末抄本、清郑氏注韩居抄本及《粤西文载》、《粤西丛载》节录本。

105.《两粤梦游录》二卷。明末清初马光撰。有清陈湖逸士《荆驼逸史》、（民国）中国历史研究社《中国内乱外祸历史丛书》、台北台湾银行一九六八年版等。

106.《百越先贤传》四卷。明欧大任（1516—1595）撰。有《四库全书》、作者辑《欧虞部集》、清伍元薇辑《岭南遗书》、《丛书集成初编》等版本。

107.《赤雅》三卷，明末邝露（1604—1650）撰。有《四库全书》、清鲍廷博辑《知不足斋丛书》、清马俊良《龙威秘书》、清葛元煦《啸国丛书》第三函及（民国）王文濡《说库》等版本。

108.《平播全书》十五卷。明李化龙撰。有万历刻本、《四库全书》、清王灏《畿辅丛书》及《丛书集成初编》等版本。

109.《（万历）贵州通志》二十四卷。明王来贤、陈尚象修纂。日本东京尊经阁文库藏有原刻本，中国社会科学院民族研究所有其复印本。

110.《黔记》六十卷。明郭子章撰。有万历刻本、国家图书馆和上海图书馆藏有此刻本，不过前者缺卷八、九、十，后者又缺二十五、二十六两卷。1966年贵州图书馆油印本，亦缺二十五、二十六两卷。

111.《岭南风物纪》一卷。清吴绮撰，有《四库全书》本等。

112.《粤述》一卷。清闵叙撰。有清吴震方辑《说铃》、马俊良缉《龙威秘书》、清王锡祺辑《小方壶斋舆地丛钞》及《丛书集成初编》等版本。

113.《刘三妹歌仙传》一篇。清张尔翮撰。载于清陈梦雷等辑《古今图书集战》卷千四百四十。

114.《黎人》五言绝句一首并序。清尤侗（1608—1704）撰。见《西堂杂俎》卷十六。

115.《广东新语》二十八卷。清屈大均（1630—1696）撰。有木天阁刊本、文汇堂刻本等。

116.《粤西文载》七十五卷。清汪森（1653—1726）撰。有康熙四十三年梅雪堂刊本（今藏广西第一图书馆和北京国家图书馆）及"四库全书"本。

117.《粤西诗载》二十五卷。清汪森辑。有"梅雪堂"刊本、"四库全书"及清刊本等。

118.《粤西丛载》三十卷。清汪森辑。有康熙"梅雪堂"刊本、"四库全书"、（民国）进步书店辑"笔记小说大观"及北京中国书店一九八五年线装本等。

119.《粤西通载》一百五十卷。清汪森辑。为《粤西文载》、《粤西诗载》、"粤西丛载"三书的合订本。有"梅雪堂"刊本，中央民族大学图书馆藏。

《粤西偶记》一卷。清陆祚蕃撰。有清吴震方辑《说铃》、清马俊良辑《龙威秘书》、清王锡祺《小方壶斋舆地丛钞》及《丛书集成初编》等版本。

120.《粤风续九》一卷。原书已佚。清王士禛辑《池北偶谈》卷十六"谈艺"六辑有专条。大部内容为后任浔州督学的李调元《粤风》所收纳，并详加注释。《四库全书》仅存其目。

121.《粤风》四卷。清李调元（1734—1803）撰。近人顾颉刚曾赞扬是书为"极大胆的创举"。有《函海》刻本、1927年朴社出版的单行本及《丛书集成初编》本。

122.《南越笔记》亦名《粤东笔记》。十六卷。清李调元撰。有乾隆刻本、《函海》、《丛书集成初编》及民国四年上海会文堂石印本、民国六年上海广益书局石印本、台北新文丰出版公司1979年版等。

123.《琼州杂事诗》一卷。清程秉钊撰。有光绪十三年刻本、(民国)海南书局铅印本。

124.(万历)《儋州志》三集。明曾邦泰纂。国内至今尚无发现刻本,仅日本尊经阁文库存有明万历四十六年刻本。

125.(康熙)《琼郡志》十卷。清牛天宿修,朱子虚纂。北京国家图书馆藏有康熙十五年刻本;南京地理研究所图书馆存有其中的第一、第二卷。广东省图书馆有原刻本胶卷。

126.(康熙)《琼州府志》十卷。清焦汉修、贾棠纂。书中有"黎俗"篇,是海南黎族风俗专志。清康熙四十五年刻本仅北京高级党校图书馆存有卷一、卷三至卷十,惟缺卷二。

127.《广西各府瑶獞峒蛮考》十二卷。清陈梦雷(1651—1741)等辑。见于《古今图书集成》卷1399至1452。

128.《广东黎人岐人部汇考》三卷。清陈梦雷等辑。汇纂而成。见于《古今图书集成》卷1789至卷1791。

129.《岭南风物杂记》二卷。清吴震方撰。有作者辑的《说铃》、《小方壶斋舆地丛钞》、《丛书集成初编》等版本。

130.(雍正)《广西通志》128卷。清金拱修、钱元昌纂。族史事。有雍正十一年成书,当时即有刻本、抄本(南京地理研究所、广西第一图书馆藏书)和《四库全书》本等中央民族大学图书馆有雍正刻本。

131.《黎岐纪闻》一卷。清张庆长撰。有清张潮辑《昭代丛书》、《小方壶斋舆地丛钞》及清陈坤辑《岭南异闻录》,还有宣统刻本。

132.《粤滇杂记》一卷。清赵翼(1727—1814)撰。有《瓯北全集》(乾隆嘉庆本、光绪本)、《小方壶斋舆地丛钞》等版本。

133.《檐曝杂记》六卷。清赵翼撰。读书笔记。有单行清刻本、《瓯北全集》、清何秋涛辑《北激汇编》及1982年李解民校本。

134.《龙州纪略》二卷。作者不详。有嘉庆八年（公元1824年）刊本、清抄本等。

135.（嘉庆）《广西通志》280卷，清谢启昆（1737—1802）修，胡虔纂。

136.《粤西笔述》不分卷数。清张祥河（一作祥何，1785—1862）编。

137.《南越五主传》五卷。清梁廷丹（1796—1861）撰。

138.《粤西琐记》一卷。清沈日霖撰。

139.《猺獞传》一卷。清诸匡鼎撰。

140.《平定粤匪纪略》十八卷。清杜文澜（1815—1881）撰。

141.《平桂纪略》四卷。清苏凤文撰。有《舆地丛钞》本。

142.《田州岑氏源流谱》不分卷数。清岑某撰。今有近人唐兆民校勘整理、广西民族研究所1965年内部铅印本传世。

143.《西林岑氏族谱》十卷。清岑毓英（1829—1889）撰。有1936年正中书局版、1952年上海人民出版社《近代史资料丛刊·中法战争》节本等。

144.《广西郡邑建置沿革表》不分卷数。清黄诚沅（1863—1936）撰。

145.（乾隆）《南笼府志》八卷。清李其昌纂修。有清乾隆二十九年刻本、传抄本、1965年贵州图书馆据湖北图书馆藏传抄本的复制本。

146.（道光）《黎平府志》四十一卷。清刘宇昌修，唐本洪纂。有道光二十五年刻本。

147.（光绪）《天柱县志》八卷。清林佩纶修、杨树琪等纂。有光绪二十九年活字版本。

148.（道光）《遵义府志》四十八卷。清郑珍（1806—1864）、莫友芝（1811—1872）纂辑。有道光二十一年刻本、光绪十八年刻本、民国二十六年刘千俊补刻本。

149.《峒溪纤志》三卷，亦作一卷。清陆次云撰。三卷本有《陆次云杂著》本、（民国）胡思敬辑《问影楼舆地》、《丛书集成初编》等；一卷本有清吴震方《说铃》、清马俊良《龙威秘书》、《小方壶斋舆地丛钞》等。

150.《黔书》四卷。清田雯（1635—1704）撰。二卷本有作者《古欢堂集》、《德州田氏丛书》、清熊湛英《黔书四种》、（民国）任可澄辑《黔南丛书》；四卷本有清伍崇曜《粤雅堂丛书》、《丛书集成初编》等版本。

151. 曹修（康熙）《贵州通志》三十三卷。清曹申吉修、潘训纂。有康熙十二年刊本（见于北京国家图书馆、上海图书馆藏书）、另有抄本、影印本。

152. 卫修（康熙）《贵州通志》原本三十六卷、补修本三十七卷。清卫即齐修、薛载德纂、闫兴邦补修原本有康熙三十一年刻本（四川重庆图书馆藏书）、补修本有康熙三十六年刻本、贵州省图书馆1965年油印本。

153.《黔南识略》三十二卷。有乾隆十四年刻本、道光二十七年刻本、光绪三十二年刻本、民国三年刻本和1968年台湾成文出版社影印本等。

154.《楚庭稗珠录》六卷。清檀萃撰。有乾隆三十八年《九曜山房》刊巾箱本、香港中文大学一九七六年影印本、广东人民出版社1982年杨伟群点校本。

155.《古州杂记》一卷。清林溥撰。有嘉庆林氏苏州刻本、清管廷芬《花近楼丛书》、《小方壶斋舆地丛钞》、《黔南丛书》、《古今游记丛钞》及民国二十五年北平图书馆传抄本等。

156.《续黔书》八卷。清张澍撰。有《黔书四种》、清任崇曜《粤雅堂丛书》、《黔南丛书》、《丛书集成初编》等版本。

157.《黔语》二卷。清吴振域撰。有咸丰四年刻本、光绪陈氏刊本、光绪《灵峰草堂》刻本和（民国）钱塘吴氏刻本。《黔南丛书》本等。

158.《黔南识方纪略》九卷。清罗绕典（？—1864）撰。有道光丁未年刻本、1968年台北成文出版社《台湾文献史料丛刊》本等。

作者介绍

莫俊卿，原名特钉，晚号覃喇寨，壮族。1928年3月4日生于广西柳州市融安县（旧名融县）泗顶镇吉照村板喇寨。父名莫如通（1880—1958），母名覃吉照（1879—1966）。家贫，祖宗三代文盲。中共党员。原为中央民族学院民族研究所和民族学系教员与研究人员。新中国成立前，在家乡陆陆续续地读小学、私塾，读到初中二年级。其间因胞兄莫俊勋被国民党政府抓去当兵打内战，中途逃走被匪官抓获打死在长沙，而造成家境困难，被迫辍学在家当了三年农民。1949年秋新中国成立后，家乡仍被残匪占领，乃毅然逃出匪占区，投靠人民政府，先后被委派为解放区东起乡小学教员、东合乡小学校长、东清区人民政府重点剿匪工作队队员、东合大乡泗顶小乡乡长等职，1950年加入共青团。1951年夏，获县人民政府保送到中南民族学院（时在武汉市武昌洪山下）干训班学习一年。1952年毕业后留校工作，先后任干训班组织干事、院人事保卫干事。1954年10月加入中国共产党。1956年夏，响应党关于"向科学进军"的号召，考入中央民族学院历史系本科，学习期限五年。在校期间，被选为院学生会主席、北京市学联副主席、全国青联委员、北京市第三届人民代表大会代表。1958年秋，被派往广西参加少数民族社会历史调查，先到罗城县对仫佬族进行调查，后任《壮族简史》编写组组长，从此开始投入壮族史的研究与编写工作。次年秋，调回学校，提前一年毕业，留校工作，被任命为历史系党总支专职副书记。在此期间，曾被调往北师大参加整党半年、本校伙食科参加"四清"半年。1964年底复回历史系当教员，曾给本系本科生讲授《壮族史》专题讲座，又给越南两个留学生（黄花权、赵有理）讲授专业课《壮族古代史》，直至"文化大革命"。工军宣传队进校后，曾到湖北潜江干校参加劳动一年。1972年夏，调回分配在新成立的中央民族学院少数民族研究所搞民族研究工作；民族学系成立后，所系合并，既担负教学任务，又搞民族调查研究。在此期间，开始有职称评定，本人先后被评为助教、讲师、副教授、硕士生导师。1989年退休，工龄41年。

回首在中央民族学院工作期间，教学方面，本人先后给历史系、民族学系、少数民族语言学系等单位的本科生、大专生、硕士研究生和外国留学生讲授《壮族史》、《壮侗语诸民族史》、《东南中南地区民族史》、《中南半岛民族史》、《壮族史专题讲座》等课程。在民族调查方面，除前述外，"文革"后还先后深入广西、贵州、海南、云南、西藏等地农村，对壮族、布依族、黎族、侗族、仫佬族、毛南族、水族、傣族、布朗族、拉祜族、藏族、门巴族、珞巴族等少数民族进行社会历史的实地调查。在写作方面，先后自著或合著有《壮族简史》、《中国历代民族史》、《中国少数民族历史人物志》等共17部（项），已公开出版的有14项，获评国家部（委）、省（自治区）级一等奖者3项，二等奖3项，三等奖1项，高等学校优秀教材奖1项。撰有论文70余篇，其中已公开发表的有60余篇，获有关编委会评选为特等奖者3篇，一等奖者1篇。越译汉书籍两本（未刊），已刊译文10篇。教学与民族调查，早已随着退休而停止；但写作工作至今仍在进行。曾为中国少数民族史学会会员、中国民族学学会会员、中国铜鼓研究会会员、中央民族学院少数民族史学会理事、中国百越民族史研究会常务理事兼副秘书长。

后 记

本书稿是作者从20世纪50年代末开始，在参加民族调查、科研和教学过程中陆续撰写，成于2008年底。经广西师大廖国一教授帮助编纂修改，于2009年3月22日完成初稿。经审定修改后，再由作者增补缺漏章节，又特邀中央民族大学壮语文资深老专家韦星朗老师为本书撰写《壮侗语族几个民族的基本词汇》一节，并由他审定全书有关壮语、壮文部分，乃于2009年9月8日完稿。

本书稿的最大特点，是力图利用作者系岭南古越人后裔（今壮族）的出身，从小受壮族传统文化熏陶，对壮侗语族诸民族及其先民古越人有深厚感情的优势，把文献古籍、考古资料、民族调查资料、民族语言资料紧密结合在一起，相互考证，从其族人自身内部，去探讨研究其族的历史文化。希望能够解释和解答以往学者在上述项目研究中尚存的一些悬而未决，甚至发生一些误解、曲解的问题。当然，作者的看法，仅仅涉及壮侗语族诸民族历史文化的一部分，也不一定完全正确，甚至还会有错误；但相信这种研究方法是对的。望读者批评指正！

对韦星朗、廖国一等老师为本书所付出的劳动和贡献，在此表示崇高的敬意和衷心的感谢！

莫俊卿
2009年12月